全球经济治理新范式
中国的逻辑

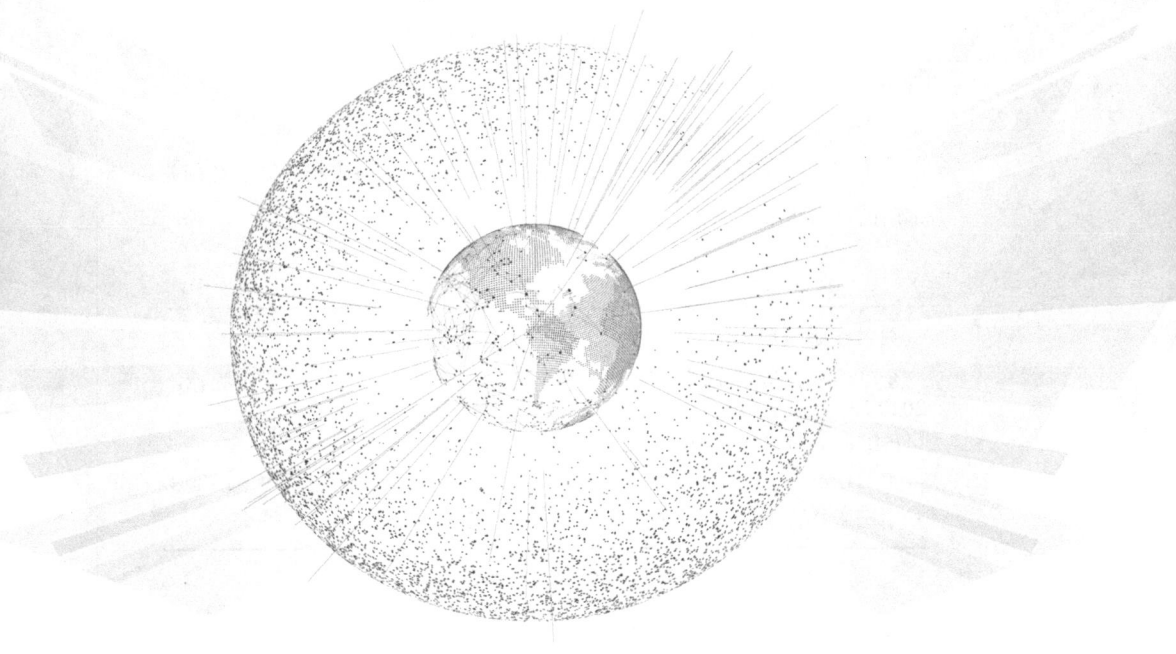

隋广军 等◎著

科学出版社
北京

内 容 简 介

本书基于二战以来全球经济治理实践的历史演进，建立全球经济治理理论分析框架，提出全球经济治理新范式的理论概念和分析系统，重点分析了中国这一新范式形成中的理论逻辑和战略路径，为中国积极参与全球经济治理体系变革提供政策参考。本书明确了全球经济治理的概念与逻辑前提，对其要素、结构、机制与运行和内在矛盾进行了深入的理论剖析；从理论上提出了全球经济治理范式及新旧范式的分野标准、转型动力和演进路径，创新性地提出了全球经济治理新范式的图景设计；系统地提出了中国在全球经济治理范式转型的理念、角色、贡献和战略选择。

本书适合全球经济治理领域的研究学者、高校本科生和研究生及相关部门的决策者参考阅读。

图书在版编目（CIP）数据

全球经济治理新范式：中国的逻辑/隋广军等著. —北京：科学出版社，2020.12
ISBN 978-7-03-067193-6

Ⅰ. ①全… Ⅱ. ①隋… Ⅲ. ①世界经济-经济治理-研究 Ⅳ. ①F113
中国版本图书馆 CIP 数据核字（2020）第 244703 号

责任编辑：刘英红／责任校对：贾娜娜
责任印制：张 伟／封面设计：润一文化

科学出版社 出版
北京东黄城根北街 16 号
邮政编码：100717
http://www.sciencep.com

北京虎彩文化传播有限公司 印刷
科学出版社发行 各地新华书店经销

*

2020 年 12 月第 一 版　开本：720×1000 B5
2020 年 12 月第一次印刷　印张：27 1/2
字数：478 000

定价：268.00 元
（如有印装质量问题，我社负责调换）

序

当前,世界经济增长乏力,影响国际政治和安全形势的不稳定因素逐步增多,全球治理和多边主义面临着美国单边主义及世界范围的民粹主义和保护主义等社会思潮的叠加冲击,国际形势的不稳定性和不确定性明显上升。国际格局和世界秩序处于从量变到质变的前夜,新冠肺炎疫情成为这些格局、秩序、治理等加速变化的超级催化剂。展望未来,国际形势仍将持续发生深刻变化,全球治理将面临前所未有的挑战。

国际社会在当前全球性挑战不断增加和反全球化运动不断高涨的内外环境下,在理论、战略、制度和实践等方面都面临前所未有的挑战。第一,理念和理论的困境。全球治理的理念始于西方,理论也发展于西方。在20世纪90年代全球化加速和冷战结束的新形势下,全球性挑战日益突出,德国前总理勃兰特首先提出了全球治理的命题,瑞典前首相沃尔森和英联邦前秘书长兰法尔领导成立全球治理委员会,发表了题为《天涯若比邻》的报告。同期,美国学者罗西瑙主编和出版了《没有政府的治理》一书。此后的西方全球治理理论主要建立在所谓的共同利益、共同动力、共同市场和共同目标之上。在西方境遇较为顺利时,这些带有自由主义和建构主义色彩的理论成为主流。但在全球金融危机和反全球化运动的双重夹击下,西方理论中的现实主义抬头,再加上保护主义、排外主义、极端民族主义和民粹主义社会思潮的兴起,西方的全球治理在理念上难以推陈出新,在理论上更不能自圆其说,在道义上失去了号召力。

第二,知行分裂的困境。全球治理反映出了世界各国和人民对"地球村"与"四海一家"的美好理想,但往往难以体现在世界各国的现实政治、经济和社会之中,使理想和现实产生巨大的矛盾。2008年以来,国际热点问题有增无减,金融危机冲击世界经济,中东战乱时有发生,难民浪潮冲击欧洲,世界经济复苏乏力,中美贸易摩擦让自由贸易蒙上了阴影,新冠肺炎疫情的全球蔓延更是严重挑战了全球治理秩序。加上传统媒体和新媒体的放大与渲染,人们时时为全球治理问题而担忧,感到前途难卜。

第三，制度和战略的困境。一方面，全球治理需要超越时空的制度机制，但当前的全球治理制度和机制显然滞后于形势的发展。在全球安全治理方面，联合国宪章和权威得不到应有尊重，安全治理机制时常难以奏效。在全球经济治理方面，无论是在贸易和投资方面，还是在金融财政方面，现有治理机制和治理需求间的矛盾日益突出。在全球非传统挑战方面，全球治理在公共卫生、反恐打恐和防灾救灾等方面更是缺少或缺乏，新冠肺炎疫情的暴发让这一问题更加凸显。另一方面，全球治理需要更加长远和全面的战略，但在选举政治和政党政治的现实中，全球治理的战略趋向短视化、碎片化，形成国家或全球的战略共识存在较大难度。

西方国家提出全球治理理念的 30 多年来，全球治理的格局正在发生巨大变化，以新兴市场国家为先导的发展中国家在全球治理的总体力量对比、理念战略、规章制度、话语权和参与热情等方面正在迎头赶上。在一些发展中大国群体性崛起后，发展中国家已经呈现出整体性崛起的强劲势头。广大发展中国家代表历史前进的动力和时代发展的方向，基于合作共赢的南南合作和南北合作为新一轮全球治理发展提供了历史机遇。当前，国际社会在全球治理的需求和能力之间的差距日益拉大，改变全球治理相对滞后的局面已经成为国际社会日益迫切的议事日程。落实联合国《2030 年可持续发展议程》、维护气候变化《巴黎协定》、改革世界贸易组织（World Trade Organization，WTO）、应对新公域的挑战及促进科技创新等都对全球治理提出了新要求。国际社会及其各类行为体在应对这些客观需求之时，应当抓住历史机遇，在不断发现问题和应对问题中不断推进全球治理的进程。国际社会及其各类行为体在面对不断产生而且深化的全球治理问题时激发了理性思考。正如习近平在 2017 年达沃斯世界经济论坛上的讲话中所指出的那样，要在困惑中研究"世界到底怎么了？"

今日的中国是全球最大的发展中国家，今日的中国比历史上任何时期都更加融入全球化发展，今日的中国也比历史上任何时期都更加靠近世界舞台的中心。中国的发展需要稳定有序的全球治理发展环境，全球治理也更加需要中国的参与和贡献。作为世界文明古国，中国的"全球治理观"可以追溯到数千年前的春秋战国时期。中华人民共和国成立后，就开始了全球治理和多边主义的实践与理论探索。20 世纪 90 年代以来，中国积极参与多边外交的活动，重视多边主义的作用，并在当前新一轮全球治理进程中，从国际关系的方向、目标和道义的高度认识与倡导多边主义，中国作为全球性大国需要负有更大的责任和担当。与此同时，中国秉持共商、共建、共享的全球治理观，积极参与全球治理体系改革和建设，不断贡献中国智慧和力量，已经成为全球治理的参与者、贡献者和管理者。不可否认的是，中国参与全球经济治理也面临着能力与任务差距较大等挑战。

全球经济治理是全球治理中的重要内容之一，中国参与全球经济治理仍然有大量问题需要进行更加深入的理论研究。比如，大国战略竞争时代中国在全球经济治理体系中该如何定位？中国推动全球经济治理体系变革可以采取怎样的可行路径？还有一个不容忽视的问题是，全球经济治理对于中国和西方发达国家而言，各自的发展阶段、国际地位和历史文化传统不同，所以无论是学术界关注的重点和研究视角，还是具体的实践，都存在一些差异。回答这些重要问题对于中国经济发展和全球经济治理体系变革都具有重要意义。

广东外语外贸大学隋广军教授团队在全球经济治理领域一直有深入的研究，对全球经济治理理论和中国参与全球经济治理做出了一系列理论和政策贡献，尤其是在国际贸易治理的理论和实践研究、"一带一路"倡议与全球经济治理制度性话语权研究方面发表了一系列有影响力的成果。我与隋广军教授团队有比较多的交往，深刻感受到他们治学的严谨和理论功底的扎实，也为中国有这么有实力和活跃的团队在踏实从事全球经济治理研究感到欣慰。《全球经济治理新范式：中国的逻辑》是隋广军教授团队又一最新力作，该书对上述一系列重要问题做出了持续不断的探索，具有重要的理论和实践价值，必将成为全球经济治理领域的重要参考书目。

该书系统分析了全球经济治理的分析范式、中国角色定位、中国参与全球经济治理领域选择和中国的行动逻辑，其既关注全球经济治理的理论，也注重中国参与全球经济治理的实践；既关注中国在具体全球议题治理中作用的研究，也关注中国的方式和经验总结研究；既重视中国同既有全球经济治理制度体系关系研究，又突出中国在制度体系建设中的创造性作用研究。

该书的视角非常新颖，作者敏锐地把握了全球金融危机对于全球经济治理的变化，包括治理结构、治理观念和治理对象的转型。这种演化的分析视角更加有助于读者理解全球经济治理的深刻内涵，其具有相当大的可扩展性。当今世界，全球经济治理挑战不断凸显，英国脱欧、中美贸易摩擦和新冠肺炎疫情等重大事件都在深刻影响着全球经济治理，该书的分析框架有助于读者去思考不断变化的时代对于全球经济治理的影响。

全书循序渐进、引人入胜，无论是对于政府工作人员、研究人员还是全球经济治理爱好者都具有重要的参考价值。我非常乐意向读者诸君推荐该书，因为它是我见到比较系统地从中国视角研究全球治理体系的中文论著——其资料丰富，旁征博引，逻辑清晰，立意深刻。值此百年未有大变局加速演变、中美博弈不断升级之际，全球贸易、投资乃至全球金融发展面临困境，经济全球化及其治理进程受到挑战之时，这部专著的出版恰逢其时，具有较大的理论价值和实践意义。

杨洁勉

2020 年 10 月

前　言

全球经济治理是经济全球化的逻辑结果。20世纪90年代冷战结束后，经济全球化进入新一轮高涨期，全球治理（包括全球经济治理）开始从实践走进学术领域。1995年联合国全球治理委员会系统阐述了全球治理的含义和理念，强调治理是各种公共的和私人领域的个人与各类管理共同事务的方法的总和，其要义和宗旨在于多元协同的治理、利益协调的治理、以规则为基础的治理、公正公平的治理及有序高效的治理。进入21世纪后，全球经济治理作为全球治理的重要组成部分，从全球治理话语体系中逐渐独立出来，并在2008年全球金融危机以后成为理论研究的热点。

在无世界政府状态下，主权国家是全球治理最重要的行为主体，中国作为日益崛起的发展中大国，在全球治理体系中发挥着越来越重要的作用。20世纪70年代，中国恢复在联合国的合法权利及安理会常任理事国的合法席位，成为全球治理体系的重要参与者。改革开放以来，中国主动融入发达国家主导的经济全球化进程，经济实力不断发展壮大，在全球经济治理体系中的影响力不断提升。应对全球金融危机的G20峰会的召开，标志着发达国家和新兴市场国家对全球经济合作共治的时代到来，也标志着中国开始走进全球经济治理的舞台中央。随着中国经济的崛起，中国越来越成为国际社会关注的焦点，与世界的互动越来越紧密，中国提出的有关全球发展和全球秩序的理念、主张和方案受到国际社会的广泛关注，在全球经济治理中的话语权和影响力得到显著提升。

党的十八大以来，围绕中国参与全球治理这一重大战略议题，习近平同志先后多次主持中央政治局集体学习。习近平在中共中央政治局第二十七次集体学习时强调："我们参与全球治理的根本目的，就是服从服务于实现'两个一百年'奋斗目标、实现中华民族伟大复兴的'中国梦'。"[①] 习近平强调："要提高我国参与全球治理的能力，着力增强规则制定能力、

[①] 中共中央宣传部编：《习近平总书记系列重要讲话读本（2016年版）》，人民出版社2016年版，第274页。

议程设置能力、舆论宣传能力、统筹协调能力"①，"坚持要合作而不要对抗，要双赢、多赢、共赢而不要单赢，不断寻求最大公约数、扩大合作面，引导各方形成共识，加强协调合作，共同推动全球治理体系变革"②。在各种重要的论坛会议和外交场合，习近平同志提出了一系列有关全球治理的理念、主张、倡议和原则："提高我国在全球经济治理中的制度性话语权"③、"增加新兴市场国家和发展中国家的代表性和发言权"④、"推动国际秩序和全球治理体系朝着更加公正合理的方向发展"⑤、"倡导共商、共建、共享的全球治理理念"⑥等，这些中国声音的发出、中国元素的注入和中国倡议的提出，表达了新时代中国的大国责任担当，开创了中国特色的大国外交新局面。中国通过"一带一路"建设、金砖国家合作机制及新型大国关系协调等，积极推进和引领全球经济治理体系的改革，力促 G20 向全球经济长效治理机制成功转型，合力打造创新包容、高质量发展的开放型世界经济。

就中国和外部世界的关系而言，当前是中国特色社会主义进入新时代、世界政治经济秩序进入调整期与人类社会发展进入新阶段相叠加的历史新时期，面对经济全球化、世界多极化、文化多样化与社会信息化的环境变化趋势，面对发展赤字、治理赤字、民主赤字、信任赤字及全球多边制度的困境，中国积极参与全球治理体系改革和建设，推动各国携手构建人类命运共同体。

全球经济治理及中国与全球经济治理的关系问题，不仅是一个具有重大战略意义的现实问题，也是一个具有多学科交叉性质的前沿理论问题，需要学界不断进行理论探索、科学论述。

全球经济治理是世界无政府状态下国家和非国家行为体对全球经济共同问题进行协调和处理的过程，也是全球经济秩序塑造和维护的过程。从某种意义来说，全球经济治理是国家、跨国公司及全球公民社会通过国际

---

① 习近平：《习近平谈治国理政》第 2 卷，外文出版社 2017 年版，第 450 页。
② 习近平：《习近平谈治国理政》第 2 卷，外文出版社 2017 年版，第 450 页。
③ 中共中央宣传部编：《习近平总书记系列重要讲话读本（2016 年版）》，人民出版社 2016 年版，第 135 页。
④ 中共中央党史和文献研究院编：《习近平关于总体国家安全观论述摘编》，中央文献出版社 2018 年版，第 242 页。
⑤ 习近平：《携手建设更加美好的世界——在中国共产党与世界政党高层对话会上的主旨讲话》，人民出版社 2017 年版，第 9 页。
⑥ 中共中央党史和文献研究院编：《习近平关于总体国家安全观论述摘编》，中央文献出版社 2018 年版，第 242 页。

机制和制度安排对全球化市场经济运行的一种公共管理，是对市场经济失灵的一种调节及经济运行结果的纠偏，是政府和社会干预、调节和规制国内市场失灵在全球层面上的扩展。

全球经济治理的范式是国际环境改变下，全球经济治理的行为体的观念互动、权力博弈和制度安排三者结构均衡的总体势态与特征，是由治理理念、治理结构及治理对象等要素所决定的。

必须注意到，以2008年为分界线，全球经济治理正在经历一种范式转型。首先，治理结构的改变。新兴市场国家的群体性崛起与美欧发达国家的相对衰落致使经济实力结构对比发生变化，G20取代G7成为全球经济治理的核心平台就是这一变化的结果，未来大国围绕制度性权力、利益分配的竞争和合作还将呈现更为复杂的变化。其次，治理观念的创新。全球金融危机发生后，以"华盛顿共识"为代表的市场激进主义受到了广泛质疑，与此同时，以中国为代表的新兴市场国家、广大发展中国家倡导的共同发展、联动发展为价值导向的全球经济治理开始兴起，并在全球经济治理体系变革实践中发挥着重要作用。最后，治理对象的演变。传统的全球经济治理治理对象主要是国家个体的身份认定、规则遵守等，危机后的治理对象主要是各国面临的共同问题，如世界经济复苏问题、系统性金融风险防范与处置问题、全球贸易纠纷问题及可持续性发展问题。2018年以来，贸易保护主义进一步抬头，全球多边贸易治理机制遭遇到前所未有的挑战，全球经济治理的多边主义范式面临较大的困境。

基于上述情况，本书对中国在全球经济治理范式转型中的问题进行了较为全面的理论和政策的分析，历时近三年著撰了《全球经济治理新范式：中国的逻辑》一书，主要内容由四个部分组成。

第一，建立了全球经济治理及其范式的基本分析框架。通过历史脉络的梳理，分析经济全球化进程及全球化效应、全球问题的表现，阐述了全球经济治理的目标、主体、对象、规则等要素，进而对全球经济治理结构和机制运行做出了一个概览式的框架分析，在此基础上提出全球经济治理范式分野标准，认为权威分散、观念多元及制度创新的结构性变化推动全球经济治理范式加快转型，反映权力平衡、多元理念、共同发展导向的新多边制度秩序是未来国际社会应有的取向。

第二，明确了全球经济治理新范式中国应有的角色定位、权力和责任。中国是全球经济治理范式转型的新生力量，作为全球经济治理理念的创新者、制度的完善者、体系改革的推动者，中国不谋求对现有全球经济治理体系的替代，而是维护多边主义、致力于全球多边制度秩序的完善，在此基础上提出与自身发展水平和经济实力相匹配的制度性权力，为国际社会提供知识型、制度型和实物型公共产品。

第三，提出了中国推动全球经济治理范式转型的路径选择。重点分析了中国在宏观经济政策协调、贸易投资、货币金融、环境气候、产业、减贫与发展等领域治理的定位、能力、作用和贡献，中国应坚持"发挥优势，重点突出，义利兼顾，以义为先"的原则，在全球经济治理的各领域建设中提出中国智慧、提供中国方案、做出中国贡献。

第四，分析了中国在全球经济治理新范式建构中的行动和实践。共建"一带一路"、金砖国家合作机制是中国塑造有利国际环境、建立新型的国际关系、提高参与全球经济治理能力和构建全球经济治理新范式三大重要的实践行动。"一带一路"建设强调共商、共建、共享原则，其行动和成效将对全球经济治理体系产生重大的影响。金砖国家合作开创了南南合作的新局面，是对 G7 和 G20 机制的补充，其治理模式也是全球经济治理的一种新范式。

本书的主要内容和创新之处体现在如下方面。第一，在对全球经济治理的历史演进、理论形成和前提假设进行梳理的基础上，对于全球经济治理过程中的一系列制度规则及其内部运行机制和运行方式等问题进行了深入的分析与探讨，指出了全球经济治理过程中新旧范式的划分标准，对范式动态转型中的动力和具体演进进行全面论述。第二，将全球经济治理的发展与中国的角色定位紧密结合起来，在全球经济治理新范式的框架下重点关注了中国在参与全球经济治理过程中的定位和担当，明确了中国的责任和义务。基于制度性话语权和公共产品提供的视角，对中国在全球经济治理过程中角色转换这一动态变化过程进行了深度研究。第三，就中国参与全球经济治理的主要领域和路径选择进行了分析。从贸易投资领域、货币金融领域、产业领域、环境气候领域、减贫和发展领域等五大方面参与全球经济治理提供了相关的路径分析和机制设计，梳理了不同模式下中国参与全球经济治理的行动逻辑。第四，充分借鉴吸收不同学科之间的特点和优势，探讨了全球经济治理过程中的重大理论和现实问题，从范式演进的角度对中国参与全球经济治理实践进行了诠释和理论提炼，特别是从"一带一路"建设、金砖国家合作等重大实践中，提炼出中国参与引领全球经济治理新范式的理论价值。

全书体现了鲜明的创新特色：第一，将全球经济治理从全球治理的理论中相对独立出来，比较系统地提出全球经济治理的概念与逻辑前提，并在此基础上，从全球经济治理的理论出发，对其要素、结构、机制与运行和内在矛盾进行了深入的理论剖析。第二，从理论上提出了全球经济治理范式及新旧范式的分野标准、转型动力、演进路径，并以此为理论基础，创新性地提出了构建和塑造全球经济治理新范式的设计。第三，系统地提出了中国在全球经济治理范式转型的理念、角色、贡献和战略选择，多维度分析了中国经济崛起的历程中硬实力和软实力水平的提升，并以此为基础，多领域、全方位地展现了中国作为积极的参与者和塑造者，在全球经济治理范式转型中的重要作用。第四，在方法论上体现了学科交叉的特点，注重学科之间的相互借鉴和融合，以国际政治经济学、世界经济学、法学、国际关系学和社会学相关学科理论为基石，融合宏观经济学、国际贸易学、产业经济学、货币金融学、环境经济学等学科内容和方法，勾勒出全球经济治理新范式的图景。

  本书所提炼出的核心思想是：全球经济治理的新理念的产生、新的权威主体的形成及新型的治理规则和制度安排成为新范式转型的重要标志。在这一过程中，大国基于观念、权力和制度的博弈起到关键性的作用。中国是推动全球经济治理范式转型的重要力量，在"一带一路"建设、金砖国家合作机制的实践中，深刻地体现了新范式塑造进程中的中国元素。中国倡导共商、共建、共享的治理理念，作为全球经济治理理念的创新者、制度的完善者、体系改革的推动者，在宏观经济政策协调、货币金融、贸易投资、减贫与发展等经济治理领域内发挥了比较优势和积极作用，体现了大国的责任和担当。中国应不断提升自身的制度性权力，防范和化解各类风险，坚持多边主义，以制度型开放推进全方位、高水平对外开放，积极参与引领全球经济治理体系的变革。

  由此可见，在推动全球经济治理新范式形成中，中国的逻辑是非霸权的逻辑，中国倡导的是共商、共建、共享的治理理念和正确的义利观；中国的逻辑不是排他的逻辑，中国不搞排他的"俱乐部"，而是主张共同参与、共同发展、合作共赢为导向的治理，中国的逻辑不是"单边主义"和"保护主义"，而是坚守开放的多边主义，推动建设开放型世界经济。

  历史告诉我们，经济全球化历程从来都是在曲折中行进的，全球经济新问题和新挑战要求与之相适应的全球经济治理新范式。世界需要中国为全球经济治理提供新理念、新方案和新实践，为推动构建人类命运共同体奠定坚实的制度基础，为人类发展和进步做出新的更大的贡献。

2008年，为了研究国际格局演变及其治理问题，并在国际大背景下研究我国及广东等对外开放大省的战略和对策，我提出组建了广东国际战略研究院。2010年我认识到中国急需强化国际治理问题的研究，经过3年周折，2012年广东外语外贸大学的"中国参与全球经济治理机制与战略选择"团队列入教育部创新团队发展计划（IRT1224）。2015年我承担了国家社会科学基金重大项目"'一带一路'战略与中国参与全球经济治理问题研究"（15ZDA018），这是广东外语外贸大学学者在全球治理领域承担的5个国家、教育部社会科学重大项目的其中一项。广东外语外贸大学在全球经济治理领域涌现了一批思维缜密、能力精进的青年学者，形成了在全国有着重要影响力的学术团队。

本书是研究团队历时多年所打造，凝聚着团队成员和各位专家学者的辛勤付出与贡献。全书共四篇十六章，具体分工如下：第一篇由陈伟光教授主持，其中第一章、第三章由陈伟光教授撰稿，第二章由计飞博士撰稿；第二篇由梁立俊教授主持，其中第四章由查婷俊博士撰稿，第五章由梁立俊教授撰稿，第六章由计飞博士撰稿，第七章由安苑副教授撰稿；第三篇由申明浩教授主持，其中第八章由刘胜副教授撰稿，第九章由王璐瑶博士撰稿，第十章由蔡伟宏副教授撰稿，第十一章由郭晴副教授撰稿，第十二章由韩永辉副教授撰稿，第十三章由袁静副教授撰稿；第四篇由肖鹞飞教授主持，其中第十四章由张健博士生撰稿，第十五章由陈屹珊博士生撰稿，第十六章由肖鹞飞教授撰稿。这里要特别感谢合作者陈伟光教授的辛勤付出，协助我设计框架和修改统稿工作，确保本书达到预期质量，还要感谢在本书写作设计过程中提出建议的蔡拓教授、胡键教授、宋国友教授和李青教授等，以及参与书稿修改、调整、校对的孙照吉博士、查婷俊博士、刘彬博士和邹嘉龄博士等。科学出版社刘英红、王丽豪、刘露露等编校人员为本书出版付出了心血，在此一并表示感谢。

在本书撰写过程中，全球范围内发生的一系列事件也深刻影响着全球经济治理的进程和效果：国际贸易和国际投资出现明显的下滑趋势，各国经济复苏缓慢，经济增长缺乏持续动力，英国脱欧冲击着欧洲一体化进程，相关国家政策趋于收紧，受新冠肺炎疫情影响"去全球化"逆流汹涌，"脱钩论"和"新冷战论"迭起。此外，中美两个大国间的贸易摩擦和战略竞争在世界范围内引起了广泛关注。如何解决全球经济治理本身的固有矛盾？如何建立行之有效的全球经济治理长效机制？如何协调发达国家和发展中国家等在全球经济治理转型过程中的关系与定位？如何塑造良好治理的外部环境服务于双循环新发展格局的构建?这些问题都值得我们进一步深思。本书虽几易其稿、几经讨论修改,但作为一部问题导向性和理论构建性相结合的著述,涉及的领域广、问题多和跨学科知识结构要求高,难免存在不足之处,希望专家和读者提出宝贵意见,我们再加以改进。

隋广军

2020年10月9日

目 录

第一篇 全球经济治理及其范式：分析框架

第一章 全球经济治理的基本问题 ······················· 4
- 第一节 全球经济治理寻根溯源 ······················ 4
- 第二节 全球经济治理研究的逻辑前提 ················ 20
- 第三节 全球经济治理范式的提出 ···················· 25

第二章 全球经济治理的理论框架 ····················· 32
- 第一节 全球经济治理相关理论 ······················ 32
- 第二节 全球经济治理的要素 ························ 38
- 第三节 全球经济治理结构 ·························· 42
- 第四节 全球经济治理的机制与运行 ·················· 50
- 第五节 全球经济治理的困境与挑战 ·················· 57

第三章 全球经济治理范式及其转型 ··················· 62
- 第一节 全球经济治理范式分野的标准 ················ 62
- 第二节 全球经济治理范式转型的动力 ················ 64
- 第三节 全球经济治理范式转型的标志 ················ 66
- 第四节 全球经济治理传统霸权范式式微 ·············· 70
- 第五节 国家与全球经济治理 ························ 72
- 第六节 全球经济治理新范式塑造 ···················· 76

第二篇 全球经济治理新范式：中国的角色定位

第四章 全球经济治理的新角色：为什么是中国 ········· 84
- 第一节 全球经济治理新范式需要中国 ················ 85
- 第二节 中国实力：国际地位演变 ···················· 86
- 第三节 中国实力：国内治理能力提升 ················ 97

第五章 全球经济治理新范式：中国的定位与担当 ······ 108
- 第一节 新范式下中国参与全球经济治理的理念选择 ···· 109
- 第二节 新范式下中国参与全球经济治理的角色定位 ···· 112

第三节　新范式下中国参与全球经济治理的目标定位 …………… 116
　　第四节　新范式下中国参与全球经济治理的责任担当 …………… 120

第六章　全球经济治理新范式：中国的制度性话语权 ……………… 125
　　第一节　制度性权力：从规则接受者到规则塑造者 ……………… 125
　　第二节　G20 机制：中国的话语权 ………………………………… 129
　　第三节　国际组织：中国的话语权 ………………………………… 132
　　第四节　国际制度的创新：中国的话语权 ………………………… 143

第七章　全球经济治理新范式：中国的公共产品供给 ……………… 149
　　第一节　全球经济治理新范式与公共产品供给 …………………… 150
　　第二节　中国公共产品的供给——新知识与新理念 ……………… 160
　　第三节　中国公共产品的供给——新平台与新机制 ……………… 162
　　第四节　中国公共产品的供给——新行动与新实践 ……………… 165

第三篇　全球经济治理新范式的中国参与：领域选择的逻辑

第八章　宏观经济调控合作领域 ……………………………………… 179
　　第一节　全球经济失衡问题与制衡协调机制的建立 ……………… 180
　　第二节　中国与全球经济稳定和增长的长效机制 ………………… 186
　　第三节　大国宏观经济政策外溢与中国的作用 …………………… 199

第九章　贸易投资领域 ………………………………………………… 211
　　第一节　全球贸易投资治理问题：规则碎片化和多边谈判困境 … 212
　　第二节　中国与全球贸易治理的规则重塑 ………………………… 220
　　第三节　中国与全球投资治理的规则形成 ………………………… 231
　　第四节　中国与全球数字贸易投资治理 …………………………… 239

第十章　货币金融领域 ………………………………………………… 245
　　第一节　国际货币体系改革与人民币国际化 ……………………… 246
　　第二节　中国与多边开发金融机构 ………………………………… 256
　　第三节　中国与全球金融监管 ……………………………………… 262

第十一章　产业领域 …………………………………………………… 269
　　第一节　全球产业治理与全球价值链 ……………………………… 270
　　第二节　中国与全球价值链治理 …………………………………… 278
　　第三节　中国企业"走出去"与国际产能合作 …………………… 288

第十二章　环境气候领域 ……………………………………………… 295
　　第一节　中国参与全球气候治理机制的实践 ……………………… 296

  第二节　《巴黎协定》与全球气候治理的新变化 …………… 302
  第三节　中国与全球气候治理新范式 ……………………… 312

第十三章　减贫与发展领域 ……………………………………… 320
  第一节　全球发展治理：中国的理念 ……………………… 321
  第二节　全球发展治理：中国作用 ………………………… 327
  第三节　中国与《2030年可持续发展议程》……………… 336

第四篇　全球经济治理新范式的中国参与：行动逻辑

第十四章　共建"一带一路"合作的经济治理 ………………… 348
  第一节　共建"一带一路"与经济治理问题 ……………… 348
  第二节　共建"一带一路"合作的治理结构与机制 ……… 352
  第三节　共建"一带一路"合作的经济治理实践 ………… 357

第十五章　金砖国家合作的经济治理 …………………………… 370
  第一节　全球经济治理的新范式：金砖国家合作 ………… 370
  第二节　金砖国家经济合作的治理机制 …………………… 375
  第三节　金砖国家合作经济治理中的中国作用 …………… 382

第十六章　促进全球治理体系的变革：中国的收益与风险 …… 391
  第一节　中国推动全球经济治理新范式的路径选择 ……… 391
  第二节　中国参与全球经济治理的利益所在 ……………… 396
  第三节　中国推动全球经济治理变革行动的风险防范 …… 400

结语：全球化困境之下中国推动全球经济治理范式转型的前景 ……… 411

第一篇

全球经济治理及其范式:
分析框架

篇 首 语

全球经济治理是脱胎于且相对独立于全球治理的一个理论范畴和集体行动。作为一个学术命题，全球治理是在20世纪90年代开始兴起的理论学说。进入21世纪后，全球经济治理从全球治理话语体系中分离出来，并在2008年全球金融危机以后成为理论研究的热点之一。实际上，20世纪初全球经济合作与治理早期实践就已经开始，第二次世界大战（以下简称二战）以后开创的布雷顿森林体系就是在全球经济治理实践中发展出来的基础性的制度安排。

全球经济治理是在无世界政府的背景下，国家和非国家行为体对全球经济合作中的共同问题进行协调与处理的过程，也是全球经济秩序塑造和维护的过程。从一定意义来说，全球经济治理是对全球化市场经济运行的一种公共管理，是对市场经济失灵的一种调节及经济运行结果不公平的一种合理纠正。

全球经济治理研究的逻辑起点基于以下假设：世界无政府状态；世界经济是开放的而不是封闭的；国家是国际体系的基本单元；国家是按国家利益行事的理性行为体；以规则为基础的治理；国际制度非中性等。按照治理的一般理论，治理框架由治理目标、治理主体、治理对象、治理规则及治理效果构成。

全球经济治理理论研究的基本逻辑命题包括如下几个方面。第一，由于不存在一个权威性的世界政府，全球经济的治理主体应是国家行为体和非国家行为体，国家是国际体系的基本单元，各国政府尤其是大国在全球经济治理中发挥着重要作用。第二，国家是理性的，世界经济是开放的，相互依存的世界存在跨国经济合作的共同利益，也存在资源稀缺及风险外溢的冲突利益，因此，治理是一种利益协调过程。第三，由于制度的非中性，在以规则为基础的全球经济治理中，制度博弈成为治理进程中的常态。

范式是基于本体论、认识论和方法论过滤下的总体式样与基本模式，作为一种实践活动，全球经济治理的范式是国际环境改变下行为体的观念互动、权力博弈和制度结构总体势态与特征，是由治理理念、治理结构及治理对象等要素改变所决定的。以2008年为分界线，全球经济治理正在经历一种范式转型。第一，治理结构的改变。新兴市场国家的群体性崛起与美欧发达国家的相对衰落致使经济实力结构对比发生变化，G20取代G7成为全球经济治理的核心平台就是这一变化的结果，未来治理主体的制度性权力结构乃至利益分配结构还会发生相应的变化。第二，治理观念的冲突。全球金融危机发生后，以"华盛顿共识"为代表的市场激进主义受到了广泛质疑，与此同时，以共同发展、联动发展为价值导向的全球经济治理开始兴起，并在全球经济治理体系变革实践中发挥作用。第三，治理对象的演变。传统的全球经济治理治理对象主要是国家个体的身份认定、规则遵守等，危机后治理对象主要是各国面临的共同问题，如世界经济复苏问题、系统性风险防范与处置问题及可持续性发展问题等。

在推动新旧范式转型过程中，国家行为体是决定性因素。国际体系中的大国由于具有提供治理公共产品的能力和占据制度性话语权的地位，通常起着关键性的作用。随着一批新兴市场国家的快速崛起，全球经济治理的新理念的产生、新的权威主体的形成及新型的治理规则和制度安排成为新范式转型的重要标志。全球经济治理的范式转型是多元行为体博弈的均衡结果，问题的关键在于新旧范式中制度的兼容性，一般来说，相互补充而不过度冲突的制度演进过程，是一种合理范式转型基于发达国家和发展中国家合作的多边制度秩序，是目前全球经济善治的一个理性选择。本篇分为三个部分：第一章是全球经济治理的基本问题，通过历史脉络的梳理分析经济全球化进程中孕育的全球经济问题和全球经济治理理论命题，提出全球经济治理范式的基本要义。第二章是全球经济治理的理论框架的分析，提出全球经济治理的目标、主体、对象、规则等要素，分析治理行为体互动所形成的权力结构和利益结构，对传统和新型的全球经济治理机构的内部机制与外部联系做出了概览式的框架分析。第三章是全球经济治理范式及其转型，提出全球经济治理范式分野标准是权威、制度和观念三要素决定的，认为权威分散、观念多元及制度创新的结构性变化推动全球经济治理范式加快转型，反映权力平衡、多元理念、共同发展导向的新多边制度秩序是未来国际社会应有的取向。

第一章　全球经济治理的基本问题

18世纪以来，随着工业化革命在西欧国家的开展，以资本、生产、贸易为驱动的经济全球化进程正式开启。作为世界经济发展的一种客观现象，经济全球化需要与其相适应的制度安排来协调、规范跨国经济活动，以减少和应对经济全球化带来的不确定性与经济金融危机带来的冲击，全球经济治理的实践和理论应运而生，并先后经历了英国主导的自由主义时期及美国主导的内嵌的自由主义和新自由主义时期。二战后，全球经济治理在曲折中前行，其间经历了石油危机、拉美经济危机、东南亚金融危机的冲击而发生了一些调整和变革。受2008年的全球金融危机及随后的欧洲债务危机的影响，世界经济处于结构性低迷状态[①]，考虑到伴随全球化进程中国家之间及国家内部利益分化等现象的出现，国际社会开始反思全球经济治理的效果甚至全球化本身。与此同时，随着中国等一批新兴经济体的崛起，世界多极化趋势形成，全球经济治理制度的有效性乃至合法性基础受到挑战，大国之间围绕国际经济制度的博弈频度加强，全球经济治理体系改革和范式转型成为时代的新话题。

第一节　全球经济治理寻根溯源

全球经济治理由何而来？因何产生？本章将探寻全球经济治理的理念和行动根源，同时阐述全球经济治理产生的理论和实践背景。经济全球化是全球经济治理的物质基础和前提条件，经济全球化进程在给全球带来资源配置效率提高和公众福利增进的同时，无法避免地带来了各类全球性问

---

① 2008年全球金融危机爆发以后，世界经济经过十年的调整尚没有步入理想的复苏状态，一直在低速增长的轨道之中徘徊，一些学者将其称为经济新平庸期（mediocrity）或结构性低迷（prolonged structural slow-down）。参见朱民：《世界经济：结构性持续低迷》，《国家经济评论》2017年第1期，第9—22、4页；张宇燕：《世界经济"结构性低迷"的中长期影响》，《经济日报》2018年1月18日，第14版。

题乃至全球性挑战,国际社会需要突破国家边界,需要政府、国际组织、非政府组织、市民社会共同展开跨国合作。为避免"公地悲剧"和"集体行动困境"所引发的"治理失灵",克服治理赤字,全球经济治理的理念应运而生[①]。

一、全球化的起源和进程

全球经济治理肇始于全球化进程与全球性问题的产生。但是,对于全球化的起源时间点、关键因素及全球化阶段的划分标准,理论学界并未达成共识。多数学者以人类迁徙、帝国政治权力扩张、宗教和疾病传播等标志性因素溯源全球化进程。例如,中国学者杨雪冬以人类迁徙作为全球化的最初标志,从而人类从非洲散布于各大洲便成为全球化最原始的体现[②]。西方学者赫尔德则从政治权力扩张的角度探讨了古希腊和古罗马帝国的扩张对全球化的影响。[③]还有学者从法律和契约关系的角度认为全球化源于11世纪市场和契约关系的发展,以古典商人法和商人契约的兴起阐述了全球化的雏形。

绝大多数学者以15世纪作为现代意义上全球化和前现代意义上全球化之间的一个分野,据此根据全球化发展的频率、特征和密度将其划分为若干进程。其中,西方学者赫尔德的观点颇具有代表性。赫尔德认为全球化发展经历了前现代化、现代化初期、现代化时期及当代发展四个时期[④]。

全球化前现代化时期发生于10世纪至12世纪,以欧亚大陆、非洲及美洲大陆人类迁徙、政治和军事帝国扩张为标志。全球化的现代化初期则发生于15世纪后。基于航海技术的发展和新大陆的发现,欧洲的政治和军事迅速扩张。欧洲国家与美洲及大洋洲之间人口流动、环境变化及流行病传播,促使跨大西洋经济交往频繁,"新旧大陆"之间建立了密切的联系,人类交流与互动的地理范围拓展到全球。这一时期,基于《威斯特伐利亚和约》的签署,主权国家观念在欧洲得到广泛承认,政治文明因此而发展,

---

① 张宇燕、任琳:《全球治理:一个理论分析框架》,《国际政治科学》2015年第3期,第1—29页。
② 杨雪冬:《全球化:西方理论前沿》,社会科学文献出版社2002年版。
③〔英〕戴维·赫尔德、安东尼·麦克格鲁、戴维·戈尔德布莱特,等:《全球大变革:全球化时代的政治、经济与文化》,杨雪冬、周红云、陈家刚,等译,社会科学文献出版社2001年版。
④〔英〕戴维·赫尔德、安东尼·麦克格鲁、戴维·戈尔德布莱特,等:《全球大变革:全球化时代的政治、经济与文化》,杨雪冬、周红云、陈家刚,等译,社会科学文献出版社2001年版。

为全球化的发展提供了基本的制度文化支撑。因此，这个时期的全球化与前现代化时期相比，稳定性和频度更强。全球化发展的第三个时期为现代意义上的全球化（1850年后—1945年），以工业革命为先导，世界经济逐渐形成，全球化进一步发展。19世纪英国率先开展工业革命，大机器生产替代手工作坊，生产效率大幅提高，产生了跨境贸易和投资的需求，开创了英国主导下的自由主义的国际秩序。跨洋电报的发明、铁路及航海运输的发展则为贸易和投资提供了技术支撑。这一时期的政治文明发展也较为突出，形成了邮政、海运、空运等全球化合作网络，提升了全球化的制度化水平。第四个时期为全球化的当代发展时期，该时期以二战结束、布雷顿森林体系多边制度形成为标志。随着二战的结束，帝国体制逐渐瓦解，取而代之的是以民族国家为基本单元构成的国际社会体系。这一时期的秩序特征又可以划分为以凯恩斯主义为代表的内嵌的自由主义和以"华盛顿共识"为代表的新自由主义。1947年，以布雷顿森林体系为代表的多边货币金融和贸易体系在美国的主导下形成，世界经济摆脱世界大战的威胁，驶入稳定、有序的发展轨道。大量国际经济组织诞生，跨国政治或全球政治成为现实，促进了全球化制度文明的进一步发展。赫尔德对全球化进程的划分以政治权力扩张为主线，也考虑了人类迁徙、疾病传播、技术革命等因素，但其分类亦被质疑为将全球化进程延伸得过长[①]。

另一位美国学者罗兰·罗伯森将15世纪后的全球化划分为五个时期。第一个时期为全球化萌芽时期，这个时期为15世纪至18世纪中期，民族国家的产生成为这个时期全球化发展的重要支撑，但不容忽略的是宗教思想对加速全球文明传播和全球化所起的促进作用。第二个时期是18世纪中期到19世纪70年代的全球化开始阶段，这个时期诞生了不少国际组织，跨国条约和公约的缔结数量较前一个时期显著增加。第三个时期是19世纪80年代至一战前的全球化起飞阶段，全球交往形式和数量迅速增多，全球性赛事如奥林匹克运动会于1894年开始举办。一些国际标准如世界时间和公历为各国所广泛采纳。第四个时期是20世纪20年代至20世纪60年代的全球化争霸阶段。这个时期发生了两次世界大战及美苏冷战，以全球霸权力量之争为全球化的基本形态。1920年，《凡尔赛和约》签署后国际联盟成立，并于1945年为联合国所取代。二战后，许多国家获得民族独立，

---

① 〔英〕戴维·赫尔德、安东尼·麦克格鲁、戴维·戈尔德布莱特，等：《全球大变革：全球化时代的政治、经济与文化》，杨雪冬、周红云、陈家刚，等译，社会科学文献出版社2001年版。

促使第三世界形成。第五个时期是全球化的不确定性阶段，从 20 世纪 60 年代后期发展至今。全球化随着跨境交易活动的日益频繁不断向纵深发展。①

我国学者蔡拓在综合中国学者与西方学者有关全球化进程的不同观点后，将全球化的历史演变高度概括为 15 世纪之前的全球化的渊源与萌芽时期、15 世纪至 19 世纪 70 年代的全球化成长期、19 世纪 70 年代至 20 世纪 70 年代的全球化成型与反复期、20 世纪 70 年代以来的全球化提升与变革时期。根据该观点，国际社会正处于全球化提升与变革时期，全球化的发展呈现出八个特征：以信息革命为物质技术基础、经济活动具有全球趋向性、非国家政治挑战国家政治、全球生态与环境主题凸显、社会领域公共问题层出不穷、文化的特殊性与普遍性之间相互博弈、全球制度化监管与治理强化、全球公民身份与公民社会的崛起。蔡拓对全球化现象的考察，不仅包括经济发展等器物因素，还注意到了文化、思想、价值观等非器物因素对全球化的影响，弥补了既往西方研究对价值和观念因素的忽略，以及对非西方文化的认知不足。②

借鉴中西方学者之共识，15 世纪后，随着航海技术的发展及现代意义上民族国家的出现，全球化由一种模糊、偶然、单一的现象逐步成为一种常态性的、多向度发展的世界性现象，在不同领域推动了物质和精神文明的全球交往。全球化在演进过程中难免会遭遇阶段性反复，经历了 20 世纪上半叶两次世界大战的冲击，全球化进程一度倒退，但随着二战后全球新秩序的形成，全球生产、全球贸易和全球金融的融合成为常态，全球意识、全球价值和全球观念的影响显著增强。③全球化已渗透至国际社会的政治、军事、经济、文化、环境等各领域。总体而言，全球化的趋势已无法逆转，其时空维度、网络密度及多元主体跨国参与程度均在不断加深，制度转化率也在不断提高。

二、经济全球化与全球化的关系

经济全球化是全球化诸多向度中的一个发展维度，是促进当代全球化全面纵深发展的动力源，其要义在于生产要素在全球范围内的自由流动和合理配置，各种阻碍其流通的壁垒被逐渐消除。从不同角度观察经济全球

---

① 〔美〕罗兰·罗伯森：《全球化：社会理论和全球文化》，梁光严译，上海人民出版社 2000 年版。
② 蔡拓：《全球学与全球治理》，北京大学出版社 2017 年版。
③ 蔡拓：《全球学与全球治理》，北京大学出版社 2017 年版。

化，会有不同的理解。从人类发展史角度看，经济全球化是不同国家、不同地区相互依存度不断加深的历史过程；从资源配置方式角度看，经济全球化是一个政府放松对跨境贸易与投资管制的过程；从经济学理念角度看，经济全球化是人类通过促进要素流动来最大限度地实现贸易收益的努力过程。一言以蔽之，经济全球化指的是人类在充分利用市场机制以实现自身利益最大化过程中提升相互依存度的长期趋势。[①] 经济全球化是生产力发展和国际分工的必然结果，体现为产品、资本、人员、金融、信息等要素的跨国流通。在有关全球化早期的研究中，很多学者甚至将全球经济的形成及经济全球化等同于全球化。

从全球化历史演进来看，国际贸易是全球经济联系和相互依赖的重要形式，国际贸易的快速发展推动了经济全球化进程。早在11世纪，随着欧洲城邦经济的发展，长距离航海贸易日渐活跃，开启了前现代主义的经济全球化进程。15世纪后，新大陆的发现推动英国等欧洲国家在世界范围内扩张殖民地，殖民贸易随之发展，跨境经济活动日渐频繁，但此时支撑经济全球化的制度建设并未充分发展。港口使用、关税、投资准入、移民、度量衡、货币互通等成为制约经济全球化的若干问题。20世纪后，随着美国取代英国成为全球经济霸主，美元本位确立，国际贸易得到进一步发展。

二战以后特别是冷战结束后，以交通、通信及信息技术发展为支撑，人类进入高密度发展的经济全球化时代，国际货物贸易空前活跃。世界各国经济、文化、人员方面的交流日益频繁，发展为相互联系和彼此依赖的"地球村"。经济全球化从规模、范围、领域和深度上不断推进，逐渐变成包含政治、经济、文化等多维度的整体性现象。全球性与现代性的高度融合也成为这个时代的标志。20世纪中期后，跨国直接投资在经济全球化中的比重逐步增加。早期国际直接投资主要表现为发达国家对发展中国家的单向流动。20世纪90年代后，随着新兴经济体的崛起及发达国家彼此投资的增加，北南单一投资格局逐渐为北南、北北、南北和南南多元投资格局所代替。投资活动逐步取代贸易成为全球经济的新增长点，并成为经济全球化中最为重要的一个现象。尽管2008年全球金融危机爆发，全球资源的流动随周期做出适应性调整后，经济全球化进程也并没有中断，而且全球的相互依赖在这一段时期内表现得更为突

---

① 张宇燕：《全球化之殇：涵义、诊断与矫正》，《国际金融》2017年第7期，第3—4页。

出,以至于一些学者预言"再全球化浪潮正在涌来"①。

当代经济全球化主要体现在六个方面。第一是生产全球化。国际生产领域中分工合作及专业化生产的发展,推动了国际生产网络体系的形成,使产品的生产活动单元化、环节化和链条化,广泛分布于世界各国,实现了生产组织的国际化,由此也催生了全球价值链治理的需要。第二是贸易全球化,尤其是货物贸易全球化。在各国经济总量中,出口占国民生产总值的比重日益增加。国际贸易无论是从数量、频率还是从商品范围上均迅速扩张。第三是跨国投资与金融资本全球化。20世纪70年代以来,生产的全球化促使各国放宽了对国际投融资的监管,加速了国际资本流动,跨境投资大幅增加,促进了金融全球化。当然,金融资本的迅速扩张也带来了一些问题,如金融资本与商品资本的分离,并脱离生产发展和需求而迅速膨胀,为全球金融危机的爆发埋下了隐患。目前,世界金融交易量已远远超过了世界贸易量。第四是技术的全球扩散。随着技术进步对经济增长所起的作用越来越大,生产国际化自然会带来对外来技术的引进、吸收和推广。第五是世界经济区块化和集团化。基于规模经济的发展需求,各国间的经济关系越来越紧密,形成了国家间的自由贸易区、关税同盟及经济一体化组织,如欧洲联盟(以下简称欧盟)、欧洲经济区、北美自由贸易区、东南亚国家联盟(以下简称东盟)、海合会、南方共同市场、安第斯集团等。尤其是欧洲经济一体化进程十分显著,从20世纪50年代的欧洲煤钢共同体、欧洲原子能共同体发展至20世纪90年代的欧洲共同体(以下简称欧共体),乃至今天的欧盟。第六是信息全球化。当前,信息已成为除原材料、人力、土地等传统生产要素之外的新型生产要素。电子商务和无纸化交易高度依赖信息流通,信息的占有成为掌握全球经济制高点的一个重要因素。但是,信息自由流通给国家贸易管制和关税征收带来了挑战,以及对个人隐私和人权的潜在影响,使其流通较传统生产要素的流通更具有争议性。

三、全球经济与全球经济问题

全球经济的概念形成于20世纪八九十年代,是全球化进程中的必然现

---

① 例如,张宇燕认为全球金融危机后美国最大限度地利用对自身更为有利的、非中性的国际规则来约束或限制竞争对手的方式,不妨称为"再全球化"。参见张宇燕:《再全球化浪潮正在涌来》,《世界经济与政治》2012年第1期,第1页。

象。相较于20世纪60年代形成的世界经济与国际经济概念，全球经济的内涵一直存在争议。全球经济在内涵上有别于世界经济、国际经济两个高度关联的概念。国际经济是在开放经济条件下，为了实现国家利益最大化，以市场为导向在世界范围内对稀缺资源进行分配，实现国家间商品贸易、金融投资及其他生产要素的流动。世界经济则是从加总的视角描述国家跨越边境的经济活动，亦指人类经济社会发展到一定阶段后处于复杂且相互依存中的各国经济的总和。[①]两者均以民族国家经济为经济主要构成部分，追求本国经济利益的最大化，但前者侧重于微观层面，后者侧重于宏观层面。

全球经济并非从单一国家视角出发，而是关注多维领域的全人类共同利益，具有明显的合作性、协调性和整体性，因此，其参与主体除民族国家之外，还包括跨国公司和全球性经济组织，并认可后者在全球经济组织和生产中的显著作用，以此解决国家所主导的世界经济发展中的公平和效率问题。全球经济可界定为：随着经济全球化的发展，为了实现人类共同利益的最大化、满足人类社会整体性需求、优化配置全球市场要素资源，全球经济主体（如跨国公司）按照一定的经济规律在全球范围内所展开的生产、贸易、金融等经济活动及其过程中所产生的全球一体化趋势及全部经济关系的总和。[②]也可以说，全球经济是经济全球化的物化形态。需要指出的是，当前经济一体化程度距离全球经济概念所描述的理想状态还相距甚远，但不容否认的是，全球经济发展已超越历史上各个阶段国际经济或世界经济的发展，全球经济一体化程度和相互依存程度达到了前所未有的高度。

全球经济一体化给人类带来巨大发展机遇的同时，也带来了严峻的挑战，产生了依靠单一国家力量而无从解决的全球经济问题。信息技术的发展缩短了人类交往的时空距离，促进了不同国家之间政治、经济和文化等各层面的交往，同时诱发了一些国际摩擦和冲突。人工智能、转基因等新技术在改变国家经济增长模式、为人类创造福祉的同时也产生了道德危机和治理真空。经济全球化的发展促进了全球经济增长，全球经济问题也随之凸显，如全球金融危机、全球债务危机、全球发展失衡与收入不公等传统经济问题不断加剧，同时新型问题层出不穷，如全球气候变化、全球公共卫生危机、全球能源危机、跨境有组织犯罪等。

---

① 蔡拓，等：《全球学导论》，北京大学出版社2015年版。
② 蔡拓，等：《全球学导论》，北京大学出版社2015年版。

上述问题主要是经济全球化带来的负面效应，因具有以下三个特征无法依靠单一国家的力量解决。第一，全球性。这些新问题或新现象如全球金融危机或全球气候变化具有强传导性，涉及全球所有国家，仅靠一个或几个国家的能力和资源不足以有效解决。第二，综合性。这些问题一般并非单一的经济问题或单一的社会问题，在问题根源及影响上往往具有综合性，如战争导致的难民问题产生了跨国安全和人权问题，又因安全问题的存在制约了区域经济的恢复和增长；人类依赖化石能源的经济活动导致全球气候的剧烈变化，适应和预防气候变化需要全球经济结构的调整。第三，挑战性。当前人类所面临的全球性问题对人类可持续发展产生了前所未有的挑战，迫切需要超越国家的政府间国际组织、非政府组织、国家、个人突破全球经济治理的传统边界，转换传统治理思路，在新领域、新范式下展开更深层次和更广泛的合作。

世界经济在形成过程中产生了全球经济问题，二战后所建立的布雷顿森林体系尝试对这些经济问题进行事先的规范建立、风险防范和事后的应对、规则治理，一些传统经济问题如贸易和投资壁垒等得到了一定程度的解决，但新型问题不断产生。

（一）全球经济增长动力不足，经济长周期未走出低迷格局

2008 年全球金融危机发生后，在全球宏观经济政策协调下，世界经济在 2010 年增长 5.5%，呈现复苏反弹势头，但是长期增长乏力，其后几年增速持续下降，同时面临着深刻的结构性变化。2016 年，全球经济的年增长速度只有 3.1%（国际货币基金组织按购买力平价计）。2017 年，全球经济增长速度为 3.0%。[①]当前世界经济还没有完全走出全球金融危机的阴影，新的增长动力还未形成。例如，1986—2007 年，世界各国平均年度贸易增长速度是平均年度国民生产总值增长速度的 1.8 倍，而在危机后的 2008—2018 年，各国平均年度贸易增长速度低于平均年度国民生产总值增长速度。在贸易增长速度下降时，全球对外直接投资的规模也在下降，2010 年全球对外投资占全球国民生产总值的 4.8%，2013 年以后只占了 2.8%，下降了约 40%。[②]美国、欧盟、日本等国家和地区的市场消费力因失业率高居不下

---

① 中央人民政府：《联合国发布〈2018 年世界经济形势与展望〉报告 全球经济增长趋强 中国贡献约占三成》，2017 年 12 月 11 日，http://www.gov.cn/xinwen/2017-12/13/content_5246583.htm。

② 朱民：《世界经济：结构性持续低迷》，《国际经济评论》2017 年第 1 期，第 9—22、4 页。

及贸易信贷市场面临紧缩压力而难以恢复。尽管新兴经济体国家的贸易、投资和消费等出现了较发达国家相比更为强劲的反弹，但独木难支，在全球经济缺乏创新动能的背景下，难以改变其持续结构性低迷的状态。

世界经济长期结构性低迷诱发了经济民族主义、贸易保护主义。世界经济长期低迷的根源在于：全球增长动能不足，难以支撑世界经济持续稳定增长；全球经济治理滞后，难以适应世界经济新变化；全球发展失衡，难以满足人们对美好生活的期待。习近平在世界经济论坛2017年年会开幕式上的主旨演讲中指出："坚持创新驱动，打造富有活力的增长模式……坚持协同联动，打造开放共赢的合作模式……坚持与时俱进，打造公正合理的治理模式……坚持公平包容，打造平衡普惠的发展模式。"[①]然而，部分国家因国内经济提振无力而实施的单边贸易保护措施无疑会加重世界经济的结构性低迷。

（二）全球经济依赖性增强，弱势国家面临经济风险增大

全球化增强了各国经济的相互依赖性，增大了各国经济运行的风险，特别是系统性风险的传播、不对称的相互依赖性，使得一些国家，尤其是处于弱势地位的发展中国家，经济主权和经济安全面临新的挑战。在全球化进程中，部分发达国家利用对国际货币基金组织（International Monetary Fund，IMF）、世界银行（World Bank，WB）的控制，对发展中国家的政治经济体制进行干涉，要求其按照本国意图进行改革，给参与改革的国家带来了政治、经济和社会动荡的巨大挑战。例如，美国针对发展中国家政治经济制度转型所提出的"华盛顿共识"，要求参与改革的拉美、东欧、东南亚国家通过压缩财政赤字、重视基建、降低边际税率、利率和汇率市场化、贸易自由化、放宽外资准入限制、国有企业私有化改革等实现政治经济体制的转型，并通过世界银行、国际货币基金组织的贷款项目强行推行这项政策，试图用美国的新自由主义模式改造发展中国家。然而，阿根廷解除贸易出口限制、实行大规模的私有化政策、开放金融和资本市场，并没有使其恢复至战前准发达国家地位，反而使其陷入债务危机之中，巨额的财政赤字使阿根廷陷入经济困境。此后，东南亚国家、俄罗斯及希腊国内改革也因过于信任新自由主义政策，加之欠缺应对系统性风险的能力，

---

① 习近平：《习近平出席世界经济论坛2017年年会开幕式并发表主旨演讲》，《人民日报》2017年1月18日，第1版。

改革纷纷以失败告终。

(三)开放型经济受阻,经济民族主义和贸易保护主义抬头

2016年以来,受经济民族主义的影响,全球经贸问题出现了政治化与意识形态化的发展倾向,其具体表现为英国脱欧、美国退出世界卫生组织风波等。

国际再分配和国内再分配制度的缺位增加了全球经济运行的风险,还致使贸易保护主义势力抬头。比如,新技术革命等原因带来的国家经济结构转型,造成发达国家制造业"空心化"严重、相关产业的劳工失业、利益受损严重。发达国家回避本国再分配制度的缺位,而将制造业利益受损的原因归结为非公平国际贸易,形形色色的贸易保护主义有所抬头。例如,美国服务业中,金融、医疗、信息技术、贸易、商业咨询等子行业的雇员收入迅速增加,而零售业和一般性服务业的雇员收入则长时间没有提高;制造业中,收入较高的中产阶级蓝领工人呈现萎缩的趋势。2008年全球金融危机爆发,美国中产阶级家庭的收入出现大幅下降,2011年美国家庭年收入中位数为49 103美元,剔除通货膨胀因素之后,与2000年相比,减少了4000美元,但同期金融行业的收入增长则远远超出这个数字;美国家庭资产净值中值则从2007年的125 000美元下跌至2009年的96 000美元。[1]发达国家国内财富分配的不平衡,尤其是中产阶级收入的下降成为本轮"逆全球化"现象的推手,而发达国家将这种收入分配不均一味地归咎于新兴经济体的崛起,并通过各种贸易保护主义手段来掩盖国内制度问题和分配不公。

例如,2008年全球金融危机爆发后美欧国家和地区滥用贸易救济措施,仅对中国企业就发起了几十起反倾销调查,并在调查中使用歧视性的"替代国比价"方法,使中国企业承受了高于正常比价方法的反倾销税。根据《中华人民共和国加入世界贸易组织议定书》第15条的规定,2016年12月11日美欧针对中国在反倾销认定及计税中实施的"替代国规则"应予废止。美国和欧盟另起炉灶,采取了"市场扰乱""市场扭曲"为标准的特殊贸易救济措施,换汤不换药,公然违反WTO协定义务。又如,2017年特朗普政府以中国国有经济发展模式威胁美国"国家安全"为由,试图修订美国外资并购安全审查制度,严格审查中国对美资企业的外资

---

[1] 资料来源:美国人口普查局网站。

并购，尤其是涉及技术转让的外资并购，并重启对中国的"301调查"。再如，2018年美国对钢铁及铝制品进口分别加征25%和10%的关税①，以此为要挟，修订《北美自由贸易协定》《美韩自由贸易协定》，要求加拿大、韩国、墨西哥等自愿约束本国对美国的钢铁、汽车出口。韩国为豁免加征的关税，被迫承诺将韩国对美国出口的钢铁制品控制在2017年水平的70%之内，并逐年减少，同时以配额方式约束韩国对美国的汽车出口。这些单边贸易保护主义措施扭曲了全球经济的市场资源配置功能，使全球经济面临更为严峻的下行风险。

（四）多边经济合作受阻，全球经济合作机制碎片化

布雷顿森林体系多边贸易制度发展滞后，多边贸易谈判迟迟未能突破。制约发展中国家贸易能力的传统贸易问题如农产品补贴问题依然存在，新型贸易问题如投资、金融、竞争等不断产生。农产品补贴问题一直是世界贸易组织成员间多哈回合贸易谈判悬而未决的一项重要议题，发展中国家希望发达国家降低甚至取消农业补贴、开放农业市场，而发达国家却始终没有做出真正的让步，多哈回合贸易谈判长达16年，最终在内罗毕部长级会议就取消农产品出口补贴、出口融资支持、棉花、国际粮食援助等方面，达成了新的多边协定。根据2015年内罗毕部长级会议签订的《农业出口竞争决定》，发达国家必须立即取消农产品补贴政策，发展中国家须在2018年底前终结对农产品的直接出口支持，并根据发展中国家发展状况，部分最不发达国家被允许适用农产品出口支持措施，在2023年前必须取消这些支持措施。值得注意的是，内罗毕部长级会议达成的多边谈判成果并不能完全解决欧美各类隐形农产品补贴及农产品配额制度的问题。

由于多边贸易谈判受阻，美国、欧盟等高标准区域贸易协定在多边贸易制度之外不断构建新规则，在一定程度上加剧了贸易规则的碎片化和区块化，并扭曲了贸易及投资流向。根据Henrik等对美国和欧盟20世纪末以来区域协定的调研，区域贸易协定谈判议题已超过50个，在传统贸易及投资议题之外，既涵盖反垄断、中小企业经济发展等相对宏观的经济议题，

---

① 2018年3月，美国宣布对进口的钢铁和铝制品分别加征25%和10%的关税。倘若美国的贸易伙伴方接受美国设定的条件，便可获得钢铁和铝制品加征税收豁免。这些条件是：对美钢铝出口不超过2017年水平；积极解决中国各种扭曲贸易的政策；在G20全球钢铁论坛上与美国积极合作；与美国合作，在WTO对中国提起申诉；加强与美国的安全合作。当前加拿大、墨西哥及澳大利亚已接受美国的条件。

也涵盖反腐败、环境、劳工等非经济议题，谈判重心落在边境后管制措施所实际授予的待遇上。[①]无论是美国所主导的跨太平洋伙伴关系协定（Trans-Pacific Partnership Agreement，TPP）还是欧盟与加拿大达成的全面经济与贸易协定（Comprehensive Economic and Trade Agreement，CETA），均全数囊括前述议题。高标准自由贸易协定经贸规则议题的大幅扩充源于国际贸易结构及发达国家在全球价值链中地位的转变。基于离岸外包及价值链整合取代成品贸易成为主要经贸形式，发达国家的竞争优势由制造业转向服务和技术贸易，因而在自由贸易协定法律建构中，提高发展中国家服务业及投资开放水平，扩大并延长知识产权保护范围和年限，输出本国竞争政策，改善发展中国家反腐败立法、提高行政透明度等成为发达国家全球经济治理转型的利益所在。随着国际合作机制的碎片化，新议题和新规则谈判与构建呈区块化，欠缺对发展中国家发展阶段和发展诉求的考虑，致使贸易、投资和金融治理存在着对发展中国家的结构性歧视，在一定程度上削弱了多边合作机制的权威性和有效性。

总而言之，全球化打破了国家的疆域和边界，促进了人才、物品、资本、技术等生产要素的全球流通，增加了人类财富和居民收入，但也使人类面临着日益复杂的经济和社会环境问题，使国家之间尤其是大国之间充满着摩擦、竞争、制约与合作关系。2018年以来，美国政府不仅对我国挑起贸易摩擦，还四面出击，多边贸易规则受到了严重破坏，以传统规则为基础的全球贸易体系遭遇到前所未有的挑战。如何协调这一严峻的全球性问题，关系到每个国家、每个民族的福祉和发展，也是全球经济治理面临的重要且紧迫的问题。

四、全球经济治理理论

全球经济问题的出现使全球经济治理成为国际社会的切实关切和需要。全球经济治理理论脱胎于20世纪90年代兴起的全球治理理论，是全球治理理论的重要组成部分。由于全球经济合作的普遍性、先导性和重要性，这一源于经济全球化进程及其政策合作实践的理论系统，具有相对的独立性。

---

① Henrik H, Mavroidis P C, Sapir A, "Beyond the WTO? An Anatomy of the EU and US Preferential Trade Agreements", *The World Economy (TWE)*, Vol. 30, No. 1, 2010, pp. 1565-1588.

（一）全球治理理论

20世纪90年代初，社会党国际主席、国际发展委员会主席勃兰特率先将"治理"这一概念从企业管理上移植到国际政治领域；1992年，华盛顿大学教授罗西瑙出版的《没有政府的治理》一书，系统地论述了全球治理理论，成为这一领域的奠基之作。罗西瑙认为，全球治理包括通过控制、追求目标及产生跨国影响的各层次人类活动——由家庭到国际组织的规则系统，甚至包括被卷入更加相互依赖、急剧增加的世界网络的规则系统[①]。1995年，联合国全球治理委员会发表了题为《天涯若比邻》的报告，这一研究报告系统地阐述了全球治理的概念、价值，以及全球治理与全球安全、经济全球化、联合国改革和加强全世界法治的关系。治理概念的诞生与全球化密切相关，它描述了传统国内政府统治之外的一种善治愿景。我国学者蔡拓认为，促进全球治理理论形成的三个重要因素分别为全球化的推动、全球性问题的挑战及民主化认知[②]。全球治理就是以人类整体论和共同利益论为价值导向，多元行为体平等对话、协商合作，共同应对全球变革和全球挑战的一种新的管理人类公共事务的规则、机制、方法与活动[③]。俞可平认为，随着全球化时代的到来，人类政治生活重心发生了巨大改变，由统治走向治理，由善政走向善治，由政府统治走向没有政府的治理，由民族国家政府的治理走向全球治理[④]。因此，无论是从时空还是从价值和观念来看，全球治理均与全球化具有密不可分的内在逻辑关联。

第一，全球治理源于对全球问题和公共事务协商、处理与解决的需要[⑤]。全球性问题主要是全球化引起的，全球治理的提出反映了国际社会对全球秩序的向往和对全球性问题的担忧，是无世界政府状态下对世界秩序的有目的和有意向的塑造，这一理论是在20世纪80年代末90年代初的全球化高涨时期，以新自由主义理论为基础形成的。在这一语境下，治理区别于统治而具有特别的含义，治理具有权威主体的多元性、权威性质的非强制性、

[①] 〔美〕詹姆斯·N.罗西瑙：《没有政府的治理》，张胜军、刘小林，等译，江西人民出版社2001年版。
[②] 蔡拓主编：《全球治理与中国公共事务管理的变革》，天津人民出版社2005年版。
[③] 蔡拓：《全球治理的中国视角与实践》，《中国社会科学》2004年第1期，第94—106、207页。
[④] 俞可平主编：《全球化：全球治理》，社会科学文献出版社2003年版。
[⑤] 陈伟光：《全球治理与全球经济治理：若干问题的思考》，《教学与研究》2014年第2期，第53—61页。

权威来源的契约性、权威运行向度的双向性及作用范围的广泛性。①全球治理强调的是与政府统治相区别的无政府状态下的世界政治,其主体的多元性不仅从国家拓展到超国家的各类国际组织,而且包括跨国公司及全球公民社会;其方式强调的是基于规则的治理;其目标强调的是公平和有效的善治。

第二,从全球化和全球治理的关系来看,全球化是因,全球治理是果②。全球化主要遵循经济的逻辑,全球治理主要体现政治的向度。全球化与全球治理的关系说明,只有这两者相适应,全球化进程才能顺利推进。历史经验也表明,20世纪30年代的经济大萧条引发的贸易保护主义,西方国家没有协调好治理,导致了上一轮的全球化的中断,1945年二战结束后以布雷顿森林体系为基础的规则体系,为全球贸易和金融运行奠定了制度基础,推动了新近一轮全球化的极大发展。2008年全球金融危机的爆发及随后的全球经济长期低迷,又反映出了传统的全球治理体系不适应新的世界格局和全球化发展的需要。

第三,从更深层次的意义上讲,全球治理并非全球化的被动应对,全球治理以管理和促进全球化为宗旨,但反对继续实行领土——政治的控制③。作为全球化社会的上层建筑,全球治理源自全球化并超越于全球化,全球性问题也并非都直接源自全球化,如全球气候治理领域内,温室气体的排放并不是全球化的直接结果,太空、极地和深海等全球性问题也是如此,所以,全球治理超越于全球化效应并体现于对全球公域的共同管理。

(二)全球经济治理理论的形成

全球经济治理作为从全球治理派生出来的概念,在治理目标、治理主体、治理对象、治理内容和治理机制方面与全球治理存在不可分割的统一性而又有区分的边界。全球经济治理服务于以维护人类安全、和平、发展、福利、平等和人权为宗旨的全球治理总目标,但更侧重于降低全球经济运行的风险、维护经济安全稳定、保持经济持续发展和收入公平从而共同塑

---

① 俞可平:《国家治理现代化的若干问题(上)》,《福建日报》2014年6月16日,求是版。
② 赵晨:《并未反转的全球治理——论全球化与全球治理地域性的关系》,《欧洲研究》2014年第5期,第1—13、165页。
③ 王学玉:《新地区主义——在国家与全球化之间架起桥梁》,《世界经济与政治》2004年第1期,第36—40、5页。

造全球经济秩序的具体目标。从治理对象和治理内容来看,全球治理主要应对全球性问题和挑战,构筑国际社会公共安全防护体系等;全球经济治理主要是在经济全球化的背景下维护全球经济的增长、稳定、均衡和公平,纠正全球经济的失衡,缩小全球收入差距。[①]从治理机制来看,全球经济治理机制相对全球治理其他领域而言,更为成熟、丰富,全球治理机制很多是在全球经济治理机制的基础上逐步发展而来的[②]。

与全球治理一样,全球经济治理的理论源于经济治理实践的规律性总结和提炼。二战后布雷顿森林体系的建立,宣告全球经济治理的基本制度的形成。此时的全球经济治理主要是美国霸权下的治理,虽为多边制度,但因参与主体有限而无多边治理之实。1999年,为应对东亚金融危机而成立的G20非正式部长级会议,意味着真正意义上的全球经济治理开始起步。2008年全球金融危机发生后,G20首脑峰会的召开,标志着具有全球意义的全球经济治理的正式启动,是全球经济南北共治的开端,中国正式成为全球经济治理的重要参与者。此后,全球经济治理的理念和术语在多种场合下被广泛运用,以全球经济治理为主题的研究日渐丰富,全球经济治理理论成为全球治理中更具独立性的研究领域[③]。

当前,全球经济治理的理论研究主要围绕全球经济治理的实践、治理机制的不足及改革路径。例如,伍茨认为,全球经济治理的改善应充分发挥世界贸易组织、国际货币基金组织、世界银行等国际组织的作用,改善这些国际组织的治理结构,从议题设定、决策和执行过程、领导人遴选等方面改进这些多边组织贸易于货币金融治理的效率与民主性。[④] 一些学者认为,全球经济治理目前在三种模式下推进,分别为超国家组织模式、网络模式及垄断模式。在这三种模式的共同作用下构成了当前全球经济治理的现状。近年来,我国学者不断加强对全球经济治理领域的研究,并取得

---

① 陈伟光:《全球治理与全球经济治理:若干问题的思考》,《教学与研究》2014年第2期,第53—61页。

② 例如,G7(后改为G8)和G20主要为国际经济对话的平台,后来2006年伊核问题、朝核问题、巴以冲突问题及全球能源安全问题等,被列入G8的讨论日程。2008年,G8在全球经济问题之外,讨论了气候变化、粮食安全和能源安全问题。

③ 以"global economic governance"为关键词,在Web of Science核心合集,选择SSCI、SCIE、ISTP进行检索,得到70多篇文献,其中,发表时间主要集中在2012年后,最早的发表于2001年,中国学者的研究成果主要在2011年后。

④ 〔美〕奈瑞·伍茨:《全球经济治理:强化多边制度》,曲博译,《外交评论(外交学院学报)》2008年第6期,第82—95、5页。

了丰硕的成果。首先，界定了全球治理与全球经济治理的内涵。例如，陈伟光分析了全球经济治理的特征、内容及目标以明晰其概念构成。他认为全球经济治理的执行主体更强调各国政府的共治，特别是带有超越主权意义的正式国际组织（国际货币基金组织、世界贸易组织、世界银行）及各种全球性和区域性的合作平台。从治理目标和治理内容上看，全球经济治理主要是在经济全球化的背景下维护全球经济的稳定、均衡和公平，纠正全球经济的失衡和缩小全球收入差距，主要内容包括全球贸易治理、全球金融治理、全球投资治理和全球产业治理。①广东国际战略研究院课题组等认为全球经济治理是国家和非国家行为体按照一定制度规范对全球或跨国经济领域内共同问题的治理。经济领域的共同问题是指经济总量和结构的失衡和相应的各国宏观经济政策的协调与经济援助问题，以及金融、贸易、国际产业分工等领域竞争和合作中的问题。所谓治理，其方式强调的是不存在世界政府条件下的多元合作共治，即各主权国家、国家集团、全球公民社会、跨国公司等共同协商使不同的利益得以调和，并采取集体行动的过程。②裴长洪认为可以把全球经济治理理解为全球治理在经济领域的应用和延伸，是经济活动与治理关系的反映③。

总而言之，全球经济治理是对经济全球化进程中全球市场的一种协调、管理和引导，是对市场经济失灵的一种调节及经济运行结果不公平的一种合理纠正机制，是政府干预、调节和规制国内经济在全球范围内的扩展，体现了以规则和制度为基础的共同治理。全球经济治理强调各国政府的合作共治，带有超越主权意义的正式国际组织（如国际货币基金组织、世界贸易组织及世界银行）及各种全球性和区域性的合作平台（如 G20 金砖国家峰会等）是重要的治理主体。全球经济治理理论产生于全球治理理论，但鉴于全球经济治理的合作实践的先行性、深入性，全球经济治理无论是在理论研究还是在制度发展方面均具有相对独立性，在其发展过程中逐渐从全球治理的理论体系中分离出来，形成了一套自成体系的理论范畴和研究范式，全球经济治理及其改革成为理论界的研究热点和国际社会广泛关注的议题。

---

① 陈伟光：《全球治理与全球经济治理：若干问题的思考》，《教学与研究》2014 年第 2 期，第 53—61 页。
② 广东国际战略研究院课题组、隋广军、陈伟光，等：《中国参与全球经济治理的战略：未来 10～15 年》，《改革》2014 年第 5 期，第 51—67 页。
③ 裴长洪：《全球经济治理、公共品与中国扩大开放》，《经济研究》2014 年第 3 期，第 4—19 页。

第二节　全球经济治理研究的逻辑前提

厘清全球经济治理的历史背景及相关概念之间的关系是研究全球经济治理的必要前提；同时，必须在本体论、认识论和方法论层面把握全球经济治理的要义，这是全球经济治理理论研究的基本问题。具体而言，全球经济治理理论研究需要明晰全球经济治理的基本概念、提出前提假设、确定研究方法，进而构建其研究范式。

一、全球经济治理基本概念界定

全球经济治理的基本概念界定是全球经济治理本体论的问题，主要解释全球经济治理的内涵和外延。具体而言，其旨在解决全球经济治理的目标是什么、谁参与其中、解决什么问题、依据什么方法。

全球经济治理旨在维护安全稳定的世界经济、保持全球经济持续增长、促进收入公平分配，进而塑造稳定、公平及可持续发展的全球经济秩序。因此，其基本宗旨在于通过货币金融、贸易投资、电子商务、产业分工、数据流通、可持续发展等领域的国际协调机制，矫正全球经济总量和结构的失衡，防范和处理全球经济金融系统性风险，维护和保持世界经济持续健康增长，以实现世界各国的共同和普惠发展。

为实现前述目标，全球经济治理在参与主体上呈现出多元主体共治的特征，以能充分发挥在无世界政府状态下主权国家、国家集团、政府间国际组织、非政府组织、跨国公司等不同主体的优势和作用。各国政府尤其是大国为全球经济治理公共产品的主要供应者，政府间国际组织（国际货币基金组织、世界贸易组织、世界银行等）在全球经济治理中发挥着协调国际关系、组织贸易谈判、应对金融危机、处理国家间争端和纠纷等作用。跨国公司是全球经济的主要参与者，并通过影响本国政府对外谈判政策、制定自治贸易投资规范等方式促进全球经济治理各项规则的形成。非政府组织被誉为国际社会的"第三种力量"，它们通过信息提供、专业建议等方式提请政府及跨国公司关注贸易投资对环境、人权等问题的影响，促使全球经济治理的善治和良治。

近年来，全球经济治理所覆盖的内容不断扩充。在传统货币金融、贸易、投资议题之外,知识产权、电子商务、数据流通、政府采购、环境保护、劳工等议题不断涌现,成为全球经济治理的新领域。随着全球经济模式及价值链的进一步整合,全球经济治理重心也随之改变,一些新议题在全球经济治理中的重要性日益凸显。

当前,全球经济治理主要借助于各类多边、区域、跨区域、双边合作机制。布雷顿森林体系多边合作机制为全球经济治理的主要合作机制。G20则提供了发达国家和发展中国家南北共治的平台,并在全球经济治理中发挥着越来越显著的作用。区域、跨区域及双边贸易投资协定则是高标准贸易、金融、投资规则产生的引擎。

综上所述,全球经济治理是国家、政府间国际组织、非政府组织、跨国公司等,为建立稳定、公平及可持续发展的全球经济秩序,促进全球经济持续增长,推动世界各国普惠发展,按照一定的制度规范对全球领域内如宏观调控、金融、贸易、投资、产业、资源及可持续发展等各类经济问题凭借不同合作机制进行的治理。

二、全球经济治理研究的前提假设

假设1:国际社会处于无政府状态[1]。当今国际社会,没有一个全球性的政府来管理全球事务,"无政府的治理"是目前全球治理的本质特征。尽管一些学者、科学精英对未来全球性政府或带有全球性政府色彩的超国家机构做出构想,目前在区域层面上亦出现了欧盟这样的超国家宪政性组织[2],但区域性集团的出现并没有改变国际社会以国家为基本单元的事实,全球政府构想更多属于理念层面的构建,"无政府的治理"模式还将在全球治理进程中长期存在。[3]当然,无政府状态并不意味着全球经济治理的无秩序或无效率,全球经济治理的有效性仍可基于国际制度的有效供给和执行获得保障。

假设2:全球是开放的经济体系。两次世界大战后,尽管全球经济发展曾受到资本主义和社会主义两大阵营的意识形态隔离,但随着冷战的结束,互不往来的两套平行的经济体系不复存在,许多发展中国家和一些转型国家加入了自由市场经济体系,不同程度地开放融入,成为全球经济的

---

[1] 〔美〕肯尼思·华尔兹:《国际政治理论》,信强译,上海世纪出版社2003年版。
[2] 庞中英:《"全球政府":一种根本而有效的全球治理手段?》,《国际观察》2011年第6期,第16—23页。该文引述了科学家爱因斯坦和诺贝尔物理学奖得主格罗斯的观点。
[3] 陈伟光:《全球治理与全球经济治理:若干问题的思考》,《教学与研究》2014年第2期,第53—61页。

组成部分。全球范围内的产业重组、资本流动、要素转移、技术合作和人才流动加快。可以说,开放型经济体系是经济全球化及其治理的必要前提,也是世界各国通力合作增进全球经济治理效率和合法性的原因。

假设3:国家是全球经济治理的基本主体。在当前世界政治中,国家是最重要的行为体[1],尽管全球经济治理的主体还包括政府间国际组织、非政府组织、跨国公司、全球公民社会等非国家行为体,并形成了跨政府网络,如布雷顿体系的三大国际组织是战后全球经济治理的制度支撑,但行使主导权的仍为国家,尤其是大国。国家在全球经济治理中处于核心地位,是国际关系的施动者[2],是全球经济治理权力的重要博弈方,是全球经济主要制度的设计者和运作者。国家之间的合作与竞争决定着全球经济治理的导向。

假设4:国家是理性的[3]。与理性的经济人假设类似,在国际社会中,国家作为国际关系分析的基本单元,服从国家利益目标,并具有相应的成本收益核算能力,尽管国家对利益的追求、计算和权衡受限于一定的约束条件,如外部环境的制约、信息的不完全、未来的不确定性等[4]。但是,国家理性并不意味着国家决策的绝对自私自利性,或国家将在任何场合下均追求本国利益的最大化。国家之间的相互依赖使国际合作成为可能,也使大国主导的全球经济制制度在私人产品之外,还具有公共产品属性,这有利于维护参与者的共同利益。[5]全球经济治理的制度文化,尤其是法治文化还具有其独立品格。人类对全球经济治理善治和良治的追求,意味着国家理性并不完全追求自利,还在绝对利益和相对利益、长远利益和短期利益、观念利益和物质利益之间取舍,做出理性的抉择。

假设5:共同利益的存在性。经济全球化进程中所萌生的对全人类共同利益超越社会制度和意识形态分野,成为不同国家与民族的共同关切[6],也使各国的相互依赖性不断增强。单一国家难以实现全球经济治理公共

---

[1] 〔美〕罗伯特·O. 基欧汉:《局部全球化世界中的自由主义、权力与治理》,门洪华译,北京大学出版社2004年版。

[2] 〔美〕亚历山大·温特:《国际政治的社会理论》,秦亚青译,上海人民出版社2000年版。

[3] Herbert A S, "A behavioral Model of Rational Choice", *Quarterly Journal of Economics*, Vol. 69, No. 1,1995, pp. 99-118.

[4] 徐秀军:《新兴经济体与全球经济治理结构转型》,《世界经济与政治》2012年第10期,第49—79、157—158页。

[5] 李巍:《制度之战:战略竞争时代的中美关系》,社会科学文献出版社2016年版。

[6] 董漫远:《全人类共同利益与中国的和平发展》,《国际问题研究》2005年第5期,第15—21、71页。

产品的垄断性供给，也无法解决全球经济治理中的消除贫困、预防和应对金融危机等全球性问题。近年来，国家之间非零和博弈成分也在增加。国家群体之间普遍存在的共同利益是全球合作与治理的前提。在全球经济治理中，各博弈者之间存在共同但有区别的利益，在互动中寻求共识（共同利益）。①

假设 6：制度非中性。对制度的参与者而言，制度所规定的和分配的权力与利益往往不尽相同，不同的行为体在其中所获得利益不同便是制度非中性的表现。②对于那些已经在现有制度中获益的参与者必然会尽力维护制度的稳定性与延续性，以保持自身在其中的利益。正是基于制度的非中性，当全球经济治理结构发生变化推动新旧制度更替和转换时，会遭遇来自权力、观念和制度层面的障碍，制度竞争成为全球经济治理的常态。

假设 7：规则为基础的治理。规则治理是全球经济治理的主要方式，国际制度在当代国际关系中发挥着重要作用。③无政府状态下的合作是通过规则来管理世界的，没有规则，便无从治理，全球治理面临的一个挑战即规则供应在数量和质量上都滞后于需求。④

假设 8：全球经济治理转型受权力、观念和制度的影响。首先，当前全球经济治理处于转型中，全球经济治理范式及制度变化需获得一定数目国家的认同，需满足一定程度的权力集中。⑤20 世纪 70 年代以来，美国的全球霸权地位因经济持续衰落丧失了单级垄断全球经济治理权力的实力⑥。崛起国因权力上升产生了供给全球经济治理公共产品及改革现有治理结构的意愿。全球经济治理中，经济实力影响经济制度的形成，但仅仅拥有经济、军事和观念资源，并不能转化为影响力本身。⑦其次，观念塑造国家在

---

① 张宇燕、任琳：《全球治理：一个理论分析框架》，《国际政治科学》2015 年第 3 期，第 1—29 页。

② 张宇燕：《利益集团与制度非中性》，《改革》1994 年第 2 期，第 10 页。

③ 王正毅：《亚洲区域化：从理性主义走向社会建构主义？——从国际政治经济学的角度看》，《世界经济与政治》2003 年第 5 期，第 4—10、77 页。

④ 秦亚青：《全球治理失灵与秩序理念的重建》，《世界经济与政治》2013 年第 4 期，第 4—18、156 页。

⑤ 黄济生、殷德生：《国际货币制度变迁：一个新制度经济学的分析框架》，《华东师范大学学报（哲学社会科学版）》2000 年第 4 期，第 68—74、126—127 页。

⑥ Wallerstein I, *The Decline of American Power: The U. S. in a Chaotic World*, New York: New Press, 2003.

⑦〔德〕托马斯·里斯：《全球化与权力：社会建构主义的视角》，肖莹莹译，《世界经济与政治》2013 年第 10 期，第 24—37、156—157 页。

国际社会中的身份，进而建构其利益，国际经济制度则是制度供给国内在观念的输出和外化。观念表现为行为体的主观意志和价值判断，在国际经济交往中，嵌套在制度中的观念体现为意识形态、价值观念、商业道德等，如"华盛顿共识"、TPP 协定中的国有企业竞争中立等观念，都深嵌于西方制度设计和政策实施中。最后，制度是协调共同利益与引导集体行动的纽带，也是利益分配的工具。全球经济治理中，具有举足轻重地位的多边国际组织往往是大国提供的用以协调各方利益的公共产品。但是，制度在运行中会产生相对收益差异，由此改变国家行为体对制度本身的认知乃至改变国家实力，从而引发全球经济治理转型。

三、全球经济治理研究的方法论基础

作为典型的问题导向型命题，全球经济治理的理论大厦不能局限在单一学科中建构。跨学科和多学科研究路径、整体性路径、多范式路径是全球经济治理研究的合理取向。基于此，1968 年欧洲 10 个国家的 30 多名科学家、社会学家、经济学家和计划专家，聚集在罗马林奇科学院探讨什么是全球性问题，以及如何开展全球性问题研究，并建立了罗马俱乐部。罗马俱乐部的成立被视为全球学研究的兴起，也体现出了全球性问题的解决及全球经济治理均不能仅依靠某一单一学科的知识和方法。作为一个学术问题，全球治理所需的知识系统客观上涵盖了法学（含政治学）、经济学、管理学、哲学、历史学、社会学、统计学等学科门类，任何单独一门学科都无法全面、准确和深入地构建其理论系统，难以从整体上担当这一综合性课题的研究重任，对其研究需要探索一条跨学科交叉融合的研究路径。

当前，全球经济治理的研究主要见诸国际关系、应用经济学、国际法学和社会学的研究中。其中，国际关系中的现实主义、自由主义及建构主义为全球经济治理提供了三种主要的分析范式。

多元行为体组成的集团存在着共同利益和冲突利益，尤其是在日益多极化的既相互依存又相互竞争的世界里，采用博弈论工具分析国家参与全球经济治理的策略动机，为国家参与全球经济治理提供一致预测性，以寻求共同利益和冲突利益的均衡解，破解全球经济治理中集体行动的难题。同时，其还为我们讨论大国与小国在国际规则制定过程中的博弈提供了强有力的分析工具。①

---

① 张宇燕：《全球治理：人类共同利益与冲突利益并存》，《探索与争鸣》2016 年第 5 期，第 69—70 页。

国际法学规范分析方法对从微观层面解析布雷顿森林体系的贸易、货币金融制度的规范构成和权利义务提供了基础方法，并为评价全球经济治理的合法性提供了价值评价标准。Frank 指出，合法性有着"遵守的引力"，与违法或违约的引力相对抗①。社会契约论认为法律是社会契约，对接受其约束的人生效。因此，国家有义务遵守其认可的国际法规则，并承担国际经济制度尤其是多边经济制度下的义务。这为全球经济治理提供了法律依据。

在社会学中，尤其是后现代主义社会学研究解释了全球经济治理中的"第三种力量"——非政府组织和市民社会的兴起，其话语权研究更是为全球经济治理话语权研究提供了启迪。哲学研究也为全球经济治理研究提供了上层建筑。其中，有关世界是物质的还是精神的本体论，开创了全球经济治理现实主义和建构主义两大学派，其方法论和认识论为构建全球经济治理的学科体系提供了指导。此外，管理学理论特别是公共管理学的原理及研究方法为全球经济治理研究提供了多维度、跨学科的方法。

目前全球经济治理研究基本上是运用规范的研究方法，更多是价值判断和应然性讨论，在实证上主要是基于传统的哲学和历史分析方法，还处于前实证阶段。尽管这种以形式逻辑对现象进行分析和归纳的思辨分析方法直观明了，比较容易形成见仁见智的学术思想，但也存在未经排伪的因果结论和难以证伪的理论命题，难以形成逻辑缜密的、能够经受实证检验的科学理论，这不利于国际标准的学术对话系统的建立。随着全球经济治理研究的深入，有待于经验分析和先进的实证方法引入，这也是从传统学术向现代科学转变的分水岭。②

第三节　全球经济治理范式的提出

狭义上讲，范式（paradigm）是指某一特定学科的科学家所共有的基本世界观，它是由其特有的观察角度、基本假设、概念体系和研究方式构成的，反映了科学家看待和解释世界的基本方式。范式研究在社会科学研

---

① Frank T M, "Legitimacy in the International System", *American Journal of International Law*, Vol. 82, No. 4, 1988, p. 738.
② 陈伟光：《全球治理与全球经济治理：若干问题的思考》，《教学与研究》2014 年第 2 期，第 53—61 页。

究中，如经济学、社会学及法学研究中较为常见。广义上讲，范式是基于本体论、认识论和方法论过滤而提炼出的总体式样与基本模式。

一、什么是全球经济治理范式

作为一种实践活动，全球经济治理的范式是该体系的本质特征和内在表现。提出范式论的主要人物 Kuhn 认为，范式是为特定的、连贯的科学研究提供的模型或模式，是某些为科学实践所接受的范例，包括定律、理论、应用和仪器。[1]学科的理论范式，从哲学意义上来讲，主要包括本体论、认识论和方法论三个层面。本体论主要揭示学科研究的本质和形式，认识论主要揭示学科研究对象如何认知，方法论则涉及该学科研究所使用的方法。

范式理论形成后，在不同学科内掀起了一股范式研究的热潮。范式的形成一度被认为是学科研究成熟化和系统化的标志。但是，范式研究具有自足性的特征，学者一旦接受某一范式研究，其研究思路、理论依据、使用的核心概念均会受到特定范式框架的影响，因此，不同范式之间不可通约，建立在范式基础上的学科研究，不同的思想流派之间是迥异的。

全球经济治理作为一个新兴研究领域或范畴，浸蕴生产于国际政治和国际关系理论研究中。国际政治经济传统理论范式主要讨论国际关系主体行为与结果之间的因果关系，影响最大的三个理论范式分别是现实主义、自由制度主义和建构主义。华尔兹的新现实主义首先把国际关系的决定因素划归为系统权力和利益结构，后来基欧汉引入国际制度因素弥补了结构理论的不足。温特的建构主义则将文化和观念引入国际关系理论，试图为主体性争得了更大的领地。[2]三大理论范式分别从器物、制度及观念三个层面对国际关系的主体论进行了构建，进而影响其认识论和方法论。

现实主义认为，在无世界政府状态下，没有一个权威的政府能够制定和强制执行规则。国际合作是国家间权力冲突的派生物，国家间联盟的形成往往是权力均势的结果。二战结束后，早期的机制是建立在美国的政治霸权基础上的。20 世纪 60 年代中期之后，基于美国霸权实力的下降，削弱了其试图创造秩序的能力，既有的国际机制也相应地出现了衰弱。因此，权力无论是军事实力还是经济强制力量都是决定国际政治格局的最重要因素。

---

[1] Kuhn T S, *The Structure of Scientific Revolution*, Chicago: University of Chicago Press, 1970, p. 11.
[2] 杨少华：《国际关系研究的复杂范式》，《世界经济与政治》2007 年第 8 期，第 35—41、4 页。

自由主义认为，一个开放的国际政治经济体系，涉及基于国家主权的国际规则与制度，为国际合作提供了动力机制，同时会影响国家的国内制度。自由主义与现实主义一样，着重解释单独的、自利行动单位的行为，但与现实主义不同的是，自由主义不仅关注国家，还关注私人组织、社会团体，自由主义并不强调军事力量的重要性，而是寻求发现有着特殊利益的单独行为体可以自己组织起来提高经济效益、避免毁灭性的物质冲突。①自由主义被现实主义评价为有乌托邦主义的倾向。

建构主义在国际关系理论中吸收了社会学理论，其最基本的假设命题是"人构建了社会，同时社会也构建了人"，即国际社会行为体和结构之间存在互构关系，在全球治理结构形成中起关键作用的是观念，而不是物质性因素。建构主义创设人温特强调国际社会施动者与结果关系的互动②，为分析行为体的行为与国际结构之间的相互支配及影响提供了一个研究框架，以便分析以"规范"形式存在国际体系层次的观念结构是如何影响国家行为体的③。可见，现实主义和自由主义均承认无政府状态是一种物质的状态，忽视了观念或文化规则的作用，而这些恰恰都是建构主义所强调和重视的，即建构主义侧重从非物质角度看待国际关系的变化。

国际关系的三大理论对全球经济治理做出了不同维度的分析，分别强调权力、制度及观念对国际社会结构的影响，形成了三种研究范式。全球经济治理问题恰是可在现实主义、自由主义和建构主义之间建立"联系"的研究议题，但三大范式彼此间固有的范式隔阂和不可通约性不利于现实性强的全球经济治理复杂问题的研究。

二、全球经济治理研究范式的缺陷

范式一经产生，就因解释上的自闭性和不可通约性陷入了范式研究的困境，从而被各种批判所笼罩④，这同样成了当前全球经济治理范式研究的一个瓶颈。国际关系三大理论范式研究产生后，究竟何种范式构成国际关系研究

---

① 〔美〕罗伯特·O. 基欧汉：《局部全球化世界中的自由主义、权力与治理》，门洪华译，北京大学出版社 2004 年版。

② Wendt A, "The Agent-Structure Problem in International Relations Theory", *International Organization*, Vol. 41, No. 3, 1987, pp. 335-370.

③ 秦亚青：《关系本位与过程建构：将中国理念植入国际关系理论》，《中国社会科学》2009 年第 3 期，第 69—86、205—206 页。

④ 刘胜湘：《国际关系研究范式融合论析》，《世界经济与政治》2014 年第 2 期，第 95—117 页。

的正统，更贴近国际关系的实质一直存在争议。归根结底，这是因为范式研究容易被人为地设置各种藩篱，使学者的研究难免具有单一性，全球经济治理研究也没有走出范式束缚的牢笼，仍受制于传统范式研究的固有问题。

第一，范式之间不可通约的假设，割裂了不同范式之间的交融和学习。范式不可通约源自不同范式所使用的概念、假设和研究方法不同，致使其结论形成受制于特定的约束条件。范式研究的这项特征使其往往只反映社会现实的某一方面，不同范式之间缺乏交融，学者在研究时容易陷于理论的孤岛。全球经济治理是跨学科的复杂议题，单一范式的研究否定了学科研究的多元性和综合性。例如，针对全球经济治理问题的建构主义与理性主义研究纲领便存在显著差异。理性主义研究是假设偏好，在信息和共同知识既定的前提下，行为体会做出什么样的战略选择。建构主义研究的核心则是不同环境下行为体为什么会有不同的偏好和不同的选择机会。两者的差异实际上是视角上的不同，而不是在同一个层面形成对立的观点。因此，两种研究并不是零和的，而是互补的：一种理论解释了共有知识如何生成，另一种理论解释了共有知识生成之后怎样影响战略选择。在这个意义上，两种理论对于解释全球经济治理的形成缺一不可。[1]可见，打破范式研究的藩篱，有助于不同理论学派互通有无、互采所长。

第二，范式研究并不容忍竞争者[2]，故存在范式垄断现象。以范式为基础的研究，大量的研究会集中在不同范式之间的冲突和争辩上。对范式研究持批评观点的学者认为，库恩的范式论把科学共同体视为一个封闭的社会，这种封闭性制约着科学家的思维，导致范式垄断的出现，在解释复杂社会现象时往往过于强调一种因素而忽略其他因素，不能全面和准确地指出问题所在，因此，在一定程度上制约了学术理论发展的百家争鸣。范式垄断因范式的不可通约性而产生，且增加了范式不可通约的风险。一旦主流范式存在显著理论缺陷，便会制约该学科的发展。全球经济治理范式研究也存在主流与非主流范式之争。当前，现实主义、自由主义和建构主义范式实际上反映的都为全球经济治理"万花筒"现象中的某一方面。例如，现实主义夸大了合作困难，将世界政治比作"战争的状态"[3]，从根本上否

---

[1] 〔美〕彼得·卡赞斯坦、罗伯特·基欧汉、斯蒂芬·克拉斯纳编：《世界政治理论的探索与争鸣》，秦亚青、苏长和、门洪华，等译，上海人民出版社2006年版。

[2] 刘胜湘：《国际关系研究范式融合论析》，《世界经济与政治》2014年第2期，第95—117页。

[3] Stanley H, *The State of War: Essays on the Theory and Practice of International Politics*, New York: Praeger, 1965.

认了以共享为目标的合作。自由主义则把合作视为相互依赖世界的本质特征[1]，过于强调国际制度发挥的功能和作用，将权力和冲突问题简单化。在长达半个世纪的全球治理学派论战中，并没有任一学派可以就全球经济治理的因果性关系做出放之四海而皆准的解释。

总而言之，全球经济治理的传统范式研究存在不可通约及为争取范式垄断地位而争执不休的问题。当然这并不意味着范式研究本身不可取，而是在全球经济治理范式研究中如何融入中国元素，如何构建一套更具有包容性的范式体系，如何能够对现有的研究兼采所长，才能多角度、复合地解释全球经济治理现象和问题。

三、全球经济治理新范式研究方法

当前，全球经济治理传统范式研究并不能为全球性问题的解决提供充分及有效的实践指导，学界集思广益，为构建全球经济治理的新范式提出不同的建议。

基于全球经济治理的传统范式研究以英国、美国、欧盟等战前或战后的霸权实力为主要研究对象，其研究对象不免局限，也难以契合当前全球经济治理结构的最新发展动向。因此，我国有学者从新兴经济体参与的角度提出了全球经济治理的新型范式。例如，张胜军认为，为应对当前全球经济治理政治化的倾向，金砖国家提出的全球经济治理新倡议及丰富实践孕育出了全球经济治理的"东南主义"，旨在建立能够反映更为紧迫、更为广泛、更为重要目标和利益的全球经济治理[2]。薛澜和俞晗之认为未来全球经济治理的发展模式应该是公共管理范式的全球治理，以现实问题为导向，根据全球问题和治理主体的变化调整全球经济治理机制。当前国际问题因国际社会政治经济结构变化、信息技术发展产生性质上的变化，以及全球公共产品需求增长，然而传统治理机制仍以国家为参与主体，对非政府组织等新型主体的参与包容性不足，并偏重外交式的国际问题处理方式，在问题识别、政策制定等方面有效性不足，因而在提供公共产品方面屡屡失灵。全球治理的新范式应追求人类可持续发展目标，将治理重心从主权

---

[1] Mitrany D, *The Functional Theory of Politics*, London: St. Martin's Press for the London School of Economics and Political Science, 1975.
[2] 张胜军：《全球治理的"东南主义"新范式》，《世界经济与政治》2017年第5期，第4—20、155页。

外交事务转移至国际社会公共事务管理方面，允许国家之外的社会部门、非政府组织参与其中，并不仅仅依赖于国家多边谈判机制，而应广泛运用各类新型治理机制。①

这两种观点均更加强调目标导向的全球治理思路，在治理目标、治理主体、治理机制方面做更灵活和包容的处理。当然这种新的治理思路是否能称为治理范式还值得商榷，毕竟现实主义、自由主义和建构主义的传统治理范式是对全球治理本体论的回应，解释了全球治理形成的因果性关系，而东南主义或公共治理范式并没有解释影响全球经济治理的本质是什么，主要是从方法论的视角提出了应对全球问题的新方法。

此外，基于单一理论范式的论证模式，不容易识别复杂现实问题的真相，西方学者在全球经济治理研究中，尝试对既有范式进行融合，以更全面地揭示全球经济治理的缺陷和应对方案，即创建多维、折中的范式融合研究。

实际上，多维度研究在基欧汉、约瑟夫·奈、玛莎·费丽莫等国际关系研究中已有涉及。新自由主义在权力之外，还强调制度对结构的影响。费丽莫也探讨了理性主义和建构主义在某些方面的互通性。但是，新自由主义学者的多维分析与范式融合研究仍存在差异。为了解决理论范式在本体论和认识论的不可通约，弥补现有主流理论范式之间的对立和差距，实现范式融合，2003年希尔和卡赞斯坦提出分析折中主义，这种研究方法试图在不同的理论和叙事中，区分、转换和选择性地运用概念、逻辑、机制语解释，为范式的综合研究提供了一种思路。我国有学者将折中主义称为范式融合研究方法，范式融合方法包括两种理论范式结合的两角解释模型和三种理论范式结合的三角解释模型，以及分别与两种解释模型相适应的多种解释方法。②这种范式融合研究的目的是打破单一范式研究的藩篱，更全面、综合、系统地揭示学科问题。

本章将全球经济治理通常适用的现实主义、自由主义和建构主义三种解释模型加以结合，即对权力结构、国际制度和观念认同三个变量进行整合，采取折中主义或范式融合分析路径，对全球经济治理中的理论和现实问题进行综合研究。观念、权力和制度在本书中被认为是决定全球经济治理形成、推动其转型的三个内生性因素，以便有效结合器物与观念、文化

---

① 薛澜、俞晗之：《迈向公共管理范式的全球治理——基于"问题—主体—机制"框架的分析》，《中国社会科学》2015年第11期，第76—91、207页。
② 刘胜湘：《国际关系研究范式融合论析》，《世界经济与政治》2014年第2期，第95—117页。

因素，并承认国际制度、国际机制对于促进国际合作形成的能动性。在本书整体的研究中，传统霸权实力的衰弱和新型经济体的集体崛起为全球经济治理范式转型提供了器物基础，"人类命运共同体"新观念的生成，勾勒了全球经济治理观念未来的发展方向，既有国际机制及新形成的合作机制则是调解国家与非国家行为体行为的中间因素，构成一种干扰性变量。

第二章 全球经济治理的理论框架

全球经济治理的相关理论具有以问题为导向的鲜明特征，其相关理论来源较为广泛，具有跨学科交叉融合的特点。全球经济治理的框架由治理目标、治理主体、治理客体、治理规则、治理机制等各治理要素构成。基于权力结构、地域结构、利益结构和制度结构等不同视角，全球经济治理结构揭示与塑造了治理要素之间的联系及互动特征。全球经济治理的运行和顺利实施离不开一系列被广泛接受、普遍认同的机制与规范，不同机制间的差异性特征及在整体机制下的治理联动效应会对全球经济治理的结果产生深远影响。国际公共产品的有效供给不足是全球经济治理中亟待解决的现实困境，实现善治的治理机制需要立足于合法性和有效性，同时在兼顾各方诉求、巩固已有治理成果的基础上进行改进。

第一节 全球经济治理相关理论

全球经济治理的相关理论主要是指治理结构合理化、治理机制高效化、治理权责明晰化等与全球经济治理具体议题密切相关的理论，涉及治理主体的角色和权责、治理规则的创立和运转、治理话语权的控制等多方面的内容。

一、公共选择理论

公共选择理论诞生于20世纪40年代末，政治学家邓肯·布莱克于1948年发表的《论集体决策原理》一文，奠定了公共选择理论的基础，他也被誉为现代公共选择理论之父。到20世纪五六十年代，涌现出布坎南、奥尔森等一批公共选择理论的重要学者，形成了公共选择理论的大厦。

公共选择理论主要运用经济学分析方法研究政治决策机制的运作，着力于解决非市场决策问题或者集体行动问题。公共选择理论认为，人类社会由两个市场组成,一个是经济市场,另一个是政治市场。在经济市场上,人们通过货币选票来选择能给其带来最大满足的私人物品;在政治市场上,人们通过政治选票来选择能给其带来最大利益的政治家、政策法案和法律制度。但是,即使面对不同市场,人们在不同市场做出选择的内在逻辑却是一致的,即人们都是按照自身获益最大化的基本原则行事的,根本没有理由认为同一个人在两个不同的市场上会根据两种完全不同的行为动机而进行活动。可以说,公共选择理论试图把人的政治行为和经济行为纳入统一的分析框架中,用统一的方法和基本假设来统一分析人的行为,试图破除传统经济学和政治学之间的隔离,创立将人的行为纳入统一分析框架的社会科学方法体系。Black 将这一理论用于分析选民投票行为,他认为,只要投票人的偏好是单峰值的,简单多数规则一定可以产生一个均衡解,该均衡解与中间投票人的第一偏好正好一致。[1] Black 继续将这一思想发展为中位选民理论(median voter theory)或单峰偏好理论(single peak preference theory)[2],并试图用该理论来修正阿罗不可能定理来解决投票悖论。所谓单峰偏好指的是在按照某种标准进行排列的备选方案中,选民有一个最为偏好的选择,任何偏离该选择的方向都视为选民的偏好程度或效用递减。通过限定每个选民的偏好只有一个峰值,Black 证明了著名的中位选民理论,即社会成员的个人偏好之和可得出确定并且唯一的社会总体偏好,而该社会总体偏好正好是个人偏好位于所有选民偏好峰中点上的选民,高于和低于其偏好的选民数量恰好相等。[3]因此,最终的投票结果避免了阿罗悖论,也正是因为对这个问题的开创性研究,Black 被尊称为公共选择理论的奠基人。

公共选择学派较具影响力和代表性的领袖人物是 Buchanan。他指出,公共选择是以经济学家的工具和方法运用于集体或非市场决策而产生政治观点的过程。他认为公共选择理论有三个基本假设:方法论的个人主义、经济人假设及政治行为的经济交易模式。他关注的重点是不同的决策规则对行为主体参与决策可能产生的影响,并试图构建一种规范理论来解释和描述协调各种利益冲突的社会手段。Buchanan 把集体行动看作一种降低私

---

[1] Black D, "On the Rationale of Group Decision-making", *Journal of Political Economy*, Vol. 56, No. 1, 1948, pp. 23-34.

[2] Black 在 1958 年出版的《委员会与选举理论》中首次提出该理论。Black D, *The Theory of Committees and Elections*, Cambridge: Cambridge University Press, 1958.

[3] Black D, *The Theory of Committees and Elections*, Cambridge: Cambridge University Press, 1958.

人行动或自愿行动外部成本的方法。通过把集体决策成本分为两类，即外部成本和决策成本，他对决策规则进行了详细的成本分析，并认为决策规则能够决定集体行动的广度与深度。①Buchanan 在研究的基础上进一步区分了市场与政治之间的差异，他认为市场与政治之间的重要差别并不在于人们追求的价值或利益的不同，而在于人们追求其自身利益时所处的条件的差异。

奥尔森对集体行动进行研究后发现，一般的经济学或社会学理论往往认为基于共同利益的个体所组成的集团，均能采取增进该集团利益的集体行动。然而，在实际生活中，个人的理性行为往往无法产生集体或社会理性的结果。奥尔森认为，除非一个利益集团中的人数极少，或者除非存在强制性的或其他某些特殊的手段以使个人遵循集团的共同利益行动，理性的、追求自身利益最大化的个人一般不会主动行动来实现集团的公共利益。②奥尔森把利益集团分为两类，即排他性集团和相容性集团，通过对两种利益的区分与分析，他认为相容性集团比排他性集团更有可能实现集团的共同利益。然而，相容性集团实现其共同利益只是一种可能，"搭便车"行为的倾向问题始终存在，为了解决"看不见的手"的失灵问题，除了利益不对称这个条件以外，奥尔森还设计出一种动力机制——有选择性的激励（selective incentives），该机制要求差别地对待集团内的每一个成员，包括正向激励及反向惩罚，其中正向激励是通过搭卖私人物品的方法激励集团成员提供负担集体行动的成本；反向惩罚通过制定一套规章制度，对违背集体利益的个人给予惩罚，以保障集体行动的顺利进行。③

二、国际机制理论

20 世纪 70 年代以来，随着国际合作的日益深化，世界各个国家形成相互依赖，特别是在经济领域，国家间形成了一个相对稳定的治理结构，保障世界经济的良好运转。于是，国际机制理论应运而生，主要用来解释国际机制的产生、运行与衰落。

国际机制理论吸收了经济学中的交易成本理念，旨在降低国际合作的

---

① Buchanan J M, *Economic Inquiry and Its Logic*, Indianapolis: Liberty Fund Inc, 2000.
② 〔美〕曼瑟尔·奥尔森：《集体行动的逻辑》，陈郁、郭宇峰、李崇新译，上海人民出版社 1995 年版。
③ 〔美〕曼瑟尔·奥尔森：《集体行动的逻辑》，陈郁、郭宇峰、李崇新译，上海人民出版社 1995 年版。

成本,增加国际合作的可能性①。Krasner 认为,国际机制是指在某一特定问题领域里组织和协调国际关系的原则、准则、规则与决策程序。他将学者针对国际机制的态度划分为三类:一是保守的结构主义的取向,认为国际机制是一个毫无意义甚至是错误的概念;二是修正的结构主义取向,认为国际机制在一定条件下起作用,甚至是起决定性的作用;三是格劳秀斯主义的取向,认为国际机制存在于国际政治的每一个问题领域并发挥相应作用。他还认为国际机制不是常量,而是一个变量,影响因素包括利己利益、准则与原则、政治权力、信息与知识和习惯与惯例。②

基欧汉和奈提出了相互依赖的概念,他们认为,随着相互依赖程度的加深,各种非国家行为体在国际舞台上越来越活跃,议题间的联系越来越紧密,武力不再成为实现外交目标的主要手段,现实主义以国家和权力为中心的理论范式面临越来越多的挑战。他们系统性地提出了国际机制的概念,并将对相互依赖关系具有主导性的安排称为国际机制。他们认为,影响国家间关系的机制越来越重要,同时分析了影响国际机制变迁的四种因素:经济进程、世界总体权力结构、问题领域的权力结构和受国际组织影响的权力能力。他们的研究表明,国际机制提供了国家进行合作的平台,通过国际机制降低交易成本,实现共同收益;国际制度很少参与协议的集中实施,但是具有一定程度的约束性,增加了违约成本,各国可以通过国际机制增强对他国行为的预见性,使得各方从遵守规则中普遍获益。③

奥兰·扬从机制的形成与类型、机制的有效性及机制变迁状况等三个方面对机制进行了全面的分析。他认为,国际机制有三种形成途径:自发形成、强制形成及谈判形成。因此,国际机制从产生的角度可以分为合作型、霸权型与协调型三种,国际机制供应公共产品也相应具有三条途径:自发合作提供、协调谈判提供和霸权强制提供。在对制度变迁的解释方面,扬将机制变迁的力量来源划分为内生力量和外生力量。内生力量是指机制运作过程中产生的力量,是与制度功能相连的内部力量;外生力量是指机制的外部力量,主要是国际政治的权力分配等,这两种力量存在复杂的互

---

① 朱杰进:《国际制度缘何重要——三大流派比较研究》,《外交评论(外交学院学报)》2007年第2期,第92—97页。

② Krasner S, "Addressing State Failure", *Foreign Affairs*, Vol. 84, No. 4, 2005, pp. 153-163.

③ 〔美〕罗伯特·基欧汉、约瑟夫·奈:《权力与相互依赖》,门洪华译,北京大学出版社2012年版。

动关系,共同推动机制的变迁。①

三、全球公共物品理论

随着全球化进程的深入,全球性问题日益凸显,且诸多全球性问题具有溢出效应,无论其溢出效应是积极的还是消极的,单个或多个行为体都不能完全享受其收益或承担成本,所以,实现全球治理有赖于公共物品的供给和管理。1954年,美国经济学家Samuelson在《公共支出的纯理论》一文中首次提出"公共物品"这一概念,他认为,公共物品有两个特征:一是非排他性,即一旦公共物品被生产出来,它对所有人会同时产生收益或造成损害;二是非竞争性,即一个人对公共物品的消费不会减少对其他人的供给,其他人对物品的消费也不会增加任何成本②。只有满足以上两个条件的消费品才可以称之为公共物品,如国防、教育、卫生等。

面对越来越多公共产品的国际化,1971年奥尔森最早使用了"国际公共物品"一词,并从国际公共物品的角度分析了如何提高国际合作的激励。Nordhaus指出,国际公共物品除具有公共物品的一般特征——非竞争性和非排他性外,还具有存量外部性(stock externalities)。③1973年,Kindleberger对国际公共物品及其分类等问题进行了研究。他认为,在开放的市场经济下,也存在着国际领域上的公共物品,它主要包括三大类:第一类是建立在最惠国待遇、非歧视原则和无条件互惠原则基础上的自由开放的贸易制度;第二类是稳定的国际货币;第三类是国际安全。④

国际公共物品研究的核心问题是公共物品的供给问题,而全球公共物品供给机制也是全球治理迫切需要解决的实践问题。对全球公共物品的消费,理性行为主体从自身利益出发,往往倾向做一个"搭便车者"而非公共物品的供给者,因此,公共物品常常面临着供给不足的窘境,也就是"集体行动的困境"。由于自利性动机的存在,国际公共物品的供给同其他公共物品一样面临着严峻的"集体行动的困境"。随着学界对国际公共物品关注度的提升,开始出现了针对行为体公共物品供给模式的研究。Coase

---

① 〔美〕奥兰·扬:《世界事务中的治理》,陈玉刚、薄燕译,上海人民出版社2007年版。

② Samuelson P A, "The Pure Theory of Public Expenditure", *The Review of Economics and Statistics*, Vol. 36, No. 1, 1954, pp. 387-389.

③ Nordhaus W D, *Economics and Policy Issues in Climate Change*, New York: Resource for the Future, 1998.

④ Kindleberger C P, *International Economics*, Chicago: Richard D. Irwin, 1973.

指出，可以通过一定的技术条件和制度安排，实现"排他成本"的降低。在这种情况下，纯公共物品由私人提供是可行的，且更有效率①。Hansmann 则提出由非营利的第三方部门进行公共物品的生产，在一定程度上能够遏制特定供给者对提供公共产品的欺诈行为②。Wuthnow 则在 1991 年提出由政府、市场、志愿部门三部门提供公共物品供给模式，以缓解公共品供给不足的现状③。

四、话语权理论

有学者认为，言语的表达可以通过演绎的方式转变为规则，规则的确定又能够对社会结构产生影响，借由后者形成独特的统治形式④。Dryzel 将话语权的相关问题放到全球治理体系本身的形成过程中进行研究。他认为，对于全球治理过程中存在的不同性质、不同类别的具体议题，需要使用不同的治理机制和治理手段来解决，而话语权在这一过程中发挥着重要作用，话语权的获得与否会对全球治理产生重要影响。从某种程度上来说，话语权的争夺过程也正是全球治理的具体方案和政策的确定及形成过程，获得话语权的治理主体在具体的全球治理实践过程中会起到主导作用。与此同时，Dryzel 也承认话语权的"独立性"很难进行分析辨别。即使全球治理的主体得到了话语权，但是这一过程当中是否会受到诸如第三方等的外力的影响也是很难判断的，无论是作为治理主体的国家还是各类国际组织、全球公民社会都很难给出清晰和明确的界定。⑤

随着中国经济的崛起，"中国主张"和"中国方案"日益受到国际社会的重视，在全球经济治理的话语权和影响力得到明显提升。⑥在具体的实践过程中，中国通过"一带一路"倡议等推进全球经济治理体系的改革，并取得了积极成效。必须指出的是，话语权不仅仅是"发出声音"的权利，

---

① Coase R, "The Lighthouse in Economics", *The Journal of Law and Economics*, Vol. 17, No. 2, 1974, pp. 357-376.

② Hansmann H, "The Role of Nonprofit Enterprise", *Yale Law Journal*, Vol. 89, No. 5, 1980, pp. 835-901.

③ Wuthnow R, *Between States and Markets: The Voluntary Sector in Comparative Perspective*, Princeton, New Jersey: Princeton University Press, 1991.

④ 孙吉胜：《国际关系中的言语与规则建构——对尼古拉斯·奥努弗的规则建构主义研究》，《世界经济与政治》2006 年第 6 期，第 60—66、6 页。

⑤ Dryzel J S, *Deliberative Global Politics: Discourse and Democracy in a Divided World*, London: Polity Press, 2006, p. 1.

⑥ 陈伟光、王燕：《全球经济治理与制度性话语权》，人民出版社 2017 年版。

其更多反映出的是话语背后的效力和权威性，话语权能够衡量话语主体在国际社会上的政治影响力。① 全球经济治理制度性话语权反映的是，国际社会行为体在参与全球经济治理中通过话语博弈对国际经济社会结构赖以存在的体系、规则及机制所产生的支配性影响②。

第二节　全球经济治理的要素

全球经济治理是目标驱使下的国际经济秩序的塑造过程。关键的问题是，全球经济治理预期达到的目标是什么、全球经济由谁治理、全球经济治理什么、全球经济治理的效果如何衡量、全球经济治理以什么作为评判标准等。这些要素共同构成了全球经济治理的主体内容和基本框架（图2-1）。

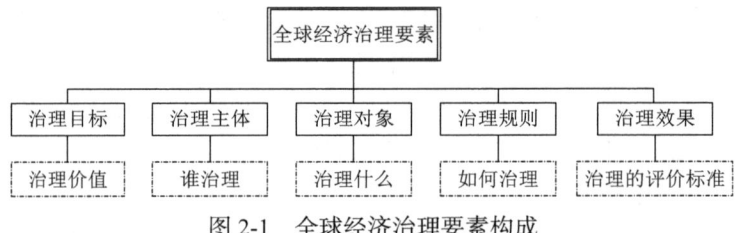

图 2-1　全球经济治理要素构成

一、治理目标

全球经济治理目标是由其价值体系和预期目的所决定的，主要是指全球经济治理的相关参与方和倡导者所希望达到的理想状态与行为目标③。从涵盖范围来看，全球经济治理目标超越了国家边界，囊括了维护人类发展、增进公众福利、维护国家安全等内容。当然，全球经济治理目标较为宏大，兼具复杂性和指向性的特征，因此，实现这一目标的过程必然是一个长期的、渐进性的过程。

全球经济治理的目标具有公益性特征，即其所确定的目标和价值超越一国范围内的经济治理，而是指向在全球范围内实现经济稳定增长、均衡发展的目标。这一美好愿景与现实中的全球经济治理境况可能存在较大反差，因

---

① 陈正良、周婕、李包庚：《国际话语权本质析论——兼论中国在提升国际话语权上的应有作为》，《浙江社会科学》2014年第7期，第78—83、158页。
② 陈伟光、王燕：《全球经济治理与制度性话语权》，人民出版社2017年版。
③ 俞可平：《全球治理引论》，《马克思主义与现实》2002年第1期，第20—32页。

此，有人认为全球经济治理目标是理想化的且带有乌托邦色彩。此外，全球经济治理目标还面临着合法性和有效性的挑战。有学者指出，全球经济治理目标的实现需要改变目前被一贯奉行的"社群主义"的社会价值理念，改变优先个别利益、不平等价值、既得利益、短期价值、零和价值等固化观点，主张优先全球公益价值、平等价值、长远利益、非零和价值等。①

二、治理主体

治理主体涉及治理参与者的问题，即"谁治理"。全球经济治理的主体一般是指进行全球经济治理活动的基本单元。治理主体既包括主权国家和由国家组成的集团，还包括超越国家的联合国、国际货币基金组织、世界贸易组织和世界银行等各类国际组织。此外，包括跨国公司、非政府组织等在内的其他参与方也构成了全球经济治理的重要主体。整体来看，全球经济治理主体在具体的治理过程中表现出了多元共治的基本特征。多元是指参与全球经济治理的主体具有不同的性质、特征和表现形式；共治是指参与全球经济治理的各个主体均不能仅凭自身的力量和实力来实现全球经济治理，而是需要各个主体彼此协作、广泛参与到相关治理事务当中。

对于全球经济治理主体的多元共治特征学术界几乎没有较大分歧，学术界对全球经济治理主体的争议主要体现在不同治理主体的重要性及其发展趋势、不同治理主体在全球经济治理过程中的权力配置结构等问题上。2008年全球金融危机爆发，使得新自由主义的相关理论和主张受到了质疑与挑战，部分学者认为应该重新回归到传统的国家中心主义的治理模式上来，也有学者指出，应该尝试将联合国等国际组织改造为具有更广泛影响力的"世界政府"，提升各类国际组织对主权国家的约束力和政策的执行力。当然，也有观点认为应该进一步强调跨国公司和全球公民社会等非传统治理主体的地位与作用。②

---

① 〔日〕星野昭吉：《全球治理的结构与向度》，刘小林译，《南开学报（哲学社会科学版）》2011年第3期，第1—7页。

② 〔美〕卡尔·萨旺：《全球治理的新动态：国际生产体系扩张对全球微观治理框架的影响》，房帅、孟寒、闫虹戎等译，《国际经济评论》2018年第1期，第39—60、5页；裴长洪：《全球经济治理、公共品与中国扩大开放》，《经济研究》2014年第3期，第4—19页；傅瑜、杨永聪：《全球经济治理框架的转型与重构》，《国际经贸探索》2013年第12期，第98—108页；孙洁琬：《关于全球公民社会的若干认知与思考》，《外交学院学报》2004年第1期，第88—93页；汪炜：《世界政治视野下的全球城市与全球治理——兼谈中国的全球城市》，《国际政治研究》2018年第1期，第95—113、7—8页；刘彬：《世界主义对世界秩序的建构及其挑战》，《国际观察》2018年第1期，第66—79页；吴志成、朱旭：《新多边主义视野下的全球治理》，《南开学报（哲学社会科学版）》2012年第3期，第1—8页。

三、治理对象

全球经济治理的治理对象涉及具体的治理内容等问题,即"治理什么"。全球经济治理的内容主要反映在宏观经济、贸易投资、货币金融、产业协调和可持续发展等领域。宏观经济治理侧重于建立健全各国的财政政策、货币政策和汇率政策等,避免各种政策的负面实施效果外溢,解决宏观经济政策实施的效果分化和相互抵消、彼此干扰的问题;贸易投资治理主要表现为建立多边投资贸易体系、推进投资贸易自由化,积极调解和处理各类投资贸易纠纷,实现贸易领域和投资领域的健康发展;货币金融治理强调实现全球金融市场的监管、实现相关金融机构之间的监管合作和协调,防范和应对潜在的系统性金融风险;产业协调治理旨在对产业政策的有序引导,规避产业间的恶性竞争;可持续发展治理针对的是全球化过程中出现的全球经济总体增长与经济发展出现较大不平等之间的矛盾,通过治理实现全球范围内的减贫、脱贫,缩小南北国家间的差距,实现多边范围内的跨国合作和可持续发展的机制协调。

四、治理规则

全球经济治理的规则涉及治理的基本依据和执行准则的问题,即"依靠什么治理"或者"如何治理"。全球经济治理中的治理规则指的是为确保世界经济秩序的正常运作而制定的用来调节国际经济关系的一系列原则、规范、标准等。[1]当前,国际社会处于无政府状态,国家和其他治理主体间的协调合作是必不可少的,因此,要想实现全球经济治理,离不开一套被广泛接受的,以及对各国政府、相关组织和个人具有一定约束效力的原则与规范。无世界政府状态下的全球经济治理实质上是基于规则的治理,特别是要有具有法律效应和普遍约束力的正式规则。全球经济治理规则的有效性通常被用于衡量治理的有效性,前者是后者的充要条件。[2]

需要指出的是,现有的全球经济治理中的规则主要源自二战后所确立的国际政治经济体系,是一种延续至今的制度性安排,但是现有的治理规

---

[1] 俞可平:《全球治理引论》,《马克思主义与现实》2002年第1期,第20—32页。
[2] 秦亚青:《全球治理失灵与秩序理念的重建》,《世界经济与政治》2013年第4期,第4—18、156页。

则越来越不能准确、全面、客观地反映和表现出当今世界各国的力量对比与实力变化特征。这也体现出了治理规则具有黏性和滞后性的特点。[①]这一特点通常会反映出国际规则远远滞后国际体系格局的现实，致使规则的权威性、有效性和充分性遭到了冲击，最终对全球经济治理的效率和效果产生了负面影响。

五、治理效果

全球经济治理的效果涉及对具体治理结果和绩效的评估、评价与评判，即"治理的怎么样"。绝大多数学者认为全球经济治理在维护全球经济秩序和良好运转方面能够发挥出积极效应。但是，这一效应或效果的衡量也需要被普遍接受和认可的评估标准来加以确立。有学者指出，治理通常是相关各方对既定目标的有效性出现争议却又未能重新确定目标所导致的。[②]因此，学界对如何避免全球经济治理中可能出现的治理失灵、如何更加有效地进行全球经济治理进行了深入研究。一些学者和相关组织提出了元治理（meta governance）、善治、有效的治理、健全的治理等概念和标准来对全球经济治理的效果进行评价。在上述理论中，善治理论具有较高的代表性。善治可以视为一种达到公共利益最大化的社会管理，是一个动态发展的过程。对于全球经济治理而言，善治的本质特征是它确立了经济领域中政府和公民的合作关系。有学者用合法性、法治、透明性、责任性、回应性、有效性、参与、稳定、廉洁和公正等十大基本要素来对善治进行概括和评价。[③]

事实上，由于存在着国家失效和市场失灵，全球经济治理过程中常常面临治理无效和治理赤字的情况。同时，治理本身的局限性也会降低治理效果。全球经济治理过程中的规则本身和实现规则的具体条件与构成要素均会对全球经济治理的效果产生影响。当然，对于治理效果的思考和研究，为我们提供了一个深刻反思与重新认识全球经济治理的机会，也是一种有益的尝试。

---

① Pierson P, "Increasing Returns, Path Dependence, and the Study of Politics", *American Political Science Review*, Vol. 94, No. 2, 2000, pp. 251-267.
② 〔英〕鲍勃·杰索普：《治理的兴起及其失败的风险：以经济发展为例的论述》，漆蕪译，《国际社会科学》1999年第1期，第3—5页。
③ 俞可平：《全球治理引论》，《马克思主义与现实》2002年第1期，第20—32页。

第三节 全球经济治理结构

全球经济治理结构本身揭示和塑造了各个治理主体之间形成的格局特征，结构本身的变化会导致其构成模式和互动行为发生改变。基于不同研究角度的全球经济治理结构分类，有助于我们更好地理解和把握全球经济治理过程中出现变化的内在逻辑和发展脉络。在某种意义上，全球经济治理中出现的一系列变化正是在有序的、渐进的全球经济治理结构变化中得以实现的。

一、权力结构

由图 2-2 可知，全球经济治理中权力主要源自不同行为体的经济实力对比，并体现在以投票权和话语权作为衡量标准的制度性权力格局中。经济实力和制度性权力也不是截然分开的，更不是毫无联系的。全球经济治理权力结构的调整体现为不同经济体或行为体之间的权力对比关系的动态变化，其转变过程是各单元的实力对比的变化所造成的。[①]除了依靠自身实力外，各行为体还需要以实力为依托来获得更多的制度性权力，通过权力对比的变化来进一步影响结构关系的变化。在全球经济治理过程中，各国依据自身的经济实力会对既有权力结构中的制度性权力采取不同的行动，其很大程度上反映在投票权和话语权的争夺上。

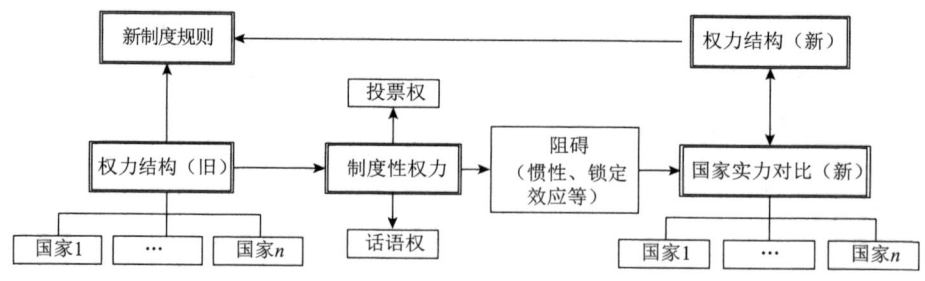

图 2-2 全球经济治理权力结构图

---

① 徐秀军：《新兴经济体与全球经济治理结构转型》，《世界经济与政治》2012 年第 10 期，第 49—79、157—158 页。

制度性权力是全球经济治理中制度功能的自然延伸，是现有投票权制度、话语权制度的功能性反映。它体现出了制度功能所带来的益处，有利于既有的权力结构在较长时间内存在和延续。需要指出的是，即使是对那些由于经济实力发生了变化进而寻求制度性权力的国家而言，全球经济治理中的既有权力结构也为其提供了良好的外部环境，减少了各种不确定性因素，保证了现有的全球经济治理结构的大体稳定，且符合绝大多数国家的利益。

由于全球经济治理制度结构具有一定的惯性，涉及权力结构的调整通常会滞后于现实中国家之间的力量对比变化，呈现出了较为突出的滞后性特征。正如图2-2所示，有学者认为，权力结构本身的锁定效应使得现有的权力结构会保持惯性，很难依据国家间的实力对比进行制度性权力的适时调整。①部分学者提出，只有突发性的历史事件和某些关键节点才有可能打破现有权力结构的固化状态。②在全球经济治理的过程中，广大发展中国家，特别是新兴经济体不可避免地会受到既有权力结构的约束。要想摆脱权力结构中的不合理束缚、提升投票权和话语权等具体的制度性权力，这些国家不仅需要提升自身实力，还要尝试突破现有权力结构的天然阻碍。

长期来看，如果国家经济实力的变化不能在现有全球经济治理权力结构中得到反映，自然会引起相关国家对既有权力结构的不满。实力上升的国家通常会采取推动现存国际制度改革或在外部创建具有类似功能的新规则等方式来表达自己的意愿。但是有学者明确指出，创建国际制度或建立国际规则是非常困难的，一般只有在完全丧失改变现存权力结构的可能性的前提下才会出现。③尽管寻求改变需要承担巨大的风险和成本，但是也会迫使现有权力结构的主导国正视事实，进而倒逼其对现有的权力结构进行调整。④不同国家间的权力对比结构关系的动态变化会对未来的全球经济

---

① 〔美〕罗伯特·基欧汉：《霸权之后：世界政治经济中的合作与纷争》，苏长和、信强、何曜译，上海人民出版社2006年版。

② Pierson P, "Increasing Returns, Path Dependence, and the Study of Politics", *American Political Science Review*, Vol. 94, No. 2, 2000, pp. 251-267.

③ Joseph J, Walter M, Duncan S, *Institutional Choice and Global Commerce*, New York: Cambridge University Press, 2013, p. 48.

④ Lipscy P Y, "Explaining Institutional Change: Policy Areas, Outside Options, and the Bretton Woods Institutions", *American Journal of Political Science*, Vol. 59, No. 2, 2015, pp. 341-356.

治理格局产生复杂而深远的影响。

2008年全球金融危机爆发,使发达经济体遭受了重创,发达国家与新兴市场国家之间的力量对比发生了很大的改变。正如前文所提到的,各国经济实力的变化会引发对制度性权力的调整,现实中要求对现有的全球经济治理中权力结构进行相应调整的呼声日益高涨,现有权力结构中的主导国不得不正视这一合理诉求并在各国达成普遍共识的基础上,做出涉及权力结构调整的实质性改变。

二、地域结构

从地域分布的角度来看,全球经济治理结构可大致分为次区域经济治理、区域经济治理、跨区域经济治理和全球范围的经济治理等(图2-3)。澜沧江—湄公河次区域的开发与合作可以视为次区域经济治理的具体案例;中国—东盟自由贸易区的建立则可以归为区域经济治理的范围;金砖国家合作机制及TPP[①]、跨大西洋贸易与投资伙伴协议(Transatlantic Trade and Investment Partnership,TTIP)具有跨区域合作治理的特征;以G20为代表的经济治理结构突显出了全球范围内进行经济治理的特点。不难看出,次区域、区域、跨区域和全球范围的经济治理是按照由低到高的经济治理结构层次来进行区分的。次区域和跨区域的经济治理尽管从地理学的角度看与区域经济治理存在着一定地理范围上的区别,但是两者兼具区域治理的基本特征,只是在结构层次上呈现出对区域经济治理的调整和变动,本质上仍属于区域经济治理。[②]与之相对,全球经济治理在本质上体现出了全球多边特征,它的覆盖范围是全世界,侧重于强调在各方共同参与的基础上开展具体的治理活动。

基于地域结构的视角,对全球经济治理进行划分并不意味着对全球经济治理的多边参与这一特征的否定,事实上,全球经济治理的结构本身已经说明了其具有区域属性特征。区域经济治理和全球经济治理密切相关,但不是简单的包含和被包含的关系。区域经济治理的顺利实施和推进有助

---

① 在美国退出跨太平洋伙伴关系协定后,剩下的11国在日本、加拿大和澳大利亚的竭力推动下对原有的协议进行了修订,并达成全面与进步跨太平洋伙伴关系协定(Comprehensive Progressive Trans-Pacific Partnership,CPTPP)。

② 李向阳:《"一带一路":区域主义还是多边主义?》,《世界经济与政治》2018年第3期,第34—46、156页。

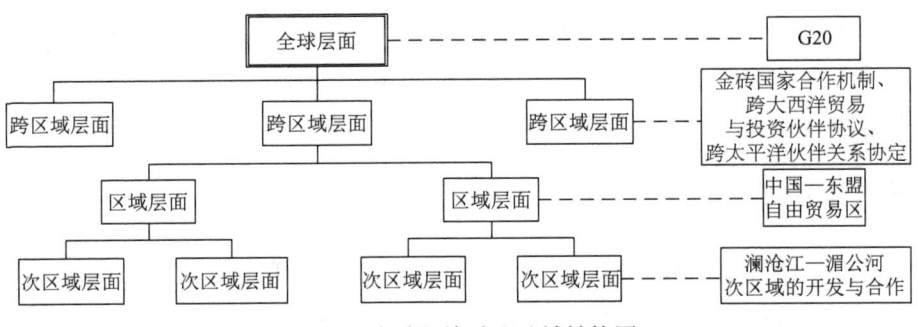

图 2-3 全球经济治理地域结构图

于实现全球经济治理，与此同时，区域经济治理也存在着对全球经济治理产生负面效应的可能性。换言之，两者既可以呈现出互补关系，也可呈现出替代关系。

首先，区域经济治理与全球经济治理的治理路径相吻合，两者不存在逻辑上的互斥关系。不同结构层次的区域经济治理既可以与较高结构层次的全球经济治理并存，也可以与自身处于同一结构层次的特定经济治理模式共存。当然，区域经济治理的难度要明显小于全球经济治理的难度，两者的互动特点还呈现出渐进和统一的特征。从这一点来看，区域经济治理是最终实现全球经济治理的必经阶段，在具体的治理实践过程中将会成为实现全球经济治理善治的推动力。[①]由于全球经济治理所涉及的范围和内容的较为复杂，在具体的治理过程中其会自然而然地分解为具有"次一级"结构层次的区域经济治理，区域经济治理既定目标的达成也意味着为最终实现全球经济治理奠定了坚实的基础。其次，现有的区域经济治理有从低级（次区域）到高级（跨区域）等多种形式，即使是在同一结构层次中的区域经济治理中也难免会存在治理规则或机制上的差异。由于全球经济治理的具体议题十分广泛，特定的议题在全球经济治理层面所体现出的特点不一定能够在低级的治理结构层次中再次得到显现。在区域经济治理层面所累积的治理经验具有处于同级结构层次的特殊性，其能否完全适用于更高级结构层次的全球经济治理还需要进行仔细的甄别。另外，对于处于同一级结构层次的各类区域经济治理而言，如果彼此之间过于强调地

[①] 俞可平：《中国的治理改革（1978—2018）》，《武汉大学学报（哲学社会科学版）》2018年第3期，第48—59页。

理范围或区域界限而逐步丧失开放性和包容性的特点，一旦需要进行更高一级结构层次的整合，可能会出现整合不顺畅的情况，最终可能会影响全球经济治理目标的实现。

三、利益结构

除了传统的主权国家外，国际组织、跨国企业和全球公民社会等也属于全球经济治理主体。全球性经济问题的出现会对各个治理主体产生重大影响，这主要表现在它与各参与主体的利益是密切相关的。多个利益相关方共同参与全球经济治理既是世界全球化过程中多元力量不断发展壮大的结果，也是一国范围内政府、市场与社会三元治理结构在全球经济治理层面上的自然延伸，还是经济发展的必然结果。

（一）基于利益分配的合作关系

不难看出，国家、国际组织和跨国公司等治理主体之间是相互支持、相互补充的关系，各个治理主体的职能、职责、侧重点和优势存在着差异，因此，各个治理主体是通过协调和合作，构成了具有协同效应的全球经济治理模式，并借此模式基本上确保了全球经济治理体系的大致稳定。具体来看，国家作为全球经济治理中最重要的治理主体，承担着全球经济治理的主要责任。国际组织的组建离不开国家的参与，跨国公司的生产经营活动也离不开国家的支持和提供相应的保障，因此，国家在协调市场性力量和社会性力量方面发挥着重要作用。跨国公司特别是大型跨国公司是全球经济治理的重要参与方，跨国公司是全球化推进过程中的重要受益者，其在经营过程中既推动了社会生产的进步，也创造了大量的物质财富。全球经济治理的顺利推进，有助于为跨国公司提供安全高效、规范化和制度化的营商环境。国际组织是各类国际团体和公民社会团体的总称，从构成范围和性质来看，既包括国际性和区域性的组织，也包括政府性和非政府性、营利性和非营利性的实体，单一的国际组织往往关注全球经济治理的某一方面或某几方面的议题（如工人权益、难民问题、环境卫生标准等），国际组织通常有自己的判断标准和价值取向，其参与全球经济治理通常是以提出特定的要求、反映特定的诉求等方式发挥作用。

需要指出的是，国家依然是全球治理的核心主体，其具有最高的政治权威，主权国家以外的其他治理主体是对国家这一治理主体的重要补充[①]，但是它们很难完全替代国家的治理角色，仅靠它们也应对不了全球经济问题。此外，多元治理主体之间的利益诉求存在着复杂的关系，在某种程度上更加大了全球经济治理的难度。

（二）基于利益分配的冲突关系

由图2-4可知，政府与跨国公司之间还存在着一定的矛盾对立。跨国公司的运营有赖于全球经济治理为其提供安全和制度上的保障，但是，跨国公司的逐利性也使其试图从不完善的全球经济现状中获益。以税务和金融领域为例，部分国家的税务监管制度设计存在漏洞，如对跨境资金的流动监管不到位、国家之间的政策协调和对接存在盲点，这些属于全球经济治理中亟待解决的问题。此外，有些跨国公司还尝试运用各种手段来实现逃避纳税，不愿承担税务责任。另外，各国政府为了吸引外资，通常会为跨国公司提供各种优惠的税收政策，有时还可能会引起国家之间的竞争，出现零和博弈甚至是"双输"的局面，在这一点上，跨国公司的不规范经营从某种程度上是国家实行"以邻为壑"的税收政策的根源，也大大削弱了全球经济治理的效果。

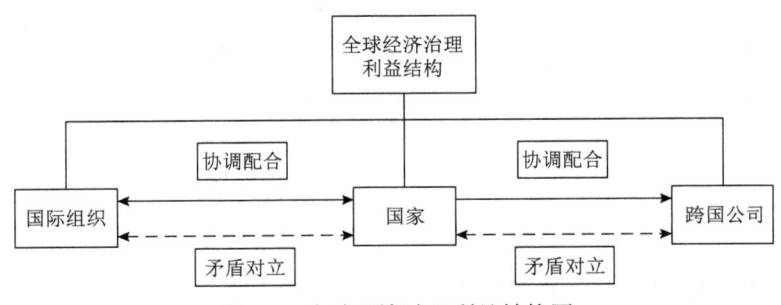

图2-4 全球经济治理利益结构图

与此同时，跨国公司的企业规模和盈利水平不断扩大，使得各国政府不能忽视其在国家政策制定过程中的作用。[②]实践中，部分跨国企业还主动尝试寻求与政治权力的靠拢和结合。需要指出的是，跨国公司和其他企业一样，具有逐利本性，那么一个无法避免的问题就是跨国公司反映出的是以个人为代表的部分利益和短期利益，它不会也不可能代表

[①] 蔡拓：《全球治理的反思与展望》，《天津社会科学》2015年第1期，第108—113页。
[②] 袁燕：《跨国公司的权力与非政府组织的合法性》，《国际经济合作》2010年第4期，第93—94页。

公共利益和追求长远利益。全球经济治理不仅要解决全球性的经济问题，更要承担维护全球经济运行秩序和社会的公平正义的责任。政府与非政府组织之间的关系更为微妙和敏感[①]。非政府组织在20世纪80年代开始就出现了急速增长的趋势，在国际事务中发挥着越来越重要的作用，目前已经成为全球治理体系中不可或缺的治理主体之一。客观来看，这些非政府组织在处理国际事务中发挥了建设性的作用，在一定程度上补足了全球治理过程中世界政府缺失的问题[②]，其积极作用不可否认，但是由于其具有跨国特征，在解决具体的问题时需要同各个国家保持密切的政策沟通和协调，这可能与国家政府制定的具体政策产生矛盾冲突。[③]主权国家政府在面对非政府组织时往往有着复杂而矛盾的心理，一方面希望在解决国际国内问题上非政府组织能够切实有效的参与，另一方面又十分警惕后者对前者可能存在的过度干预问题。从非政府组织的角度来看，在秉持"小政府"甚至是"无政府"等新自由主义的理念下，相当数量的非政府组织认为在全球治理中政府的作用已经大大弱化，这一倾向往往导致其对主权国家政府持有怀疑、排斥甚至是对抗的态度，这也激化了两者之间的矛盾，使得双方的关系更为复杂，这不利于各项国际事务的有效解决。除此之外，非政府组织运作资金的来源通常很难完全独立，这就为某些国家尝试影响其他国家提供了一个可供利用的机会。在接受某些国家政府的资助后，这些国际组织的独立性和价值评判标准不由得让人产生了缺乏独立性和客观性的质疑。

四、制度结构

全球经济治理制度结构是建立在已有的一系列国际准则、机制和规范之上的总体架构与层次类别[④]。基于不同的研究视角，可以对现有的全球经济治理制度进行大致的分类。

从历史发展和现实情况来看，全球经济治理制度大体上可以分为如

[①] 王杨：《中国政府与非政府组织（NGO）关系的演变与特征思考——基于国家与社会关系视角》，《理论月刊》2017年第1期，第151—156页。

[②] 李枏：《论美国非政府组织在朝鲜的援助与活动》，《美国研究》2017年第2期，第50—64、6页。

[③] 艾莎、李骥、方珂：《全球发展与非政府组织的作用：国际经验及其讨论》，《山东社会科学》2018年第1期，第111—117页。

[④] 徐秀军：《新兴经济体与全球经济治理结构转型》，《世界经济与政治》2012年第10期，第49—79、157—158页。

第二章 全球经济治理的理论框架

下三种。第一种是传统的全球经济治理制度和规则，即二战后由美国主导的布雷顿森林体系，其最显著的特点是全球经济治理的主要国际机构的创设都为美国所掌控。尽管现有的制度和规则为全球经济的稳定运行奠定了良好的基础，但是不能否认它也维护和反映了美国的关键利益诉求。[①]第二种是包含了传统主导国和新兴经济体，由两者共同发挥主导作用、可能对未来产生深远影响的全球经济治理的制度或规则，这一类型的主要代表是 G20。第三种主要是由新兴经济体倡导发起的，目前看来影响力有限，但从长远来看可能会在全球经济治理领域彰显强大生命力和推动全球经济治理范式转型，以亚洲基础设施投资银行（以下简称亚投行）的设立和运行、金砖国家新开发银行的成立等为主要标志。

从国际制度或国际机制的表现形式来看，其可以分为正式的全球经济治理制度和非正式的全球经济治理制度（图 2-5）。正式的全球经济治理制度主要是指在全球经济治理的众多领域中，由于仅仅依靠单一国家无法解决已经或即将出现的经济问题，在各国间基于一定共识和原则而达成的具有真实法律地位和强制约束力的规范性程序或机制。正式的全球经济治理制度主要指在二战后建立起来的布雷顿森林体系，在该体系下所确立的涉及以世界贸易组织为核心的国际贸易治理机制、以国际货币基金组织为核心的国际金融治理机制和以世界银行为核心的国际发展治理机制。上述三大具有多边性质的正式的全球经济治理制度为二战后全球经济的大体稳定运行奠定了基础；非正式的全球经济治理制度与之相对，没有类似于正式的全球经济治理制度那样具有强制法律约束力。其不具备正式的法律地位，也不需要相关国家的立法机构进行立法流程，因此，非正式的全球经济治理制度会更加灵活，一旦需要对特定的全球经济治理议题进行商讨，它更强调的是治理效率和快速反应。非正式的全球经济治理制度没有严格的等级制结构和相关机制，对于制度的参与方只有道德上较为有限的约束力。[②]已有的 G7 机制、G20 机制、金砖国家合作机制、各类跨国对话论坛等均属于非正式的全球经济治理机制。

[①] 何帆、冯维江、徐进：《全球治理机制面临的挑战及中国的对策》，《世界经济与政治》2013 年第 4 期，第 19—39、156—157 页。

[②] 刘宏松：《正式与非正式国际机制的概念辨析》，《欧洲研究》2009 年第 3 期，第 91—106、1 页。

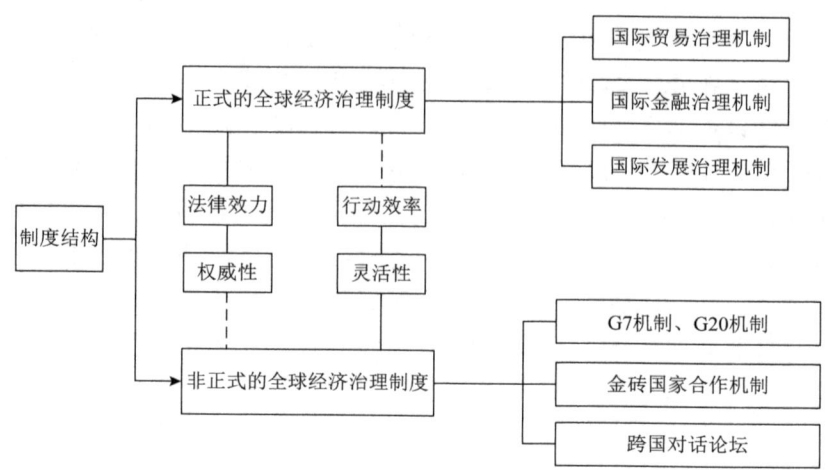

图 2-5　全球经济治理制度结构图

正式的制度和非正式的制度共同构成了全球经济治理制度，两者都是全球经济治理的重要组成部分，犹如车之双轮、鸟之双翼，密不可分、不可偏废。正式的全球经济治理制度具有较强的法律约束力和较高的权威性，但是其固化的特征往往不能够对现实中国家间的力量对比做出及时有效的反应，其灵活性较差，全球经济治理相关政策的实施过程中可操作空间和政策回旋余地较为有限；反观非正式的全球经济治理制度，其能够对紧急、突发的全球经济治理议题做出及时回应，国家间协调配合、集体行动的效率较高，但是这一制度由于天然缺乏强制约束力，其灵活有余但权威不足，往往容易导致相关国家对其重要性和地位的认知在出现具体问题的前后表现出较大的差异。由于缺乏长效机制，某些国家一旦度过了危机，其履行非正式制度中确定的承诺的意愿和对非正式的全球经济治理制度的地位认知会急速降低，从而导致其可能变成流于形式的"清谈馆"。

第四节　全球经济治理的机制与运行

全球经济治理机制强调的是治理各方在确保现有的国际秩序稳定前提下建立一整套具有约束力的制度性安排。不同全球经济治理机制的具体运行也存在着一定的差异，同一治理机制下的治理参与方的互动关系和联系也会影响全球经济治理的运行效果。全球经济治理由各类峰会、治理平台和国际组织等组成，它们彼此联动，构成了全球经济治理整体运行机制（图 2-6）。

第二章 全球经济治理的理论框架

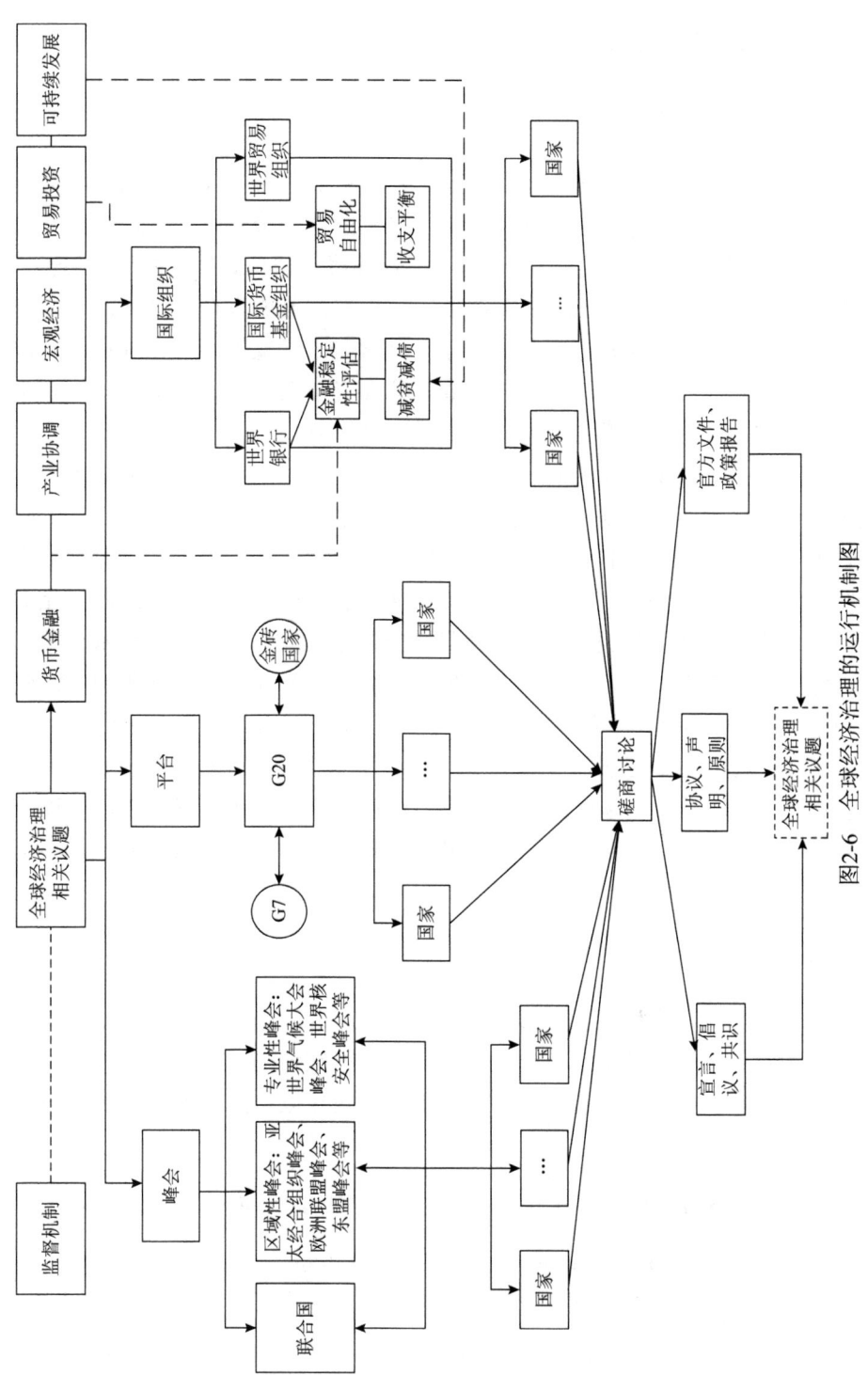

图2-6 全球经济治理的运行机制图

一、全球经济治理的机制

（一）平台机制

在全球经济治理过程中，最具有代表性的平台为 G20，其成立的最初目的就是防范和应对金融危机，并在全球范围内积极鼓励和促进各国就国际经济与宏观政策的制度进行沟通。[1]尽管其属于非正式的机制，但在建立和协调全球统一的合作机制上发挥了巨大作用，已成为全球经济治理南北共治的重要标志。事实表明，2008 年全球金融危机爆发后，G20 在维护国际金融体系的大体稳定、确保金融危机救援资金渠道顺畅、配合各国货币政策及宏观政策等关键性议题上发挥了重要作用。[2]

此外，以 G20 为代表的平台机制还与其他类型的全球经济治理机制紧密配合，寻求彼此间的合作和交流，共同参与全球经济治理[3]。在 G20 会议召开期间，国际货币基金组织、世界银行和世界贸易组织等主要国际组织的相关负责人往往会获邀参与相关会议，这一方面体现出 G20 需要相关国际组织为 G20 的各类议题提供背景性质的信息文件、专业的技术分析和权威的判断，确保相关议题的准确性，从而为基于 G20 框架下各国经济政策的协调和协商奠定良好的基础；另一方面体现出 G20 能够将各国协商一致后的结果和主要国家对未来全球经济运行中亟待解决的问题的看法、意见等及时有效地以"非正式建议"的形式反馈给主要的国际组织，从而实现全球经济治理中平台机制和国际组织机制间的有效沟通与紧密配合，提高全球经济治理的效率。[4]

（二）国际组织机制

全球经济治理中，以国际货币基金组织、世界银行和世界贸易组织为代表的国际组织机制发挥了重要作用。国际组织机制的作用既体现在与其他类型的全球经济治理机制的协调上，还反映在以工作沟通机制和信息资

---

[1] 赵润济、冯维江：《亚洲国家应善用 G20 平台参与全球经济治理改革》，《国际经济评论》2012 年第 3 期，第 166—168 页。
[2] 刘宏松、项南月：《G20 与全球经济治理研究述评》，《国际观察》2016 年第 5 期，第 16—30 页。
[3] 曲博：《金融危机背景下的中国与全球经济治理》，《外交评论（外交学院学报）》2010 年第 6 期，第 57—65 页。
[4] 张发林：《全球金融治理体系的政治经济学分析》，《国际政治研究》2016 年第 4 期，第 63—85、4—5 页。

源共享机制为代表的国际组织之间的机制化建设上[①],也体现在对特定经济议题的政策配合上。

以国际货币基金组织为例,其在同世界银行和世界贸易组织的往来中反映出了全球经济治理的机制化特征。国际货币基金组织与世界银行保持着多层次的沟通,主要负责人和高级别官员对组织间的政策职能的重叠与政策制定本身的潜在冲突进行沟通,通过互派工作组等方式进行定期或不定期的交流。另外,两大国际组织还以任命同一执行董事、共享秘书处和各类图书信息系统、对外公开发行有关报告等形式加强政策的信息资源共享。[②]

与此同时,国际货币基金组织与世界贸易组织的往来中反映出了政策上的配合特征。由于国际收支平衡会对一国乃至全球贸易的整体健康均衡发展产生重大影响,这也为世界贸易组织和国际货币基金组织之间的政策协调与合作提供了现实可能。如果一国的国际收支发生了严重失衡,一旦其寻求国际社会,特别是国际货币基金组织等专业化机构的援助,那么后者会在涉及贷款和监管等具体环节上加大对该国的审核力度,并对该国的贸易政策提出一定的要求。从世界贸易组织的角度来看,多边贸易体系除了涉及减免关税等传统议题外,其还需要面对日趋复杂的外部环境[③],这也要求该组织对相关金融问题进行可靠的政策性研究。当然,国际货币基金组织为世界贸易组织所提出的涉及贸易政策的建议并不具有强制性的法律约束力,但是其参与本身就凸显出了全球经济治理过程中国际组织间联动的机制性安排。

（三）峰会机制

峰会机制作为全球经济治理机制之一,在全球经济治理中发挥着独特的作用。同其他类型的全球经济治理机制相比,峰会机制具有一定的共性和特殊性。[④]现有的全球经济治理中,具有代表性的峰会机制主要包括亚太

---

① 汤蓓：《试析国际组织行政模式对其治理行为的影响》，《世界经济与政治》2012年第7期，第43—63、157页。

② 高海红：《布雷顿森林遗产与国际金融体系重建》，《世界经济与政治》2015年第3期，第4—29、156页；蔡伟宏：《国家博弈、制度形成与全球金融治理》，《国际经贸探索》2015年第8期，第102—116页。

③ 裴长洪：《全面提高开放型经济水平的理论探讨》，《中国工业经济》2013年第4期，第5—16页。

④ 黄薇：《杭州峰会对全球经济治理机制影响研究》，《国际经济合作》2017年第1期，第12—17页。

经济合作组织（Asia-Pacific Economic Cooperation，APEC）峰会、东亚峰会和上海合作组织成员国元首理事会（以下简称上合组织峰会）等。需要指出的是，尽管上述峰会都涉及全球经济治理的相关内容，但不同的峰会在关注的议题、侧重点和会议机制上均存在着一定的差异。APEC峰会实际上具有官方论坛的性质，其遵循协商一致和自愿合作的原则，领导人非正式会议是APEC中最高级别的会议；东亚峰会是年度领导人会议机制，由东盟各轮值主席国主办，峰会的具体模式由与会各国共同商议确定，其致力于推动东亚地区的一体化进程；上合组织峰会是在上合组织成员国间召开的会议，其主要包括中国、俄罗斯、哈萨克斯坦、吉尔吉斯斯坦、塔吉克斯坦和乌兹别克斯坦等。

从上述主要峰会的议题内容和机制上来看，其与平台机制还是存在一些差异的。具体来看，APEC峰会的主要议题侧重于经济方面，其与全球经济治理的关联度较高；东亚峰会除了财经等经济议题外，还涉及相关的政治、教育和灾害管理等各国所共同关心的广泛议题；上合组织峰会则更多地关注于政治和军事安全等议题，当然，近年来其对相关经济议题的关注度也在逐步加强。三大峰会均形成了较为规范化和制度化的定期会晤机制。尽管相关峰会的议题对与会国家并不能形成强制约束力，但是以APEC峰会为例，其秘书处的设立和运作与G20等平台机制缺乏秘书处和长效治理机制形成了明显对比。

（四）机制完善和创新

尽管全球经济治理中现有的各类机制性安排发挥着重要作用，但是其仍然存在一定程度的缺陷和不足。从不同治理机制的特征来看，平台机制和峰会机制虽然灵活性较强，具有较高的行动效率和决策执行力，但是其涉及全球经济治理的相关决策和建议仍然缺乏强制约束力，尚缺乏一个行之有效的长效治理机制；反观国际组织机制，其具有较强的权威性和法律效力，但是国际组织机制运作中耗费了太多的精力在权力转移和权力再分配上[1]，因此，基于这一机制下的全球经济治理的成效仍然有限。

此外，我们在继续关注和强化现有的全球经济治理机制的同时，还需要改变其被动应对和被动回应的治理模式，逐步转变为主动应对和前瞻预

---

[1] 张胜军：《全球深度治理的目标与前景》，《世界经济与政治》2013年第4期，第55—75、158页。

测的治理方式，探讨和建立全球经济治理监督机制，对于已有的全球经济治理方案的具体执行情况予以及时评估和监督，从而为下一阶段的全球经济治理方案的提出提供借鉴。

二、全球经济治理的运行

（一）全球经济治理议题的性质

全球经济治理的具体运行和操作流程离不开全球经济治理议题本身。从全球经济治理所治对象来看，主要是涉及宏观经济、贸易投资、货币金融、产业协调和可持续发展等全球经济运行中可能出现的问题。

从现有的全球经济治理机制和运行本身来看，全球经济治理议题的提出方式主要包括被动和主动两种。被动方式是指世界经济运行过程中出现了一系列难以被自身所修复的问题，故而需要对出现的问题进行治理。主动方式则与被动方式相对，更强调利用现有的各类全球经济治理机制来对已发生的问题及时、快速地做出应对，还包括对未来可能发生的全球经济治理相关议题进行前瞻性分析并适时采取防范措施或手段，如G20杭州峰会塑造的全球经济治理的长效机制成果是降低预期风险的主动治理的表现。

（二）治理机制的运行

现有的全球经济治理的运行实质上指的是对应全球经济治理议题成果的执行过程。值得注意的是，峰会机制下所对外发表的声明一般不具有法律意义上的强制约束力，但是能够彰显出峰会各参与方对特定全球经济治理议题的态度和政策主张，对在更广范围内引起国际社会的关注和促成相关方达成共识并付诸全球经济治理实践具有指向性的意义。

平台机制与峰会机制具有类似的特征，但也有其特殊性。以G20为代表的平台机制兼具被动应对治理和主动回应治理特征。G20峰会的诞生更强调的是对2008年爆发的全球性金融危机的自然回应，反映出世界主要国家迫切希望解决金融危机的强烈愿望。G20的部分成员逐渐充分利用这一具有广泛代表性的平台，积极提出了全球治理的相关主张，对全球经济治理产生了深远影响。以G20为代表的全球经济治理平台机制与峰会机制一样，其在征求各国意见和广泛讨论的基础上最终所达成的宣言、声明或相关原则同样不具备强制约束力。但是，平台机制的特殊之处在于，其在全球经济治理过程中纳入和吸收了现有的主要国际组织，平台机制所达成的一系列意向性成果能够反馈给国际组织中的主要职能机构或部门，为国际组织提供政策决策依据。平台机制最终成果的后续效应要明显高于峰会机制。

国际组织机制是全球经济治理运行过程中的重要运作方式之一。以世界银行、国际货币基金组织和世界贸易组织为代表的主要国际组织都在积极参与全球经济治理的相关议题。当然，上述三大组织由于其职责范围本身的限定，不能也不可能解决全球经济治理的所有议题。从被动应对的角度来看，主要国际组织会责成包括理事会、机构主要负责人和高级官员等在内的主要职能部门与个人参与到具体全球经济治理议题当中，在征求各国意见的基础上，提出相应的治理方案；从主动回应的角度来看，主要国际组织通常是以出具官方研究报告的方式来对相关全球经济治理议题和其他特定国家或区域议题提供指导性的意见。国际组织机制的权威性要远高于其他机制。

（三）治理机制的互动与联系

全球经济治理机制的互动主要是指不同类别的机制间可能存在的单向或双向的影响，而这一影响会最终反映在特定治理机制的全球经济治理方案的形成上。现有的各类全球经济治理机制中，平台机制和国际组织机制的互动特征十分明显。前者对后者的影响体现在前者所形成的相关治理方案会反馈到后者的相应职能部门；后者对前者的影响体现在其参与前者全球经济治理的全过程。此外，后者还为前者提供相关的辅助资料和技术支撑。

治理机制的联系更多地体现在机制内部不同治理主体或参与方的动态关系中。从现实情况来看，治理机制下的联系具有双重性的特征，即不同治理主体之间的联系既可以表现为相互促进的特点，也可以表现为相互排斥的关系。具体来看，以平台治理为例，G20 和 G7 所显现出来的上述特征十分明显。一方面，G20 是在 G7 基础上通过扩大参与国的方式形成的，它符合和反映了金融危机爆发后全球经济治理的迫切希望，亦发挥了重要作用；另一方面，随着时间的推移，特别是在 G7 成员的经济逐步恢复的情况下，其对 G20 成员中新兴经济体所提出的合理诉求不再积极回应，反映出 G20 缺乏长效治理机制的问题，这可能导致 G20 本身作用和地位的下降。

另外，对于国际组织机制而言，不同国际组织间的正向联系特征更为显著。国际货币基金组织和世界银行、世界贸易组织之间就全球经济治理中特定议题的合作十分紧密。具体来看，国际货币基金组织与世界银行在涉及贫困减免、债务减免等可持续发展议题上积极开展合作，双方以签署战略合作文本的形式在调整具体贷款供给方案的基础上共同对相关国家提供优惠贷款；在金融稳定性评估等货币金融议题上，国际货币基金组织和世界银行分别负责金融部门稳定性评估和金融部门发展情况评估。世界贸易组织在面对日渐复杂的全球经济环境的情况下寻求贸易自由化也离不开国际货币基金组织的大力支持。世界银行通过其权威性的政策调研和实施贷款等职能来最大限度地确保世界各国的贸易收支平衡[①]。

第五节 全球经济治理的困境与挑战

现阶段，全球经济治理面临着公共产品提供不足、缺乏长效治理机制等问题。治理主体之间的利益分歧、矛盾冲突都会对全球经济治理的效果产生负面影响。全球经济治理的现实困境已经表明，治理当中的固有矛盾难以在短期内得到有效解决，全球经济治理需要各方的长期不懈努力，还需要兼顾治理主体的合理利益诉求，寻求实现全球经济治理的善治。

一、全球经济治理的困境

全球经济治理面临困境的根源在于不同国家的国情、实力等不尽相同，小范围内的技术性微调和修正并不能从根本上解决问题。新的治理模式和形式只能提供一种轻量级的全球性治理，它们难以解决全球化所带来的全部问题。从现实来看，世界本身所面临的各种经济问题也难以用一个统一的、固定的经济治理方案来解决。

（一）治理议题的复杂性

在可以预见的将来，全球政治经济格局中出现实力转移和分散的局面将长期存在，而全球经济治理的主要治理议题却是过去数年乃至数十年长期积

---

① 黄梅波、陈燕鸿：《国际货币基金组织改革研究》，经济科学出版社2014年版。

累的涉及制度和体系层面的复杂问题,短期内要想在治理主体本身存在主张分歧和固有矛盾的情况下得到合理解决并不现实,因此,各国在全球经济治理议题上进行国际合作的尴尬困境也难以在短期内发生改变。具体来看,当一国看到其他国家无力且无意参与全球治理合作时,这一国家就会自然地认为如果自己选择国际合作,那么由于承担了国际责任、放松了竞争意识,其可能会在未来处于不利地位,因此,该国同样会对全球经济治理合作保持一定的距离。

(二)公共产品短缺与治理赤字

在为全球经济治理提供公共产品的问题上,现有部分大国表现出了"自扫门前雪"的特点,全球范围内的经济治理面临着公共产品短缺问题。此外,部分大国所表现出来的观望、迟疑的态度,使得全球经济问题长期得不到解决,从而导致各国之间的不安全感普遍增加,大国间的竞争、怀疑甚至是防范心态大大削弱了全球经济治理问题上的合作效果,即使是在存在共同利益的议题上也难以在短期内达成共识、形成有效的合作。[①] 同时,全球经济治理中缺少清晰而明确的问责关系更是阻碍了整体合作的开展和实施。

(三)参与治理的意愿差异较大

与主要大国相比,其他参与全球经济治理的国家本身经济实力较弱,在大国因国内因素参与全球经济治理意愿不足的情况下,处于跟随地位的其他国家更是无力推动全球经济治理,国际合作的选择意愿大为降低。如果全球经济治理难以取得成果、难以有所突破,作为治理主体的参与国可能会被迫进行政策调整,将主要精力放在国内议题上,政策选择上也可能逐渐变得保守。新兴经济体在参与全球治理方面表现出了浓厚的兴趣和高昂的热情,但是其与被看成"守成国家"的传统大国在全球经济治理中的核心利益诉求、经济治理方案和具体行为选择上并不完全相同,有时甚至存在着冲突的情况。因此,新兴经济体与传统大国之间开展全球经济治理合作的基础并不牢固。

二、全球经济治理的有效性与合法性危机

二战后的全球经济治理运行,对建立国际经济新秩序、促进全球经济

---

① 蔡拓:《全球主义与国家主义》,《中国社会科学》2000年第3期,第16—27、203页。

恢复方面影响重大。但随着全球经济问题日趋复杂及国际社会权力结构的变化，全球经济治理面临着有效性与合法性的双重不足。

（一）全球经济治理的有效性问题

布雷顿森林体系在有效运作半个世纪后，出现了疲软状态，已无法有效应对当前日益复杂的全球性经济问题。针对布雷顿森林体系的改革则因传统霸权国家和新兴经济体的利益分歧而难以推动。美国退出TPP、英国脱欧、全球贸易保护主义思潮兴起乃至美国挑起的贸易战使得全球经济治理陷入困局。

从根本上来说，全球经济治理的有效性遭遇挑战，源自国际社会的无政府状态。全球问题的根本解决，需要凌驾于国家之上超国家政府的形成，并具有处理全球问题的至高权威和资源。当前全球治理为无政府状态下的治理，治理决策主要由主权国家做出，参与全球治理获益的不均衡性驱使政府逐利而为，追求对自身有利的国际问题的处理，而对于收益不那么明确问题的治理则不愿意投入太多的资源，如美国在建立全球货币制度时投入了较多的资源，而在应对气候变化问题上则持相对消极的态度。国际治理与国内治理的不平衡加剧了全球经济治理收益的不平衡，在全球经济疲软的环境下催生了贸易保护主义。

到了21世纪初，世界政治经济的格局因全球化而发生了深刻的结构性变化。伍茨的研究表明，无论是一国内部还是各国之间，经济的不平等程度都大大增加了[1]。新自由主义经济学所谓的"涓流效应"——经济增长会惠及低收入阶层，并没有实现。[2] 随着20世纪90年代跨国公司离岸生产和外包的规模越来越大，以及移民大量流入发达国家，发达国家的就业开始受到较大的威胁。当发达国家的劳动力短缺，人们有就业机会的保障时，外籍劳工能填补劳动力的不足，而且来自发展中国家的廉价商品提高了发达国家民众的实际购买力，于是它们支持全球化。但是，资源的有效配置必然会导致发达国家的生产不断地向廉价劳动力富余的发展中国家转移，全球化发展带来的世界范围内贫富不均衡也必然会导致移民规模的不断扩大，而生产转移到发展中国家会造成发达国家工作机会的流失，移民的涌

---

[1] 〔美〕奈瑞·伍茨：《全球经济治理：强化多边制度》，曲博译，《外交评论（外交学院学报）》2008年第6期，第82—95、5页。

[2] 王绍光：《大转型：1980年代以来中国的双向运动》，《中国社会科学》2008年第1期，第129—148、207页。

入则会对发达国家的就业、社会福利、生活方式甚至可能对国家安全形成压力。当发达国家在民众有无工作机会、国家安全与廉价商品、外籍劳工的贡献之间做选择时，它们一般会选择前者。

发达国家制造业工作机会的减少、社会福利水平的下降直接导致了经济不平等的加剧。美国服务业中，金融、医疗、信息技术、贸易、商业咨询等子行业的雇员收入迅速增加，而零售业和一般性服务业的雇员收入则长时间没有提高；制造业中，收入较高的蓝领工人收入萎缩，而他们是构成美国中产阶级的代表。

2008年全球金融危机爆发，美国中产阶级家庭的资产和收入均出现大幅下降，2011年美国家庭年收入中位数为49 103美元，剔除通货膨胀因素之后，与2000年相比，减少了4000美元；美国家庭总资产净值中值则从2007年的125 000美元下跌至2009年的96 000美元。①更糟糕的是，在全球化时代，发达国家的经济一旦衰退，就业则需要比经济恢复更长的时间才能恢复到经济衰退前的水平。美国实际国内生产总值（gross domestic product，GDP）在2008年第三季度开始下跌，到2010年出现重新增长，但美国2009年的失业率高达10.0%，直到2016年5月才回落至4.6%，与金融危机爆发前持平。当就业机会萎缩时，美国经济失业型的复苏加上社会保障体系不够完善，美国选民会比其他发达国家的选民更难以忍受经济衰退②。

2008年全球金融危机发生后，美国国内的全球化受损群体普遍期待政府能出台更多的社会保护措施，但政府却在释放市场力量的方向上越走越远。美国的大财团、大企业家在政府的帮助下，不仅渡过了危机，而且收益继续快速增长；与此同时，美国政府试图以更大的力度开放国境，促进资本、商品和人员的自由流动。美国为了应对中国崛起的挑战，2010年开始实施重返亚太的战略，同时启动"立足于下一代"的自由贸易协定TPP和TTIP。③TPP的谈判过程中，美国政府追随冷战思维，试图用经济利益换取其盟友在军事上的支持。④

---

① 资料来源：美国人口普查局网站。

② Rajan R G, *Fault Lines: How Hidden Fractures Still Threaten the World Economy*, Princeton：Princeton University Press, 2011, p. 85.

③ TPP和TTIP标准之高和覆盖领域之广远超一般自贸区协议，因此被称为"立足于下一代"的贸易新体制。

④ 高柏、草仓：《为什么全球化会发生逆转——逆全球化现象的因果机制分析》，《文化纵横》2016年第6期，第22—35页。

（二）新兴市场国家参与全球经济治理的代表性不足

自布雷顿森林体系建立以来，以规则为基础的全球经济治理开始形成，这些制度规则不仅成为治理合法性的依据，也建构了以美国为首的发达国家主导的国际经济秩序。进入21世纪后，一方面，以金砖国家为代表的新兴市场国家硬实力迅速增长，在两次金融危机中发挥了稳定全球金融秩序、复苏经济的重要作用，承担了越来越多的国际责任，成为推动全球经济治理结构转型的重要力量，但其在全球经济治理中的参与性不足；另一方面，美国和欧盟等受内外部因素的影响，在全球治理及全球经济治理中的领导能力下降，但其并不愿意向新兴市场国家让渡权力，使当前的全球经济治理体系面临合法性和代表性缺失的挑战，重构全球经济治理秩序以应对新形势下的全球化问题成为国际社会的共识和集体行动。

但发达国家在治理能力和资源下降的情形下，并不愿意放弃既得利益，如美国先后提出亚太战略和印太战略以分化新兴经济体之间的合作，试图重构对自己有利的制度，并有意弱化发达和发展中国家全球经济共治机制G20峰会，使其在金融危机后并没有达成实质性行动成果，未能推动制度重构，呈现出集体行动分化、规则碎片化的趋势。与此同时，以美国为首的发达国家通过一系列高标准协定谈判，在多边贸易治理机制之外引领新规则的形成，抑制金砖国家不断提升的经济实力。

无论是传统的布雷顿森林体系国际货币基金组织还是当前南北共治的G20机制，全球经济治理下的新制度塑造权之争是当今乃至未来大国之间的主要博弈焦点，中国等新兴经济体积极参与全球经济治理的诉求将受制于发达国家设置的重重障碍。[①]全球经济治理新范式正是针对当前全球经济治理的有效性和参与性不足而在全球经济治理要素框架变更的情况下引致的理念、权力、制度等方面的改进。

---

① 美国前总统奥巴马曾发表评论称，TPP协定将给予美国工人应有的平等权利和机会，不允许中国等国家来书写全球经济的规则。奥巴马称不能让中国书写全球贸易规则，呼吁国会支持TPP，《环球时报》2015年10月6日。

第三章　全球经济治理范式及其转型

　　全球经济治理的范式转型是当前全球经济治理最为显著的时代特征。基于前文全球经济治理传统范式研究缺陷与新范式研究方法的基础，本章将具体探讨全球经济治理范式的分野标准，即决定不同范式的因素，以解释当前为何全球经济治理处于范式转型期，以及决定范式的关键性因素发生了何种变化？同时，本章还将探讨和分析全球经济治理新范式的各项因素。

第一节　全球经济治理范式分野的标准

　　全球经济治理的范式分野是建立新范式的前提。在全球经济治理中，治理主体、治理机制和治理客体三要素所构成的体系框架是范式的基本形态和外在表现，治理范式质的规定性是由超越治理框架的权威、观念和制度三个内在要素决定的。本书认为，治理框架是治理范式的基础，主体—机制—客体的整体所反映和提炼出来的权威—制度—观念的结构才是范式的本质属性，并构成范式分野的标准。

　　第一，权威（authority）是权力概念的拓展，全球经济治理的权力在很多方面体现为权威。权威是治理主体的权力、影响力和话语权的有机构成，权威也意味着治理主体采取的治理行动及其所提出的制度规范容易获得其他行为体的认可。治理结果在一定程度上取决于权威主体的治理能力和努力程度及治理制度体系的合法性。

　　第二，制度（institution）是对原则、规则和机制的提炼与抽象。在全球经济治理中，国际组织总是被嵌于国际机制之中，它们起着监督、管理和调节国际机制运作的作用。①如果国际机制无常设的组织机构，那么依靠的就是参与者的共识和默契的"自我实施"。新自由主义学者基欧汉将国际机制的概念扩展到了国际制度，把国际制度定义为管理世界政治各个要

---

① Robert O K, *International Institutions and State Power: Essays in International Relations Theory*, Boulder: Westview Press, 1989, p. 5.

素的规则和帮助实施这些规则的组织①,以便更全面地反映国际社会由规则和组织构成的制度体系。

第三,观念(ideas)是主体或行为体表现出来的思想、理念和价值观。治理主体的一系列治理行动包括设定治理目标、处理与其他治理主体的关系(接受或排斥)、制定治理规则及建立治理绩效评价标准等,都受到主体的治理观的影响。治理观念是治理的权威主体的价值观在治理问题上的反映,即权威主体的治理观。

现代国际政治传统理论范式研究集中讨论现实的某一特殊领域或单一因果机制,现实主义、自由制度主义和建构主义分别以权力、制度与观念作为三大学派的关键变量。为了解决理论范式在本体论和认识论上的不可通约性,以及弥合现有主流理论范式之间的对立和鸿沟,本书采取分析折中主义或范式融合方法,对不同的理论加以选择性折中,将权力结构、多边制度和观念认同三个变量进行整合,挖掘出不同理论构成要素之间的实质性和实践性联系,以便解决复杂问题。②

鉴于此,本书构建了全球经济治理框架与全球经济治理范式之间的联系图,以明晰全球经济治理框架下权威、观念和制度生成、演进的内在机制。如图3-1所示,全球经济治理的主体根据其治理目标,基于不同层次

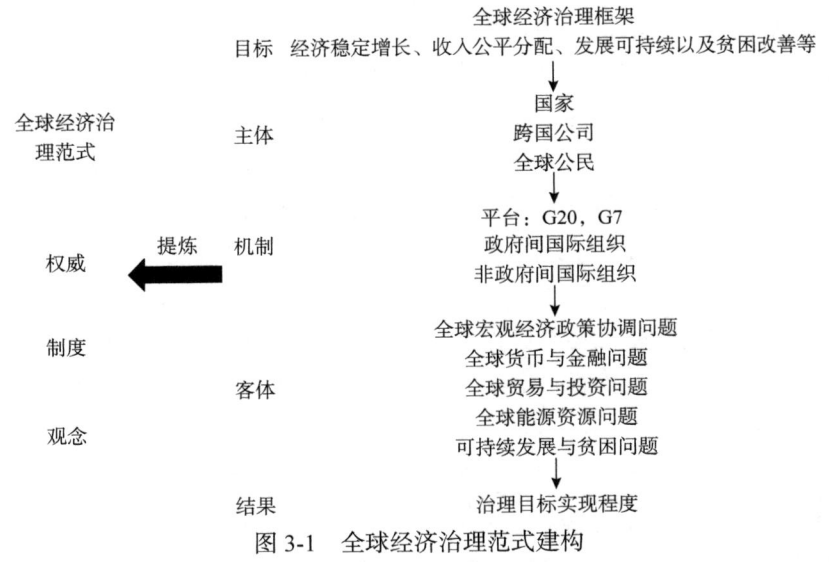

图3-1 全球经济治理范式建构

---

① Robert O K, "International Institutions: Can Interdependence Work?", *Foreign Policy*, Vol. 110, No. 1, 1998, p. 82.

② 刘胜湘:《国际关系研究范式融合论析》,《世界经济与政治》2014年第12期,第95—117页。

的治理机制对全球经济问题进行管理的过程，通过制度形式反映了国际社会有关全球经济秩序的权威和观念。

第二节　全球经济治理范式转型的动力

直观地看，全球经济治理的发展演进，主要表现为治理主体日益多元、治理对象和治理领域逐渐扩展、治理机制不断细化和多样化等。但在这些表象因素的背后，是全球经济治理的权威、制度和观念的交互作用。一旦权威、制度和观念三要素发生结构性变化或者质变，全球经济治理便会发生范式转型。其中，获取权威或者说权威生成能力是推动范式转型的关键性因素。

全球经济治理范式中治理权威的实现取决于社会认同的建构。与国家主权不同，全球经济治理不存在依靠宪法和法律实施的权势等级次序。从本质上说，治理是一些操控机制的体系，在这些体系内部，一些行为体试图去调节和影响其他行为体的行为或看法，这两者之间的互动构成了治理的内在结构和机制。[1]治理权威根据表现形式的不同可分为三种形态，分别是战略性权威、政治权威和认知权威。战略性权威是指主体由于掌握军事、经济及其他自然资源、人力资本等的战略物质资源而具有的权威性，这种权威一旦获得，在较长的时间内都会存在。[2]政治权威是指主体政治权力和义务的合法化，即对主体对全球经济事务的正式和非正式管理权力的正当性的认同。[3]认知权威是指主体因其制度地位、实践经验或信息获取特权而具有的话语权[4]，而制度的成功从根本上说取决于行为体之间存在共同的实践话语。[5]

权威可以与战略性物质资源相分离，因此，潜在的权威主体不仅可以是主权国家，还可以是政府间国际组织、非政府组织、跨国公司、公民社会等

---

[1] Rosenau J N, *Along the Domestic-foreign Frontier: Exploring Governance in a Turbulent World*, Cambridge: Cambridge University Press, 1997, pp. 146-147.

[2] 门洪华：《关于美国大战略的框架性分析》，《国际观察》2005年第1期，第22—29页。

[3] Ruggie J G, "International regimes, transactions, and change: Embedded liberalism in the postwar economic order", *International Organization*, Vol. 36, No. 2, 1982, p. 380.

[4] Broome A, Seabrooke L , "Shaping Policy Curves: Cognitive Authority in Transnational Capacity Building", *Public Administration*, Vol. 93, No. 4, 2015, pp. 956-972.

[5] 李滨：《全球治理中理念的作用》，《战略决策研究》2014年第1期，第16—23页。

多种类型的行为体。全球经济治理不但涉及物质性公共物品的提供，更涉及国际规则的制定，在一个日益制度化的相互依赖的世界，一定形式的国际制度是全球治理开展的前提条件，而缺乏物质力量的非国家行为者也可能通过影响规则而影响全球治理结构，从而获得全球经济治理的权威。由于权力耗散，全球经济治理舞台上的非国家行为体越来越多，但只有国家具有行为体"推行其决定的能力"，而其他非国家行为体普遍缺乏推行决议的能力或动力[①]，以至于就算得到民众的支持，很多的决议仍没有办法落实。[②]因此，它们现在还无法形成某种"国际权威"。只有政府才能合法地利用其权力实现各种社会目标，并确保各种协定的效力。主权国家和政府间国际组织仍是应对全球经济问题的主要组织形式，以国家为中心的治理在全球经济治理中处于中心地位。[③]因此，在推动全球经济治理新旧范式转型过程中，国家行为体是决定性因素。进一步看，国际体系中的大国由于具有提供治理公共产品的能力和掌握制度性话语权，通常起着关键性的作用。

全球经济治理中治理权威、治理制度和治理观念的互动促使范式转型，其表现在治理权威的生成需要遵循结果性逻辑和适当性逻辑。遵循结果性逻辑意味着，权威可以被理解为一个利益契约，这种关系下，权威主体通过提供公共物品等来获得其他行为体对治理制度的认可、遵守和执行。[④]遵循适当性逻辑意味着，权威主体可以通过规范倡导行为促使其他行为体接受一些观念，从而将权威主体提出的制度内化为自我认知。两种逻辑的最终目标都是实现权威主体管理全球经济事务的社会地位的合法性。治理主体取得权威地位通常始于提供有效服务、公共物品等利益行为，但是要想长期保持权威地位不变，就必须进行社会建构，设法激发其他行为体学习、接受权威主体的治理观念。在这里，权威、制度、观念三者与全球经济治理合法性之间不是绝对的——对应关系。作为一种公共物品，治理制度可以为降低各国的治理成本提供一个交易平台，这是全球经济治理合法性的利益基础；制度内化并在互构中形成新行为规范是全球经济治理合法性的

[①] Bawa S, "Autonomy and Policy Independence in Africa: A Review of NGO Development Challenges", *Development in Practice*, Vol. 23, No. 4, 2013, pp. 526-536.

[②] 李芳田、杨娜：《全球治理论析》，《南开学报（哲学社会科学版）》2009年第6期，第86—92、125页。

[③]〔日〕星野昭吉：《全球治理的结构与向度》，刘小林译，《南开学报（哲学社会科学版）》2011年第3期，第1—7页。

[④] 新现实主义强调大国或霸权国在权威形成过程中的主导作用，新自由制度主义从利益角度来考察全球治理的合法性问题，认为以国际机制为基础的全球治理能够使系统成员都受益。

观念基础，它也可以看作合法性的道德基础。①

全球经济治理领域的权威迁移可分为权威消解和权威更替两种方式②。一方面，权威主体必须谨慎维护其地位。虽然规范化和制度化了的权威关系能够使权威在一段时间内保持稳定，但权威并非不可动摇。如果一项治理实践结果显示出明显的不成功，那么治理者的权威就会受到质疑。如果治理者不能及时做出改变以重新建构有效的治理模式，那么其遵从者就会不断减少。另一方面，权威主体的地位也可能遭到新兴行为体的挑战。随着国际环境的变化，新兴经济体和发展中国家的群体崛起，传统发达国家主导的全球经济治理的合法性和有效性下降，全球经济治理权威出现"南升北降"的变化，从霸权治理开始转向合作共治。

第三节 全球经济治理范式转型的标志

基于全球经济治理范式分野的核心标准为权威、制度和观念，全球经济治理范式转型具体体现为权威的转换、新制度的产生和传统观念"华盛顿共识"的衰落。

一、治理权威的转换

如前文所述，权威的转换是全球经济治理范式转型的核心动力。二战结束以后的全球经济治理体系是在美国主导下联合西方主要资本主义国家建立的，西方国家和其他美国盟国认可美国在全球经济领域的战略、政治和认知权威，以交换美国提供的全球公共品，包括美国提供的战后援助资金和冷战时期给予的安全保证，由此逐渐形成以美元和美国利益为核心的国际经济治理制度体系。同时，美国不断努力提升美国主导下形成的制度的合法性，以维护国际制度的权威。③

鉴于世界格局的变化，布雷顿森林机构做了一些分散权威的渐进改革。

---

① 随新民：《国际制度的合法性与有效性——新现实主义、新自由制度主义和建构主义三种范式比较》，《学术探索》2004年第6期，第69—74页。
② 于宏源：《权威演进与"命运共同体"的话语建设》，《社会科学》2017年第7期，第26—33页。
③ 王毅：《试论新型全球治理体系的构建及制度建设》，《国外理论动态》2013年第8期，第5—11页。

在国际货币基金组织份额和投票权改革方面，新兴大国掌握的巨量资金使它们有足够的战略性权威向美国、欧盟施加压力，新兴市场和发展中国家份额增加超过 6.0%，同时发展中国家投票权占比上升 5.3%。中国在国际货币基金组织的份额仅次于美国和日本，国际货币基金组织份额占比排在前十位的还包括沙特阿拉伯、巴西、印度和俄罗斯等四个非西方国家。执行董事会的构成方面，国际货币基金组织废止了份额占比居前五名的成员拥有的"指定董事"权力的传统，而全部由选举产生的执行董事组成。国际货币基金组织的这两项改革给予了新兴经济体拥有与发达经济体平等参与竞争的机会。

尽管主要国际金融机构最终增加了巴西、中国、印度等国家的投票权的份额，但对于主要新兴国家仍很不充分，内部治理权力的改革有限。在国际货币基金组织，金砖国家投票权份额总计约 11%，而美国投票权份额达到近 17%，还拥有单一否决权；从单个国家看，英法两国的投票权也超过任何一个金砖国家。更何况美国 2015 年才批准 2010 年国际货币基金组织的份额改革方案，布雷顿森林机构领导权一直是由欧美国家垄断，即欧洲人担任国际货币基金组织"总裁"、美国人担任"世界银行行长"，因此，新兴国家积极寻求替代办法，以扩大它们在多边金融中的影响力。例如，金砖五国创设新开发银行（New Development Bank，NDB）与金砖国家应急储备基金（Contingency Reserve Arrangement，CRA）；中国则启动成立亚洲基础设施投资银行和提出"一带一路"倡议。在亚洲，清迈倡议多边化协议、TPP 和区域全面经济伙伴关系（Regional Comprehensive Economic Partnership，RCEP）合作提升了中国等国家的政治、战略和认知权威。

总而言之，国际货币基金组织和世界银行在亚洲金融危机期间的治理失败，欧美国家对布雷顿森林机构的双重垄断，国际货币基金组织于 2010 年制定的份额转移协议由于美国国会的阻挠在 2015 年才被通过。再加上多哈回合贸易谈判没有形成一个积极的结果，这些全球性组织的权威性和有效性受到质疑，也说明支撑霸权范式的单极化力量在逐渐削弱。事实上，全球的多极化趋势或者说一超多强的格局已经形成。尽管美国依然是世界第一强国，但已不具有霸权供应全球经济治理制度的能力。在一超多强的大格局下，全球经济治理必然会随权威的转换发生范式转型，而这需要经历一个较为漫长的时期。

二、新制度的产生

在多边制度层面，2008年全球金融危机爆发后，全球经济治理制度最明显的变化是G20作为非正式部长会议机制上升为峰会机制。G20是全球经济治理最重要的新多边安排，其对权威分散的影响突出表现在它纳入更广泛的治理主体，既增强了发展中成员的权威，也成为协调国家、政府间和非国家行动者之间全球治理的重要中心。G20参与者广泛的代表性增强了它作为全球经济治理中心的作用。G20自身的政治权威表现在，在峰会领导人共识引领下，协调南北主要大国的经济政策，并由包括国际货币基金组织、世界银行、世界贸易组织、经济合作与发展组织（Organization for Economic Co-operation and Development，OECD）等在内的主要国际经济金融组织和多边论坛落实其决策。在协调各国政策应对经济和金融危机、恢复经济方面，G20所取得的成效显著。关于国际经济机构领导人产生机制、份额和投票权改革、国际货币基金组织和世界银行贷款方式与条件、银行和金融机构监管制度改革等一系列协议也都是在G20框架下做出的。G20正越来越多地以支持、鼓励和指引的方式影响现有的国际机制，并推动相关国际组织和机构落实相关决策。G20杭州峰会后，在中国和发展中国家的努力下，G20越来越成为一个逐步取代传统的G7、G8的全球经济治理的核心新平台。[①]

金砖五国是全球金融危机后创建的重要峰会机制。金砖四国的2009年俄罗斯峰会和2010年巴西峰会，标志着这一大国集团的初步形成。2011年三亚峰会接受南非成为金砖五国正式成员，并构建了一系列包括峰会、部长级会议、协调人会议、非正式论坛、智库会议和驻在国际组织代表非正式磋商会议在内的会议体系。[②]金砖五国的建立将新兴大国集团化进程推向了新阶段。

值得注意的是，在战略性权威和认知权威的作用下，金砖国家新开发银行、金砖国家应急储备基金应运而生，开启了金砖合作的机制化进程，成员在国际政治中的政治权威有所提升。[③]金砖国家的经济多边主义得到加强，它们对布雷顿森林机构的依赖也相应减少。

---

① 朱杰进：《复合机制模式与G20机制化建设》，《国际观察》2013年第3期，第6—12页。
② 《澜沧江—湄公河合作首次领导人会议三亚宣言》，2016年3月23日。
③ 成志杰：《复合机制模式：金砖机制建设的理论与实践方向》，《国际关系研究》2018年第1期，第109—129、157—158页。

暨金砖合作机制形成后，中国也适时地提出了共同建设"一带一路"等一系列全方位对外开放的重大构想，并倡导建立亚洲基础设施投资银行对世界银行形成补充。金砖机制与"一带一路"倡议等共同代表新兴经济体对现有全球经济治理机制改革的实践，构成全球经济治理新的多边制度。

在区域制度层面，以开放性为主要特征的区域经济一体化进程与新区域主义发展迅速。区域金融和贸易合作在亚洲、欧洲、拉丁美洲等地区推进，包括2010年生效的清迈倡议多边化协议、2012年欧洲稳定机制、2011年太平洋联盟，以及TPP和TTIP谈判。它们的战略目标是积极融入全球经济。一些新兴国家主动承担起协调管理区域公共事务的责任，在提供部分区域性公共物品方面发挥了重要作用。

值得关注的是，随着新区域主义在全球范围扩散，超越地理约束、以不同区域之间制度化合作为标志的跨区域主义或区域间主义成为新的世界性现象。[1]2012年启动的横跨亚洲与大洋洲的区域全面经济伙伴关系谈判，是东亚发展中国家主导的亚太区域一体化。中国提出的"一带一路"倡议是以发展中国家和新兴经济体为主、贯穿亚欧非板块的新型区域间经济合作机制。2008年南美洲的12个国家组建了南美洲国家联盟，通过加强成员之间的贸易和投资联系，与欧盟、非盟展开对话，与南非、印度等建立经济同盟等方式促进南美洲新地区主义的深入发展。这些新的治理组织和机制正在打造"南南共治、南北共治"全球经济治理新格局，成为南方国家建设性参与全球经济治理的制度基础。

三、传统观念"华盛顿共识"的衰落

20世纪90年代的亚洲金融危机及2008年全球金融危机带来的深刻教训是，美国主导指导下的"华盛顿共识"不仅会冲击金融基础设施不健全的发展中国家，也会给"华盛顿共识"的发源地和输出国的美国及西方世界带来系统性经济危机。全球金融危机的认知权威效应使得全球经济治理观念发生明显变化，从注重放松管制和市场效率转为优先考虑可持续与包容性增长。

归根结底，"华盛顿共识"是国家中心主义的治理模式，表现为美国普世价值和市场激进主义向全球推广。2008年全球金融危机爆发之后，许

---

[1] 郑先武：《国际关系研究新层次：区域间主义理论与实证》，《世界经济与政治》2008年第8期，第61—68、5页。

多国家的政府包括美国政府均制定了一系列国家干预政策,"华盛顿共识"遭遇到严重的挑战。金砖国家合作机制以共同发展为导向的模式,就常常被描述为一种能够替代"华盛顿共识"的合作治理模式。

全球金融危机爆发之后,G20成员一直倡导达成反贸易保护主义共识。然而,由于在美国和欧洲政治中民粹主义的政治话语影响不断扩大,自由贸易成为一个有争议的话题。特别是全球经济复苏缓慢及发达国家采取紧缩的经济政策加重了中下阶层的经济负担后,贸易保护主义愈演愈烈。

综上,以2008年为分界线,全球经济治理在治理权威、治理制度和治理观念的转变下正在经历一种范式转型。随着治理框架的变化,治理权威由单极垄断转化为多极格局,新制度不断生成,传统治理观念"华盛顿共识"衰落,这些因素构成范式转型的重要标志。

第四节 全球经济治理传统霸权范式式微

作为欧美国家全球实践的产物,美国的霸权式全球经济治理从二战后开始至今已持续了70多年。随着国力的此消彼长,霸权治理的模式也在不断变化、调整,霸权国家在权力、利益和责任中不断取舍,先后经历了内嵌的自由主义和新自由主义治理秩序。[①]无论是从现实主义还是从自由主义角度考察,不能否认的是,二战后所建立的全球经济治理秩序和范式为霸权模式,在21世纪特别是全球金融危机后发生了改变并走向式微,需要有新的治理范式将其替代。

需要承认的是,二战后形成的全球经济治理传统范式虽然建立在霸权国家主导的基础上,但对二战后全球经济复苏和秩序恢复发挥了重要的作用,具有存在的合理性和优越性,它以联合国、世界贸易组织、世界银行、国际货币基金组织等多边制度为支柱,以各种区域、次区域和小多边的机制和组织为补充。虽然这一秩序存在各种问题,权力无时无刻不在影响着

---

① "内嵌的自由主义"强调自由主义全球化进程中,政府积极进行干预,缓解市场开放给国内民众带来的负面影响,通过对自由化收益进行再分配,换取民众对自由主义全球化的支持或容忍。"新自由主义"是一种经济和政治学思潮,它反对国家和政府对经济的不必要干预,强调自由市场的重要性。在这一理论基础上形成的"华盛顿共识",是由美国政府及其控制的国际经济组织所制定的系列原则,并由它们通过各种方式实施。Ruggie J G, "International Regimes, Transactions, and Change: Embedded Liberalism in the Postwar Economic order", *International Organization*, Vol. 36, No. 2, 1982, pp.379-415.

这一多边制度体系发挥完全的作用，但以联合国宗旨和原则为支撑的世界秩序为二战后国家间的长久和平与经济发展做出了重要贡献。与历史上存在的帝国秩序、强权秩序、均势秩序等国际秩序相比，这种多边制度秩序是一种更合理、更民主、更具合法性的秩序形态。但是，这些制度背后所支撑的"新自由主义特征的等级制度秩序"给全球经济治理的合法性和有效性带来了危机。通过特例、例外条款、加权表决、退出协议、否决权等，实力最强的国家能够将国际制度作为工具实施政治控制，推行只反映某些国家利益的治理观念。①

因此，在国际政治权力结构发生重大变化、经济全球化向纵深发展、新经济领域问题不断产生的当下，霸权范式下的传统治理观念已经不能满足全球经济治理的需求。

第一，在当前全球经济治理霸权模式下，其治理机制由霸权国家供应，并由其主导，与全球经济发展趋势不匹配。尽管联合国、世界银行、国际货币基金组织和世界贸易组织等重要的国际机制为维护世界和平发展提供了重要的制度保证，但是，随着世界多极化的发展，这些全球性的多边治理机制没有充分反映国际经济格局的变化和日益相互依存的态势，制度规范总体上转型不足。例如，在全球贸易治理领域，农产品、纺织品的自由化始终因配额、补贴等贸易限制性措施而扭曲，现有全球经济治理机制下的各项制度也不足以反映国际贸易模式及价值链的改变。在发展治理领域，全球经济增长动力不足，对制约发展中国家经济增长的基础设施建设投入的资金不足，而现有多边开发银行如世界银行与地区性开发银行投入发展中国家基础设施建设的资金远远不能满足其经济振兴的需要。尽管在中国等新兴经济体的倡议下，亚洲基础设施投资银行、金砖开发银行等纷纷设立，为发展中国家，尤其是处于亚洲腹地的发展中国家的基础设施建设提供资金，但仍不能满足发展中国家经济发展的需要。

第二，全球经济治理结构失衡，参与性和公平性不足。一方面，全球经济治理结构并未反映国际社会当前权力结构的变化。目前传统霸权国家实力有所下降，治理能力涣散。中国、巴西、印度等新兴发展中国家的综合经济实力则在不断上升。尽管反映发达国家和主要新兴发展国家多边共治的 G20 正在发挥全球经济治理主平台的作用，但现有的全球经济治理格

---

① 〔美〕约翰·伊肯伯里：《自由主义利维坦——美利坚世界秩序的起源、危机和转型》，赵明昊译，上海人民出版社 2013 年版。

局没有充分反映发展中国家的代表性和发言权,也未能解决既有霸权国家实力和新兴力量上升之间的矛盾。另一方面,现有治理机制授予全球公民社会的全球经济治理参与权是不足的。全球金融、贸易及投资治理的谈判一般由政府驱动和主导,由此产生的规则并不直接反映全球公民的意愿和利害关系人的利益,也未充分发挥出其在全球贸易、融资、投资治理中的作用。

第三,传统全球经济治理机制对全球公共产品的供应不足。随着东南亚成为全球经济最活跃的地区之一,东南亚也成为全球区域性制度较为集中的地区,"意大利面碗效应"突出。然而,各种制度之间因主导国不同,贴附不同国家的利益标签,制度之间的壁垒较为突出,而真正能促进全球经济增长的公共产品供应不足。中国所倡导的"一带一路"倡议具有制度公共产品的属性,以及相应的亚洲基础设施投资银行、丝绸之路基金等金融机构的引入,能有效地弥补全球性和地区性的治理制度的供给不足缺陷。另外,随着"一带一路"建设的推进,人民币的国际化进程也在加快,"一带一路"沿线国家人民币的结算是一种市场性选择,这种结算制度的公益性功能会逐渐显现,使贸易互通更加便捷,贸易的公平性和收益性进一步提升。

第五节 国家与全球经济治理

在全球经济治理中,主权国家成为推动全球经济治理新旧范式转型的核心力量,尤其是大国,既可以是全球化的主要推动者,也可以是去全球化的主导性力量。[1]20世纪以来,全球经济治理经历了从冷战时期美苏争霸形成的寡头分治,到以美国为中心的单边治理,再到以美国为首的西方发达国家主导、新兴经济体及其他发展中国家共同参与的多边治理的过程。从20世纪90年代开始,国际分工日益深化,经济全球化使中国、印度和巴西等人力与自然资源优势得以发挥,新兴经济体的经济实力整体提高,这增强了其在国际经济秩序中的话语权,参与全球经济治理能力的增强正在逐渐改变世界格局,迫使作为超级大国的美国逐渐退出完全垄断的地位。

---

[1] 陈伟光:《全球化逆动与中国的应对:基于全球化和全球治理关系的思考》,《教学与研究》2017年第4期,第72—82页。

20 世纪 90 年代亚洲金融危机的全面爆发，G20 机制应运而生，并逐渐成为全球化日益深化背景下西方大国和新兴大国寻求协商对话的核心平台。

在全球经济治理机制的演进中，国家尤其是大国始终是推动全球经济治理的核心主体。国家利益和全球利益的分歧与融合也成为全球经济治理的重要课题。

一、全球经济治理中的国家角色

国际体系中，存在着不同的行为主体，这些主体之间通过合作、冲突等博弈行为逐渐形成相对稳定的运行规则，这种运行规则维持了行为体之间相对稳定的利益关系结构。从历史演变视角看，在世界历史中曾经出现过东亚朝贡国际体系、中世纪的城邦间体系、欧洲民族国家体系等国际体系形式。[①]随后，在欧洲资本主义发展和殖民主义扩张下，更多的非欧洲国家被纳入欧洲国际体系之中；随着东亚地区和北美国家逐步崛起，威斯特伐利亚式的全球性国际体系最终形成。[②]民族国家居于核心地位是这种国际体系的核心特征，因此，其主要问题也是围绕民族国家利益之间的协调、约束、规范和合作。所以，主权国家是管理和解决全球公共事务与问题的最终落实主体，授权和协调基本制度安排。

首先，在全球经济治理中国家发挥着不可或缺的作用。诚然，针对一系列全球性问题，单纯依靠超级大国或者大国集团不能得到有效解决，特别是国际安全问题，传统军事力量无法应对安全威胁的高度流动性和不确定性。反过来，若没有大国的积极参与和合作，全球治理的成效甚微。目前，世界大国积极参与全球治理的原因在于：一是国际安全问题关乎各国的切身利益；二是在参与全球治理过程中，相对收益问题变得不那么重要，大国可以在这一问题上相互合作。

其次，国家通过自身权力和治理机制的调整，不断适应全球经济治理的发展需求。国家把一些原属于国家主权范围内的权力与事务转让给国际组织或者地区性组织，以推动全球经济"霸权治理"向全球经济"合作共治"的转型。

---

① 汤伟：《全球治理的新变化：从国际体系向全球体系的过渡》，《国际关系研究》2013 年第 4 期，第 42—51 页。

② 汤伟：《全球治理的新变化：从国际体系向全球体系的过渡》，《国际关系研究》2013 年第 4 期，第 42—51 页。

二、全球利益与国家利益

国家在推进甚至于主导全球经济治理进程中，国家利益与全球利益之间的分歧便成为制约全球经济治理良性发展的重要因素，因此，如何促进国家利益与全球利益的融合便成为全球经济治理善治目标最终能否实现的关键所在。

（一）全球利益与国家利益的冲突

在全球利益产生的初级阶段，全球利益发展遇到的最大问题和障碍就是国家利益。因此，产生了国家利益与全球利益间的冲突问题。这种冲突问题使得当今人类面临着一个无法回避的二律背反：一方面，国际社会治理依然遵循着弱肉强食的"丛林法则"，在很多方面存在着国际不公正的现象；另一方面，人类已经到了若不从根本上解决全球性问题，将面临整体灭亡的危险，至少使得人类未来走向穷途末路。因此，解决国家利益与全球利益冲突的金律原则应当是也必须是：放弃部分国家利益，维护全球利益。

全球利益与国家利益冲突的根源主要有两个方面：一方面，基于不同国家社会发展的不平衡性，导致了不同国家利益的冲突，不同国家为了实现自己的国家利益，追求有利于本国的国家利益而不惜牺牲全球利益，导致全球性问题的加剧；另一方面，国家利益与全球利益的冲突主要是因为一定历史阶段资源的有限性。在后工业社会，地球资源的有限性问题凸显出来，而人的欲望已经沿着恶性膨胀的路走得太远了。

全球利益与国家利益冲突的表现是多方面的，其核心冲突表现在国家主权与全球主权的冲突。一方面，国家主权是最重要的国家核心利益，是国家军队、国家法律、国家伦理等国家功能的有力保障。另一方面，全球主权是一个新兴的概念。全球主权超越了以国家为主权行为体的最高范畴，而把主权行为体提升为人类。因此，全球主权是指以人类共同体为最高行为体，以人类主权为主权而不简单地以国家主权为最高主权。目前，全球主权还处于萌芽阶段，既缺少强有力的制度，也缺少相应人力、财力、物力的有效保证。当今时代，全球性的军队还没建立起来，萌芽性的维和部队的力量远弱于国家军队；全球法治尚处在萌芽期，具有较强的幼稚性，而国家法治已经过数千年的发展，因此全球法治远远不如国家法治那样成熟和强大；全球伦理是20世纪90年代提出的新兴伦理，国家伦理经历了相当长时间的发展，因此，国家伦理远远强于全球伦理。

（二）国家利益与全球利益的统一

所谓国家利益与全球利益的一致性是指国家利益与全球利益的统一性、相同性、共同性方面，或者说全球利益与国家利益的一致性、统一性是基于全球利益与国家利益的相同性，即两者互利共赢方面的内容。从长期或整体性看，国家利益与全球利益是唇亡齿寒的关系。

国家利益与全球利益的良性互动包括两个方面，即国家利益的全球性和全球利益的国家性。国家利益的全球性要求克服国家利益不合理的部分，实现有利于全球利益的国家利益部分。国家利益全球性的相对面就是全球利益国家性。全球利益主要由良性的国家利益组成的，同时全球利益也包括良性的非国家行为体所追求的利益，但良性的国家利益对全球利益的贡献是最大的。其实，全球利益的国家性与国家利益的全球性是相互滋养、相互包容的。

国家利益与全球利益的一致性涉及如下方面。

（1）从人类思维发展观看，追求利益从对立的"你死我活"的零和博弈发展到互利共赢的共生性博弈，恰恰是人类群体利益趋于一致的体现。如果各国更多追求互利共赢的国家利益，其本身就是对全球利益的一种根本性的追求。

（2）从人类发展观和发展状态看，当今世界越来越多的国家在不断摒弃破坏性的个性发展，更多地选择可持续发展，这恰恰是国家利益与全球利益趋向统一的发展趋势。所以，国家的可持续发展观不仅包含，而且极大地滋养着全球利益。在气候政治方面，国家利益与全球利益达成了一致性的认同，各国采取相应的措施倡导发展低碳经济，签订《气候变化框架公约》及其议定书落实国内减排目标，建立区域性的碳排放交易市场，促进企业发展低碳技术。非政府组织亦展开应对气候变化的合作，对生态脆弱地区和受气候变化影响显著的地区与人民提供物质及技术帮助。

（3）从人类安全观看，人类的安全状态呈现出从狭隘的国家安全观发展为良性的国家安全观，不断彰显着国家利益与全球利益走向联合或联结的态势。例如，从限制核武器的发展转化为核能源的和平利用。《不扩散核武器条约》签约国的增多充分显示了国家利益与全球利益趋向一致的可喜态势。《不扩散核武器条约》于1968年7月1日，分别在华盛顿、莫斯科、伦敦开放签字，当时仅有59个国家签约加入。截至2003年1月，条约缔约国已经增加到186个国家。

（4）国际恐怖主义的国际联合行动在越来越多的国家之间展开，反恐成为国家间的共识。例如，2005年联合国通过并实施《制止核恐怖主义行为的国际公约》。在区域层面，各类打击恐怖主义活动、加强区际合作的活动也在进行。在中国的倡导下，上海合作组织于2009年通过《上海合作组织反恐怖主义公约》。

总而言之，21世纪国家依然是全球经济治理中最主要的参与主体，正是基于国家对自身权力的让渡和重构，使全球经济治理成为可能。在推进全球经济治理不断完善的过程中，各国需要认识到国家利益与全球利益的分歧，以及这种分歧可能对全球经济治理进程的影响。同时，全球经济治理也需积极促进全球利益与国家利益的融合，开辟国家间利益融合的场域，不断创新兼容各国国家利益的合作机制，构建全新的全球治理利益观。

第六节 全球经济治理新范式塑造

20世纪末以来两次金融危机的爆发，推动了全球经济治理的权威、制度和观念的转型。面对新的国际形势和构建开放型经济新体制的需要，国家、非政府组织和全球公民社会都在呼吁新治理范式的形成，以更好地应对日益复杂的国际经济问题。全球经济治理应顺应治理权威、制度供给和治理观念的新变化和新需求，促进新范式的形成。

一、建立新多边制度秩序

目前，全球经济治理的权威分散化趋势明显，美国的战略性权威、政治权威和认知权威均在走弱，中国等新兴发展中国家的战略性权威、政治权威和认知权威显著增强。鉴于此，国际社会更需要一种反映权力平衡和多元合作理念的制度秩序，或者说是一种更加名副其实的多边制度秩序。美国作为超级大国会继续在这一秩序中发挥重要作用，但多边协商会越来越成为维护和发展新秩序的治理形态。简言之，世界秩序会更趋于一种协进型多边制度秩序，或者称为"新多边制度秩序"。[1]在这种秩序中，美国霸权的主导日趋减弱，多边协商的成分日趋加强，多元价值会得到较为充

---

[1] 秦亚青：《世界秩序刍议》，《世界经济与政治》2017年第6期，第4—13页。

分的反映，基于制度的治理理念会得到进一步的巩固和完善。但是，由于美国不愿接受自身或其同盟的领导之外的任何秩序，构建新多边制度秩序将是一个非常复杂的过程。

新的全球经济治理范式应在治理权威方面反映两方面的变化。一方面，随着新兴发展中国家在国际社会中公共产品供应的增加和国际责任的承担，新兴发展中国家应获得更为显著的参与权，使全球经济治理更加公平、更具合法性。另一方面，面对共同的问题，各行为体通过对话、协商、谈判等方式互动，达成各参与方都能接受的行为规范或行动规则。尽管主权国家仍将在全球治理和地区治理的实践中发挥重要作用。但是，在全球经济问题的应对中，各类政府间组织及非政府组织，甚至企业、个人均在治理中发挥着作用，已通过各类"软法合作"，成为弥补全球经济治理制度不足的一种重要途径。

二、增加制度公共产品供给

新的治理范式应增加制度公共产品的供给。要使新兴大国的新增权威为国际社会自觉接受，新兴大国就要在经济领域提供更多的公共产品，由此保障体系能够给其他国家带来利益，从而得到其他国家的支持。

首先，全球经济治理新范式的制度内容将有所扩充，并能有效地处理和应对当前各类新型全球经济问题，在传统治理领域之外，应针对当前全球经济治理的制度不足和制度冲突问题拓展治理内容。同时，强化各国金融监管合作，主要防范和处置相关融资项目的信用风险、市场风险等，有效化解和应对全球贸易投资制度中产生的"私营经济"与"国营经济"模式之争，针对全球经济发展模式制定包容性的市场竞争规则。

其次，为实现新制度供给，全球经济治理新范式应利用灵活、多维度的治理机制和治理模式提高制度供给能力与治理绩效。治理机制是治理主体按照一定的程序和原则设置议题达成共识或决策的互动关系，反映了治理主体间的权力配置、责任划分和利益协调。新全球经济治理框架可在正式性、多边性较强的合作方式外，融合非正式的软法合作和兼容不同成员利益的错轨合作方式，同时推动传统治理机制的改革和新治理机制的产生。

第一，新治理范式应推动传统布雷顿森林体系治理机制的改革。传统多边贸易治理机制以多边谈判、决策及执行机制为主，以达成有约束力的正式协定为目的，鲜有非正式立法空间，是组织性和正式性较强的合作机制。然而，这种正式的合作机制已成为制约国际经贸规则产出的桎梏[1]，在权力匀质化发展趋势下，不仅阻碍了实体规则的形成，也妨碍了程序规则的改进。因此，布雷顿森林体系需要进行改革，在制定正式规则之外，关注软法合作，并借鉴其他国际经济组织在软法合作方面的经验。例如，2008年国际货币基金组织针对国家主权财富基金管理规范倡导的《圣地亚哥原则》，虽不具有强制性，但为不少国家的主权财富基金主动接受。

第二，新治理范式应推动新制度或机制的建立，在一定程度上弥补了制度公共产品的不足。例如，新制度供给机制包括"一带一路"跨区域合作倡议（对世界基础设施互联互通的补充）、金砖国家新开发银行、亚洲基础设施投资银行（对世界银行的补充）、世界信用评级集团（对穆迪和标准普尔的补充）、中国银联（对万事达和维萨的补充）、人民币跨境支付系统（对环球银行金融电信协会的补充）、金砖五国（对 G7 的补充）及许多其他倡议和行动。

另外，中国倡导的共建"一带一路"虽未形成专门的区域治理平台，但其采取灵活的方式，以双边的高层会晤、主场外交、多边机制嵌入相关议题等形式，谋求"一带一路"沿线国家合作治理的共识。从未来全球经济治理机制的构成来看，像"一带一路"合作机制这样的非正式性、灵活的合作方式可弥补正式机制的不足，并在全球经济治理的新领域和分歧较大领域实现合作机制的创建。

三、推动开放、普惠、包容、共享的人类命运共同体治理观念

在治理观念上，以联合国宗旨和原则支撑的国际秩序为世界和平与发展做出了重要贡献，这种多边制度秩序与历史上其他秩序相比是一种更合理、更民主、更具合法性的秩序形态。中国是这一制度秩序的维护者和建设者，未来国际社会更需要一种反映权力平衡、多元理念、共同发展导向的治理观念。中国倡议的"一带一路"倡议及所倡导的开放、普惠、包容、共享的新型全球化模式，实则是以发展为导向的新多边制度秩序。[2]第一，

---

[1] Pauwelyn J, Wessel R A, Wouters J, "When Structures Become Shackles: Stagnation and Dynamics in International Lawmaking", *European Journal of International Law*, Vol. 25, No. 3, 2014, p. 735.

[2] 陈伟光、蔡伟宏：《逆全球化现象的政治经济学分析：基于"双向运动"理论的视角》，《国际观察》2017年第3期，第1—19页。

开放的全球化要求市场开放的标准并非由少数国家制定，标准应充分考虑各国的历史和现实并为国际社会所接受。第二，普惠的全球化要求所有国家都能从全球化中受益，各国在文化、宗教、制度、意识形态等方面各不相同，实力也存在差异，但不会因此受到歧视。第三，包容的全球化力求避免全球化过程中的社会阶层分化，对遭到损害的弱势群体能提供补偿和救助，尊重国家自主选择社会制度和发展道路的权利。第四，倡导开放、包容、普惠，归根结底是实现共享的全球化，即全球化立足于世界的共同利益，推动构建人类命运共同体，实现人类的共同发展。

这种开放、包容、普惠、共享的新型全球治理理念实际上反映为以追求全人类共同利益为目标的人类命运共同体理念，在治理目标上有别于传统治理范式下国家利益为导向的价值理念。治理目标体现价值取向，传统多边治理机制布雷顿森林体系总体上是建立在"华盛顿共识"下的国家利益至上主义，执行单一的价值评价体系。二战后的60多年，广大发展中国家并没有获得与全球经济增长所同步的收入增长。在经历两次经济危机后，美欧等发达国家和地区经济面临巨大的衰退压力，呈现出不同程度的"逆全球化"，以本国利益为优先，在既有治理机制投入资源的意愿减弱，故全球至今并未有效走出经济危机所带来的经济衰退趋势。最为明显的是贸易治理，基于发达国家的竞争优势由制造业转向服务业和技术贸易，因此，在多边谈判中过于强调提高发展中国家服务业及投资开放水平、扩大并延长知识产权保护范围和年限、输出本国竞争政策等；但是，对于发展中国家所关注的农产品开放利益，发达国家却在多哈回合贸易谈判中始终不愿意让步。这说明全球经济治理机制既往追求的目标过于关注国家利益，或相似国家群体利益，而对全人类共同利益的关注不足。

未来全球经济治理新范式的形成应以人类共同利益为导向，融合当前新型治理机制中所折射的人类公益性目标，以追求人类命运共同体为其最终导向。可以说，习近平同志适时提出人类命运共同体理念，正是全球经济治理的最高价值形态。它建立在马克思社会主义理论基础上，打破了传统全球经济治理以"权力、责任、利益"为核心的分配模式，以实现全球人类共同需求为主旨，是全球经济治理善治、良治的最终目标。构建人类命运共同体呼唤全球经济治理突破国别利益、民族利益的藩篱，更不能仅以资本利益为追逐对象，需要各国正视全球经济增长态势中的贫富差距拉大、环境和资源恶化、跨境风险泛化、发展中国家人民利益被漠视等问题。

21世纪产生的新型治理机制如金砖机制、"一带一路"倡议等从不同角度弥补了现有机制公益性不足的问题，均为人类命运共同体价值理念的体现。例如，"一带一路"建设使得中国成为亚投行最大的股东，是"一带一路"沿线各国基础设施建设资金的主要供应者，中国仍强调"一带一路"倡议应遵循共商、共建、共享原则，并与"一带一路"沿线国家的发展战略实现对接，保障沿线国参与的广泛性和充分性。这说明中国将"一带一路"建设定位为在亚洲区域公共产品的提供，促进沿线国家的能力建设和共同发展，追求各国的共同利益从而实现善治的价值取向。当然，人类命运共同体的践行是一个长期的过程，不可能仅靠中国一己之力，也无法基于少数国家的共识而达成，而是需要国际社会不同国家、非政府组织、全球公民社会的通力合作。

总而言之，经过 2008 年全球金融危机后的 10 年调整，世界多极化的趋势更加显著，中国等新兴经济体参与全球经济治理的意愿和能力快速提升，大国责任的担当进一步凸显，全球经济治理的权威也在既有霸权的消解和新兴力量的崛起中重塑。然而，全球经济治理改革总体滞后，不仅难以适应世界多极化的发展，而且国际公共产品和地区公共产品供给不足，面临着有效性和合法性的挑战。传统全球经济治理的霸权范式已暴露了欠缺治理权威、公共产品供应不足、治理观念备受质疑等问题，全球经济治理的范式转型成为不可逆转的趋势。未来，全球经济治理新范式的形成将顺应治理权威的转换，提升新兴经济体及非国家行为体在治理中的参与权，建立新多边制度秩序；在制度内容和治理机制方面增加新制度供给，弥补制度公共产品的不足；在治理理念上倡导人类命运共同体，建立开放、普惠、包容、共享的世界经济。

第二篇

全球经济治理新范式：中国的角色定位

篇 首 语

全球经济治理是全球所有国家的共同事务，每一个国家都必须承担自己的责任。这样就需要每一个国家确定既符合全球经济发展利益，又符合本国国情的角色定位。2008年全球金融危机爆发以来，世界经济长期处于低迷状态，经济全球化及其治理面临新的调整，世界政治经济格局也发生了巨大的变化，全球经济治理正在从旧范式向新范式转型。在这个全球治理新范式形成过程中，中国作为崛起的最大发展中国家，需要调整、明确自身的角色定位。在全球经济治理新范式中，中国的角色定位有两种选择：一个是建设者和完善者，另一个是贡献者和塑造者。

在霸权治理时代，全球经济治理传统范式由一个或者几个霸权国家供给或者塑造，其他国家特别是发展中国家只是这个范式的接受者。在霸权治理式微的时代，这个范式应由所有国家共同参与塑造，也为所有国家共同接受。目前，全球经济治理面临非霸权治理的转型。本书认为，在现有全球经济治理多边机制中，中国要做积极的建设者和完善者。旧的治理范式有其合理有效之处，且仍然在全球经济治理中发挥着作用，新范式是在改进旧范式的过程中逐渐形成的。中国在这个渐进过程中既要接受和维护既有范式的合理部分，也要完善既有范式的不公平、不合理之处。

同时，在非霸权治理时代，中国在全球经济治理新范式的形成过程中应发挥自身作用和影响力，要做贡献者和塑造者。这是由目前全球经济治理面临的国际形势所决定。一方面，继续推动旧的霸权模式退出历史舞台，需要新生力量的充分发挥作用；另一方面，全球经济治理的新范式需要代表新生力量的国家在其中发挥主导作用。中国作为发展中国家，在经济体量上居世界第二，同时中国应反映发展中国家的诉求，在全球经济治理中为弱者发声呼吁。因此，中国应在全球经济治理新范式的形成中做积极的贡献者和建设性的塑造者。

需要强调的是，这两种角色选择并不矛盾，我们倡导建设全球经济治理的新范式，并不是要将旧范式推倒重来，而是要完善革新。全球经济治理新范式不是以新的霸权模式推翻旧的霸权模式,而是始终遵循共商、共建、共享原则基础上的多元共治理念。多元是指一个全球平等参与的体系,没有霸权,也没有寡头。共治是指一个全球民主决策的体系,没有强权,也没有独裁。目前,在全球经济治理机制改革中,中国秉承这个原则,推动全球经济治理机制朝多元共治的方向趋近。同时,中国以多元共治为根本宗旨,倡导建立新的全球经济治理机构和机制,如亚投行和"一带一路"倡议都体现出了中国的这种全球治理理念。

  本篇的主要内容包括四个方面。第四章论述全球经济治理新范式形成中中国承担更多责任的必然性。首先,世界格局正在发生变化,力量对比的消长导致全球经济治理出现赤字和责任真空,为了维护世界经济的正常运行,需要有新的治理力量参与其中。其次,中国经济实力的增长,使其具备参与全球经济治理的能力,推动了更加公平合理的国际政治经济新秩序的形成。最后,通过积极建设和参与全球经济治理为自身发展扩展空间。第五章论述中国在全球经济治理新范式下的角色定位。在全球经济治理范式转型中,中国的角色既是建设者和完善者,也是贡献者和塑造者。在全球经济治理新范式中,中国从人类命运共同体的角度,以共商、共建、共享为原则,追求自身利益与全球利益的一致性。第六章论述制度性话语权提升对中国在全球经济治理新范式下完成角色定位的积极作用。中国在全球经济治理新范式行程中要发挥作用,首先要通过话语权的提升来实现,这是中国在推动全球经济治理新范式的形成,并在其间发挥作用的保障。第七章论述在全球经济治理新范式形成中,中国提供了什么公共产品及如何提供的问题。公共产品供给是中国推动全球经济治理新范式形成,并在其间发挥作用的关键。

第四章　全球经济治理的新角色：为什么是中国

中国虽主动融入发达国家主导的经济全球化及其治理体系，但在相当一段时间内，中国在全球经济治理中所发挥的作用有限。2008年，为了应对全球金融危机，G20峰会首次召开，标志着发达国家和新兴市场国家全球经济合作共治时代的到来，也标志着中国开始走进全球经济治理的舞台中央。

面对全球经济治理格局的变化，在新旧范式转型的过程中，国家间的博弈日趋激烈。在新范式逐渐形成的过程中，新格局的倡导者和领导者需要具备以下四个条件：①国内经济稳步发展；②国际经济地位不断提升；③经济、金融、贸易治理能力不断增强；④能够以经济外交手段实现经济实力向制度性权力的转换。

从这四个方面来看，中国近年来的发展足以说明，中国已经成为全球经济治理新范式转型的重要推动者。从中国自身的经济发展和国际地位提升来看，作为亚洲最大的发展中国家，自从加入WTO以后，中国经济稳步发展，2010年中国的GDP总量超越日本，成为全球第二大经济体。从中国经济、金融治理能力来看，面对2008年的全球金融危机，中国在危机中积极参与全球经济治理，展示出一个发展中大国的危机应对能力与全球金融治理能力，中国提出的有关全球发展和全球秩序的主张与方案受到广泛重视，在全球经济治理上的话语权和影响力显著提升。从中国将经济实力转化为制度实力的能力看，随着全球经济的发展，现有的国际经济体系中融入了更多微观主体（如跨国公司、全球公民社会、地区联盟等），而中国提出的"一带一路"倡议、金砖国家合作机制及新型大国关系协调等模式，都在利用自身力量推进全球经济治理体系的演变，推动G20转型成为全球经济长效治理机制，最终形成以中国理念和实践引领全球经济治理的新格局。中国国家领导人提出的"中国积极参与全球经济治理""提高中国在全球经济治理中的制度性话语权""增加新兴市场国家和发展中国家的代表性和发言权""推动国际秩序和全球治理体系朝着更加公正合理方向发展""倡导共商共建共享的全球治理的理念"等一系列主张和倡议,更多中国声音的发出、更多中国元素的注入,表达了当代中国的利益诉求,也是中国推动构建开放型世界经济的体现。

第一节 全球经济治理新范式需要中国

全球经济治理正面临着国家利益主导下的霸权困境、多层次治理模式下的规则困境、多极化趋势下的公共选择困境等亟待解决的难题,需要发达国家与发展中国家的广泛参与、协调合作来解决。除了权力的调整和制度的整合外,更有必要深入思考应如何建立支持新范式的联盟,在国家利益博弈的过程中,寻求更高层次、更广范围、互利共赢的协调合作机制,以进一步推进全球经济治理的多元化、多层次,增强全球经济治理的合法性和有效性,最终实现全球经济治理的范式转型。

一、全球经济治理需要重塑规则

国际社会对全球经济治理转型的呼声越来越高,增强全球经济治理的有效性、公平性、包容性和可持续性已成为各国的共识。国家仍然是未来全球经济治理中最重要的主体[1]。随着经济全球化进程的不断推进,非国家行为体已成为一支不容忽视的力量,但国家中心治理仍然是全球经济治理的主要模式。随着国家间经济依存度的不断加深,世界越来越成为相互依存的命运共同体[2],这就决定了国家在全球经济治理中的主体地位不容撼动,尤其是经济发达的大国对全球经济治理拥有绝对主导权和主体责任,它们之间的合作在权力分配、利益分配和观念分配上都发挥着重要作用[3]。国际货币基金组织在 2010 年的治理结构改革中,经历了自成立 65 年以来根本性的,也是最有利于新兴市场和发展中国家的权力调整,不仅承认了新兴经济体在全球经济治理中的地位,也对其赋予了更多权力。这些改革

---

[1] Simon H A, "A Behavioral Model of Rational Choice", *Quarterly Journal of Economics*, Vol. 69, No. 1, 1955, pp. 99-118.
[2] 徐秀军:《新兴经济体与全球经济治理结构转型》,《世界经济与政治》2012 年第 10 期,第 49—79、157—158 页。
[3] 王义桅:《超越均势:全球治理与大国合作》,上海三联书店 2008 年版。

措施不仅增强了国际货币基金组织的合法性和有效性[①]，而且是现行全球经济治理结构调整的重大举措。全球经济治理转型需要新兴经济体充分发挥作用，那么，中国作为最大的、最具发展潜力的新兴大国，随着其国际地位的不断提升、国内治理能力的不断增强，中国在其中将发挥至关重要的作用。

二、全球经济治理需要中国作为

从全球经济治理的主导权更迭可以看出，美国在二战后期领导缔造的以联合国主权国家体系和全球市场经济体系为基石的国际宪政秩序在很大程度上取代了欧洲传统的以结盟与均势为主导的权力政治秩序。它所倡导的开放市场、自由贸易、国际合作和集体安全有助于经济繁荣与世界和平，为中国的和平崛起提供了有利的社会性条件。自改革开放以来，中国通过深度参与全球化体系，实现了经济的崛起。

2008年全球金融危机发生后，面对美国全球战略的调整，中国主动提出与美国构建新型大国关系，旨在打破"国强必战、国强必霸"的历史宿命论，以总体稳定、均衡发展的大国关系框架来避免冲突对抗、零和竞争的大国关系模式。中国既不会寻求颠覆现有秩序，也不会另起炉灶。中国将通过推动现有秩序内部和外部拓展补充的方式来塑造现有秩序。重塑国际秩序的道路不会一帆风顺，需要经历一个曲折而漫长的过程。中国将继续练好"内功"，统筹国内国际两个大局，保持并维护好发展的势头，全面提升综合实力，为推动构建人类命运共同体做出更大贡献。

综上所述，在全球经济治理面临诸多困境的背景下，全球经济治理需要中国发挥更大的作用，承担更多的责任。

第二节 中国实力：国际地位演变

改革开放以来，我国经济总体上保持了高速增长的态势。进入21世纪后，中国牢牢把握和平与发展两大世界主题，抓住了"大有可为的战略机遇期"。2010年，中国以当年汇率计算的经济总量超过日本而成为世界第

---

① 徐秀军：《新兴经济体与全球经济治理结构转型》，《世界经济与政治》2012年第10期，第49—79、157—158页。

二大经济体。随着中国特色社会主义进入新时代，中国的和平崛起是必然的趋势，经济发展实力和未来国际经济格局变化，是中国参与全球经济治理战略选择的基础条件。[①]

一、经济总量发展水平的国际比较

表 4-1 汇总了 2000—2018 年世界主要国家 GDP 的对比情况，可以发现，近年来中国 GDP 总量不断增长，从 2000 年的 12 113.47 亿美元增长到 2018 年的 136 081.52 亿美元，与美国的 GDP 总量的差距正在不断缩小。

表 4-1　2000—2018 年世界主要国家 GDP 比较（单位：亿美元）

年份	中国	美国	日本	英国	德国	澳大利亚	印度
2000	12 113.47	102 847.50	47 311.99	14 966.06	18 919.34	3 994.76	4 766.36
2001	13 393.96	106 218.25	41 598.59	14 856.57	18 825.11	3 768.45	4 939.34
2002	14 705.50	109 775.25	39 808.19	16 235.58	20 136.91	4 238.11	5 237.68
2003	16 602.88	115 106.75	43 029.40	18 771.17	24 284.52	5 407.64	6 183.69
2004	19 553.47	122 749.25	46 558.23	22 219.15	27 299.23	6 577.94	7 215.89
2005	22 859.66	130 937.00	45 718.67	23 241.84	27 710.57	7 330.59	8 342.18
2006	27 521.32	138 559.00	43 567.50	24 865.98	29 054.45	7 815.17	9 491.18
2007	35 521.82	144 776.25	43 563.47	28 581.76	33 285.89	9 489.13	12 384.78
2008	45 982.06	147 185.75	48 491.85	27 095.73	36 407.27	10 545.96	12 232.06
2009	51 099.54	144 187.25	50 351.41	22 174.27	33 067.80	9 976.36	13 653.43
2010	61 006.20	149 644.00	54 987.19	24 073.51	34 234.66	12 449.73	17 084.60
2011	75 725.54	155 179.25	59 089.88	25 963.43	37 611.42	15 025.90	18 229.92
2012	85 605.47	161 552.50	62 032.13	26 625.59	35 459.46	15 665.33	18 276.37
2013	96 072.24	166 915.00	51 557.17	27 416.01	37 536.87	15 157.67	18 567.21
2014	104 823.72	174 276.00	48 504.14	30 244.02	38 967.88	14 549.57	20 391.27
2015	110 646.66	181 207.00	43 949.77	28 862.08	33 773.10	12 329.18	21 023.92
2016	111 991.45	186 244.50	49 492.72	26 606.87	34 792.32	12 649.44	22 735.56
2017	127 238.00	193 906.00	48 721.35	26 245.29	36 848.16	13 795.48	26 110.12
2018	136 081.52	204 941.00	49 709.16	28 252.08	39 967.59	14 321.95	27 263.23

资料来源：世界银行数据库

表 4-2 汇总了 2000—2018 年世界主要国家的 GDP 增长率，可以发现，

[①] 广东国际战略研究院课题组、隋广军、陈伟光，等：《中国参与全球经济治理的战略：未来 10～15 年》，《改革》2014 年第 5 期，第 51—67 页。

中国 GDP 增长率长期保持中高速状态，尤其是加入 WTO 之后的 2003 年至 2007 年，增速均超过 10%，尽管近年来中国经济发展进入新常态，速度型增长模式逐步转向质量型增长模式，增速放缓至 7%左右，但仍然远高于其他发达国家。2018 年，中国 GDP 增长率为 6.60%，约为美国经济增速的 2.30 倍。

表 4-2　2000—2018 年世界主要国家 GDP 增长率

年份	中国	美国	日本	英国	德国	澳大利亚	印度
2000	8.49%	4.09%	2.26%	4.36%	3.29%	3.09%	3.84%
2001	8.34%	0.98%	0.35%	2.19%	1.64%	2.62%	4.82%
2002	9.13%	1.79%	0.29%	2.29%	0.03%	3.94%	3.80%
2003	10.04%	2.81%	1.69%	3.95%	−0.39%	3.05%	7.86%
2004	10.11%	3.79%	2.36%	3.17%	0.69%	4.09%	7.92%
2005	11.40%	3.35%	1.30%	3.23%	0.85%	3.13%	9.29%
2006	12.72%	2.67%	1.69%	2.75%	3.88%	2.67%	9.26%
2007	14.23%	1.78%	2.19%	3.43%	3.39%	4.54%	9.80%
2008	9.65%	−0.29%	−1.04%	−0.77%	0.81%	2.69%	3.89%
2009	9.40%	−2.78%	−5.53%	−5.17%	−5.09%	1.54%	8.48%
2010	10.64%	2.53%	4.71%	1.91%	3.94%	2.25%	10.26%
2011	9.54%	1.60%	−0.45%	1.97%	3.72%	2.68%	6.64%
2012	7.86%	2.22%	1.50%	1.48%	0.69%	3.90%	5.46%
2013	7.76%	1.68%	2.00%	2.05%	0.60%	2.16%	6.39%
2014	7.30%	2.57%	0.38%	3.05%	1.93%	2.62%	7.41%
2015	6.90%	2.86%	1.35%	2.35%	1.50%	2.47%	8.15%
2016	6.69%	1.49%	0.94%	1.94%	1.85%	2.65%	7.11%
2017	6.90%	2.27%	1.71%	1.79%	2.51%	2.27%	6.74%
2018	6.60%	2.86%	0.79%	1.40%	1.43%	2.83%	6.98%

资料来源：世界银行国民经济核算数据、经济合作与发展组织国民经济核算数据

二、金融市场发展水平的国际比较

金融市场作为现代经济发展的强劲"推进器"，金融强国是经济强国的必要条件[①]。股票市场、债券市场和外汇市场是金融市场中最重要的组成部分，其发展状况直接决定着一个国家的金融发展水平，通过对比分析这三个要素在 2000—2018 年的发展变化和全球地位发现，尽管中国金融发展

---

① 陈伟光、王燕：《全球经济治理与制度性话语权》，人民出版社 2017 年版。

起步较晚,但对比全球主要经济体,中国的金融市场正不断缩小与发达国家之间的发展差距,国际地位显著提升。

(一)股票市场

针对股票市场的发展水平,本书选取了证券市场上市公司数量、股票市值这两个指标,来综合评判股票市场作为重要的直接融资工具的变化情况。

由表4-3可知,中国证券市场在2000—2018年的发展中,上市公司的数量显著增加,由2000年的1086家上升至2018年的3584家,增加了2498家。同期,作为金融市场最为发达的美国,则经历了上市公司数量的骤减,由2000年的7524家降至2018年的4397家;德国上市公司数量也由2000年的1022家降至2018年的465家。从上市公司数量增加的日本和澳大利亚来看,其上市公司数量增长幅度也远低于中国,日本2018年上市公司数量为3652家,是其2000年数量的1.43倍,而澳大利亚2018年上市公司数量为2004家,是其2000年数量的1.51倍。

表4-3 2000—2018年世界主要国家证券市场上市公司数量(单位:家)

年份	中国	美国	日本	英国	德国	澳大利亚	印度
2000	1086	7524	2561	2428	1022	1330	5937
2001	1160	6355	2471	2438	749	1334	5795
2002	1235	5685	3058	2405	715	1355	5650
2003	1296	5295	3116	2311	684	1405	5644
2004	1384	5231	3220	2486	660	1515	4730
2005	1387	5143	3279	2757	648	1643	4763
2006	1440	5133	3362	2913	656	1751	4796
2007	1530	5130	3844	2588	658	1913	4887
2008	1604	4666	2374	2415	742	1924	4921
2009	1700	4401	2320	2179	704	1882	4955
2010	2063	4279	2281	2362	690	1913	5034
2011	2342	4171	2280	2288	670	1983	5112
2012	2494	4102	2294	2179	665	1959	5191
2013	2489	4180	3408	2164	639	1955	5294
2014	2613	4369	3458	2180	595	1967	5541
2015	2827	4381	3504	2167	555	1989	5835
2016	3052	4331	3535	2111	531	1969	5820

续表

年份	中国	美国	日本	英国	德国	澳大利亚	印度
2017	3485	4336	3598	2070	450	2013	5615
2018	3584	4397	3652	—	465	2004	5065

资料来源：世界银行（其中英国的数据源自世界交易所联合会）

由表4-4可知，中国的上市公司股票市值由2000年的5809.91亿美元增长到2017年的87 112.67亿美元，但2018年股票市值有所下降。美国2018年股票市值居于全球首位，达到304 363.13亿美元，但相比于其2000年151 077.51亿美元的股票市值水平，仅增加了1.01倍。从全球股票市值来看，中国的股票市值早在2009年就已经超过日本、英国、德国和澳大利亚等发达国家。相较于股票市场最为发达的美国，中国与其还有一定差距，直接融资市场发展远远落后于美国，但仍有很大的发展空间。从表4-3中上市公司的数量来看，虽然与同为发展中大国的印度相比，中国上市公司数量一直没有印度多，但从表4-4的股票市值看，印度股票市值在2018年仅为20 834.82亿美元，中国是其3.04倍，这足以说明尽管印度的上市公司数量多，但其发展质量并不高，发展潜力远不及中国。

表4-4 2000—2018年世界主要国家股票市值（单位：亿美元）

年份	中国	美国	日本	英国	德国	澳大利亚	印度
2000	5 809.91	151 077.51	31 572.22	25 769.92	12 702.43	3 727.94	1 480.64
2001	5 239.52	139 836.66	22 645.28	21 495.01	10 717.49	3 751.31	1 103.96
2002	4 630.80	110 544.30	20 692.99	17 851.99	6 860.14	3 800.87	1 310.11
2003	5 129.79	142 662.66	29 530.98	24 258.22	10 790.26	5 855.30	2 790.93
2004	4 477.20	163 237.26	35 576.74	28 159.28	11 945.17	7 764.03	3 878.51
2005	4 018.52	170 008.64	45 729.01	30 581.82	12 021.36	8 040.15	5 530.74
2006	11 454.55	195 689.72	46 140.69	37 813.58	16 376.10	10 958.58	8 188.79
2007	44 788.67	199 222.80	43 309.22	38 464.62	21 051.98	12 983.15	18 191.01
2008	17 787.84	115 902.78	31 158.04	18 681.53	11 105.80	6 838.72	6 472.05
2009	35 731.52	150 772.86	33 060.82	27 964.44	12 923.55	12 619.09	13 065.20
2010	40 278.40	172 834.52	38 277.74	36 130.64	14 297.19	14 544.91	16 318.30
2011	34 121.08	156 407.07	33 253.88	32 664.18	11 845.00	11 981.87	10 071.83
2012	36 973.76	186 683.33	34 788.32	33 965.05	14 863.15	13 868.74	12 633.35
2013	39 491.43	240 348.54	45 431.69	44 289.75	19 361.06	13 659.58	11 388.34
2014	60 049.48	263 305.89	43 779.94	40 128.82	17 385.39	12 887.08	15 583.00
2015	81 880.19	250 675.40	48 949.19	38 787.74	17 158.00	11 870.83	15 162.17

续表

年份	中国	美国	日本	英国	德国	澳大利亚	印度
2016	73 207.38	273 522.01	49 553.00	34 961.70	17 160.42	12 684.94	15 666.80
2017	87 112.67	321 207.03	62 228.25	44 554.08	22 622.23	15 084.63	23 315.67
2018	63 248.79	304 363.13	52 968.11	—	17 551.72	12 628.00	20 834.82

资料来源：世界银行（其中英国数据源自世界交易所联合会）

（二）债券市场

针对债券市场的发展水平，本书选取国际债券净发行额作为指标，将中国债券发行水平与世界主要发达国家和发展中国家的债券发行水平进行对比。

从表4-5中2000—2017年世界主要国家国际债券净发行额可以看出，中国与发展中大国印度都经历了国际债券净发行额的飞速增长，但相较而言，中国的国际债券净发行额从2000年的3.66亿美元上升至2017年的2530.56亿美元，但印度仅从2000年的-3.93亿美元上升至2017年的151.66亿美元。与发达国家相比，美国是其中国际债券净发行额最高的国家，但在2017年也仅发行了1944.79亿美元，而日本、英国、德国和澳大利亚的国际债券净发行额则自2012年起就一直低于中国。这说明中国债券市场发展迅速，且发展水平已经超越大部分发达国家。

表4-5　2000—2017年世界主要国家国际债券净发行额（单位：亿美元）

年份	中国	美国	日本	英国	德国	澳大利亚	印度
2000	3.66	2865.70	−275.60	1142.51	1879.99	170.47	−3.93
2001	5.81	4991.09	−116.69	710.32	1138.05	63.35	−5.79
2002	−7.78	2409.41	−224.54	1002.86	1252.62	162.77	−6.83
2003	23.13	1795.27	−26.48	2036.89	1451.75	381.88	−0.21
2004	41.12	1730.77	144.37	2067.45	1864.16	562.84	44.80
2005	33.01	1352.20	23.54	2591.00	1550.48	466.65	57.22
2006	14.67	4136.47	363.65	3610.02	2277.43	849.06	92.28
2007	108.63	5143.09	260.92	3172.41	1404.48	618.23	137.39
2008	51.46	−60.16	41.90	6085.13	134.97	134.16	33.54
2009	10.27	−366.46	−136.52	2219.62	−632.05	561.33	21.43
2010	248.09	−1235.33	−135.45	234.11	−599.04	376.72	8.71
2011	452.82	−2174.15	−177.66	−289.20	533.13	76.49	58.59
2012	556.05	−608.26	254.28	−660.41	90.71	449.25	47.42

续表

年份	中国	美国	日本	英国	德国	澳大利亚	印度
2013	992.87	47.59	468.83	−551.82	−593.03	361.34	163.37
2014	1630.39	1625.98	415.78	−339.03	243.28	127.67	153.58
2015	1009.72	2353.36	310.13	10.61	−564.13	180.76	20.57
2016	1169.78	1879.67	339.83	407.72	490.13	270.49	−24.75
2017	2530.56	1944.79	989.29	1196.18	583.34	123.95	151.66

资料来源：国际清算银行

（三）外汇市场

从跨境贸易业务角度来看，自2009年7月试点启动以来，跨境贸易人民币结算增长较快。2016年10月1日，人民币正式纳入特别提款权（Special Drawing Right，SDR）货币篮子，人民币国际化开启了新的征程。为分析外汇市场的发展水平，本书选取外汇日均成交额指标和外汇储备量指标，将中国外汇交易水平与世界主要发达国家和发展中国家的外汇交易水平进行对比。由表4-6可知，2016年中国外汇日均成交额达到728.33亿美元，远超过同为发展中大国的印度的343.30亿美元，而中国日均外汇成交额的增速之快也远超过了其他发达国家的水平，与发达国家外汇交易水平的差距正不断缩小。例如，中国2013年的外汇日均成交额为442.51亿美元，2016年为728.33亿美元，增长率为64.59%。美国2013年的外汇日均成交额为12 627.99亿美元，2016年达到12 721.22亿美元，虽然绝对值大于中国，但增长率仅为0.74%。

表4-6　部分年份世界主要国家外汇日均成交额（单位：亿美元）

年份	中国	美国	日本	英国	德国	澳大利亚	印度
1995	—	2 657.99	1 676.81	4 788.32	791.53	405.39	—
1998	2.11	3 833.58	1 462.68	6 851.57	996.00	483.11	24.45
2001	—	2 725.82	1 527.02	5 416.99	914.55	540.30	34.24
2004	5.86	4 986.44	2 074.09	8 352.79	1 204.44	1 071.38	68.76
2007	92.88	7 452.02	2 502.23	14 832.10	1 013.73	1 762.89	383.65
2010	197.74	9 043.57	3 123.26	18 535.94	1 085.98	1 920.52	273.58
2013	442.51	12 627.99	3 742.15	27 259.93	1 108.82	1 817.09	312.76
2016	728.33	12 721.22	3 990.28	24 063.01	1 163.81	1 212.71	343.30
2019	1 360.16	13 701.19	3 755.05	35 764.09	1 244.47	1 191.47	399.32

资料来源：国际清算银行

由表 4-7 可知，中国自改革开放以来外汇储备大幅增加，尤其是在 2001 年加入 WTO 以后，外汇储备从 2001 年的 2121.65 亿美元增加到 2014 年的 38 430.18 亿美元，随后几年虽然有所下降，但外汇储备每年仍然超过 30 000 亿美元。相比于其他发达国家的外汇储备，日本曾一度占据世界外汇储备的重要席位，但中国自 2006 年外汇储备量首次超过日本后，便一直稳居榜首，2014 年中国的外汇储备是日本外汇储备的 3.20 倍。相比于同为发展中大国的印度，虽然其外汇储备量也逐年增加，但中国外汇储备直至 2018 年仍是印度外汇储备的 8.33 倍。

表 4-7　2000—2018 年世界主要国家外汇储备情况（单位：亿美元）

年份	中国	美国	日本	英国	德国	澳大利亚	印度
2000	1 655.74	313.25	3 472.12	460.76	496.67	167.64	—
2001	2 121.65	289.54	3 877.27	400.13	436.15	164.22	—
2002	2 864.07	336.33	4 514.58	466.06	424.95	186.73	—
2003	4 032.51	395.43	6 527.90	524.31	410.95	299.83	—
2004	6 099.32	428.89	8 242.64	575.40	398.99	338.90	—
2005	8 188.72	376.33	8 288.13	582.15	397.65	406.92	—
2006	10 663.44	408.45	8 745.96	611.76	377.19	525.15	—
2007	15 282.49	457.93	9 479.87	588.33	407.68	239.04	2 665.53
2008	19 460.30	420.73	10 033.00	464.44	385.57	287.09	2 466.03
2009	23 991.52	457.52	9 965.52	425.70	369.28	326.40	2 585.83
2010	28 473.38	474.67	10 358.17	502.73	373.56	323.97	2 678.14
2011	31 811.48	522.06	12 207.85	567.81	380.83	355.85	2 629.33
2012	33 115.89	504.60	11 930.77	666.87	379.64	374.72	2 616.56
2013	38 213.15	426.64	12 024.43	776.85	387.25	421.06	2 677.03
2014	38 430.18	422.26	11 996.51	822.27	372.07	442.31	2 959.47
2015	33 303.62	393.70	11 790.04	1 060.35	363.88	371.87	3 278.40
2016	30 105.17	391.60	11 577.90	1 120.17	368.86	453.42	3 365.83
2017	31 399.49	428.40	12 020.71	1 267.37	374.36	577.97	3 851.04
2018	30 727.12	419.22	12 089.58	1 464.22	364.07	454.07	3 687.98

资料来源：国际货币基金组织

三、国际贸易水平的国际比较

（一）贸易额国际比较

针对国际贸易发展水平，本书选取国际贸易额指标，将中国贸易水平与世界主要发达国家和发展中国家的贸易水平进行对比。

由表4-8可知，中国在2013年就已经超过美国成为全球最大贸易国，不仅如此，中国自加入WTO以来，国际贸易额增长迅速，从2000年的4742.96亿美元到2018年的46 229.50亿美元，而美国从2000年的20 412.18亿美元上升到2018年的42 784.12亿美元。与同为发展中大国的印度相比，不仅在绝对额上显著高于印度的贸易额（印度在2018年的贸易额仅为8362.27亿美元，仅达到中国2003年时的贸易额水平），并且增长速度也显著高于印度。截至2018年底，相较于美国作为20多个国家的最大贸易伙伴国，中国已经成为近130个国家的最大贸易伙伴国，中国在国际贸易领域居于重要地位。[①]

表4-8 2000—2018年世界主要国家贸易额（单位：亿美元）

年份	中国	美国	日本	英国	德国	澳大利亚	印度
2000	4 742.96	20 412.18	8 587.60	6 334.83	10 490.07	1 353.99	939.02
2001	5 096.63	19 082.80	7 525.85	6 165.01	10 577.65	1 272.75	937.53
2002	6 209.55	18 933.33	7 539.20	6 442.70	11 061.13	1 377.22	1 057.67
2003	8 515.70	20 278.21	8 547.47	7 050.28	13 561.72	1 594.61	1 315.21
2004	11 544.71	23 405.55	10 202.17	8 181.26	16 256.28	1 959.49	1 764.24
2005	14 225.50	26 337.88	11 108.07	9 101.33	17 479.87	2 313.78	2 424.86
2006	17 611.29	29 440.44	12 257.89	10 635.78	20 147.91	2 626.90	3 002.18
2007	21 745.85	31 686.02	13 365.70	10 800.93	23 761.97	3 066.94	3 795.28
2008	25 632.60	34 569.29	15 439.46	11 299.50	26 312.38	3 875.30	5 158.60
2009	22 075.33	26 613.39	11 326.99	8 739.71	20 463.88	3 198.02	4 221.11
2010	29 740.00	32 476.79	14 638.33	10 070.54	23 137.38	4 142.73	5 765.84
2011	36 418.64	37 485.32	16 785.64	11 834.66	27 288.54	5 154.34	7 673.67
2012	38 671.19	38 822.27	16 844.11	11 680.12	25 559.65	5 176.15	7 865.22
2013	41 589.93	39 086.53	15 482.63	12 006.50	26 263.00	4 951.21	7 802.45
2014	43 015.27	40 330.79	15 024.11	11 956.71	27 016.49	4 767.29	7 856.03
2015	39 530.33	38 178.73	12 727.69	10 865.23	23 781.57	3 964.94	6 603.10
2016	36 855.57	37 011.65	12 525.02	10 459.44	23 900.73	3 884.70	6 253.52
2017	41 058.76	39 562.20	13 700.51	10 890.37	26 153.37	4 594.09	7 456.17
2018	46 229.50	42 784.12	14 871.38	11 592.60	28 464.59	4 925.71	8 362.27

资料来源：世界贸易组织

---

① 具体各国签订自由贸易协定时间参考中国自由贸易区服务网。

（二）自由贸易区协定

截至 2016 年底，中国已与澳大利亚、新西兰、韩国、瑞士、秘鲁、新加坡等 10 个国家签订了自由贸易协定（Free Trade Agreements，FTAs）[①]。此外，东盟十国作为整体与中国签订了 FTA，双方在 2015 年 11 月完成升级谈判，并在吉隆坡正式签署议定书。截至 2019 年 10 月 18 日，中国正在谈判的 FTAs 共计 13 项，另还有 8 项 FTAs 处于研究阶段，如表 4-9 所示。

表 4-9 中国 FTAs 现状统计

已签协议的自由贸易区		正在谈判的自由贸易区		正在研究的自由贸易区
中国-马尔代夫	中国-新西兰	RCEP	中国-韩国自贸协定第二阶段谈判	中国-哥伦比亚
中国-格鲁吉亚	中国-智利	中国-海合会	中国-巴勒斯坦	中国-斐济
中国-澳大利亚	中国-巴基斯坦	中日韩	中国-秘鲁自贸协定升级谈判	中国-尼泊尔
中国-韩国	中国-东盟	中国-斯里兰卡		中国-巴新
中国-瑞士	CEPA	中国-以色列		中国-加拿大
中国-冰岛	中国-东盟（"10+1"）升级	中国-挪威		中国-孟加拉国
中国-哥斯达黎加	中国-智利升级	中国-新西兰自贸协定升级谈判		中国-蒙古国
中国-秘鲁	中国-新加坡升级	中国-摩尔多瓦		中国-瑞士自贸协定升级联合研究
中国-毛里求斯	中国-巴基斯坦自贸协定第二阶段	中国-巴拿马		
中国-新加坡		亚太贸易协定（优惠贸易安排方面）		

资料来源：中国自由贸易区服务网

不仅如此，中国目前已签订的大部分 FTAs 均涉及投资议题，在推进传统贸易谈判的同时强调投资自由化和便利化，旨在接轨国际投资规则新趋势。中国和瑞士在 2013 年签署的 FTA 就包含了竞争政策等与投资密切相关的议题，特别是首次纳入知识产权条款。2015 年底正式生效的中国和韩国签订的 FTA 更是首次涉及以准入前国民待遇和负面清单模式开展服务贸易和投资谈判，首次在 FTA 中涉及电子商务和地方合作内容，首次设置金融服务、电信服务单独章节。

---

① 具体各国签订自由贸易协定时间参考中国自由贸易区服务网。

基于成员国体量和区域影响力的考虑，中国目前在 FTAs 层面最重要的谈判包括中日韩 FTA、区域全面经济伙伴关系及亚太自由贸易区（Free Trade Area of the Asia-Pacific，FTAAP）。2015 年 11 月，中日韩三国重启 FTA 谈判，该设想在 2002 年中日韩三国领导人峰会上首次提出，并在 2013 年初启动。RCEP（"10+6"）的目标则是消除内部贸易壁垒、创造和完善自由投资环境及扩大服务贸易，自由化程度将高于目前东盟与中国、日本、韩国、印度四国以及澳大利亚和新西兰作为整体所达成的 FTAs。

（三）双边投资协定

20 世纪 90 年代前的双边投资协定（Bilateral Investment Treaties，BITs）主要由发达国家推动并与发展中国家签订，旨在强化海外投资保护。这一时期的投资协定不断演化发展并形成了 BITs 的基本模式，涵盖国民待遇和最惠国待遇、公正和公平待遇、资金自由转移及投资者与国家之间和国家与国家之间的争端解决等核心议题。1990 年以后的 BITs 则主要在发展中国家间签订且数目迅速增长。这些协定产生了显著的"信号效应"，发展中国家凭借不断完善且日益透明友好的投资环境提振外国投资者信心进而成功吸引到大量外资流入。总体来看，中国签订的 BITs 多属于第二阶段，约 78.6% 的 BITs 是在 1990 年至 2009 年签订的，如表 4-10 所示。

表 4-10 中国签订的 BITs 时间分布

时间段	签订 BIT 数目/个	占比	累计占比
1982—1989 年	24	16.6%	16.6%
1990—1999 年	69	47.6%	64.2%
2000—2009 年	45	31.0%	95.2%
2010—2016 年	7	4.8%	100.0%

资料来源：联合国贸易和发展会议

中国自 1982 年与瑞典签订首个 BIT 以来，截至 2018 年 12 月，已与 131 个国家和地区签署 145 项 BITs（部分协定系到期或终止后重新签订），旨在扩大投资市场准入、保护企业海外投资利益及提升投资自由化和便利化程度[①]。基于中国签订的 BITs 的内容，大致呈现出如下特点。

---

① 陈安：《中外双边投资协定中的四大"安全阀"不宜贸然拆除——美、加型 BITs 谈判范本关键性"争端解决"条款剖析》，《国际经济法学刊》2006 年第 1 期，第 3—37 页。

改革开放初期,外商对华投资规模相对有限。出于对东道国利益的保护及对外资流动冲击国家安全的风险规避,中国主要以资本输入国的立场与发达国家签订 BITs,同时承诺给予外资公正公平待遇和最惠国待遇,允许有条件的外资资产转移,并限定投资者只能将与征收补偿金额有关的争议提交国际仲裁。1992 年,社会主义市场经济体制改革目标确立后,中国签订的 BITs 开始提供更多外国投资保护,并承诺给予国民待遇及允许投资者将与东道国之间的投资纠纷提交国际仲裁解决。

2000 年以后,加入 WTO 和中国政府提出的"走出去"战略等都极大提升了中国外资利用和对外投资的力度。为进一步吸引外资并保护海外投资者利益,中国在签订 BITs 时也倾向逐步接受与国际投资保护、最低待遇标准等有关的高标准内容,同时放宽资金转移限制和禁止业绩要求,并全面接受国际仲裁。这一时期签订的 BITs 中部分条款甚至借鉴了美国 BIT 的有关规定。例如,在投资争端方面允许投资者无条件地将所有投资争端提交国际投资仲裁(中国和德国签订的 BIT),在征收方面首次明确间接征收的内容(中国和印度签订的 BIT)。

第三节 中国实力:国内治理能力提升

一、实体经济发展现状分析

(一)产业结构变化

(1)三次产业比重发生变化,第三产业占比稳步增加。由图 4-1 可知,自 1978 年改革开放以来,中国第三产业比重呈显著上升趋势,第一产业比重总体呈下降趋势,而第二产业比重则处在平稳波动中。2013—2017 年,第三产业占比分别为 46.7%、47.8%、50.2%、51.6%、51.9%,第二产业占比分别为 44.0%、43.1%、40.9%、39.8%、40.5%,2017 年第三产业比重已经超过第二产业 11.4 个百分点。截至 2018 年,第一、第二、第三产业占比分别为 7.20%、40.70%、52.20%。

中国三次产业占比的变化标志着中国经济增长的主导产业由第二产业转为第三产业,这有利于中国实体经济实现转型升级。

(2)高新技术产业与装备制造业比重稳步上升。相关统计数据显示,高新技术产业的比重从 2010 年的 8.9%逐年上升至 2015 年的 11.6%;装备

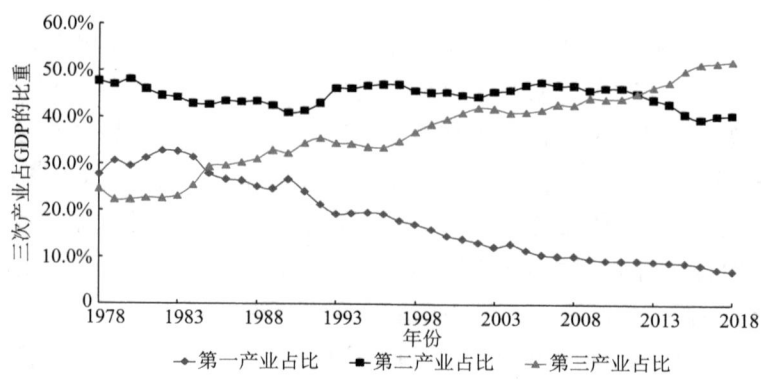

图 4-1　1978—2018 年中国三次产业占 GDP 的比重变化情况
资料来源：国家统计局

制造业的比重从 2012 年的 28.2% 逐年上升至 2015 年的 31.4%。与此同时，高耗能行业的比重从 2011 年的 30.7% 逐年下降到 2015 年的 28.2%；采矿业的比重从 2012 年的 13.9% 逐年下降到 2015 年的 8.8%。[①]

（3）高技术服务业、战略性新兴服务业、文化产业发展迅速。截至 2018 年前三个季度，在经济下行压力较大的背景下，规模以上战略性新兴服务业主营业收入同比增长 15.9%；规模以上高技术服务业营业收入增长 14.3%，其中互联网信息服务行业营业收入增长 27.8%，文化及相关产业服务业营业收入增长 8.2%；分产业类型看，文化制造业营业收入同比增长 4.0%，文化批发和零售业增长 4.5%，文化服务业增长 15.4%。[②]

（二）需求结构变化

近年来，中国消费、投资、出口三大需求格局均在发生变化。

由图 4-2 可知，1978—2010 年，中国消费贡献率呈周期性波动，但波动幅度不断收窄，并呈现出下降趋势；中国投资贡献率在 1978—1990 年，波动幅度较大，且有下降趋势，但自 1990 年之后到 2010 年，投资率呈现平稳波动上升趋势，波动幅度不断收窄，并趋于稳定。自 2010 年以来，最终消费支出占 GDP 比重呈现波动上升趋势；资本形成总额占 GDP 比重呈现波动下降趋势。

---

① 刘伟主编：《中国经济增长报告 2016》，北京大学出版社 2016 年版。
② 资料来源：国家统计局网站。

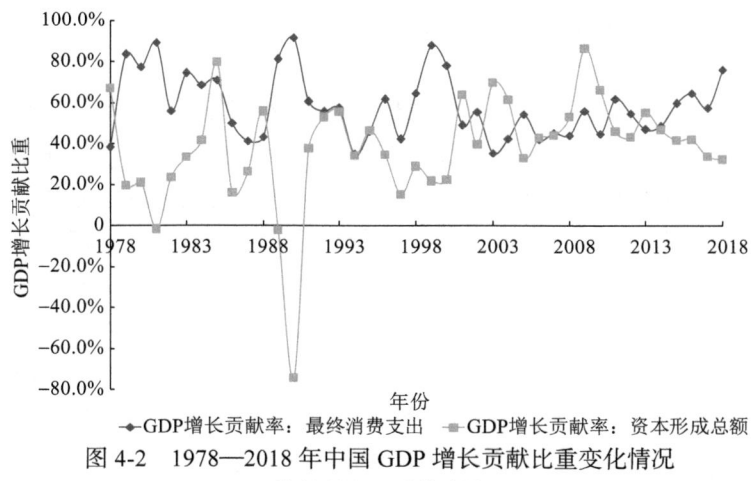

图 4-2　1978—2018 年中国 GDP 增长贡献比重变化情况

资料来源：国家统计局

（三）区域结构变化

（1）我国区域结构不平衡的矛盾之一表现为中西部地区与东部地区的经济发展不平衡。1978 年以来，东部地区 GDP 增速在大多数统计年度都高于中西部地区。随着西部大开发、中部崛起等国家战略的实施，中西部地区的经济发展步伐在 2007 年前后开始赶超东部地区。

（2）东部地区经济最发达省份与西部地区经济最不发达省份人均 GDP 的相对差距在逐渐缩小。根据图 4-3 中 1978—2014 年的数据可知，1978—1985 年，东部地区经济最发达省份与西部地区经济最不发达省份人均 GDP 之比不断下降；1986—2014 年，东部地区经济最发达省份与西部地区经济最不发达省份人均 GDP 之比整体呈上升趋势。

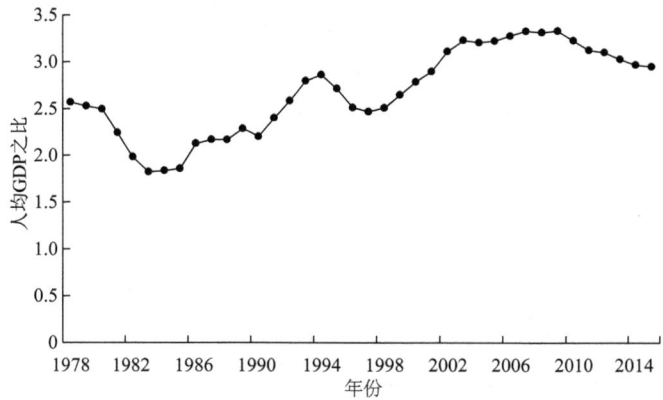

图 4-3　1993—2014 年东部最发达省份与西部最不发达省份人均 GDP 之比

资料来源：国家统计局

（四）收入分配结构变化

中国的收入分配结构一方面是指国民可支配收入在居民、企业和政府之间的分配结构，这一部分通常通过国民经济核算中的资金流量表测算而得；另一方面是指居民收入分配差距，包括城乡之间、区域之间、城市内部、农村内部的居民收入分配差距，通常通过住户调查来测算。

（1）居民可支配收入比重有所回升，企业可支配收入略有所下降，政府可支配收入保持平稳波动。从图4-4可以看出，1992—2008年，中国居民可支配收入占国民收入的比重呈下降趋势，从1992年的68.6%下降至2008年的57.2%，下降了11.4个百分点；企业可支配收入占比和政府可支配收入占比则呈现出上升的趋势，其中企业可支配收入占比由1992年的13.4%上升到2008年的24.5%，上升了11.1个百分点，政府可支配收入占比由1992年的17.9%上升到2008年的18.3%，上升了0.4个百分点。但随后在2008—2016年，中国居民可支配收入占国民收入的比重不断提高，从2008年的57.2%上升至2016年的62.6%，上升了5.4个百分点；企业可支配收入占比由2008年的24.5%回落到2016年的20.0%，下降了4.5个百分点。

图4-4　1992—2016年中国三大经济主体收入分配结构变化情况

资料来源：国家统计局

（2）居民收入差距逐渐缩小。由图4-5可知，1979—1988年，家庭联产承包责任制极大地调动了农民的生产积极性，农村居民人均纯收入增长率在部分年份高于城镇居民人均可支配收入增长率；1989—2009年，城市改革推动了城镇居民收入的增加，除极少数年份外，城镇居民人均可支配收入的增长率明显提升；2010—2018年，由于取消农业税、提高农业生产补贴、建立农村社会保障制度、农民工工资水平保障措施等惠农政策的实施，农村居民人均收入增长率开始超过城镇居民人均可支配收入增长率。

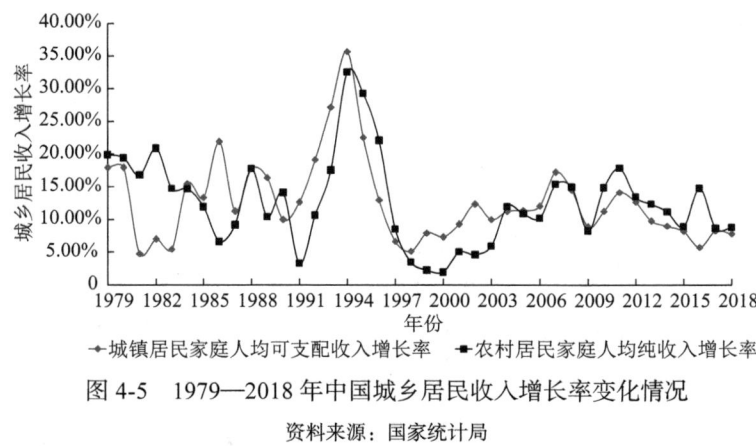

图4-5 1979—2018年中国城乡居民收入增长率变化情况

资料来源：国家统计局

二、以建造能力输出带动制造业发展

在制造业竞争力水平上，进入21世纪以来，中国制造业快速发展。无论是从制造业产值占比还是从制造业就业人数占比看，中国制造业的绝对规模和相对比例都在持续上升，借助全球化以产业分工嵌入全球价值链，实现国内制造业发展水平的突飞猛进。尽管中国与美国、日本、德国等发达经济体相比，全球产业技术仍未能达到前沿水平，制造业结构与发达国家相比仍有较大差距，但中国近年来推行的"一带一路"倡议恰好为"一带一路"沿线经济欠发达国家提供了规模开发的技术优势，通过制造业产能和技术的输出，带动国内的转型升级。而这些都源于中国强大的"建造能力"。

由表4-11可知，中国在外承包工程合同金额由2005年的296.14亿美元增加到2018年的2418.00亿美元，增长了7.17倍；年末在外人员数也由2005年的14.48万人增长到2018年的39.07万人，增长了1.70倍。由于"一带一路"倡议中提出的设施联通需要强大的基建工程设计和实施建造能力支持，因此中国强大的建造能力和充足的建筑熟练工人为中国从建造国内治理走向建造全球治理奠定了基础。

表 4-11　2005—2018 年中国在外承包工程合同金额及年末在外人员数

年份	在外承包工程合同金额/亿美元	年末在外人员数/万人
2005	296.14	14.48
2006	659.84	19.68
2007	776.21	23.60
2008	1040.72	27.16
2009	—	32.69
2010	1343.51	37.65
2011	1423.30	32.40
2012	1565.29	34.44
2013	1716.29	37.01
2014	1917.56	40.88
2015	2100.74	40.86
2016	2440.10	37.29
2017	2652.80	37.68
2018	2418.00	39.07

资料来源：商务部

由图 4-6 可知，日本和美国工业增加值占 GDP 的比重均有所下降，但中国一直以来占比均保持在 40.00%～45.00%，且一直以来该占比均高于日本和美国，说明中国的制造能力较强，制造业市场具有较好的发展前景。

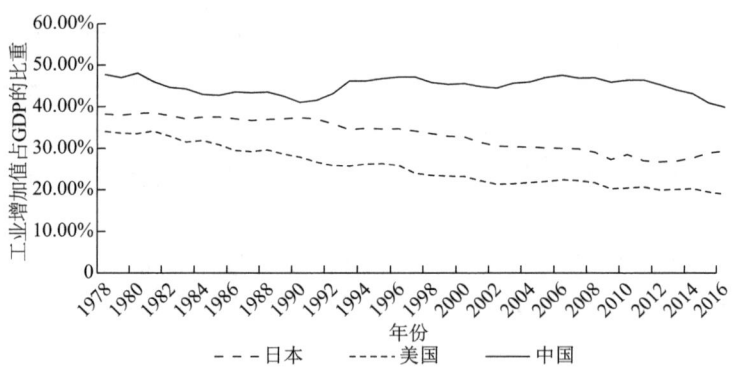

图 4-6　1978—2016 年中美日三国工业增加值占 GDP 的比重

资料来源：Wind 数据库

由表 4-12 可知，中国大力发展的高铁产业作为建造能力的代表，在世界排名已达到第 17 位，超过同为发展中大国的印度和发达国家的英国。而从铁路质量指数来看，与德国、日本等发达国家的差距也在缩小，说明中国利用高铁进行制造业输出已经具备了良好的条件。

表 4-12　2017 年主要国家铁路质量指数及排名

项目	指数及排名	中国	美国	日本	英国	德国	澳大利亚	印度
铁路质量	指数	4.8	5.5	6.6	4.7	5.5	5.3	4.4
	排名	17	10	2	19	9	13	28

资料来源：The Global Competitiveness Report 2017-2018

三、科技创新能力

科学技术是现代经济的核心要素，也是重要的知识公共产品，科技发展日益成为全球经济治理中最重要的支持条件之一。利用中国与主要国家专利合作条约（Patent Cooperation Treaty，PCT）专利申请量的对比、中美两国高科技进出口占比的对比及中国 1978—2017 年研发经费支出，综合评价中国的科技创新能力。

由表 4-13 可知，2018 年中国 PCT 专利申请量达到 53 345 件，已经超过日本、德国等发达国家，成为仅次于美国的第二大专利申请国，是印度 2013 件的 26.50 倍。从专利申请量的增长来看，中国的专利申请量是从 2000 年的 781 件增长到 2018 年的 53 345 件，英国的专利申请量从 2000 年的 4808 件增长到 2018 年的 5632 件，日本的专利申请量由 2000 年的 9569 件增长到 2018 年的 49 702 件。美国虽然专利申请量的绝对数额处于全球第一，但其由 2000 年的 38 013 件增长到 2018 年的 56 142 件。这说明近年来中国技术创新水平不断提高，且在技术创新领域具有很大的增长潜力。

表 4-13　2000—2018 年世界主要国家 PCT 专利申请量（单位：件）

年份	中国	美国	日本	英国	德国	澳大利亚	印度
2000	781	38 013	9 569	4 808	12 581	1 576	190
2001	1 730	43 058	11 905	5 498	14 029	1 664	295
2002	1 015	41 314	14 061	5 388	14 323	1 762	525
2003	1 297	41 043	17 415	5 210	14 653	1 680	763
2004	1 707	43 397	20 268	5 035	15 217	1 835	723
2005	2 502	46 882	24 870	5 094	15 987	2 004	679
2006	3 930	51 297	27 024	5 095	16 733	2 000	833
2007	5 455	54 059	27 743	5 540	17 825	2 050	902
2008	6 119	51 662	28 763	5 479	18 857	1 938	1 071
2009	7 896	45 637	29 810	5 039	16 793	1 736	960

续表

年份	中国	美国	日本	英国	德国	澳大利亚	印度
2010	12 300	45 075	32 216	4 892	17 558	1 767	1 273
2011	16 398	49 184	38 863	4 875	18 847	1 745	1 323
2012	18 616	51 827	43 523	4 916	18 748	1 708	1 310
2013	21 508	57 418	43 771	4 847	17 922	1 601	1 321
2014	25 542	61 470	42 381	5 263	17 983	1 721	1 428
2015	29 838	57 129	44 053	5 290	18 004	1 739	1 412
2016	43 091	56 593	45 207	5 502	18 307	1 833	1 527
2017	48 875	56 314	48 206	5 560	18 959	1 849	1 583
2018	53 345	56 142	49 702	5 632	19 883	1 805	2 013

资料来源：世界知识产权组织

由图 4-7 可知，2000 年以来，中国高科技进出口占比除了在 2000—2003 年及 2010—2011 年这五年以外，其余年份高科技进出口占比均超过美国，说明科技创新被视为国家战略而受到高度重视。2012 年以来，我国高科技进出口占比一直保持在 25% 左右。但是，相较于美国长期以来的高科技进出口占比的相对稳定，中国则在 2010 年和 2011 年出现过较大的下滑。

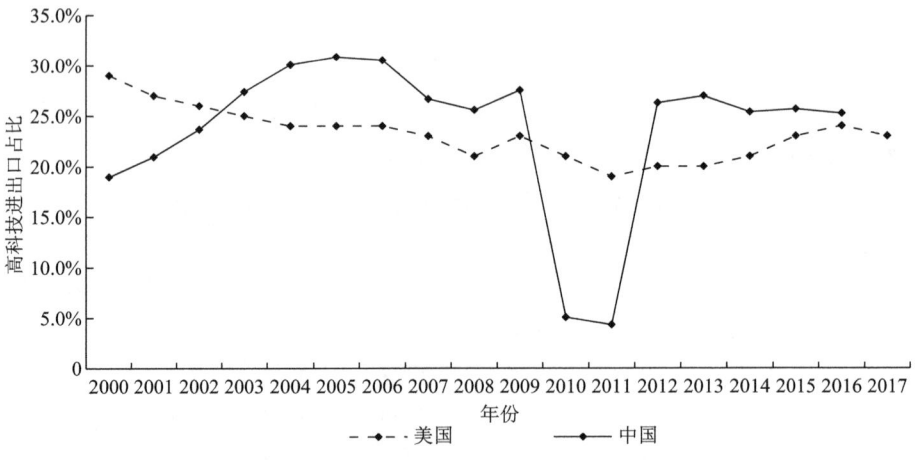

图 4-7　2000—2017 年中美两国高科技进出口占比

资料来源：世界银行

由图 4-8 可知，中国自改革开放以来，研发经费投入逐年增加，尤其是在加入 WTO 之后，呈现出指数型增长特征。2000 年中国研发经费投入为 895.7 亿元,到了 2017 年这一经费支出达到了 17 500.0 亿元。这说明中国在科技创新方面的投入,对科技进步起到了助推的作用。

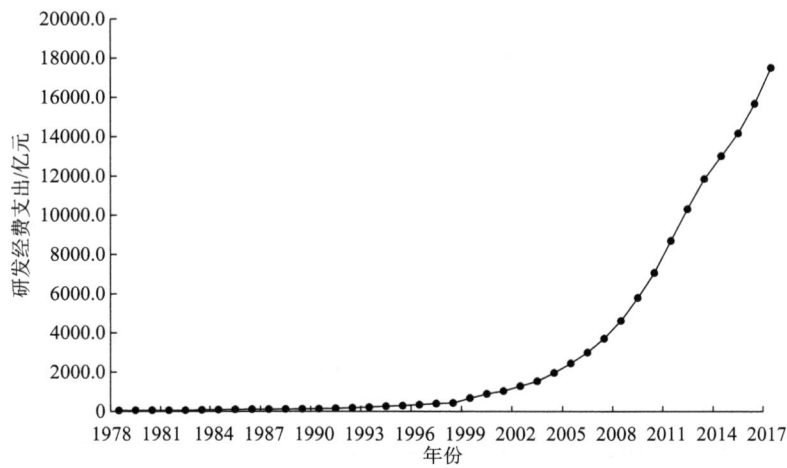

图 4-8　1978—2017 年中国的研发经费支出

资料来源:国家统计局

四、贫困治理能力

和平与发展是当代世界的两大主题,而解决贫困问题一直是发展的核心问题,也是人类长期面临的挑战。中国的经济增长奇迹很大程度上取决于中国强大的贫困治理能力。2018 年的政府工作报告指出:"五年来,人民生活持续改善。脱贫攻坚取得决定性进展,贫困人口减少 6800 多万,易地扶贫搬迁 830 万人,贫困发生率由 10.2%下降到 3.1%。"[1]2019 年 12 月 10 日至 12 日召开的中央经济工作会议指出:"要确保脱贫攻坚任务如期全面完成,集中兵力打好深度贫困歼灭战,政策、资金重点向'三区三州'等深度贫困地区倾斜,落实产业扶贫、易地搬迁扶贫等措施,严把贫困人口退出关,巩固脱贫成果。"[2]强大的脱贫、治贫能力,为中国参与全球经济治理、解决全球发展问题提供了重要支撑。

由图 4-9 可知,自 2012 年以来,中国国家贫困线以下人口占比迅速下降,从近 1 亿贫困人口下降至 2018 年的 1660 万人,5 年时间里,贫困人

---

[1]《2018 年政府工作报告》,2018 年 3 月 5 日。
[2] 习近平、李克强:《中央经济工作会议举行 习近平李克强作重要讲话》,2019 年 12 月 12 日,http://www.gov.cn/xinwen/2019-12/12/content_5460670.htm。

口年均下降幅度达到 1370 万人，国家贫困线以下人口占比由 10.2%下降到 1.7%。①

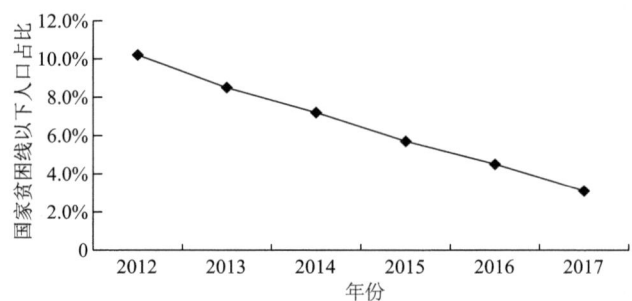

图 4-9　2012—2017 年中国的国家贫困线以下人口占比情况

资料来源：世界银行

由图 4-10 可知，1978—2017 年，中国的恩格尔系数由 57.5 下降至 28.6，说明中国国民富裕程度显著提高。

图 4-10　1978—2017 年中国的恩格尔系数

资料来源：国家统计局

由图 4-11 可知，不但中国贫困的绝对人数有所下降，贫富差距也在不断缩小，尽管在 2007—2009 年出现了小幅上涨，但自 2009 年之后，基尼系数呈下降趋势。这一水平从世界角度看，仍显过高，说明中国下一步在消除贫困问题上的重点应落实在缩小贫富差距这一问题上，这也说明，

---

① 资料来源：2019 年 2 月 15 日国家统计局发布的全国农村贫困监测调查。

中国脱贫、治贫的任务仍然艰巨，借鉴过去40多年在这一领域的经验，将有助于中国真正从根本意义上、从绝对数量和相对数量上，彻底消除贫困问题。

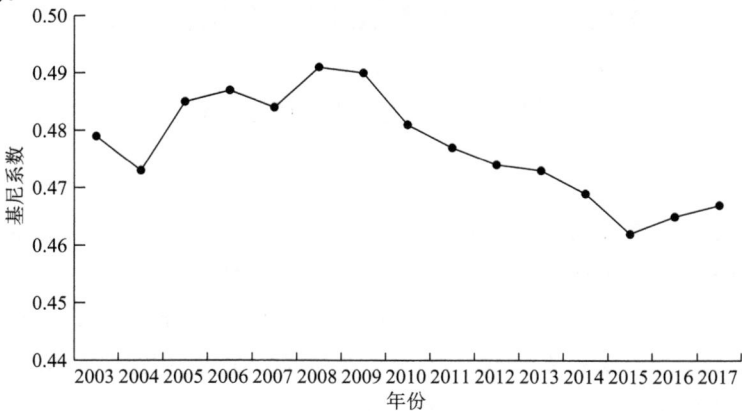

图 4-11　2003—2017 年中国的基尼系数

资料来源：国家统计局

第五章　全球经济治理新范式：中国的定位与担当

在无世界政府状态下，国家身份平等，故可以通过两个维度审视国家在全球经济治理中的角色定位：一个是权力维度，另一个是责任维度。从权力维度看，不同国家由于经济实力的不同，在全球经济治理中的权力不同；从责任角度看，每一个国家根据自己的经济实力，承担不同责任，即权力有大小、责任有轻重。也就是说，权力和责任之间是辩证统一的关系。

中国在全球经济治理新模式中的角色定位也基于上面两个维度。从权力维度看，中国已是世界上第二大经济体，在国际事务的参与过程中，中国有较大的影响力，这决定了中国在包括经济在内的国际事务中，有更大的发言权；从责任维度看，中国经济对全球经济的影响较大，中国在全球经济治理中有更大的责任，应发挥更大的作用，承担相应的义务。因此，中国在全球经济治理中理应准确定位，在发挥自身影响力的同时承担更多的责任。既要代表绝大多数国家，特别是发展中国家的经济利益；又要以负责任的大国身份，积极参与到全球经济治理中。

就全球经济治理的现状而言，其正处在范式转型期。旧的霸权治理式微，新的民主治理范式正在形成。中国代表发展中国家的利益，是新范式的重要建设者，任务是创造性地改革旧范式，推动新范式的形成。改革旧范式意味着扬弃旧有治理范式，取其精华，去其糟粕；创造性地建设新范式，就是以制度建设为切入口，从长计议，以体制创新为依归。从历史的经验教训看，对抗性的新旧交替，即以新的霸权体制替代旧的霸权体制，容易导向冲突与战争，而合作性的新旧交替则能够催生以新范式为核心的新体制。因此，中国在全球经济治理中要扮演建设者，而不是对抗者，改革旧范式创建新范式，并积极维护这一新范式，承担更多的责任，使之平稳有效运转。

第一节　新范式下中国参与全球经济治理的理念选择

中国参与全球经济治理的理念一方面涉及全球经济治理新范式的认识论基础,也就是全球经济治理新范式基于何种理念;另一方面,涉及中国参与全球经济治理的理念选择。全球经济治理新范式尚未形成,中国参与全球经济治理的理念既是中国在新范式下的角色定位,又是推动全球经济治理新范式形成的动力之一。

一、人类命运共同体的理念

人类命运共同体理念是从人类发展的现状和前景出发,对人类未来向何处去的展望。随着信息科技和网络技术的发展,人类正在形成无中心(没有一个绝对的中心)和泛中心(每一处都是一个中心)的社会存在格局,人和人的关系正在突破国家与种族的概念,朝高度一体化的方向发展。这一方面带来了人与人之间更加紧密的联系、依赖和互动,另一个方面则导致人与人之间、种族与种族之间的关系趋于对立和冲突,这就是全球和反全球化两种现象如影随形的原因。在技术时代,一体化使得风险聚集,全球化和反全球化都面临着引发人类整体风险爆发的可能性。在这种情况下,习近平同志提出人类命运共同体理念,强调人类面临整体风险,敦促各国领导人并号召全世界人民认识人类命运系于一体,一荣俱荣,一损俱损。

人类命运共同体理念是中国参与构建全球经济治理新范式的核心理念之一。全球经济发展一体化是不可避免的趋势,全球每一个角落都无法自外于这个趋势,与其被动卷入,不如顺应潮流,自觉地融入这个人类经济发展的未来趋势之中。从人类命运共同体的角度看,全球经济发展要造福于全人类,而全球经济治理就是要通过新范式,推动全球经济实现这个目标。

中国通过推动构建人类命运共同体参与全球经济治理,将在三个方面发挥作用。首先,把自身利益与人类命运共同体目标结合起来,在增进人类总体福祉的前提下,谋求自身利益,而不是片面强调中国优先;其次,推动建立合作共赢的国际经济运行机制,反对零和思维,推动全球经济开放和贸易自由化;最后,关注发展中国家利益,反对任何形式的殖民主义、保护主义和经济歧视,帮助贫穷国家摆脱困境。

二、平等、包容、开放的理念

中国在国际社会中历来强调并坚持平等、包容、开放的和平理念，这也是中国参与全球治理的原则。过去作为一个落后的发展中大国，中国强调平等、包容、开放的和平理念，是希望受到国际社会的公正对待；现在中国在经济方面取得巨大发展，在国际事务中的话语权有所提升，中国仍然坚持这一理念，即坚持以公正的原则对待国际社会的每一个成员。2008年之后，全球治理被提上日程，新旧势力出现了某些对峙，发展中国家的呼声日益强烈，中国作为崛起的大国，受到种种猜忌，但中国提出以平等、包容、开放的理念参与全球治理，以此维护国际秩序，争取自身利益。

平等、包容、开放是中国参与全球经济治理秉承的理念。平等是指每个参与者的地位平等，中国也平等对待全球经济治理中的每一个参与者，这种平等不是实力的平等、责任的平等，而是身份的平等。国际经济活动中，平等是指打破国家的藩篱，推动自由流动，让每一个全球经济活动的参与者，在全世界每一个地区都能够以平等的身份从事经济活动。包容是指对于不同经济形式和经济成分采取理解与接纳的态度。比如，世界各国的经济体制有所不同，经济发展阶段有所不同，包容就是不以歧视的态度，不以先入为主的偏见对其进行评判，而是让其在自由的环境中竞争，以竞争胜败依据来评判其优劣。开放是指开放的全球经济体系，它是平等和包容的先决条件，没有全球经济边界的互相开放，平等和包容也就无从谈起。

和人类命运共同体理念一样，平等、包容、开放的理念既是中国参与全球经济治理的理念，也是全球经济治理新范式的内容之一。中国秉承这种理念，并推动其成为全球经济治理的理念。中国首先以此作为自己参与全球经济治理的行为准则，其次以此塑造全球经济治理的新理念。第一，中国平等对待全球经济治理中的每一个成员。既要与发展中经济体合作，也要和发达经济体合作。第二，中国包容全球各种经济体制和商业模式。对和自己同质的经济体制与商业模式采取积极认同的态度，对和自己异质的经济体制与商业模式则要承认其存在的合理性。第三，中国在"逆全球化"的潮流中做开放的模范。"开放"是中国过去成功发展的经验，也是中国今后"回报"全球经济的方式，因此，中国在参与全球经济治理中，始终坚持对外开放，"请进来"并"走出去"。

三、共商、共建、共享的理念

全球经济治理，过去是霸权治理、寡头治理，现在这种范式虽然正在瓦解，但仍居于主导地位。在这种范式下，全球经济治理的特点是霸权国家单方面"供给"全球治理的公共产品，这种公共产品不是完全没有公共性，只是夹带了太多的国家私利，其治理的成果也为霸权国家所独享，或者大部分独占。2008年的全球经济金融危机宣告了这种旧范式的失败，说明全球经济治理需要新范式。中国提出的共商、共建、共享的全球经济治理理念，是对旧的霸权治理体系的矫正力量。中国秉承共商、共建、共享理念，符合全世界共同参与建设全球经济治理体系的民主发展趋势，也表明中国积极发挥自身作用，推动全球经济治理新范式的形成。

中国秉承共商、共建、共享理念，一方面要发挥自己的优势，提出自己的主张，打破霸权国家"一言堂"的话语体系，但共商不仅是为了打破，更是在打破的同时与其他国家平等共商，互商互谅，增进信任，破解全球治理中的信任赤字。另一方面，中国以自己的优势发出自己商议的声音，并不是为了谋求新的霸权，目标是建立公正合理的全球经济治理制度，破解当前的治理赤字。共建是指各国共同参与全球经济的治理，中国要积极承担与自身实力相匹配的责任，同时不能越位、出位，面对全球经济问题，各国应该同舟共济，风险共担，互相协调，积极治理，共同发挥作用。全球经济治理的结果是收益共享，强调在全球分配中互利共赢，均衡发展，破解发展赤字，这意味着中国参与全球经济治理既要实现自身利益，同时要尊重、维护别国利益，尤其要注重发展中国家利益，还应兼顾在全球化过程中受损群体的利益。

四、多元共治的理念

全球经济治理的新范式有两个层面：一个是理想层面，即抽象范畴；另一个是现实层面，即具体范畴。从抽象的范畴看，参与全球经济治理的每一个国家，不论大小、强弱，都有平等参与的权利，这是理想模式。但是，这一模式缺乏现实基础，只有在国家能力相近的条件下才可能实现。从具体范畴看，全球经济治理仍是一个基于实力和优势的"代理模式"，是多元共治而非全员共治。中国倡导的全球经济治理新范式中，多元共治理念需要从理想模式出发，也要考虑到现实的可行性。因此，多元共治理念下的多元是一个动态概念，多元共治应该是开放包容的多元模式，不断将有能力、有意愿参与全球经济治理的国家纳入其中，反映它们的利益，这也有利于扩大治理基础和增强治理的合法性。

目前的多元共治实际是两边多元，其中"两边"是指发达国家和发展中国家，多元是由两边的代理国家组成多元。这是一种基于现实情势的过渡期模式。多元共治符合现阶段的国际秩序结构。一方面，多元共治模式突破了旧的治理模式，发展中国家作为"一边"，有代表参与全球经济治理，打破了由霸权国家单方面决定国际经济秩序的局面，催生了新的全球经济治理模式，在一定程度上保护了发展中国家在全球化中的经济利益；另一方面，多元共治模式继承了旧模式的合理性，不是抛开发达国家，去建立一种全新的国际经济新秩序，而是在承认旧模式的合理性的条件下，对其加以改革增加其代表性，以反映全球所有国家的利益。但是，从发展的角度看，多元共治绝不是对旧模式"打补丁"的结果，而是"两边"通过协商对旧的治理模式进行功能改造，形成新的全球治理新模式，实现"两边"多元共治的结果。

中国秉承多元共治理念，以其经济实力和全球话语权代表发展中国家"一边"，以多元中的一元在全球经济治理中发挥重要作用。从国际经济秩序形成的现实过程看，多元共治不仅体现在理念层面，更重要的是要通过多方角力，形成全球经济治理的新格局。第一，中国作为全球经济治理的重要建设者，积极推动全球经济治理模式的转变。这个过程既有冲突，又有合作，而且主要是合作。第二，中国作为多元中的一元，是发展中国家的代表，要和发展中国家进行合作，形成紧密的利益共同体，在国际经济格局中，为发展中国家争取更多利益。第三，中国作为共治的一方，与发达国家既有合作，又通过竞争形成有利于全球经济治理的合作关系。

第二节 新范式下中国参与全球经济治理的角色定位

从内在的方面看，中国参与全球经济治理的角色定位由中国的现实经济实力和在国际社会的话语权分量来决定。中国国力的增长和国际话语权的提升，赋予中国在全球经济治理中承担更多责任，发挥更大作用。从外在的方面看，中国参与全球经济治理的角色定位由国际经济、政治等形势的变化来决定。2008年全球金融危机爆发以后，世界经济处于低迷状态，国际经济体系存在的弊端日益凸显，亟待范式革新。这样的力量对比消长为中国参与全球经济治理、推动范式革新创造了机会。

一、中国参与全球经济治理角色定位之一——主动的建设者

全球经济治理体系过去由美国和西方国家主导，包含国际金融、贸易、投资等范畴。这一体系在二战后的 60 余年为全球经济稳定和发展做出了贡献，但是，这种体系要求美国和西方国家的经济实力一直保持领先，同时要求这些国家在这个体系中能够相对"无私地"提供公共产品。随着西方经济、社会遇到各种挑战，内部矛盾无法解决，欧美国家无力、无心继续承担维持全球经济治理的责任，这意味着世界需要全球治理的新范式和新体系。但是，欧美国家不愿意放弃既得利益，试图继续维持旧范式和旧体系。要打破这种局面，需要一个变革者代表体制外的力量，呼吁、推动全球经济治理范式的变革。在这种情势下，中国作为最大的发展中国家，理应积极承担责任，担当起变革者的历史责任。

全球经济治理的新范式需要长期的竞争，甚至艰苦的斗争才能逐步建立起来。范式转变和体制更新从本质上来说是利益机制的转换，也是权力结构的变迁。欧美国家长期从全球经济体系中获利，不可能轻易接受改变。发展中国家要实现自身利益诉求，需要建立合乎未来发展方向的全球治理新范式和新体系，必然要首先"松动"旧体制的"螺丝"，"挪动"旧体制的"螺丝"，才能为新范式和新体系的就位创造空间和时间优势。因此，作为旧范式的改革者，中国需要从以下几个方面着力。

第一，中国在全球经济治理变革过程中需要明确发出自己的声音，表达自己的利益诉求。通过表达自己经济发展的诉求，呼吁对全球经济治理旧模式进行变革，同时，让更多的国家认识到旧体制的弊端，促进国际社会的力量共同努力。

第二，中国在全球经济治理范式创新和体系重构中是一个建设者。若在霸权体制下，改革霸权治理模式，提出发展中国家的诉求，不可避免地会遭遇霸权国家的抵制。尽管面对舆论上的对峙，但这是代表发展中国家的利益，向发达国家争取自己的利益，建设公正合理的全球经济治理新范式的必然过程。作为建设者，建立新范式和新体系需要魄力与勇气，中国要担当这一责任，就要实现从"不出头"到"要出头"的心理气势的转变。

第三，中国参与全球经济治理改革的过程，是对已有机制的扬弃，不

是恶意的搅局者和推倒重来者，而是一个积极的、善意的建设者。现阶段，霸权治理模式下忽视了发展中国家的利益，所以需要改革的是以霸权者利益为导向的全球经济治理模式，增加公平性，使全球经济治理机制更加合理有效。

二、中国参与全球经济治理角色定位之二——积极的完善者

全球经济治理的新范式是在与旧范式的竞争中产生的，既包括对旧范式的改革，也包括对旧范式缺失部分的补充。每一种存在的现实，都有其合理性，理性的历史演变过程应是渐进的。中国参与全球经济治理，并且有志于在全球经济治理新范式的形成中发挥作用。首先，需要改革当前霸权主导的不合理的全球经济治理模式，在对旧体制的改革、扬弃的同时，继承其合理的、有益的成分，而不是对现存全球经济治理的运行平台和全部运行机制的全面挑战。其次，面对全球经济治理新问题、新形势，需要完善旧范式的不足，提供新的公共品。

国际经济秩序经过二战以后60余年的演进，从运行的机制、效率及主旨来看，经过实践和时间检验是好的、合理的部分，必须予以继承和发展，而与快速变化的国际经济形势的发展不相称、不相匹配的部分则要改革。比如，国际货币基金组织在稳定国际货币市场、保证世界经济平稳运行方面起到了重要作用，在一定程度上具有"世界央行"的雏形，但是仍然不够健全，需要加以改革，以便与世界经济发展形势相适应；世界贸易组织争端解决机制是当前国际贸易有效运行必不可少的平台，但是已经不能覆盖所有新型贸易的发展，如服务贸易、数字贸易等新领域，亟须新的贸易规则加以规制、协调。

中国作为补充完善者参与全球经济治理，在积极肯定和维护现有的合理的运行平台与属于合理成分的现有运行规则及运行机制的基础上，需要在现有体制中补充新元素、提供新的公共产品，以此更新、升级全球经济治理制度，提高其运行的公正性和运行效率。

首先，作为完善者，要对现存的全球经济治理体系进行全面的审视和评价，对其在历史过程中的运行情况做全面分析，总结得失，考求是非，找到存在的问题，论证变革、补充的可行性。

其次，作为完善者，要对现存的全球经济治理体系提出需要完善的"要件"。针对当前全球经济治理的需要，提出需要补充之处，如补充什么、如何补充，使其符合全球利益，并提出切实推进的行动步骤。比如，中国

创建的亚投行是对世界银行的功能的有效补充；中国参与的 G20 是在现有的全球经济治理活动中补充新的治理力量；中国提出的"一带一路"倡议也是针对全球经济不均衡，从治理的角度提出并实施的一种规划。

最后，作为完善者，中国参与全球经济治理过程中始终要与现有的治理大国保持积极的关系，也要与发展中国家保持相似的立场与行动。所以，中国在这一过程中既要保持建设性批判力，也要有多边亲和力，只有这样才能真正扮演好自己在全球经济治理中的角色。

三、中国参与全球经济治理角色定位之三——理性的贡献者

构建全球经济治理的新范式，需要中国在以下方面做出贡献。第一，提出新理念。形成全球经济治理新模式的前提就是全球经济治理的范式转型。因此，全球经济治理的建设者首先就是要建设新范式，为全球经济治理的模式转变提供新的理念。第二，建设新体系。全球经济治理需要变革旧体系，建设新体系。新的体系是与旧的霸权体系完全不一样的新体系。这个体系更加公平、开放、包容、共享，更加符合保护全球各国的国家利益。第三，提供新机制。机制就是运行程序和传导系统。建设全球经济治理的新机制，就是用共商、共建代替寡头治理，用多边模式代替单边和双边模式。第四，组织新机构。全球经济治理已经有多个正在运行的机构，如 WTO、国际货币基金组织、世界银行等，这些是全球经济治理的重要平台。但是，面对全球经济发展的新形势，中国还要在此基础上做出自己的贡献，补充现有体系的不足。

四、中国参与全球经济治理角色定位之四——负责任的塑造者

在全球经济治理新范式的塑造和形成过程中，需要改变旧的霸权治理形象，塑造新的治理形象。第一，新的全球经济治理的形象应该是亲善友好的。全球经济治理服务于全球每一个经济体，无论大小，无论强弱，它没有歧视性和排他性。因此，全球经济治理对每一个国家都是亲善友好的。第二，新的全球经济治理的形象应该是开放透明的。全球经济治理是全球每一个国家都参与的全球活动，不是少数国家垄断的封闭组织。因此，这个治理体系的外在形象和内在本质都应是开放的。它的活动内容、决策过程及执行过程都应该是透明的。第三，新的全球经济治理的形象应该是廉洁清明的。全球经济治理是一个自服务体系，其组织结构、决策机制及执

行过程都应基于民主协商，基于此，全球经济治理必须增强合法性和提高透明度。

中国作为参与全球经济治理的塑造者，其主要的定位之一就是塑造全球经济治理形象。在这个过程中，中国要从如下三个方面发挥作用。第一，中国以革新的姿态，推动全球经济治理从封闭、保守、强势、霸道的旧形象，向亲善友好、开放透明和廉洁清明的新形象转变。旧的形象和旧的模式与功能相联系，中国应从内外两个方面推动全球经济治理向世界展示新形象。第二，中国以自己的全球经济治理理念塑造全球经济治理的新形象。人类命运共同体、开放包容、多元共治等，是中国参与全球经济治理的重要理念。第三，中国作为全球经济治理的塑造者，不仅是外在形象的塑造，更主要、更根本的塑造是对全球经济治理整体架构的塑造。这个整体架构既涉及内在的组织、机构、流程、机制的建设，也有外在形象的设计，是一个内外统一的完整体系，是一个巨大的系统工程，要求中国这个塑造者具有宏大的顶层设计能力和缜密的微观构造能力。

第三节　新范式下中国参与全球经济治理的目标定位[①]

中国参与全球经济治理的目标定位体现在两方面：一方面，提出全球经济治理的目标；另一方面，对中国自己参与全球经济治理提出目标。前者是中国作为建设者、补充者、贡献者、塑造者的公共目标，后者则是反映包括中国在内的发展中国家的利益诉求。全球经济治理是一项全球合作完成的经济行为，本身会产生利益和成本，中国愿意承担提供全球公共产品的成本，理应得到相应的利益分享。所以，新范式下，中国参与全球经济治理的目标是共同发展、利益共享、风险分担和均衡发展。

一、共同发展的目标

全球经济治理的第一个目标是共同发展。世界经济发展有两条道路：

[①] 这一部分内容参考了蔡拓、刘勇、屠新泉和张占斌等研究的相关内容。蔡拓：《当代中国国际定位的若干思考》，《中国社会科学》2010 年第 5 期，第 121—136、222 页；屠新泉、娄承蓉：《全球经济治理的挑战与中国担当》，《学习时报》2017 年 3 月 17 日；张占斌：《全球经济治理的中国担当》，《人民论坛》2017 年第 6 期，第 86—87 页。

一条是零和博弈的单边发展模式，这种模式就是一些国家的发展以另一些国家的贫穷化为条件；另一条是共同发展模式，这种模式就是一些国家的发展以另一些国家的发展为前提。全球经济发展过去走过的道路是零和博弈的单边发展模式。从地理大发现直到目前为止，世界经济的发展总体上都是这种模式，但是正不断朝共同发展的方向转变和趋近。自 2000 年以来，全球经济发展出现了根本性的转变，发达国家经济模式出现了所谓"高端固化"的问题，而发展中国家则一直处于跨越式发展的态势（突破传统经济学的臆测持续增长），这种发展态势的转换和力量对比的变化预示着：全球经济发展进入了一个与过去完全不同的时代，未来新的全球经济模式应该是扬弃单边发展模式，进入共同发展时期。

全球经济治理的目标就是以新的治理模式，把全球经济顺利地导入这个新的发展目标上来。首先，共同发展是互相促进的发展模式。全球经济治理目标是要营造自由、开放、公平的经济环境，推动全球经济协同发展。其次，共同发展是双赢发展模式。互相促进的目的追求双赢的结果。全球经济过去以牺牲部分国家，特别是落后国家的利益为代价，现在需要通过改变分配方式，达致全球经济发展的双赢目标。最后，共同发展是合作竞争模式。过去全球经济发展以竞争为主，各国追求各自利益的最大化，而把成本尽力推给别的国家承担。随着经济全球化的不断深入，全球经济高度关联，结成了经济发展的共同体。

因此，中国参与全球经济治理的目标定位还应该包括共同发展。要实现这个目标，需要做到以下几点。首先，中国要在未来全球经济发展中以自己的发展推动全球经济的发展，包括中国向全世界开放国内市场，为全球经济发展提供需求支撑，同时中国也向全世界输出自己的资本和技术，推动全球经济发展。其次，中国在开放市场和输出资本及技术的过程中，不能仅关注自身利益，而要追求双赢的发展目标。实现双赢发展目标的关键在于制定公平合理的交易规则，因此，中国在全球经济治理中致力于引入合理的市场机制，并推动世界经济规则朝双赢的方向转变。在这一过程中，中国同样在全球经济治理中获得自身经济更好、更快的发展。最后，中国要以合作为目标，参与全球经济活动。合作竞争就是以竞争为手段，达到合作的目标，因此，中国在全球经济治理中，以竞争者出现，以合作者立身。

二、利益共享的目标

全球经济治理不仅要促进经济收益的增长，同时需要形成合理的利益分配机制。合理的利益分配机制能够促进长期的收益增长，而不公平的利益分配机制则会导致经济行为的短期化。在全球经济治理的旧模式下，全球利益分配并不平衡，发达国家获得了全球经济发展的大部分成果，导致发展中国家和落后国家处在全球价值链的低端；同时，发达国家的这种"剥削体制"，导致经济结构内部惰性累积，最终会引发经济和金融危机。目前，发达国家遇到的经济和社会困境有种种诱发的原因，但"不当得益"是一个值得注意的因素。由此可见，利益共享是新范式下全球经济治理的一个目标。这是从长远视角来看，对参与全球治理的所有国家都有利的公共目标。

全球经济治理的目标是利益共享。一方面，承认国家大小不同、能力不同，在全球经济治理中发挥的作用不同，故而获得不同的收益份额；另一方面，国家大小不同，作用不同，但是身份平等，全球经济治理的收益分配也要考虑以国家为单位，有一个基本的收益份额。在这个层面的利益分配上，大国和小国所得一视同仁，没有量的差别。

那么，全球经济治理的收益是什么呢？第一，进入市场的门槛，全球经济治理的新范式下，全球市场对每一个国家都是开放的，没有进入壁垒。第二，全球经济治理推动全球经济增长、贸易增长和资本增长。全球经济治理的收益增长率在各国基本一致，各国普遍受惠，但收益增长的数额则由于国家经济规模不同而不同，各国受惠大小不一。以利益共享作为参与全球经济治理的目标，中国需要从以下几个方面努力。第一，中国要推动建立以利益共享为基础的全球经济治理模式。利益共享的前提是民主决策，平等参与。中国代表发展中国家和落后国家，致力于变革全球经济治理的旧模式，建立全球所有国家共同参与、共同治理的全球经济治理新范式，就是为利益共享创造条件。第二，中国要在全球经济治理中做"利润"的创造者。中国经济实现了快速增长，这是中国参与全球经济治理的实力，更是以此作为全球经济创造收益的"资本"。第三，利益共享的分配机制需要全球各个国家来维护，大国有更大的责任维护这个原则。中国要以制度建设、实力均衡及自己的话语权，维持全球经济治理利益共享机制有效运作。第四，中国在全球经济治理的利益共享中也是获益的一方，要在维护利益共享机制的同时，维护自己的应得利益不致受损。

三、风险分担的目标

全球经济治理是要建立全球经济运行秩序,既要实现资源在全球的合理配置,同时要求风险在全球的合理分担。但是,全球经济治理不同范式的理念不同,所追求的目标也是不一样的。霸权治理体系的特点是成本转移,收益独享。这种情况下,旧的全球经济治理的目标就是霸权国家利益最大化的目标,即最大限度地把成本转嫁给发展中国家和落后国家,同时从这些国家攫取资源。

新范式下的全球经济治理追求风险分担的目标,风险分担的要求包括如下几个方面。第一,全球经济治理应该促进实现全球产业的合理布局,通过技术扩散等方式消解发展中国家和落后国家产业单一化等问题,避免发展中国家和落后国家成为单一的原材料产地与劳动密集型产业集聚地。第二,发达国家要适当风险自留,在资本输出的过程中要注意发展中国家和落后国家的金融市场状况,不能过度推高这些国家的金融杠杆,不能在这些国家制造经济和金融泡沫。第三,全球经济治理要形成全球产业布局和合作的规划,把全球经济纳入一个宏观管理的框架之内。全球宏观管理体系应该是全球经济治理追求的目标之一。第四,完善全球风险监测、防范和化解系统。在国际货币基金组织的工作机制之外,建立全球经济和金融风险的财政援助体系,救助危机中的发展中国家和落后国家。

在全球经济治理中,中国需要承担一定的风险,同时不做风险制造者和转嫁者。中国过去一直是全球产业和资本的聚集地,中国经济发展得益于此,但是也集聚了巨大的风险。中国以其政策消化能力和规模溶解能力正在化解自身风险。由于中国的经济体量巨大,对世界经济的影响较大。中国以自己的成本化解自身风险,而不是通过全球化转嫁自身风险,本身就是对全球经济风险的分担,也是对世界经济发展的贡献。在新范式下的全球经济治理过程中,中国要在化解自身风险的基础上,积极谋求在全球经济治理的框架中实现全球经济、金融风险分担的目标。第一,中国在保证自身风险自留的情况下,呼吁发达国家不要转嫁风险。第二,努力通过建立全球产业布局规划和合作机制,实现全球产业之间的良性互动,降低全球产业布局无序导致的高成本风险。第三,致力改善国际货币基金组织工作机制,建立以发展和生产力培育为目标的长期风险化解机制,避免短期化解措施造成"二次危机"。第四,呼吁在资本流动过程中进行全球监管,防范化解资本聚集引发发展中国家和落后国家的金融杠杆和资产泡沫。

四、均衡发展的目标

全球经济发展不均衡是当前全球经济治理面临的一大困境。国家与国家之间、地区与地区之间的贫富分化日趋严重，由此，引发国家内部社会冲突，以及导致全球地区之间矛盾激化，是全球经济未来发展的巨大障碍。这种情况的产生部分是由过去旧的全球经济治理分配体系造成的。新范式下的全球经济治理把均衡发展作为一个重要目标，旨在解决全球财富分化对国际社会造成的负面冲击。均衡发展主要是通过体制和机制革新、改善，解决发达国家和发展中国家及落后国家、富国和穷国之间发展机遇的不平等的问题，缩小国家之间的收入分配差距。解决各国发展机遇不平等可在以下几个方面努力。第一，建立公平的市场准入原则，反对发达国家以技术壁垒和绿色壁垒为幌子，实行贸易保护主义。第二，全球产业转移应该附带技术转移和人力资本转移，反对把落后国家仅仅作为廉价劳动力资源的选择地。第三，在全球经济治理的体系内植入"转移支付"功能，在对发展中国家和落后国家进行投资性支持的同时，加大财政支持力度，为发展中国家和落后国家培育"经济造血"机制。

中国在实现全球经济治理的均衡发展目标中主动承担责任。第一，推动、落实全球经济治理，把均衡发展作为其工作目标之一。中国作为全球经济治理的建设者，其中一个重要目标就是实现全球经济的均衡发展，这也是发展中国家对全球经济治理的普遍诉求。第二，提出具体措施，优化全球经济治理体系，在体制上保障均衡发展目标能够顺利实现。第三，在全球经济活动中，中国一方面以自己的技术、资金及财政力量，帮助其他发展中国家和落后国家发展经济，改善其民生，另一方面解决自身发展与发达国家之间的差距。第四，在参与建立全球经济治理机构和平台的过程中，把均衡发展作为这些机构和平台运行的目标之一，保持均衡发展和市场目标之间的平衡。

第四节 新范式下中国参与全球经济治理的责任担当

中国在国际事务中是一个负责任的大国。新范式下，参与全球经济治理就是中国发挥作用和承担责任的重要举动。中国承担的国际义务和责任主要有四个方面。第一，提出和倡导全球经济治理的新发展理念。第二，为全球经济治理提供公共产品。第三，参与协调全球利益，化解矛盾冲突。第四，把国家内部经济治理和全球经济治理统一起来，推动全球经济治理不断发展和完善。

一、提出和倡导全球经济治理的新发展理念

全球经济治理处在新旧范式的转型和更替时期，向哪里转型、如何更替是一个争论的话题，也是一个竞争的话题。旧的范式和旧的模式虽然总体上出现了危机，但是，它们其中蕴含的既得利益仍然存在，利益集团不会轻易放弃久享的福利，新的范式和新的模式形成不会一蹴而就。从逻辑上来看，全球经济治理的新范式和新模式出现的前提是新的理念成为全球共识，新的战略成为全球目标。中国作为全球经济治理新范式的建设者和塑造者，首先担当的责任就是通过争论和竞争，让代表发展中国家、落后国家利益在内的新的全球治理理念成为全球所有国家的思想共识和行动目标。

全球经济治理的理念和目标是"开放、包容、普惠、平衡、共赢"，这一理念是对旧范式的修正，也是对全球经济、社会发展新形势的回应。开放是对目前来自发达国家的"逆全球化"潮流的一种修正。全球化和开放经济过去对发达国家有利，它们奉行这个模式，现在对发达国家形成冲击，它们就要放弃。这其实是旧的全球经济治理理念在作祟。包容是对旧模式中不认同多样化发展模式的修正。全球经济治理要在全球经济模式多样化的前提下实现，而不是向同质化发展。普惠就是改变过去只是对发达国家有利的全球治理模式。平衡和共赢就是终结过去旧模式下全球经济零和博弈的低端均衡，引导全球经济向帕累托改进的高端均衡趋近。所以说，这一理念不仅符合中国利益，也符合包括发达国家在内的所有国家的利益。

中国作为这个理念的提出者和倡导者，其责任担当并非提出和倡导这个理念，而是要让它们变成全世界的共识和目标。第一，中国要始终坚信和坚持这个理念的正确性。第二，中国要选择正确的时机，选择正确的方式来宣讲这个理念，让全世界都接受这个长远有利的全球经济治理理念。第三，中国要具体明白地讲清楚这个理念和战略对世界的"收益"，同时要向世界说明中国自己的利益所在，不能因为回避自身利益，而让外界对中国的倡议产生怀疑。

二、为全球经济治理提供公共产品

全球经济治理的关键是为全球经济提供公共产品。全球经济，或者说市场里面的公共产品包括如下三个方面。第一，全球市场规则。新范式下的全球市场规则，作为公共产品不同于旧范式下的全球市场规则。这种市场规则的公平性保证这种规则没有排他性，它保护每一个市场的参与者，并使他们在交易中获得利益。第二，全球经济治理的机构。全球经济市场的公共产品，如国际货币基金组织、世界银行等正在全球经济治理中发挥着积极功能，但是并不完备。国际货币基金组织在发挥全球中央银行的作用方面相当有限，较为短视的危机干预方式不但不能消弭危机，甚至有加剧危机的风险。世界银行在商业性和政策性之间摇摆，在消除贫困方面所取得的效果并不显著，也不能导引全球资本的合理流动。第三，有利于推动形成全球经济可持续发展新格局。这种公共产品通过一国，或者数国的大格局经济活动，带动全球经济增长。比如，二战之后马歇尔计划就有这方面的作用。

从目前全球经济治理的形势看，"逆全球化"思潮兴起，全球经济治理的公共产品供给进入了低谷期。一方面，旧的全球经济治理的公共产品，其公共性不能满足全球经济发展的需要，其功能设置对发展中国家和落后国家显然不太公平。另一方面，发达国家在全球化过程中普遍出现了退缩，如美国提出"美国优先"，英国不愿意为欧盟一体化继续买单，法国和德国的政治情势似乎也在朝责任退缩的方向发展。

中国作为发展中的大国，在这个关键且困难的时刻，需要主动承担责任，为全球经济治理提供公共产品，主要应从以下几个方面着力。第一，以自己的努力，推动现有的全球经济治理机构进行改革。比如，通过增加在国际货币基金组织的份额获得话语权，推动其进行内部结构和功能的改善；又如，通过建立亚投行机制，对世界银行机制形成补充作用。第二，以自己的实践，推动全球贸易规则和金融市场规则更加符合全球经济长久可持续发展的需要。通过双边贸易协定和多边贸易协定，推动全球贸易规则向普惠性和双赢趋近；通过人民币国际化对全球金融市场交易规则进行改善，减少全球金融市场的波动性和不确定性。第三，以自己的行动，构建全球经济发展的新格局。中国提出的"一带一路"倡议，就是凭借基础设施建设，承担成本和风险，为全球经济提供公共产品，推动全球经济的一体化和可持续发展。

三、参与协调全球利益，化解矛盾冲突

作为公共产品的全球经济治理渠道，最主要的有两个：一个渠道是正式的治理机构，如国际货币基金组织、世界银行、亚投行等，这是一种有形的公共产品；另一个渠道是非正式的治理形式。非正式的治理形式也可分为两个部分：第一，没形成正式机构的一些规则和习惯，如在国际交易中约定俗成采用哪一种货币及适用哪一种规则等；第二，政府间的国际协调机制，这里所说的非正式的治理形式即指这一种。比如，G20峰会、达沃斯论坛、上合组织峰会及"一带一路"高峰论坛等，皆是这种形式。这种全球经济治理形式旨在协调全球利益，化解矛盾冲突，推动全球经济的健康发展。

全球经济协调机制主要强调国家间的协调、合作机制，它是一种政府行为。在这个过程中，既需要各个国家积极参与，更重要的是需要一个或几个国家加以组织并主持。出面组织和主持这种全球治理机制的国家需要具备以下能力：第一，要具有号召力，能够把相关的国家聚拢到一起，就全球经济问题进行磋商，或者是发起一个论坛，可以邀请所有利益相关的国家共同参与。第二，要能提出一个解决问题的方案。这个国家要就当前面临的突出问题，提出一个解决问题的可能性方案，供大家讨论。第三，在协调机制中发挥主导作用。这个国家要有能力和威望，在相关方案的形成中起主导作用。第四，率先执行方案。方案一旦获得通过，牵头的国家要带头执行，并引导其他国家一起完成这个目标。

四、把国家内部经济治理与全球经济治理统一起来，推动全球经济治理不断发展和完善

全球经济治理和国家经济治理面临的环境不太一样。国家在国内的职能是提供公共产品，维护市场秩序，用市场、法治及行政等手段推动经济发展。但是，国际社会中，国家就不完全是一个公共产品的提供者。在国际经济中，国家类似于企业，其目的就是追求本国利益最大化。从这个角度讲，全球经济治理是一个企业群体为了谋求自身利益，在商讨如何让渡一部分权力出来，建立一个国际的政府间组织，为全球经济活动提供公共产品。[①]

中国要在全球经济治理中发挥作用，担当责任，必须建立健全国内经

[①] 蔡拓：《全球治理与国家治理：当代中国两大战略考量》，《中国社会科学》2016年第6期，第5—14页。

济治理架构，解决内部经济不均衡的问题，提高自身经济的柔性和抵御风险的能力，只有这样才能没有后顾之忧，全身心投入全球经济治理的工作之中。从这个意义上讲，中国解决好内部经济治理问题，是对全球经济治理的另一种责任承担，是中国国内经济良性发展的保障，也是全球经济治理新范式、新模式顺利建立的保障。

第六章 全球经济治理新范式：中国的制度性话语权

以规则为基础的治理是现代治理的核心，而全球经济治理范式转型的基本特征是制度性权力结构的调整及制度的变迁。作为世界上最大的发展中国家，中国在全球经济治理话语权的提升上也经历了一个动态发展的过程，从最初尝试融入由发达国家主导的全球化过程和相关治理体系到积极主动参与全球经济治理议题的讨论、提出一系列符合各国发展实际的全球经济治理主张，这些都表明中国在全球经济治理领域的制度性话语权的提升。

G20峰会机制的形成，是中国等新兴市场国家与发达国家对全球经济问题多元共治的标志，为提升中国在全球经济治理领域的话语权提供了核心平台，也为提升中国在全球经济治理领域的话语权奠定了坚实的基础。中国在积极参与全球经济治理的过程中，在各类多边场合发出"中国声音"、提出"中国倡议"、提供"中国方案"，得到了国际社会的积极响应和广泛好评。可以说，中国的综合实力已经逐渐转化为全球经济治理制度性话语权。

总体而言，中国参与全球经济治理的经验仍显不足，话语权还有待提升。中国需要在保持自身经济稳定发展的前提下，在贸易、投资、金融、产业和发展等专业领域中进一步阐明"中国主张"、适时提出"中国诉求"乃至中国创设。同世界各国一道，积极参与全球经济事务、重塑各项国际规则，以提高全球经济治理制度的合法性和有效性，建立更加公平合理的国际政治经济秩序。

第一节 制度性权力：从规则接受者到规则塑造者

2008年全球金融危机爆发后，全球经济治理制度原本存在的合法性和有效性的双重困境凸显，中国等一批新兴市场国家在国际制度上的权力分配严重滞后其经济增长，国际规则不公平与不合理的问题日益突出。中国主观上有重塑现有国际制度的愿望，客观上也有改变不合理、不匹配的国际制度的能力。推动中国由规则的接受者到塑造者的角色转变的关键因素是中国综合实力的整体提升。

一、既有规则的接受者

中国在现有的全球经济治理制度中的角色定位取决于多方面因素，其究竟是规则的接受者还是塑造者与中国所处的时代背景、自身的发展阶段、全球经济治理积累的经验和其他国家的态度等因素密切相关。在中国和美国围绕制度进行博弈的早期阶段，本书认为中国主要扮演的是既有规则的接受者角色，这主要基于以下几个原因。

第一，中国在融入经济全球化的早期阶段，在全球经济治理中的话语权不足，影响力有限。在这一时期，全球经济治理的议题设置、决策过程基本掌握在美国等发达国家手中，中国和其他发展中国家的参与能力不足，这既表现在不能提出具有较大影响力的议题、缺乏议题设置能力，还表现在缺乏国家间政策和主张的沟通与协调等方面。中国即便提出合理诉求，也没有得到充分的重视，整体上无法撼动发达国家在全球经济治理中的主导地位。

第二，作为一个在全球经济治理中的制度非主导国，相比于发达国家在全球经济治理中积累的丰富经验，中国在全球经济治理中明显受制于治理经验不足这一"短板"。以贸易领域多边谈判为例，加入WTO以来，中国参加了多哈回合涉及的多边贸易体系和投资体系的所有谈判过程。在面对多哈回合贸易谈判陷入实质性僵局的情况下，中国依然坚持推动贸易自由化和投资自由化，强调自身属于发展中国家这一既有定位。但是，中国在具体的利益诉求上仍然表现为以守势为主的特征，缺乏更加积极主动和行之有效的政策措施。[①]中国无论是在对多边贸易谈判的未来走向的主导权与影响力，还是在参与谈判的高级别官员的个人能力与魅力展示上，与传统治理主导国相比都存在一定差距。

---

① 王毅：《试论新型全球治理体系的构建及制度建设》，《国外理论动态》2013年第8期，第5—11页。

第三，中国所处的发展阶段也制约着中国制度博弈的能力。目前，中国经济客观上面临着转型需求。从国际方面来看，尽管近年来中国经济有着较快的增长速度，但是自身在法制建设、知识产权保护方面面临着来自国际社会的较大压力，与主要发达国家相比还有一定差距。简言之，国际国内问题的叠加使得中国需要在持续推动经济改革的同时还要进一步学习和规范国际规则，面临着统筹内外的困境。①

第四，美国等现行制度的主导国对新兴经济体诉求的反制也将成为中国提升话语权的制约因素。制度博弈由于涉及和影响到自身利益，因而会受到主导国的高度警惕。尤其是美国主导甚至重塑全球贸易、投资、知识产权、竞争等多个领域的规则，通过引入"自由化竞争""公平"等理念和主张，进而对发展中国家逐个击破，形成对中国不利的外围形势。

二、新规则的塑造者

中国不仅是全球经济治理既有规则的接受者，也是全球经济治理新规则的塑造者。中国对全球经济治理的制度供给源于自身实力显著提升、传统霸权国实力相对衰落、国际社会对中国的期望增加、现有制度存在固有缺陷等多重原因的推动。

（一）自身实力显著提升

综合国力持续提升这一客观事实为中国参与全球经济治理奠定了经济基础。作为世界第二大经济体、第一大货物贸易国和外汇储备国，中国已经成为世界上吸收外商直接投资、开展对外直接投资最多的目的国和东道国之一，中国自身的发展为全球经济的稳步增长和复苏做出了巨大贡献。积极参与全球经济治理离不开强大的经济实力和坚实的物质基础。中国在全球经济问题中地位的显著上升还体现在全球范围内重大的经济议题离开了中国的参与和支持将难以得到有效解决。有学者指出，只要中国主观上愿意，自身是完全可以在全球经济治理中发挥重要作用的。②

---

① 王联合、耿召：《美国对G20的认知与政策反应：以G20杭州峰会与汉堡峰会为例》，《国际观察》2018年第2期，第111—126页。

② 项南月、刘宏松：《二十国集团合作治理模式的有效性分析》，《世界经济与政治》2017年第6期，第122—147、160页。

（二）传统霸权国实力相对衰落

西方国家实力的相对衰落客观上有助于中国扩大自身的国际影响力。与中国经济快速发展形成鲜明对比的是，主要发达国家受全球金融危机的影响，各国经济水平出现明显下降，经济复苏缓慢、经济增长乏力、债务问题凸显、社会矛盾激化。越来越多的发达国家更多聚焦于国内事务，在国际事务上的关注度和投入精力日益降低。全球金融危机的爆发被视为对现有的国际规则和秩序进行合理调整的重大契机，在全球经济治理过程中，传统霸权国家的实力相对衰落为中国在全球经济治理中发挥更重要作用提供了广阔的政策空间。[①]

（三）国际社会对中国的期望增加

国际社会热切期望中国能够在全球经济治理中承担大国责任，这也推动着中国参与全球经济治理机制变革的进程。随着全球化的深入发展和中国自身实力的显著提升，世界各国日益重视与中国建立高层次、持久的经贸合作关系。此外，面对全球经济发展过程中存在的诸多问题，国际社会对中国的期待也在不断提升，希望中国能在带动全球经济增长、促进世界经济稳步复苏中承担与其经济实力相称的国际责任。[②]在开展多边经贸合作往来、区域贸易谈判等重大议题上，中国的相关主张和经贸政策受到了广泛关注。世界各国普遍希望在分享中国快速发展这一机遇的同时，还希望中国能够在全球经济治理过程中发挥更重要的作用。

（四）现有制度存在固有缺陷

全球金融危机爆发以来，面对全球性纷繁复杂的问题，现有的制度和规则也暴露出了固有的缺陷与不足，各国采取了不同的应对措施与治理手段。[③]中国在自身实力得到提升后，走进全球经济治理舞台中央就是对现有体系制度的补充和完善[④]，而并非寻求巨变。现行全球经济治理结构是在美

---

① Naim M, "Multilateralism: the Magic Number to Get Real International Action", *Foreign Policy*, No. 173, 2009, p. 135.
② 陈剑：《关于多边贸易谈判方式和谈判策略的初步分析》，《WTO经济导刊》2010年第5期，第84—86页。
③ 王毅：《试论新型全球治理体系的构建及制度建设》，《国外理论动态》2013年第8期，第5—11页。
④ 吴志成、李冰：《全球治理话语权提升的中国视角》，《世界经济与政治》2018年第9期，第4—21、154—155页。

国主导下的一系列制度设计、延伸、扩展和演化的基础上形成的。①在全球经济治理过程中，中国一直积极主张对现行的治理结构进行优化和调整，通过积极参与全球经济治理、尝试解决世界范围内的各类治理议题，在全球经济治理领域做出了有益的贡献。当然，实现全球经济治理需要各国的广泛参与和积极响应，国家间更要避免"短视"行为、摒弃猜忌，最终实现全球经济治理机制运行中的既定目标。

第二节　G20机制：中国的话语权

G20机制涵盖了世界最主要的发达国家、新兴经济体和发展中国家，无论是从成员人口还是从对外贸易额等角度来看，G20都是一个具有广泛代表性的国际经济论坛和全球经济治理平台。随着自身经济实力的显著提升，中国也逐渐认识到积极参与国际事务有助于应对经济全球化带来的各种问题。作为G20的创始成员之一，中国在见证G20发展、维护其宗旨的同时，更是积极参与G20的各项议题讨论，努力促成各项议题目标的达成。中国高度重视G20在全球经济治理中的重要作用，针对各次峰会议题提出了自己的观点和立场，在G20机制的运作中发挥着关键性的引领作用。

需要看到的是，G20可被视为以一定的规则为依托的、各方共同参与的全球经济治理平台，客观上为中国提供了积极参与国际经济事务、适时发出"中国声音"的场所。中国参与全球经济治理离不开G20这一重要的国际平台，自身话语权和国际地位的稳步提升也需要G20这一合作平台的支撑。当然，G20实质上是金融危机的产物，在危机过后，特别是主要经济体的经济水平得到缓慢恢复的背景下，如何避免G20的地位和作用出现下降②、如何避免聚焦议题的泛化和低效、如何建立长效治理机制③都值得我们进行深入思考。

---

① 许多：《TPP协定争端解决机制文本评析——以WTO争端解决机制改革为视角》，《南京社会科学》2016年第8期，第145—150、156页。

② 王联合、耿召：《美国对G20的认知与政策反应：以G20杭州峰会与汉堡峰会为例》，《国际观察》2018年第2期，第111—126页。

③ 项南月、刘宏松：《二十国集团合作治理模式的有效性分析》，《世界经济与政治》2017年第6期，第122—147、160页。

一、协调立场，捍卫大多数国家的正当利益

二战结束后，美国借助于布雷顿森林制度体系试图在全球推广新自由化主义的发展观，并掀起了全球化浪潮。不可否认的是，这种发展观的确实现了西欧国家的经济复苏，并使部分发展中国家摆脱了贫穷。但是，新自由主义下的发展观也带来了新问题。两次金融危机之后，西方发达国家内部民族主义势力有所抬头，掀起"逆全球化"思潮。同时，新自由主义发展观对南北竞争起跑线的不平等关切不够，其借助于自由贸易所掀起的竞争并没有帮助绝大多数发展中国家进入经济上升轨道，反而使全球贫富差距进一步拉大，增加了区域非安全因素。

客观来看，G20所体现出来的包容性特点符合中国的定位。一方面，G20体现出了中国一贯坚持的平等互利原则，G20的广泛参与性使得各国能够更好地以平等的方式参与到全球经济治理议题的对话和讨论中；另一方面，中国兼具多重身份，这就要求自身在参与全球经济治理过程中需要处理好同各方的关系、反映合理的利益诉求。中国作为最大的发展中国家，需要协调、平衡好各方立场，积极推动全球经济治理的既定目标，从而体现出G20在合法性和有效性方面的优势。[①]

二、立足自身，带动全球经济整体持续稳定发展

中国积极推动建设G20，为其发展做出了巨大贡献。1997年亚洲金融危机和2008年全球金融危机爆发后，中国都积极承担大国责任，为世界经济的稳步复苏做出了巨大贡献，成为世界经济持续发展的"稳定器"与"压舱石"，赢得了国际社会的一致好评。

在G20机制下，中国积极为国际社会提供公共产品，呼吁各国反对贸易保护主义，并与发达国家合作达成减排和应对气候变化的决议，为发展中国家的经济振兴提供发展援助。这些举措充分体现出了中国的大国担当，以自身发展，积极推动全球经济振兴，带动全球经济整体的持续稳定。

三、积极参与，建立全球经济治理长效机制

作为G20的创始成员之一，中国积极参加历年举办的G20财长和央行

---

① Naim M, "Multilateralism: the Magic Number to Get Real International Action", *Foreign Policy*, No. 173, 2009, p. 135.

行长会议及领导人峰会。中国作为 2005 年 G20 主席国成功举办了第七届 G20 财长和央行行长会议。在 2008 年 11 月华盛顿举行的首次峰会上，中国以塑造者、创始成员和核心参与方身份参与全球经济治理机制。此后，中国国家主席均出席了 G20 历次峰会并且在会上发表了一系列重要讲话，详细阐述中国的全球经济治理相关立场。

从角色定位来看，中国的努力方向是借助 G20 平台推动全球经济治理制度的改革和调整。通过对已有的国际经济制度和规则的渐进性改革来实现自身目标，而并非寻求激进的、颠覆性的改革。一方面，中国坚持以新兴经济体和发展中国家的身份参与全球经济治理，从而有助于寻求国际社会的广泛认同和各国的大力支持；另一方面，中国在开展全球经济治理过程中，坚持承担与自身经济发展水平相符的国际责任。通过充分利用 G20 的既有机制，实现与发达国家和以新兴经济体为代表的发展中国家的政策协调与友好互动，不断扩大自身在全球经济治理中的影响力，最终实现 G20 由危机处理机制向长效合作机制的转变。

四、勇于创新，探索全球经济治理新形式

在召开的历次 G20 峰会上，中国对全球经济治理及其改革等议题提出了一系列政策建议，坚定维护和发展开放型世界经济。在 2015 年 12 月正式接任 G20 主席国后，中国明确把"构建创新、活力、联动、包容的世界经济"作为峰会主题，并在议题设置上提出"创新增长方式"、"更高效全球经济金融治理"、"强劲的国际贸易和投资"和"包容和联动式发展"等四大板块与理念，受到了国际社会的广泛关注。在安塔利亚 G20 峰会上，中国积极参与峰会筹备，并且向大会提交了涉及经济增长方式转变、金融体制改革、市场活力提升等 10 项承诺，为确保峰会的圆满成功做出了积极贡献。

中国在推动和创新全球治理体制新模式方面做出了一系列贡献。通过制订《杭州行动计划》加强了结构性改革的顶层设计；重启国际金融架构工作组推动建立更加稳定和有韧性的国际金融架构；将发展议题放在全球宏观政策框架的突出位置并积极落实《2030 年可持续发展议程》，呼应了国际社会对 G20 峰会的合理关切和热烈期盼，对 G20 自身的机制变化奠定了良好的基础。[1]

---

[1] 《杭州行动计划》，2016 年 9 月 7 日。

第三节 国际组织：中国的话语权

二战结束后，在布雷顿森林体系下国际货币基金组织、世界银行和关贸总协定（即世界贸易组织的前身）等国际组织的成立，为维护全球政治、金融、贸易和发展等领域的稳定做出了巨大贡献。三大国际组织的目标、职能、定位和侧重存在着明显的差异，但在目前全球经济治理体系改革的大背景下，国际社会对三大国际组织进行改革的呼声日益强烈。中国为国际货币基金组织、世界银行和世界贸易组织的顺利运行做出了贡献，在其中发挥着重要作用。中国在推动全球经济治理的具体实践中也为国际组织的改革提出了具有建设性、符合各方利益的具体主张，为推动三大国际组织的改革发挥了重要作用。

一、世界贸易组织的改革

世界贸易组织所建立的多边贸易制度和规则为维护国际贸易的顺畅与全球经济的稳定运行做出了巨大的贡献。但是，多哈回合事实上的失败使得以世界贸易组织为框架的多边贸易谈判陷入了僵局。国际社会要求对世界贸易组织进行改革的呼声不绝于耳，这一机构面临着严峻的现实挑战。

（一）现有机制存在的问题

1. 贸易谈判形式过于僵化，各方对立严重

在多边贸易协定谈判过程中，主要采用的是由美欧等发达经济体倡导和推动的"一揽子承诺"的方式。这一方式的最大特征在于，在贸易协定谈判中，谈判议题被视为一个不可分割的整体部分，单独议题上达成协议并不意味着最终协议的达成[①]。换言之，多边贸易谈判的参与方不得不面临着"一刀切"的选择，要么全部接受要么全部拒绝，成员不能对多边贸易协定采取选择性接受。发展中国家在这一谈判模式中明显处于不利的地位，它们为了在农产品、纺织品等议题上与发达国家达成协议，不得不在涉及

---

① 陈剑：《关于多边贸易谈判方式和谈判策略的初步分析》，《WTO 经济导刊》2010 年第 5 期，第 84—86 页。

知识产权、投资等议题上做出了较大的让步。即使是在这样的情况下,发达国家对于发展中国家所做出的承诺也十分有限,故而加剧了双方的对立和矛盾。

此外,在具体的贸易协定谈判过程中,WTO所使用的一些决策程序也引发了众多国家的不满。WTO的决策主要包括部长级会议、总理事会、各委员会等正式决策和具有一定灵活性、有利于提高效率的非正式决策。各国对于正式决策的异议较小,但是对非正式决策的质疑较大。尽管非正式决策模式已经被广泛用于WTO的多边贸易协定谈判中,但在一些国家看来,非正式决策的效率提高往往以牺牲其他国家的贸易利益为代价。非正式决策模式意味着这一过程不可避免地会在国家的参与度、具体磋商内容的透明度等方面存在明显缺陷。①在不了解具体的决策过程和决策内容的前提下,会使得其他国家在整个贸易谈判过程中处于非常不利的地位。

2. 贸易谈判内容过于庞杂,难以达成共识

WTO贸易谈判的一个主要难点在于农产品市场的开放问题,这一议题也是发达国家和发展中国家的主要矛盾所在。农产品的开放议题历经多次贸易回合谈判都没有能够得到完全解决。发展中国家希望发达国家能够降低农业补贴、开放农业市场,但是发达国家则希望将更多的关注点放在工业品和服务市场上。在农业和农产品市场开放问题上各国始终无法达成一致的情况下,WTO的谈判议题却进一步的扩大至其他诸如知识产权保护等更为敏感的领域,为后来陷入谈判僵局埋下了隐患。

发达国家长期把持谈判的贸易议题设定、贸易谈判进程等关键环节②。在乌拉圭回合谈判中,更是将大量的时间和精力放在了农产品之外的其他领域。同时,知识产权保护议题的引入使得广大国家不得不把本已有限的精力放到对于新议题的规则理解上。因此,这些方面也直接影响了广大国家的谈判积极性和参与度,进而使得多边贸易谈判存在的效率问题进一步凸显。对待贸易谈判内容和议题的扩大,谈判各方利益诉求更加多元化,议题立场存在较大分歧,谈判进程也不可避免地被大大延缓。

---

① 许多:《TPP协定争端解决机制文本评析——以WTO争端解决机制改革为视角》,《南京社会科学》2016年第8期,第145—150、156页。
② 周跃雪:《WTO多边贸易体制谈判规则及其改革探索》,《经济体制改革》2017年第5期,第30—35页。

3. 贸易争端解决耗时过久，执行效力欠缺

在涉及全球贸易规则问题上，WTO 有一个强有力的争端解决机制。贸易争端解决程序的初衷在于为世界各国提供公平、公正解决贸易争端的途径。但是，从现实情况来看，贸易争端程序还存在着若干问题和制度设计上的不足。第一，对于那些经济实力较为弱小的国家来说，同其他国家发生贸易争端后便诉诸争端解决程序会破坏同其他国家，特别是拥有较强经济实力国家之间的经贸关系，故容易激化矛盾。第二，即使是将贸易争端提交到了 WTO 进行裁决，相关国家的诉讼成本一般十分高昂，从发起诉讼到最终判决还需要经历一个十分耗时且漫长的过程。第三，WTO 在具体的诉讼执行上还存在机制上的不足。贸易争端裁决是否能够得到有效执行是一个关键性的问题。在裁决后还需要进行大量的政策活动和沟通工作来保证决策执行的效力。WTO 内部对诉讼准备虽会提供一些帮助，但是这一机构既不涉及支持争端案例的技术工作[1]，也不涉及争端裁决的执行问题。特别是如果涉及贸易大国的话，争端裁决的执行往往需要该国尊重并执行具有约束力的判决结果。[2]第四，全球贸易摩擦持续升级，WTO 争端解决机制面临停摆的危机。

（二）中国的改革主张和实践

1. 确保 WTO 权威性，维护多边贸易体制

维护 WTO 的权威性和相关国际贸易规则的有效性是确保全球经贸实现长久繁荣稳定的根本保证。在面对贸易保护主义、多边贸易谈判受阻的情形下，继续推动多边贸易合作是各国的必然选择。中国在自身融入多边贸易体制的同时还积极推动全球贸易自由化和便利化。在 2013 年巴厘岛会议和 2015 年内罗毕会议上，中国和其他各方共同推动达成了《贸易便利化协定》，实现了近 20 年来 WTO 多边贸易协定谈判"零的突破"，充分彰显了自身负责任的大国形象，增强了世界各国对多边贸易体制的信心，也促进了全球经济的复苏和国际贸易的增长。2019 年 5 月，中国向 WTO 提交了《中国关于世贸组织改革的建议文件》，中方在文件中强调，WTO 改革首先

---

[1] Bown C P, Hockman B, "WTO Dispute Settlement and the Missing Developing Country Cases: Engaging the Private Sector", *Journal of International Economic Law*, Vol. 8, No. 4, 2005, pp. 861-890.

[2] Gregory Schaffer, "The Challenges of WTO Law: Strategies for Developing Country Adaptation", *World Trade Review*, Vol. 5, No. 2, 2006, pp. 177-198.

要解决关乎 WTO 生存的问题，其次是增强 WTO 在农业、渔业、电子商务和贸易救济等领域的全球经济治理作用，再次是通过机构改革和加强成员履行通报义务提高 WTO 的运行效率，最后是完善包容性全球贸易体制。

2. 参与全球贸易治理，完善各项制度规则

中国既是最大的发展中国家，也是新兴经济体的主要代表之一。WTO 是全球贸易治理最主要的平台，基于 WTO 框架下的贸易规则是全球多边贸易体制正常运行的基础。中国作为 WTO 的重要成员之一，有责任、有义务去支持和推进 WTO 为适应全球经贸格局的快速变化而做出相应的改革。在涉及各国利益的多边贸易协定谈判中，中国在平衡各方利益诉求的基础上，尝试同具有趋近利益的广大发展中国家和新兴经济体寻求合作。通过 G20 等全球经济治理平台，实现广大发展中国家与发达经济体之间的密切沟通，协调各成员的贸易政策，进而推动多边贸易体制的进一步完善。对于贸易争端解决，中国不仅可以通过这一途径和机制解决与其他成员之间的贸易争端，还可以通过参与 WTO 相关经贸规则的解释与运用，来解决国家之间的贸易摩擦和贸易分歧。

3. 稳步推进贸易协定谈判，建立贸易协定网络

在维护多边贸易体制的同时，中国还在进一步强化双边、区域自由贸易体制建设。[①]中国目前已经与马尔代夫、澳大利亚、瑞士、哥斯达黎加、智利、东盟、格鲁吉亚、韩国、冰岛、秘鲁、新西兰、巴基斯坦等签订了自由贸易协定。此外，中国与海湾阿拉伯国家合作委员会（以下简称海合会）、斯里兰卡、以色列、挪威、毛里求斯、萨尔瓦多等国家和区域的自由贸易协定谈判及 RCEP、中日韩自由贸易协定谈判均在稳步推进。中国与哥伦比亚、斐济、尼泊尔、巴布亚新几内亚、加拿大、孟加拉国、蒙古国、巴拿马和巴勒斯坦等国家的自由贸易协定谈判也处于联合可行性研究阶段。整体来看，中国在全球范围内的贸易协定网络正处于有序推进的过程中。中国的自由贸易协定谈判遵循了循序渐进的原则，考虑到了各国经济发展水平的差异，为全球多边贸易体系的建立贡献了自己的力量。

4. 彰显负责任大国形象，严格履行入世承诺

中国在加入 WTO 之后，秉持负责任的态度，积极履行所做出的入世

---

① 薛荣久、杨凤鸣：《WTO 在全球经济治理中的地位、作用与中国对策》，《国际贸易》2016年第 4 期，第 4—7 页。

承诺，逐步取消各类商品的进口关税水平，取消各项非关税壁垒，开放国内市场，尊重知识产权保护，稳步推进涉外经济体制改革，以自己的切实行动来推动和维护了自由贸易。尽管部分内容还有待进一步完善，但中国在现有国际贸易体系中的作为无愧于负责任的大国形象。随着中国在国际贸易格局中地位的日益提升，未来将在全球贸易规则制定和治理中发挥更加重要的作用。[1]

二、国际货币基金组织的改革

2008年全球金融危机爆发，世界各国的经济实力发生了显著变化，发达国家经济水平相对下降，新兴经济体的地位和实力得到明显增强。现有的国际经济体系已经不能完全反映出各国的力量对比，加上国际货币基金组织暴露出的体制和机制上的缺陷，因此对国际货币基金组织进行改革的呼声和要求日益增多。

（一）现有机制存在的问题

1. 组织架构和人事任免弊端明显

国际货币基金组织的组织构架问题既包括对国际货币基金组织总裁的任免，又包括对诸如执行董事会等特定组织的运作问题，前者的弊端更为明显。由于国际货币基金组织从成立之初到现在，其历届总裁无一例外的均由欧洲人担任。这一具有明显地域特征的人选在某种程度上会使得国际货币基金组织这一全球重要的国际组织之一的合法性遭受质疑。另外，与国际货币基金组织总裁任命密切相关的资格审查、提名、选举、考核与问责等机制也处于缺失状态。[2]早前各国对这一看似合理但明显不合适的人事制度安排的质疑较少[3]，但随着包括新兴经济体在内的广大发展中国家在全球的影响越来越大，国际货币基金组织中涉及人事任免和组织架构的矛盾越来越难以协调。

2. 份额改革迟迟得不到有效推进

国际货币基金组织的份额改革主要是指对现有各国份额总量的改革、对于分配方案的改革和对普遍使用的份额公式的修改等内容。可以理解的是，

---

[1] 何敏：《国际贸易的全球治理与中国的贡献》，《社会科学》2017年第2期，第45—55页。
[2] 黄梅波、陈燕鸿：《国际货币基金组织改革研究》，经济科学出版社2014年版。
[3] 黄梅波、陈燕鸿：《国际货币基金组织改革研究》，经济科学出版社2014年版。

各国的经济实力和发展水平不同,出于自身经济利益的考虑,各国在涉及份额改革问题上的立场存在着明显差异。根据国际货币基金组织的规定,美国拥有最大的份额占比,对国际货币基金组织的关键性议题享有"一票否决权"。这种不平等的决策机制既制约了新兴市场和发展中国家的代表性与话语权的提升,也不利于国际货币基金组织确认自己的合法性和权威性。

3. 相关国家的推诿固化了机制缺陷

现有的国家对于减少自身份额的方案总体上持抵制态度。美国同意拿出部分发达国家的份额比例转给新兴经济体和发展中国家,但是对于国际货币基金组织的增资和扩容计划持反对态度,认为这可能会减弱自己在国际货币基金组织中的主导地位和作用。美国的改革方案主要是对欧盟国家的份额进行缩减。从自身利益的角度出发,欧盟当然不希望新兴经济体和广大发展中国家的份额提升以自身份额缩减为代价。此外,这一方案也会妨碍欧盟与美国竞争国际金融专利权的目标。[1]

(二)中国的改革主张和实践

1. 支持改革的合理呼声,争取合法权益

尽管国际货币基金组织在加权投票制度中设置了基本投票权以保障平等原则[2],但在经历了历次增幅提升导致的基本投票权大幅稀释之后,份额高低现已经成为投票权的决定性因素,对改革效果而言也是至关重要的[3]。国际货币基金组织理事会于 2010 年 11 月批准的份额和治理改革方案在 2016 年正式生效,中国的份额增至 6.1%,排在美国的 16.6% 和日本的 6.2% 之后,排名上升至第三位。2015 年 11 月,国际货币基金组织执董会认可人民币纳入特别提款权货币篮子,该决定已于 2016 年 10 月生效,人民币占特别提款权货币篮子的权重为 10.92%,现有各国权重比例中,欧元、英镑和日元的权重均有所降低,美元基本保持不变。[4]国内外主流评论认为,国际货币基金组织的这两项改革意味着中国在国际经济治理中话语权和制度性权力的实质性提升。

---

[1] 黄梅波、陈燕鸿:《国际货币基金组织改革研究》,经济科学出版社 2014 年版。
[2] 黄薇:《国际组织中的权力计算——以 IMF 份额与投票权改革为例的分析》,《中国社会科学》2016 年第 12 期,第 181—198、208 页。
[3] 伊林甸甸:《IMF:结构性改革面临政治障碍》,《国际经济评论》2016 年第 4 期,第 168—170 页。
[4] 资料来源:国际货币基金组织网站。

2. 协调各方改革立场和主张，明确增资制度

国际货币基金组织是以份额为基础的多边金融机构，份额是国际货币基金组织最重要、最根本的资金来源渠道，国际货币基金组织增资也理应以份额为基础。新兴经济体和发展中国家影响力提升所带来的直接后果就是它们迫切希望能够提升在国际货币基金组织的份额及投票权比例，进而提升自身的话语权。它们反复强调份额增持是增资的必要前提，一旦份额比例提高，它们将会立即对国际货币基金组织增资以确保改革方案能与自己应占份额相对应。但是，由于发达经济体的消极应对，国际货币基金组织的份额扩大方案没有得到完全落实，这也引起了新兴经济体和发展中国家的指责与不满。中国应该争取在提升自身在国际政治经济地位发生变化的同时，获得广大国家的支持。在 G20 等多个国际场合，中国积极响应国际货币基金组织提出的增资方案并做出了相关承诺的同时，还呼吁明确增资制度。①

3. 推进国际货币体系改革，与汇率问题脱钩

除了国际货币基金组织改革外，中国通过区域性的金融合作、人民币互换业务、支持国际货币基金组织债券等方式稳步推进国际货币体系改革。与此同时，中国还主动提出了建立超主权储备货币体系的设想。②对于份额分配改革，在 2010 年国际货币基金组织年会上，尽管中国多次发声，呼吁国际货币基金组织改革应该提高新兴市场国家和发展中国家的代表权，美国等国却企图借此契机，把支持中国份额比例提升与人民币升值联系起来，对此中国应该不被外界所干扰，按照既定方案制定和推进相关的货币政策。

三、世界银行的改革

二战结束后，基于布雷顿森林体系成立的世界银行为维护世界经济的稳定发展和各国经济的恢复发挥了重要作用。其为包括广大发展中国家在内的世界各国提供了大量援助和贷款，在全球发展、减贫等全球性议题中发挥了主导作用。但是，它对相关国家提出了较为严苛的附加条件也使得世界银行广受诟病。世界银行本身运作过程也存在一定的缺陷和不足，近年来国际社会逐渐达成了对其进行改革的共识。

---

① 李仁真、涂亦楠：《金融危机背景下国际货币基金组织代表性改革》，《华中师范大学学报（人文社会科学版）》2010 年第 3 期，第 20—29 页。

② 张明：《国际货币体系改革：背景、原因、措施及中国的参与》，《国际经济评论》2010 年第 1 期，第 114—137 页。

（一）现有机制存在的问题

1. 相关人事任命和选举程序方面

世界银行行长的人选与国际货币基金组织总裁有类似之处。根据不成文的规定，前者人选由美国人担任，后者人选由欧洲人担任。纵观世界银行的发展历史，从成立之初到现在，世界银行行长人选惯例从未被打破过。世界银行选举程序的不合理主要体现为，这一国际组织内部高级官员的选举存在亟待完善之处。现有的人事和选举缺乏广泛的参与性与公平的竞争性，涉及人事任命和选举程序等内容没有明确具体的规则。广大国家，特别是发展中国家对此表示不满，认为只要具有候选资格，候选人的国籍不应受到人为限制。[①]

2. 发展理念和项目审批标准方面

世界银行的发展理念实际上还是基于"华盛顿共识"，这一点深入组织运作和价值理念当中。不支持一国实施产业政策、对拟审批或援助的相关项目附加严苛的条件，贷款援助要求受援国进行市场化改革等行为一直使得世界银行饱受诟病。在具体的运作过程中，世界银行被很多国家认为是"趁火打劫"，在国家急需相当数量资金的时候附加本不必要的条款，对一国的国内政策进行过多干涉。即使在该国同意世界银行的贷款条件后，其仍然会面临较长时间的项目审核，往往援助通过审批后已经错过了最佳的项目开展时间。

3. 部门协调和机构职能定位方面

世界银行主要是由国际复兴与开发银行（International Bank for Reconstruction and Development，IBRD）、推动私人或民营企业投资的国际金融公司（International Finance Corporation，IFC）、国际开发协会（International Development Association，IDA）、旨在解决外国投资者与东道国之间争端的国际投资争端解决中心（International Centre for Settlement of Investment Disputes，ICSID）和为投资者与贷款者提供政治风险保险的多边投资担保机构（Multilateral Investment Guarantee Agency，MIGA）等组成。在上述几个机构中，只有 IFC 是从资本市场筹集资金的。世界银行各部门存在着雷同的情况，IFC 和 IBRD 之间就存在着激烈的业务竞争关

---

① 本部分内容写作要感谢世界银行高级经济学家曾智华先生所提供的相关信息。

系，职能定位存在重叠和冲突。有学者认为，世界银行中 IBRD 的改革理应先于其他机构的改革[①]。

4. 贷款援助和融资风险管控方面

减少贫困、实现融资机制的进一步完善和发展一直是世界银行改革的方向。当然，根据世界经济形势的变化和发展，世界银行在不同时期的关注重点存在差异。[②]世界银行对于上述目标的实现主要体现在贷款援助上，世界银行所竭力实现的也是使自身的项目贷款能够与变化中的世界经济相适应、能够使借款方更好利用项目资金、能够不断提高项目的实施效果、能够有效管控贷款过程中的金融风险。但是，受主客观各种因素的影响，世界银行没有完全落实为资金需求方提供融资的责任和义务，过多的附加条件和条款要求使得各国转而寻求其他途径的帮助，从而使得"千年发展目标"等世界银行所设想的内容和目标一直难以达成。

（二）中国的改革主张和实践

1. 改变现有的选任程序，更加公开透明

对于世界银行行长的人选任命问题，中国和巴西、俄罗斯、印度、南非一道在 G20 墨西哥峰会上代表广大发展中国家提出了自己的看法。金砖五国主张，在涉及世界银行行长的任命这一问题上，国籍绝不应该成为选择候选人的标准之一。作为具有广泛代表性的国际组织之一，世界银行的行长人选同样应该具有更广泛的候选范围。中国主张按照公平公开、择优选择的原则确定行长的人选，在新兴经济体和发展中国家实力稳步上升的现实背景下，美国继续控制行长人选已经不合时宜，包括世界银行行长在内的主要高级官员的选择应该是在对外明确选择机制和程序的前提下进行。

2. 改革现有的投票权比例，反映实力变化

世界银行的投票权改革中，发展中国家和发达国家之间的诉求与目标存在一定差异。前者比较关注话语权和投票权改革，希望世界银行能更多

---

① 钟伟：《世界银行改革及中国的政策选择——从世界银行新任行长说起》，《国际金融》2012 年第 5 期，第 7—10 页。

② 世界银行最早的关注重点是二战后的国家恢复和重建工作，之后到了 20 世纪 80 年代前后更加侧重债权债务问题，到了 20 世纪 90 年代世界银行的主要注意力则放在了金融危机管控和自然灾害救助上。

地反映发展中国家和新兴经济体的实力变化这一现实状况。①但是,由于各国之间经济实力的现实差距,并不是所有的发展中国家都有能力为增加投票权出资;与此同时,尽管发达国家有能力增加国际发展融资,但是各国的意愿和积极性不高,它们也不愿意失去对世界银行的控制和影响。

2010年召开的世界银行会议上通过了投票权转移的改革方案。在发达国家将自身的投票权部分转移给特定的发展中国家后,中国的投票权份额从2.77%提高到4.42%(表6-1),成为仅次于美国和日本的世界银行第三大股东国。在中国和其他发展中国家不断的呼吁和努力下,发达国家总计向发展中国家转移了3.13%的投票权,发展中国家的投票权总份额提高至47.19%。此外,会议还通过了IFC涉及2亿美元规模的特别增资方案,发展中国家在IFC的投票权占比也由此前的33.41%提升至39.48%。

表6-1 世界银行投票权改革

排名	国家	改革前份额	改革后份额
1	美国	15.85%	15.85%
2	日本	7.62%	6.84%
3	中国	2.77%	4.42%
4	德国	4.35%	4.00%
5	法国	4.17%	3.75%
6	英国	4.17%	3.75%
7	印度	2.77%	2.91%
8	俄罗斯	2.77%	2.77%
9	沙特阿拉伯	2.77%	2.77%
10	意大利	2.71%	2.64%

资料来源:世界银行数据库

3. 回归既定减贫和发展任务,实现预定目标

当前,世界银行的改革引起了广泛关注,需要明确的是,在推进世界银行改革的同时我们也不应该放缓甚至是搁置世界银行的减贫和发展等重要任务。改革的争议和进程不能也不应该影响世界银行日常工作和业务的展开。近年来,世界银行在治理机构、功能运作等各方面也面临着越来越多的挑战。结构性改革的尽早完成有利于实现预定的减贫和发展目标。

---

① 熊爱宗:《世界银行近期改革:进展及评价》,《国际经济合作》2010年第1期,第60—65页。

4. 简化贷款程序和审批流程，提高工作效率

世界银行的贷款项目的审批和附加条件一直被各国严厉批评。通过优化内部结构的方式来进一步简化业务程序，提高贷款项目的运作效率，从而帮助发展中国家实现经济社会的发展。值得关注的是，世界银行在这一点上已经发生了较大的改变。现有的贷款项目或采购项目的审批流程已经大大简化，主要内容在保证质量的前提下甚至没有超过 15 页的文本，贷款附加的条件也越来越少，而且更加务实高效。

四、三大国际组织改革对全球经济治理的影响

世界贸易组织、国际货币基金组织和世界银行的改革对全球经济治理的影响绝不是简单的前者对后者的促进作用。三大国际组织改革本身所反映出来的某些问题和特征会对全球经济治理产生复杂而深远的影响。

第一，从现实发展来看，三大国际组织如果能够进行彻底的改革，其显然有助于全球经济治理的进一步完善。全球经济治理的侧重点在于"治理"，主要是针对全球经济运行过程中所出现的一系列问题寻求相对应的解决办法。世界贸易组织、国际货币基金组织和世界银行在运作过程中所暴露出来的体制机制上的问题恰恰是全球经济治理的治理对象之一。因此，对于上述三大国际组织的改革有助于全球经济治理水平和效果的提升。

第二，从改革的具体内容上来看，世界贸易组织、国际货币基金组织和世界银行的改革具有一定的相似性。三大国际组织的改革大致均围绕主要官员的人事任免、决策执行的标准化程序、投票权和股权改革等内容。但是，三大国际组织本身的定位和侧重存在一定的差异，因此各自的改革也存在具体议题、关注点的细微差异。学术界对于三大国际组织的改革也有着基本的共识，那就是三大国际组织的改革应该着眼于治理结构和运行结构的改善，只有具备让更多国家参与到改革过程中，具有多边主义特征的全球经济制度的完善才能在最大程度上减少分期，从而在此基础上解决全球经济治理中存在的问题。

第三，从改革的过程来看，三大国际组织的改革进程都不是一帆风顺的。改革中存在的难点可能是由于各方观点的差异，但是究其原因，更多的还是改革涉及或触碰到了各国的国家利益，以及改革会带来利益的变化，从而导致部分国家反对改革、部分国家支持改革，双方存在着对立、矛盾

和冲突。此外，发展中国家和发达国家的针锋相对在三大国际组织的改革中都有所体现，这一方面是由于绝大多数发展中国家独立时间较短，其对现存的国际秩序的不公平、不公正有着切实体会，因此寻求改革的决心和意志力十分强烈①；另一方面，发达国家所做出的改革承诺往往是"口惠而实不至"，几乎没有广大发展中国家的合理诉求。改革要想获得最终成功，离不开对各国利益的协调，离不开国家间的沟通和合作，更离不开基于一定规则和制度的系统性改变。

第四，从改革的模式选择上来看，现有三大国际组织的改革主要反映出了三大相互联系但有所区别的明显特征：一是机制内部的规则和决策程序出现变化；二是基于一定原则和规范的上述变化进而推动机制自身寻求变革；三是机制出现弱化，其构成要素分散化，参与者的具体实践偏离或游离于机制的原有原则和规范本身。②以中国在三大国际组织中的改革主张为例，具体国家参与国际组织的改革也遵循了上述三大模式。中国在现行的国际制度框架内部寻求改革并提升自身影响力；中国尝试建立新的国际经济制度以扩大制度性权力，进而从外部促使国际经济制度改革；既争取制度性权力，也维护既有国际制度，通过两者的平衡来稳步推动两者的整体实现。③三种改革模式只是手段不同，而不是根本目的不同。寻求变革的国家通过不同的模式选择，最终希望达到改变现有的既有国际经济制度、提高自身话语权的目的。④

第四节 国际制度的创新：中国的话语权

改革开放以来，中国主动融入全球化，参与全球经济治理体系，熟悉各种国际组织和制度规则的运行，现已成为现有国际制度的积极参与者和维护者，在专注于国内经济建设的同时还承担起与自身经济实力相符的国

---

① 蔡拓：《全球主义与国家主义》，《中国社会科学》2000 年第 3 期，第 16—27、203 页。

② Stephen D K, "Structural Causes and Regime Consequences: Regimes as Intervening Variables", *International Organization*, Vol. 36, No. 2, 1982, pp. 187-190.

③ Schweller R, "Emerging Powers in an Age of Disorder", *Global Governance*, Vol. 17, No. 3, 2011, pp. 285-297.

④ 高程：《从规则视角看美国重构国际秩序的战略调整》，《世界经济与政治》2013 年第 12 期，第 81—97、158—159 页。

际责任。在现存的国际体系内,中国利用既有的规则发展壮大自己,获取了较大的红利,特别是中国努力融入全球贸易体系成为 WTO 成员后,发挥了中国的比较优势,建立了外向型经济体系,助推了中国经济的迅速发展。但是,现有的全球经济治理制度的结构性问题日益突出。由于美国对于中国要求现行国际制度进行调整和变革的呼声一直怀有戒心与担忧,表现为其运用各种手段对中国的合理要求进行打压,承诺的变革难以进行。[①]如果现有国际制度出现功能失调,而主导国家迟迟不愿意进行机制变革,那么寻求变革方则会尝试塑造和建构新的国际制度与规则[②],主动争取全球经济治理的话语权。

一、创建新型国际机制的必要性

(一)现有的国际机制改革迟滞,未能及时反映国家间的实力对比

金融危机爆发后,G20 峰会上包括中国在内的新兴经济体和广大发展中国家一直呼吁对现有国际机制进行改革,国际货币基金组织的份额改革等内容被正式提上日程。然而,随着发达经济体经济的逐渐复苏,新兴经济体的经济增长相对放缓,现有国际机制的改革更显动力不足。在现有的国际机制下,广大发展中国家难以取得与其经济实力相匹配的投票权及话语权的现状并没有得到根本性的改变。以亚投行为例,其建立是现行国际机制的不合理与各国推动改革的强烈愿望迟迟得不到落实的直接反映。[③]换言之,现有国际机制改革进程的过于滞后是中国开始尝试创设亚投行等新型国际机制的直接动因。在某种程度上说,新型国际机制的创立既是相关国家态度的表达,也在客观上敦促了现有国际机制改革的进一步加快。需要指出的是,中国倡导建立的亚投行,其主要目的不是争夺主导权,而是对现有国际机制的改革和创新。这一新机制的创建,得到了众多国家的支持和认可。

---

① 高程:《从规则视角看美国重构国际秩序的战略调整》,《世界经济与政治》2013 年第 12 期,第 81—97、158—159 页。
② 于海春、雷达:《新地区主义与美国的对外贸易政策协调》,《国际经济评论》2014 年第 4 期,第 65—78、6 页。
③ 王达、项卫星:《亚投行的全球金融治理意义、挑战与中国的应对》,《国际观察》2015 年第 5 期,第 71—81 页。

（二）新型国际合作机制顺应了世界经济发展的现实需要

"一带一路"沿线国家大多属于发展中国家，经济发展水平、社会制度、文化背景存在着较大差异。基础设施建设较为滞后，交通往来不便等都制约了沿线各国的发展。"一带一路"倡议顺应了沿线国家和地区要求发展经济、改善交通状况的迫切需求。"一带一路"作为国际公共产品，旨在推动要素流动、推动全球和地区市场的一体化融合。在某种意义上，共建"一带一路"反映出中国主动融入全球化进程中，而且有助于建设开放型世界经济，有助于培育全球大市场，从而成为加速经济全球化和地区经济一体化"助推器"。

在融资缺口十分突出的情况下，中国推动成立的丝路基金作为共建"一带一路"的重要支点①，不仅能提供必要的商业金融服务，更为重要的是为周边、亚洲和"一带一路"沿线国家提供了政策性发展融资支持和风险防控机制，推动了地区经济发展，还可以为全球性结算、融资等提供便利和条件。②

（三）新型国际机制是对全球经济治理新范式的支撑

亚投行的创建和"一带一路"倡议的提出对现有的全球经济治理机制的缺陷与不足进行了一定程度的弥补③，也是对现行国际机制的重要延伸和发展。亚投行和"一带一路"倡议的推进，不仅在一定程度上填补了区域发展的资金缺口，还进一步加强了相关国家的基础设施建设和互联互通，而且形成了发展中国家参与、塑造全球经济治理的有益局面。④亚投行和"一带一路"建设需要借鉴现有的、较为成熟的经验，特别是要借鉴为国际社会所广泛认可的运营标准体系。与此同时，新建立的国际机制还需要明确现有机制内存在的弊端和缺陷，对某些具体的运作方式进行创新性的改变，从而在提高自身的运营效率的同时，为新型国际机

---

① 赵洋：《中美制度竞争分析——以"一带一路"为例》，《当代亚太》2016年第2期，第28—57、156—157页。
② 刘国斌：《论亚投行在推进"一带一路"建设中的金融支撑作用》，《东北亚论坛》2016年第2期，第58—66、128页。
③ 孙伊然：《亚投行、"一带一路"与中国的国际秩序观》，《外交评论（外交学院学报）》2016年第1期，第1—30页。
④ 沈铭辉、张中元：《亚投行：利益共同体导向的全球经济治理探索》，《亚太经济》2016年第2期，第36—44页。

制的巩固和发展注入新的动力。①

二、新型国际机制对全球经济治理的意义

（一）有助于彰显中国的全球经济治理理念

治理原本就是一定的理念和价值观塑造下的集体行动，全球化和世界多极化进程中催生的现代治理，是世界多种文化和价值形态互动的均衡结果，其总体特征是从统治向治理的转变，是善政向善治的转变，治理建设应当体现这种共性和趋势。在治理发展进程中，任何国家都有各自相应的理念和价值诉求。作为最大的发展中国家，中国应形成和宣示与现代治理相容并具有自身特色的治理理念。

在相当一段时间内，中国参与全球治理表现为能力的不足、地位的从属和行动的约束。有学者认为，中国参与全球治理的过程，实际上是一个从全球经济治理的边缘位置向中心位置转变的过程。中国主动融入国际体系，在致力于国内建设的同时担负起了一个有担当的发展中大国的国际责任，改革开放40多年的发展为中国参与全球经济治理奠定了坚实的综合实力，但全球性经济大国的实力并不等同于参与全球经济治理的能力，中国在参与全球经济治理进程中对于在规范的确立、规则的形成上还有很长一条路要走，还需要继续自我提升、积累经验。在全球经济治理结构转型的新时期，中国以亚投行和"一带一路"倡议为抓手，为从整体上提升中国参与全球经济治理能力探索出了一条切实可行的路径。

中国所创建的新型国际机制有助于提升发展中国家参与国际制度建设的代表性和话语权。治理机制的建立并不是对现有国际机制的全盘否定或是推倒重来，而是寻求增量上的改革，稳步推动和持续完善全球经济治理体系，通过完善国际经济新秩序，借鉴西方国家治理经验，立足中国国情，稳步推进治理现代化的建设。

（二）有助于建立相适应的国际规则和话语权

以规则为基础的治理是全球经济治理的主导方式，参与全球经济治理的能力也集中地表现为对规则形成和改进的影响力与话语权上，全球金融

---

① 刘东民、李远芳、熊爱宗，等：《亚投行的战略定位与业务创新模式》，《国际经济评论》2017年第5期，第149—166、8页。

危机过后的复苏期，现实中的全球经济治理呈现出明显的碎片化趋势，并由此引发了新的国际规则建构与制定权的竞争。国际制度的改革呼声日益高涨①，现有主导国在国际金融领域拥有较多的优势②，故而大国之间围绕制度设计和规则制度的较量一直比较激烈③。

在对全球经济治理进行机制性变革的过程中，应本着积极鼓励各国参与、共同应对全球经济治理问题的方针进行。新的国际制度建设要寻求以往的制度中的固化和惯性的缺陷，在国家协调的基础上形成各国平等参与、共同治理的局面。新的国际制度中家的合作和协调绝不仅仅是指中国与其他新兴经济体，还反映在中国与传统国际制度的主导国之间。从某种程度上来说，后者在中国创建新的国际制度和机制的过程中发挥的作用更大。如果能够争取到发达经济体的支持，对于减少制度建设的成本、降低机制创建的风险都是十分有利的。当然，全球经济治理的主体除了主权国家外，还包括各类跨国公司、全球公民社会等非政府主体。相较于政府主体而言，非政府主体能在更广泛的范围内聚集力量、分散成本，在一定程度上能够弥补政府组织治理过程中的有效性不足的问题。积极引导全球公民社会、跨国公司参与到全球经济治理机制变革有助于更好地制定相应的国际规则和话语权。因此，基于多边框架体系，有利于中国在最大程度上借鉴和吸收各方的治理经验，提高新型国际机制的权威性、提升中国的国际形象。④

（三）有助于推动全球经济治理体系改革

实现积极互补，将现有制度与新型国际机制对接。中国推动全球经济治理的变革，根本上是为了实现现有治理结构的优化，推动和促进治理机制实现转型。新旧国际制度和机制的关系可以是相互补充、各有侧重的，两者可以更好地进行相互学习和借鉴，从而提高全球经济治理的效率。但是，也要特别注意现有制度中的不足和缺陷，避免各国因为治理权力的争

---

① 管传靖、陈琪：《领导权的适应性逻辑与国际经济制度变革》，《世界经济与政治》2017年第3期，第35—61、157—158页。

② Nelson S C, "Playing Favorites: How Shared Beliefs Shape the IMF's Lending Decisions", *International Organization*, Vol. 68, No. 2, 2014, pp. 297-328.

③ McNamara K R, "A Rivalry in the Making? The Euro and International Monetary Power", *Review of International Political Economy*, Vol.15, No.3, 2008, pp. 439-459.

④ 王达：《亚投行的中国考量与世界意义》，《东北亚论坛》2015年第3期，第48—64、127页。

夺而出现经济治理进程本身的滞后或放缓。制度怠惰容易导致制度合法性的丧失，进而引发部分主体寻求新制度的建立和旧有制度的替代。因此，在治理实践中更要及时听取各方的意见，提高治理运行效率，对于自身所做出的承诺不要流于形式，而要积极兑现，从而提升制度建设的权威性和公信力。对于各国的经济实力变化，要在新的制度和机制上得到反映与反馈，使各国在全球经济治理中担负的责任和权力保持一致，还要注意与各国的经济发展水平相适应。

第七章　全球经济治理新范式：中国的公共产品供给

近年来，中国国家领导人在不同的外交场合多次提到愿为国际社会提供更多的公共产品。同时，中国还是推动全球经济治理从旧范式向新范式转型的主要力量，因此，中国提供的全球公共产品，既是全球经济治理新范式的重要表现，也是革新旧范式的重要途径，在重构国际经济新秩序中发挥着重要作用。正如习近平在2016年的二十国集团工商峰会上所指出的："中国倡导的新机制新倡议，不是为了另起炉灶，更不是为了针对谁，而是对现有国际机制的有益补充和完善，目标是实现合作共赢、共同发展。中国对外开放，不是要一家唱独角戏，而是要欢迎各方共同参与；不是要谋求势力范围，而是要支持各国共同发展；不是要营造自己的后花园，而是要建设各国共享的百花园。"①

国际公共产品具有公共产品的基本特性，即受益的非排他性和消费的非竞争性，但是，其提供对象和受益对象都与一般公共产品存在差异。理论上，国际公共产品的私人提供，无法满足公共产品最优供给的"萨缪尔森条件"，特别是在无世界政府状态下，全球公共产品的提供仅能实现约束条件下的次优水平，而无法达致最优。通过全球公共产品供给水平的提升，有助于推动全球经济治理新范式的形成。而作为区域和全球的重要大国，中国有责任也有能力提供国际公共产品。

中国所提供的公共产品主要可以分为三类：第一，知识类公共产品，如新理念、新观点、新倡议，中国提出的多元共治理念、新型自由贸易理念、合作包容理念等对于全球经济发展产生了积极的影响。第二，制度类公共产品，如新国际组织、新机制、新协议、新方案。中国在G20关于投资、贸易、金融等议题、亚投行的建立、中国对金砖国家机制的发展及国

---

① 习近平：《习近平：中国发展新起点　全球增长新蓝图——在二十国集团工商峰会开幕式上的主旨演讲》，2016年9月4日，http://cpc.people.com.cn/n1/2016/0905/c64094-28690521.html。

际组织改革的影响,为全球新秩序的形成做出了重要贡献。第三,实物类公共产品,包括了在基础设施、气候环保、文化共享、科技进步和减贫等方面中国所做出的贡献。

第一节 全球经济治理新范式与公共产品供给

在传统霸权国经济相对衰退的背景下,其主导全球经济治理的愿望和能力有所下降,公共产品供给出现严重短缺是必然的。在此背景下,中国倡导的全球经济治理新范式,就是要弥补国际公共产品供给不足的难题,同时中国的综合实力与大国责任意识的双重递增,也使中国日益成为国际经济领域新的公共产品的重要提供者。

一、全球公共产品:概念与供给条件

(一)全球公共产品的概念

公共产品与私人产品相对,是指具有消费的非竞争性和受益的非排他性的产品。其中,非竞争性是指边际进入者的消费不影响其他个体的消费;非排他性是指无法有效地将任何个体排除在公共产品收益的范围以外。

20世纪60年代后期,世界银行对全球公共产品做出如下定义:全球公共物品,是指那些具有较强跨国外部性的商品、资源、服务及规章体制、政策体制,它们对发展和消除贫困非常重要,也只有通过发达国家与发展中国家的合作和集体行动才能充分供应此类物品[①]。桑德勒将公共产品划分为代际与代内两大类,又将每一类具体分为区域性与全球性两种,具体而言可以分为:纯公共产品、准公共产品、俱乐部产品和联合产品,如表7-1所示[②]。

表7-1 公共产品分类

		纯公共产品	准公共产品	俱乐部产品	联合产品
代内	区域性	森林火灾检测 地下水污染治理	排水沟 河流	共同市场 危机管理	维护和平 军队

---

① 涂永红:《中国在"一带一路"建设中提供的全球公共物品》,《光明日报》2015年6月22日。
② 转引自〔印〕拉本德拉·贾:《现代公共经济学》,杨志勇主译,清华大学出版社2017年版。

续表

		纯公共产品	准公共产品	俱乐部产品	联合产品
代内	区域性	动物疾病防治 防洪	高速公路 当地公园	电网 信息网络	医疗援助 技术援助
	全球性	海洋污染处理 天气预测 监测站 国际法庭	电磁频谱分配 卫星传输 邮政服务 疾病控制	运河 空中走廊 网络 海运航线	外援 灾难救助 缉毒
代际	区域性	湿地保护 湖泊净化 有毒废物清理 带领减排	减少酸雨 渔业保护 猎场保护 减少排放挥发性有机物	国家公园 灌溉系统 湖泊 城市	维护和平 防洪 北约 文化规范
	全球性	保护臭氧层 阻止全球变暖 消除疾病 知识创造	抗生素过度使用 远洋渔业 保护南极洲 制造变革	跨国公园 地球静止轨道 极地轨道 堡礁	热带森林保护 太空殖民 联合国 扶贫

（二）全球公共产品有效提供的条件与困境

在公共产品定义和分类的基础上，本书进一步考虑一般性公共产品有效提供的基本条件。

由福利经济学的基本原理可知，私人产品有效提供的条件为，每个个体对不同产品的边际替代率（MRS），应当等于产品生产的边际转换率（MRT），即

$$\mathrm{MRS}_{ij} = \mathrm{MRT}_{ij}$$

从经济直觉角度理解，这意味着消费者对产品的相对主观评价，应当与社会生产此产品所付出的相对成本在边际上达到相等，此时产品的提供数量才是最优的。

但是，公共产品的需求条件与私人产品不同。私人产品的消费由单个社会个体进行，所以，单个个体对于私人产品的评价，即私人产品的社会评价，用产品的边际替代率即可表示。然而，对于公共产品而言，其受益具有非排他性，因此，由多人一起进行消费，此时单个人对于公共产品的评价，并不能够代表对此产品的社会评价，而是需要将所有消费此产品的

个体评价加总,才能够得到该公共产品的社会评价。因此,我们可以推知,公共产品有效提供的条件为,产品的边际替代率之和等于边际转换率,即

$$\sum_{i=1}^{n} \mathrm{MRS}_{ij} = \mathrm{MRT}_{ij}$$

此即为公共产品有效提供的萨缪尔森条件[①]。这一公共产品有效提供的条件意味着,首先需要知道每个个体对于公共产品的主观评价,然后将个体的主观评价加总,得到对该产品的社会评价,并依照个体的评价来分配公共产品提供的成本,以达到效率最优。但是,在现实生活中,由于信息不对称,个体总是有较强的激励低报自己对公共产品的评价,"搭便车"问题便无法有效避免,这就是在现实生活中,为何公共产品往往是由政府来提供的基本逻辑。

全球公共产品提供的基本逻辑与一般公共产品类似,只是此时的个体包含了全球所有国家中的居民,因此,如果上述分析表明一般公共产品的提供就存在较大的困难,那么,在全球范围内提供全球公共产品就会存在更大的难度。这是因为,全球公共产品的有效提供,不仅如一般公共产品的提供一样,在获知个体的主观评价方面存在难度,就作为提供公共产品的主体的政府而言,国家之间的协调本身还会给公共产品的提供带来困难。而根据桑德勒的分析,如果全球公共产品的提供还涉及当代与未来之间的资源分配,问题就将变得更加复杂,毕竟个体往往是短视的,不仅关注自身利益,还倾向更关注眼前的利益,代际之间的利他往往非常困难。这些都导致全球公共产品的有效提供十分困难。[②]

本书通过桑德勒的经典例子来对此进行说明[③]。

假设全世界由两个地区($r=1,2$)组成,每个地区有三代人($j=1,2,3$),每代人可以生存两个时期。令 Ω_{jr} 表示住在地区 r 的第 j 代人的集合,每一地区都生产代际公共产品 q,且该公共产品可以延续三个时期,每一地区每一时期也都生产私人产品 y,但当期就会被完全消费掉,即我们不考虑储蓄问题,定义消费者的效用函数为

[①] Samuelson P A, "The Pure Theory of Public Expenditure", *The Review of Economics Statistics*, Vol. 36, No. 1, 1954, pp. 387-389.

[②] 〔印〕拉本德拉·贾:《现代公共经济学》,杨志勇主译,清华大学出版社2017年版。

[③] 〔印〕拉本德拉·贾:《现代公共经济学》,杨志勇主译,清华大学出版社2017年版。

$$u_{ijr} = u_{ijr}(y_{ijr}, q), i \in \Omega_{jr}, j = 1,2,3; r = 1,2$$

根据一般设定，假定该函数为严格递增的拟凹函数，且二阶连续可微。在每一期，全部人所消费的私人产品的总数量必须等于其实际产量：$Y_j = \sum_{r=1}^{2} \sum_{i \in \Omega_{jr}} y_{ijr}$。三个时期私人产品的总产量为：$Y = \sum_{j=1}^{3} Y_j$。假设社会在现有资源约束下私人产品与公共产品的生产可能性前沿函数为：$F(Y,q) = 0$。

因此，可以建立如下的最优化问题：最大化地区 1 第一代人中的第一个消费者的效用函数，同时，在此条件下，它要满足每一地区每代人中其他所有消费者效用最大化，还要同时满足生产约束条件。则构建拉格朗日函数为

$$\mathcal{L} = u_{111}(y_{111}, q) + \sum_{r=1}^{2}\sum_{j=1}^{3}\sum_{i \in \Omega_{jr}, i \neq 1} \lambda_{ijr}\left[u_{ijr}(y_{ijr}, q) - \kappa_{ijr}\right] - \mu F\left(\sum_{j=1}^{3} Y_j, q\right)$$

其中，λ_{ijr} 与 μ 为拉格朗日乘子；κ_{ijr} 为效用约束。根据最大化拉格朗日函数，就可得到与一般公共产品最优提供相似的萨缪尔森条件

$$\sum_{r=1}^{2}\sum_{j=1}^{3}\sum_{i \in \Omega_{jr}} \mathrm{MRS}_{ijr}^{qy} = \mathrm{MRT}^{qy}$$

上述分析从较为抽象的角度论证了公共产品，特别是全球公共产品有效提供的基本条件，这一条件虽然形式上较为复杂，但其本质与一般公共产品有效提供的条件是一致的。这意味着，全球公共产品将面临与一般公共产品相似的困境。国际社会中国家和国家之间的相互依存关系，会显著影响单个国家的决策，从而制约国家作为全球公共产品提供者的作用。这意味着，与普通公共产品的提供不同，全球经济治理范式对于全球公共产品的有效提供形成了约束机制，即国家间关系的治理模式，最终会影响全球公共产品的提供模式，而这正是我们分析全球经济治理与公共产品提供的逻辑起点。

（三）全球公共产品提供的经济治理范式约束

我们进一步根据桑德勒的分析，来从理论上讨论全球经济治理范式对于全球公共产品提供的约束机制。具体而言，在全球经济治理的范式约束下，不同国家政府可能会基于自身利益形成其特有的目标，本书从三个角

度对政府的目标进行假设,从而得出在不同的全球经济治理范式下,公共产品有效提供的最优条件。①

首先,民粹主义。许多政府受选举制度的影响,可能只是致力于最大化当代人的福利,但不关心当代人对后代人产生的外溢效应,在强烈的民粹主义倾向下,就可能出现类似的情况,即以眼前利益为主,甚至以长期福利作为代价来换取短期的利益,则在此范式约束下,公共产品有效提供的帕累托最优条件变为

$$\sum_{r=1}^{2}\sum_{i\in\Omega_{1r}}\mathrm{MRS}_{ijr}^{qy}=\mathrm{MRT}^{qy}$$

因此,可以看出,这种在既有治理范式约束下的最优,仅仅是一种次优的结果,并不完全符合公共产品有效提供的帕累托条件。这一结果也恰恰描述了近年来西方国家民粹主义兴起可能给全球公共产品有效提供所带来的威胁。

其次,国家封闭主义。我们考虑另一种情况,即政府能够将代际外溢效应内部化,即不存在民粹主义等治理约束,但该国仅仅以自身的福利作为终极目标,不考虑全球其他地区的福利,即不考虑区域的外溢效应,这是既有全球经济治理范式的典型特征之一,即仅仅以国家利益作为核心目标,不顾全球其他国家利益的治理模式,在此治理模式约束下,则该地区公共产品有效提供的帕累托最优条件为

$$\sum_{j=1}^{3}\sum_{i\in\Omega_{1r}}\mathrm{MRS}_{ijr}^{qy}=\mathrm{MRT}_{r}^{qy}, r=1,2$$

因此,可以看出,这种在既有治理范式约束下,即以国家利益作为终极目标约束下的最优,也仅是一种次优的结果,并不完全符合公共产品有效提供的帕累托条件。这一结果描述了近年来某些西方国家进行贸易等领域的封闭可能给公共产品有效提供带来的威胁。

最后,民粹主义叠加国家封闭主义。我们考虑更接近现实的情况,即假设政府既不考虑代际外溢效应也不考虑区域间外溢效应,则在此治理范式约束下,公共产品有效提供的帕累托最优条件为

$$\sum_{i\in\Omega_{1r}}\mathrm{MRS}_{ijr}^{qy}=\mathrm{MRT}_{r}^{qy}, r=1,2$$

---

① 转引自〔印〕拉本德拉·贾:《现代公共经济学》,杨志勇主译,清华大学出版社2017年版。

这一条件当然也不符合公共产品有效提供的最优条件。而这正是近年来国际经济治理秩序的反映,在此治理范式下,全球公共产品的有效提供将面临严重的威胁。

综上,上述情况均不符合全球公共产品提供的有效条件,因此存在几个难以克服的难题:第一,它面临一般公共产品有效提供的基本困难,即个体的"搭便车"问题,所以一般只能由政府而不是由私人运用市场机制来提供;第二,由政府来提供公共产品,尽管这可以解决一般公共产品的提供问题,但却因为常常陷入"集体行动困境"而难以克服全球公共产品提供的困难。一方面,政府在提供公共产品方面,受到民主体制等制度的约束,往往难以实现代际利他,形成了民粹主义倾向下的公共产品提供的短期化行为;另一方面,在既有的全球经济治理范式下,主权国家政府往往以自身利益为终极导向,往往难以在提供公共产品时考虑区域间的外溢效应。因此,综合上述分析,全球公共产品的供给将低于社会最优水平,如果加入代际因素的考虑,全球公共产品供给不足的情况则会更加严重。

(四)现有全球经济治理范式下的全球公共产品供给困境

全球化对全球公共产品的需求不断增多,而根据上述分析,"搭便车"问题和协调失败等因素阻碍着全球公共产品的提供[①]。贾将全球公共产品提供的现实问题归纳为如下的几类[②],我们从中可以认识到在既有的全球经济治理范式下,全球公共产品的供给存在以下现实困境。

第一,全球公共产品的供给要求国家遵循国际协议的条款,但这可能会被一国公众理解为对国家主权的削弱,因此,如果要各国政府协调一致来提供公共产品,首先就要面临国内民众的压力,对一些小国而言尤其如此。

第二,各国政府对全球公共产品的成本收益分配持有不同观点,而不同国家又往往以自身利益为导向,这也会导致全球公共产品提供的困难。最典型的例子莫过于《京都议定书》的签署进程,发达国家无法对其产生的成本和收益达成共识,导致了如美国和加拿大等发达国家的退出。

第三,全球公共产品中的"搭便车"问题比单个国家公共产品提供中

[①] 徐增辉:《全球公共产品供应中的问题及原因分析》,《当代经济研究》2008年第10期,第19—21页;徐增辉:《全球公共产品及其供应模式分析》,《经济学家》2009年第10期,第103—104页。

[②] 〔印〕拉本德拉·贾:《现代公共经济学》,杨志勇主译,清华大学出版社2017年版。

的"搭便车"问题更容易发生。这是因为，在一国之内，政府还可以通过集中募集财政收入来为该公共产品融资，但是在国际领域，要建立一个超越一般国家之上的主体以类似方式募集资金和提供公共产品，几乎是不可能的。联合国作为一个超国家的主体缺乏类似的强制执行能力，如日本、美国等发达国家都曾经拖欠其应当承担的联合国会费份额，但联合国缺乏相应的强制执行力来收取会费。

第四，提供公共产品的过程可能受制于某些最薄弱环节的国家的影响而成效甚微。国际环境的复杂程度远远大于一国内部的环境，因此，全球公共产品的提供面临着比一国公共产品提供更大的不确定性，随时可能因个别国家的影响而无法持续，而代际全球公共产品的提供则更是难以实现。

二、全球经济治理下的公共产品特征

如前文所述，全球公共产品的有效提供，不仅面临一般公共产品有效提供的困难，还面临更为复杂的问题。因此，无论是从理论还是现实而言，在既有的全球经济治理范式下，公共产品的提供都存在缺失的状态。但全球公共产品的需求是客观存在的，因而其仍需要有相应的提供方，即使这只是在次优水平上满足全球公共产品的提供。

那么，在全球经济治理秩序的约束下，如何进一步完善现有条件下的全球公共产品提供，使这种次优状态得到提升和改进，进而不断趋向优化呢？我们首先考虑全球经济治理旧范式下公共产品提供的不足，然后再考虑可以优化公共产品提供的新范式下的公共产品供给特征。

在既有的全球经济治理范式下，全球公共产品供给面临较多的问题。

第一，国家利益和全球公共利益的冲突所引致的公共产品提供的失序。全球公共产品与一国之内公共产品的主要差异在于，它需要以全球作为单位提供，需要服务于全球各国的公共利益，但有能力提供全球公共产品的国家，不仅要参与全球公共产品的提供，还要面临其国内发展的需要，当二者之间出现不一致时，其所引起的矛盾冲突就可能影响其参与全球公共产品提供的过程，从而使全球公共产品的提供陷入失序的状态。例如，美国出于其国内经济增长的考虑，退出《京都议定书》就是一个典型的例子。

第二，民粹主义和贸易保护主义对全球公共产品提供的抑制作用。近年来，欧洲特别是美国民粹主义势力的抬头，使得贸易保护主义盛行，而贸易保护主义本身可能通过使全球公共产品的提供呈现碎片化的趋势，背离全球公共产品服务于全球公共利益的初衷，降低全球公共产品的有效供给。

第三，国家力量变化与全球公共产品提供主体固化之间的矛盾。二战结束之后，特别是最近数年，随着新兴经济体经济发展水平的不断提高，其对全球经济和社会的影响已经越来越重要，但是，由于国际秩序的固化，这些国家在大部分国际组织中的影响力和话语权依然较小，这样的格局难免导致全球公共产品提供的供给结构与需求结构之间的偏离，从而使公共产品的提供无法达到有效率的状态。因此，综合以上考虑，全球公共产品供给格局必须做出调整，以弥补旧范式的不足。

针对以上旧范式的不足，就全球公共产品的有效提供而言，全球经济治理的新范式就应具有以下特征。第一，为了避免国家利益和全球公共利益的冲突所引致的公共产品提供的失序，全球经济治理不应以国家利益作为唯一的目标；第二，为了防止国家力量变化与全球公共产品提供主体固化之间的矛盾，全球经济治理在治理主体上应当实现结构的多元化；第三，为了防止民粹主义和贸易保护主义对全球公共产品提供的抑制作用，全球经济治理的治理内容应进一步扩充，并实现治理机制上的优化。

反过来，就全球经济治理的新范式而言，全球公共产品也应当具有能够进一步开拓新范式的基本功能。第一，全球公共产品提供的目标导向应当是促进全球公共利益，而不是国家利益，通过全球公共产品的提供，应当实现全球国家间的公平发展，而不再是某些国家自身的国家利益，从而实现新范式下国家之间的公平竞争；第二，将越来越多的新兴国家和发展中国家纳入公共产品提供者的行列，形成全球公共产品提供的新秩序，进而完善全球经济治理的新范式；第三，全球公共产品的提供应当进一步多元化，从宏观政策等领域的协调进一步向气候、基础设施等领域拓展，而不再以经济利益为核心，并通过公共产品的提供，进一步优化全球经济治理的基本机制。

三、全球经济治理新范式下中国的全球公共产品提供

作为全球最大的发展中国家，新范式下的全球公共产品提供必然要求中国参与其中，同时，中国作为一个负责任的大国，理应在提供全球公共产品方面做出应有的贡献。改革开放以来，我国经济取得了令人瞩目的成

就，已经基本具备提供全球公共产品的能力。①

首先，中国的经济发展水平和总量已经初具规模，并在可预见的未来仍将保持较为稳定的增长，这为供给全球公共产品提供了基本的物质条件。中国经济总量的快速增长，已经成为世界最大贸易国、最大国际储备国和第二大经济体。近年来，中国经济发展进入新常态，虽然经济增速逐渐下降，但是整体的经济增长仍然保持稳定。经合组织2017年发布的报告指出，随着经济转型的持续推进，中国经济增长的动力正逐渐由投资转向消费、由外需转向内需、由制造业转向服务业。同时，对于农村经济增长和经济结构调整的关注正在培育与形成新的经济增长点。因此，中国经济仍将是现阶段全球经济增长的主要引擎。

其次，加入WTO以来，中国积极参与全球事务，已经发挥了重要的作用，这为供给全球公共产品提供了基本的政治和国际条件。第一，中国经济稳定快速增长所形成的"中国模式"，为世界许多国家，特别是发展中国家提供了国家治理模式的新思路和新方法；第二，中国通过各主要国际组织对全球经济稳定、国际援助等方面产生了直接的影响；第三，中国在科技进步等方面的发展也产生了积极的正外部效应。

具体而言，中国可能从哪些途径和层次提供全球公共产品呢？

一般认为有四种途径：第一，一个由不同国家所组成的世界性政府来提供。但是，这不仅在历史上，即使在有限可预见的未来也几乎是不可能的，当前的联合国尚无法扮演这样的角色。第二，由国力强盛的大国来提供。但是，由于大国的力量在不同时期会发生改变，并没有一个确定的国家可作为公共产品的主要提供者。因此，公共产品的国家提供主体可能随着国家间力量的消长而不断变化，不存在稳定的超级大国作为全球公共产品的提供方。第三，由国际组织来提供。这是目前全球公共产品提供的最主要方式之一。第四，由国家集团来提供。近年来，随着区域国家之间沟通交流的不断深入，第四种方式，即国家集团在提供全球公共产品中发挥着越来越重要的作用。②

基于以上考虑，首先，中国的贡献模式可以从三个角度来理解：第一，中国作为地区和全球的大国，可以在某些公共产品的提供中发挥主要提供

---

① 蔡昉：《金德尔伯格陷阱还是伊斯特利悲剧？——全球公共品及其提供方式和中国方案》，《世界经济与政治》2017年第10期，第4—22页。

② 涂永红：《中国在"一带一路"建设中提供的全球公共物品》，《光明日报》2015年6月22日。

者的作用；第二，中国可以通过加入重要国际组织，以及为国际组织做出积极贡献的方式，来间接提供全球公共产品；第三，中国可以通过自身的国际合作，特别是牵头组织地区性、专业性组织的方式来提供公共产品。

其次，中国应根据全球经济治理新范式的要求提供具体的全球公共产品。全球经济治理的核心是要建立两个秩序：其一是稳定合理的全球市场秩序，其二是全球可持续的发展秩序[①]。因此，基于以上考虑，中国在新范式下的全球公共产品提供，可以主要分为三类或三个层次：第一，知识类公共品，如新理念、新观点、新倡议等。近年来，中国提出了较多的新观点和新理念，如人类命运共同体等，其中有些已进入联合国决议，这些都是中国在知识层面所提供的公共产品。第二，制度类公共品，如新国际组织、新机制、新协议、新方案等。例如，亚投行的创建、G20杭州峰会中的《全球投资治理指导框架》等，这些对于区域和全球的经济增长与宏观经济稳定都发挥了积极作用。第三，实物类公共品，如基础设施、机场码头、修桥铺路、物质援助、国际减贫等，这些公共产品可以通过人类发展能力的提高来为全球经济发展做出贡献。

那么，中国参与全球公共产品供给的积极意义有哪些？

首先，参与全球公共产品提供，本身就是全球治理新范式的一部分。中国在二战结束初期还是一个经济社会各个方面都十分落后的发展中国家，在很长时间里，西方发达国家和联合国甚至不承认中国的国家地位，但是，随着半个多世纪的发展，特别是改革开放以来的快速发展，中国已成为举足轻重的发展中大国，在联合国和地区事务中发挥着重要作用。但是，中国的国家地位和其当前在国际组织等全球公共产品提供主体中的地位并不匹配。例如，仅从联合国的相关数据来看，截至2013年6月30日，供职联合国的中国籍职员人数显著低于美国等发达国家，但会费分摊比例却是发达国家的数倍[②]。因此，中国参与全球公共产品的提供，扩大自己在国际组织中的影响力，本身就是参与全球经济治理的表现。

其次，中国参与全球公共产品提供，有利于改善旧范式下全球经济治理存在的各种问题。全球公共产品供给的显著不足，不仅表现为实物水平的跨国基础设施呈现明显不足的状态，更表现在贸易、投资、金融等方面

---

① 裴长洪：《全球经济治理、公共品与中国扩大开放》，《经济研究》2014年第3期，第4—19页。
② 佚名：《国际组织中国高官日益增多的背后》，2013年11月6日，http://politics.people.com.cn/n/2013/1106/c70731-23450937.html。

的全球性治理制度也供给不足，而体制壁垒、排他性地区制度呈现发展趋势。近年来，中国向国际社会倡议并推出的诸如"一带一路"合作机制、亚投行、金砖国家新开发银行等系列公共产品，有利于改进目前全球公共产品不足的状况，而共同发展和联动发展等全球经济治理理念，则有利于打破国家和地区壁垒，弥补改进旧范式下多边机制作用不足的问题。

最后，中国参与全球公共产品提供，能够进一步推进新范式下全球经济治理的进程。在参与主体上，中国参与全球公共产品供给，有利于扩大发展中国家和新兴经济体在全球经济治理中的作用与影响力；同时，在治理目标上，中国参与全球公共产品的提供，有利于在目前发达国家主导的发展趋向下，融入当前后发国家的发展价值观。例如，通过基础设施的构建，提升地区发展中国家的经济发展能力；通过共商、共建、共享的理念，让发展中国家在全球经济发展中得到实实在在的收益。同时，中国参与全球公共产品的提供，有利于强化目前由于民粹主义和贸易保护主义抬头所形成的壁垒，以及扭转发达国家主导的公共品提供格局弱化的趋势。

第二节　中国公共产品的供给——新知识与新理念

在全球经济治理的话语体系下，并不是所有的知识和理念都是纯公共产品。在旧的全球经济治理模式下，霸权体系也为其治理的合理性提供了一套全球治理的知识和理念产品。例如，在20世纪70年代霸权体系下，治理制度体系趋向实力原则、利己动力、排他规则，这些知识和理念不是典型意义上国际经济的公共产品，或称为国际公共品私有化。在全球经济治理的新范式下，中国立足人类命运共同体的立场，提出全球经济治理的公共产品——新知识和新理念，以此推动全球经济治理新范式的形成和确立。

一、多元共治理念

二战结束以后，随着经济全球化的深入发展，资本和劳动实现了跨国流动，国家之间处于相互依存的状态，各国在相互依存中形成了共同的利益纽带，本国自身利益与国际秩序之间密不可分。

中国为全球治理的多元共治做出了重要贡献，提供了全球经济治理新范式下全球公共产品提供的新模式。

进入21世纪以来,中国已成为全球治理的重要参与者和推动者。第一,积极参与国际货币基金组织、世界银行、世界贸易组织等重要国际组织,积极融入和适应现有的国际经济体系,并致力于在上述组织中提高发展中国家的份额,倡导给予发展中国家更多的发展机会;第二,以G20杭州峰会为转折点,中国已经开始在全球治理中扮演设定全球议程和规则的新角色;第三,积极倡导和推动构建自由开放的国际贸易体系;第四,中国也在积极推动国际经济治理机制的改革,如一般认为的,亚投行的建立标志着全球经济治理正从过去的"西方治理"向"东西方共治"过渡;第五,中国还在国际经济活动中努力平衡发展中国家和发达国家的利益。

2011年国务院新闻办公室发表的《中国的和平发展》白皮书提出:"寻求人类共同利益和共同价值的新内涵。"[①]党的十九大报告提出:"坚持和平发展道路,推动构建人类命运共同体。"[②]2018年的第十三届全国人民代表大会第一次会议通过的宪法修正案,将宪法序言中"发展同各国的外交关系和经济、文化的交流"修改为"发展同各国的外交关系和经济、文化交流,推动构建人类命运共同体"。上述文件和报告,将"命运共同体"理念逐步引入全球经济治理的过程中。这一理念事实上构成了实现国际治理多元共治在理论层面上的基础。

二、合作、包容理念

和平发展,合作共赢,已经成为时代的主旋律,国际社会日益成为命运共同体。但是,霸权主义和强权政治并未退出历史舞台,局部战争冲突、恐怖活动、气候变化等全球性挑战仍时有发生。基于这一背景,中国提出人类命运共同体的重要理念,而合作和包容的理念与人类命运共同体的主旨高度契合,这一理念的提出,是对既有全球经济治理范式下,仅仅从国家个体利益出发,而忽视全球其他地区和国家利益的旧治理格局的纠正,形成了新范式下理念层面的全球公共产品。

中国是全球包容发展的重要贡献者。2016年9月初举行的G20杭州峰会,

---

① 《中国的和平发展》白皮书,2011年9月6日,http://www.gov.cn/jrzg/2011-09/06/content_1941204.htm。

② 习近平:《决胜全面建成小康社会 夺取新时代中国特色社会主义伟大胜利——在中国共产党第十九次全国代表大会上的报告》,人民出版社2017年版,第57页。

中国作为主席国，与各方达成杭州共识，在创新增长方式、完善全球经济金融治理、促进国际贸易和投资、推动包容联动发展方面取得了一系列重要成果。因此，"中国方案"是世界经济复苏的重要新动力，而包容互惠发展的"中国模式"也为全球经济的稳定繁荣提供了新的方向。

在多边合作领域，中国于2015年设立了为期10年、总额10亿美元的中国与联合国和平发展基金，促进多边合作。在发展领域，中国于2015年设立"南南合作援助基金"，首期提供20亿美元。

三、共商、共建、共享理念

全球经济治理新范式要求以全球各国的公共利益为目标，而不是少部分发达国家的利益，这一过程需要全球各国的参与，而发展的成果也应当由各国共享，而不是仅由少部分国家占有。中国是世界最大的发展中国家，中国提出的共商共建共享理念，表明了中国对旧的全球经济治理范式的革新。

2017年，在第71届联合国大会上，通过了"关于联合国与全球经济治理"的决议，共商、共建、共享理念首次被纳入联合国决议，构成了全球理念层面的公共产品。

在此理念的指引下，中国始终秉持大国的责任担当，在联合国、世界贸易组织、国际货币基金组织等重要的全球治理平台上，在与G20国家、亚太经合组织国家、金砖国家、上海合作组织、东盟国家的合作中，积极探讨有利于改进现行治理模式的规则标准，以建立起公平合理、面向未来的国际经济新秩序，践行了共商的理念。同时，中国还以互联互通为重点，与国际社会共建投融资平台，为贫困和基础设施落后的国家提供帮助，践行了共建的理念。中国通过建设"一带一路"为沿线国家创造了实实在在的利益，践行了共享的理念。

第三节 中国公共产品的供给——新平台与新机制

全球经济治理的新制度是全球经济治理新范式下的另外一种公共产品。中国的制度性公共产品供给渠道有两个：一个是以自身经济力量为基础建立新制度，为全球经济治理提供新的路径；另一个是通过参与已有的全球经济治理体系，从制度层面提升这些国际组织的运作效率，改善这些国际组织的功能定位，使其更加符合全球经济治理的公共产品功能。

一、以 G20 为平台积极参与全球经济治理

随着经济全球化的深入发展，已经将不同特征国家的利益紧紧凝聚在一起，而稳定和开放的宏观经济环境是世界各国经济发展的重要外部条件，也是重要的全球公共产品，服务于全球宏观经济稳定，是新范式下全球公共产品提供的有效途径。近年来，中国以 G20 为平台，在全球宏观经济政策协调等方面做出了扎实而有效的工作。中国从早期的积极参与者，到 2008 年后的核心参与者，再到当前的核心领导者，发挥了推进国际金融和贸易体系改革的重要作用，进一步推进和深化了全球经济治理的新范式。

首先，2008 年全球金融危机爆发，中国通过 G20 平台全面参与全球经济治理，加强与各国的宏观政策对话和协调，提出了与一系列重大议题相关的主张和措施，为世界各国的经济发展营造了良好的外部环境。2008 年 11 月 15 日，在华盛顿举行的 G20 金融市场和世界经济第一次领导人峰会上，中国就危机应对和国际金融体系改革提出了一系列政策建议。2009 年 4 月 2 日，在伦敦举行的 G20 金融市场和世界经济第二次峰会上，中国就进一步改革国际货币体系、改进国际货币基金组织治理结构、提高发展中国家的发言权等问题提出了相关主张。此次峰会之后，中国还加入了金融稳定理事会、巴塞尔银行监管委员会等国际金融标准制定机构。随后，中国还参与匹茨堡的第三次峰会、多伦多的第四次峰会和首尔的第五次峰会，提出了应对危机后实现经济增长的一系列针对性建议[1]。

其次，中国积极推动国际金融机构改革，使发展中国家和转轨国家在世界银行的投票权较 2008 年增加了 4.59%，国际货币基金组织份额向富有活力的新兴市场、发展中国家及份额低估国转移 6.00%以上[2]，这使得后发国家在国际组织中的发言权大大提升，扭转了旧治理范式下国家力量与全球公共产品提供份额的背离格局。

最后，在 2011 年的 G20 峰会上，中国宣布给予建交的最不发达国家 97%的税目产品零关税待遇，从而切实有效推进了对全球南北不平衡问题的解决，这也是中国努力推进全球经济治理新范式的重要表现。

---

[1] 详细内容可以参加易纲在中国人民银行网站的论述：《"十一五"时期中国人民银行的对外交往与合作》。
[2] 孙时联、熊柴：《世界的G20，中国的G20》，《世界社会主义研究》2016 年第 1 期，第 120 页。

二、发起成立亚投行助力亚洲基础设施建设

近年来,亚洲已经成为世界经济增长的重要推动力,而亚洲各国经济的进一步增长将有望扩大发展中国家和新兴工业国家在国际事务中的作用,但是,许多亚洲国家仍然受制于较低水平的基础设施,而无法获得更快速的发展,同时,基础设施发展在推动区域互联互通和一体化方面具有重要意义,有利于将不同国家的利益凝聚起来。但是,基础设施投资往往需要极其巨大的投资规模,且由于其具有公共产品属性,私人投资者往往投资意愿不足,在此条件下,通过联合各主要相关国家的力量,为基础设施互联互通提供融资平台就显得尤为重要。中国通过发起成立亚投行,为亚洲基础设施建设做出了重要贡献。

亚投行通过与现有多边开发银行开展合作,将更好地从亚洲内部和外部动员资金,为亚洲地区长期的巨额基础设施建设融资缺口提供资金支持,从而缓解亚洲经济体面临的融资难题,推进亚洲经济实现持续稳定增长。同时,亚投行的建设,不但有利于推动国际货币基金组织和世界银行的变革,更能补充亚洲开发银行在亚太地区的投融资与国际援助职能。

三、参与金砖国家机制促进新兴经济体发展

全球公共产品的提供以全球各主要经济体的发展为目标,随着新兴经济体的不断壮大,其在全球公共产品供给中的份额也应当增加,而金砖国家组织就是立足于由新兴国家作为主体来解决其发展中相关问题的组织,可以被视为新兴国家改革当前全球公共产品提供模式的重要途径,中国在其中发挥着重要作用。[①]

2017年1月1日,中国正式接任金砖国家主席国。中国对金砖国家组织的贡献可以从以下几个方面进行概括。第一,在金融投资领域,中国主导推进的金砖国家新开发银行以绿色贷款为特色,推动金砖国家实现可持续发展。第二,在教育领域,成立了金砖国家大学联盟,并将其永久秘书处设在北京师范大学。第三,在经济方面,第二届金砖国家工业部长会议上,金砖五国共同发表了《金砖国家深化工业领域合作行动计划》,促进中国多途径展开与金砖国家之间的自由贸易。第四,在科技领域,中国加快在新技术开发和新兴产业发展中的金砖国家布局,在第五届金砖国家科

---

① 黄仁伟:《金砖国家崛起与全球治理体系》,《当代世界》2011年第5期,第24—27页。

技创新部长级会议上,各主要金砖国家代表发布了《金砖国家2017—2018年科技创新工作计划》,以促进多边科技合作的展开。①

四、改革国际货币基金组织提升发展中国家影响力

国际货币基金组织是提供全球制度性公共产品的重要主体之一,对全球各国,特别是发展中国家的经济建设具有重要意义。中国通过加入和改革国际货币基金组织,影响其全球公共产品的提供,也成为中国参与全球公共产品供给的重要途径。

2006年、2008年国际货币基金组织进行了两次特别增资,中国在其中的份额排名从并列第8位上升到第6位。2010年11月,国际货币基金组织承诺向有活力的新兴市场和发展中国家转移约6个百分点的份额,中国在其中的份额再次上升,排名从第6位上升至第3位。2010年5月,中国人民银行副行长朱民就任国际货币基金组织总裁特别顾问,这是其历史上首次由中国人担任高级管理层职务,这也是发展中国家在国际货币基金组织话语权提升的重要标志。

特别值得一提的是,自2016年10月1日起人民币作为可自由使用货币,成为特别提款权货币篮子中除了美元、欧元、日元、英镑之外的第五种货币。这是欧元诞生后首次在特别提款权货币篮子中纳入新货币,反映出了人民币在国际货币体系中不断上升的地位,也是发展中国家和新兴国家推进国际货币体系改革的重要步骤。

第四节 中国公共产品的供给——新行动与新实践

全球经济治理新范式下的公共产品供给最终要通过行动和实践落到实处,为全球经济治理提供解决方案、提供资本品和实物产品。"一带一路"倡议是中国为全球经济治理提供的重要公共产品之一。中国通过气候治理、减少贫困、文化传播和科技发展,为全球经济治理新范式贡献自己的"公共"力量。

---

① 陈晓晨:《金砖这十年,中国都贡献了什么?》,2017年9月1日,http://opinion.haiwainet.cn/n/2017/0901/c353596-31097213.html。

一、基础设施

（一）"一带一路"倡议作为欧亚大陆重要公共产品

基础设施的互联互通，对于全球经济治理新范式下亚洲经济的进一步发展至关重要。古代的"一带一路"曾经为欧亚大陆的经济文化交流做出了重要的贡献，可以视为古代欧亚大陆重要的基础设施，也是重要的区域性公共物品。而到了21世纪，特别是随着近年来全球化和区域一体化的趋势越来越明显，欧亚大陆却缺乏如古代"一带一路"那样的大规模区域性公共产品，这在很大程度上限制了欧亚大陆经济和文化贸易的进一步拓展，因此，急需相关国家和地区通过协调合作，加强欧亚大陆的基础设施提供。中国通过"一带一路"沿线的基础设施建设，改善了沿线各国区域公共产品供给不足的缺陷[1]，为欧亚大陆的基础设施做出了巨大贡献。

（二）参与全球基础设施中心建设的中国力量

除了实际参与基础设施建设、提供物质性公共产品外，中国还参与全球基础设施中心（Global Infrastructure Hub，GIH）建设，是全球基础设施中心的发起国和捐款国之一，从项目规划角度参与了全球物质性公共物品的提供。

全球基础设施中心成立于2014年，立足于通过分享全球基础设施投资的实践信息、投资策略和风险管理工具等，促进政府和社会资本在基础设施领域的投资与合作。全球基础设施中心项目库已于2016年12月6日在线启动。该项目库首批收入并发布了6个中国基础设施项目。

二、环境保护

自然环境是人类赖以生存的基本条件，也是重要的代际公共产品，任何短视的目标都可能破坏生态环境，从而损害后代的利益，美国和加拿大等发达国家迫于国内压力而退出相关气候保护框架协议，就是这种短视行为的重要表现，这也是旧全球治理范式下公共产品提供的重要问题之一。近年来，中国在环境保护方面不遗余力，为全球的环境治理起了表率作用。

下文以中国自然保护区的建设为例进行说明。建立自然保护区是一种保护环境的积极行为，而这种行为主要是通过当代的保留和建设，给子孙

---

[1] 黄河：《公共产品视角下的"一带一路"》，《世界经济与政治》2015年第6期，第138—155页。

后代留下可以享用的良好自然环境,因此是一种重要的代际公共产品,而且其作用并非限于一国或一个地区,而是全人类共同的财富。图7-1反映了中国的自然保护区面积及属于国家级的自然保护区面积,可以看出,在2004—2017年,中国的自然保护区面积基本保持稳定,约占辖区面积的10%～15%,同时,国家级自然保护区的面积在近年来稳中略有上升,表明国家对于自然保护的重视程度不断上升。

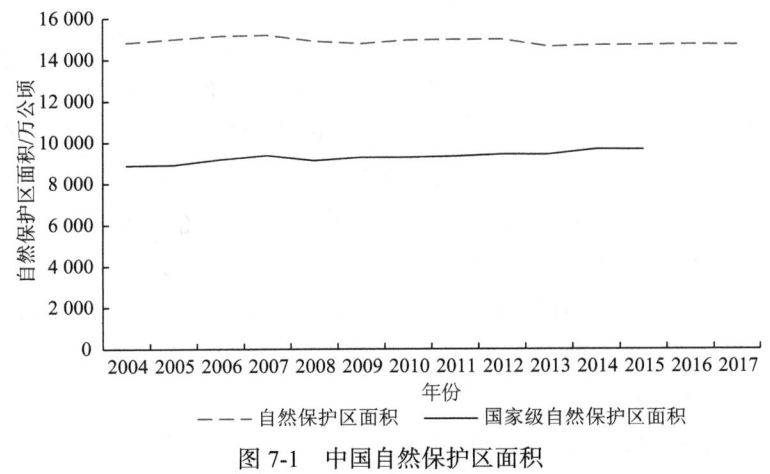

图7-1　中国自然保护区面积

与建立自然保护区的作用一致,治理环境污染也是保护环境的重要手段,但与自然保护区的积极建设相对,治理环境污染是一种保护环境的恢复性工作。图7-2汇总了2000—2017年中国环境污染的投资总额。可以看出,在2000—2017年,中国环境污染治理投资总额不断上升,到2014年已经接近10 000亿元,这表明中国对于环境污染的治理力度在不断加大。

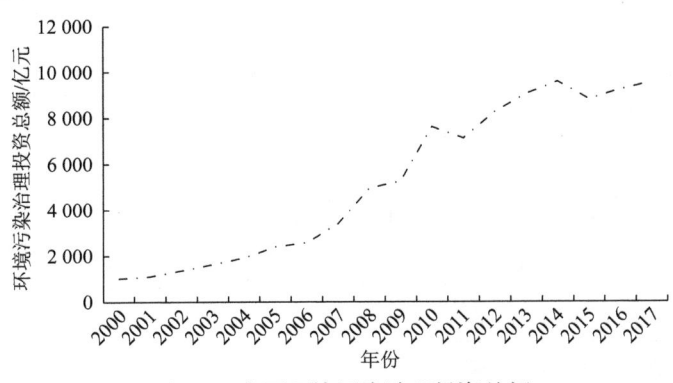

图7-2　中国环境污染治理投资总额

三、文化共享

文化共享发挥着将全球不同国家凝聚在一起的重要作用,是一种典型的软性全球公共产品,文化产品的共享有利于加强全球治理新范式下不同国家之间的沟通、互联和凝聚,而中国无疑是全球文化产品共享的重要输出国。

(一)中国是世界文化遗产重要供给国

历史文化是全人类的共同遗产,也是重要的代际公共产品。中国于1985年12月12日加入《保护世界文化与自然遗产公约》;1999年10月29日当选为世界遗产委员会成员;1986年,中国开始向联合国教育、科学及文化组织申报世界遗产项目。截至2019年7月6日,经联合国教育、科学及文化组织审核被批准列入《世界遗产名录》的"中国的世界遗产"共有55项(包括自然遗产14项,文化遗产37项,双重遗产4项,含跨国项目1项)。① 中国是世界上拥有世界遗产类别最齐全的国家之一。北京则是全世界拥有遗产项目数量最多的城市(7项)。② 这表明,中国在保护人类共同遗产方面不遗余力。

本书虽缺乏直接的数据反映中国保护人类遗产的直接成效,但一定程度上,外国游客的到访人次,能够表明中国保护历史文化资源对于世界的影响。图7-3展示了1996—2018年入境游客人数的变化,可以看到,1996—2018年,入境中国的游客人数以较快的速度上升,并在2010年之后保持稳定,年均到访外国游客接近300万人次,这表明中国独特的历史文化资源及中国

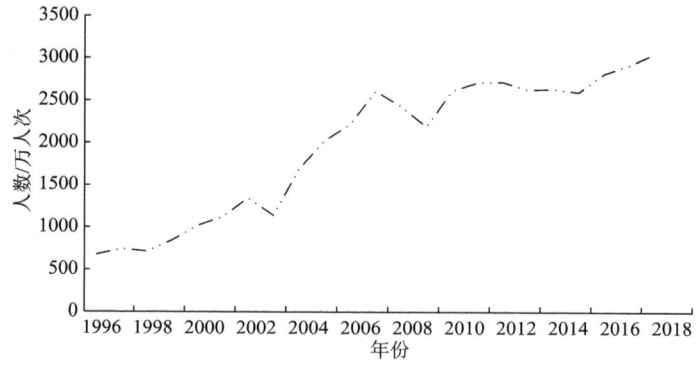

图7-3 1996—2018年入境游客人数

---

① 资料来源:中国世界遗产网数据。
② 资料来源:联合国教育、科学及文化组织官方网站。

在历史文化保护方面所做的工作,得到了全世界人民的肯定。这在一定程度上表明,在经济不断开放的过程中,中国为人类在历史文化领域的公共产品提供做出了重要的贡献,而这种贡献不仅体现在当代,作为一种重要的代际公共产品其还将持续发挥作用。

(二)中国是东西方文化交流的重要承担者

中国乐于与世界各国分享中国文化,直接提供了文化领域的全球公共产品。以孔子学院为例,截至2016年底,全球共建立512所孔子学院、1073个孔子课堂,分布在140个国家和地区。孔子学院的分布情况为:亚洲共计115所,非洲共计48所,欧洲共计170所,美洲共计161所,大洋洲共计18所。孔子课堂的分布情况为:亚洲共计100个,非洲共计27个,欧洲共计293个,美洲共计554个,大洋洲共计99个。①因此,通过孔子学院的文化桥梁,中国对文化领域全球公共产品的提供水平正在不断提高。

(三)中国的当代文化产品供给

在当代文化领域,近年来中国的影响力也不断增强,为全球文化领域提供了丰富多彩的公共产品。如图7-4和图7-5所示,近年来中国图书期刊和报纸的出版种数接近10万种,出口数量接近2500万册。

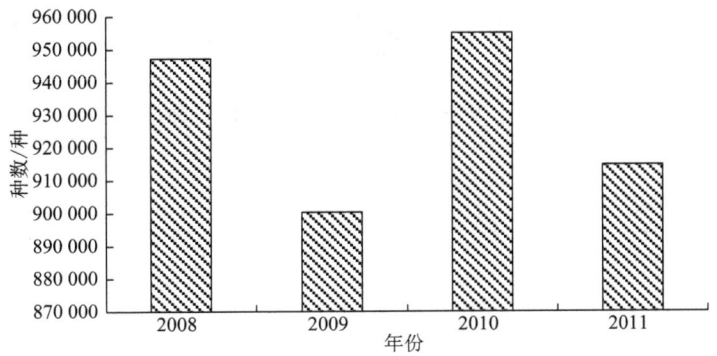

图7-4 中国图书、期刊、报纸出口种数

---

① 资料来源:孔子学院网站。

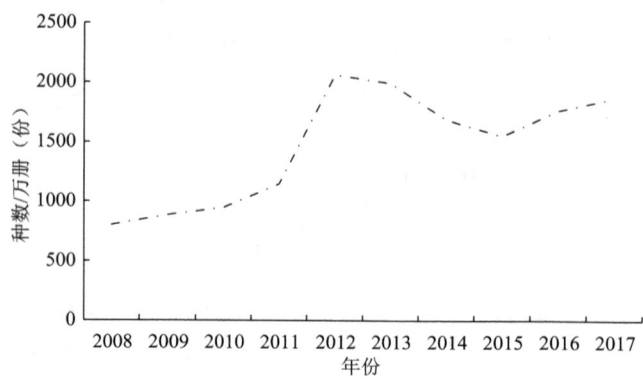

图 7-5 中国图书、期刊、报纸出口数量

同时,图 7-6 和图 7-7 显示,在电子出版物领域,近年来中国也做出了不少贡献。从近年来的最高水平来看,中国电子出版物出口种数已经接近 20 000 种,总数量接近 1 000 000 盒(张)。在输出版权领域,如图 7-8 所示,近年来中国输出版权总数快速增长,截至 2017 年,输出版权约 140 000 项。

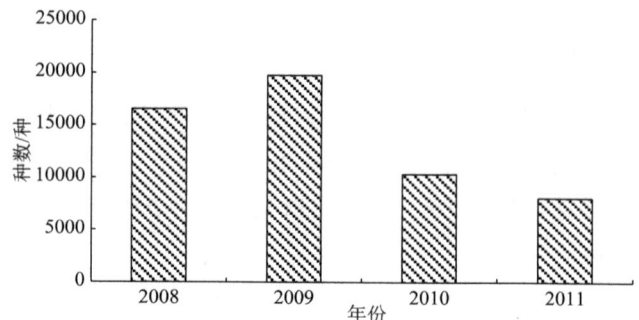

图 7-6 中国音像、电子出版物出口种数

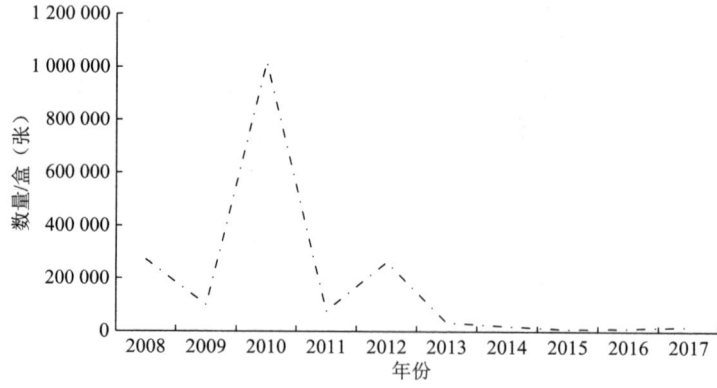

图 7-7 中国音像、电子出版物出口数量

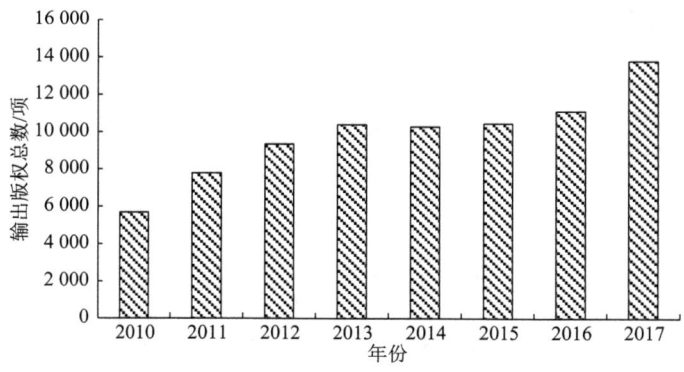

图 7-8 中国输出版权总数

近年来,国内文化贸易在"一带一路"倡议的推动下,也取得了积极成效。自 2009 年起,国内文化产品出口额大幅上升,呈指数增长,现已居于世界第一。2013 年,国内文化产品出口额达到 601.0 亿美元,是美国出口额的 2 倍多。2016 年,国内文化产品贸易规模超过 885.0 亿美元;文化服务贸易中,文化娱乐和广告服务出口额同比增长 31.8%,达到 54.3 亿美元;文化体育和娱乐业对外直接投资同比增长 188.3%,达到 39.2 亿美元。①

四、科技进步

技术进步不仅是重要的知识性公共产品,也是全球经济长期增长的引擎,科技领域是中国近年来快速发展的领域,通过提供相关科技知识,中国不仅为自身的经济增长奠定了基础,也为全球提供了知识性公共物品,助推了全球经济的长期增长。

首先,不断建设互联网和强化互联网的沟通作用,是提供全球知识性公共物品的重要途径,也是科技进步的重要载体。图 7-9 展示了中国互联网人数在近年来的增长情况。1997—2018 年,特别是近 2007 年以后,中国互联网上网人数急剧上升,2017 年网民人数逾 80 000 万人,互联网已经成为人们日常生活不可或缺的一部分。同时,近年来中国互联网领域的创新创业活动显著增多,如移动支付等领域已经走在了全球的前列。

---

① 资料来源:国家统计局网站。

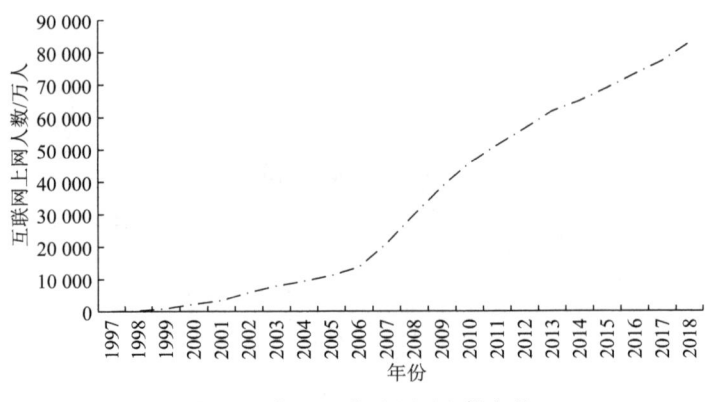

图 7-9　中国互联网上网人数变化

其次,科技创新和发明是提供全球科技领域公共物品的直接途径。由图 7-10 可知,1996—2018 年中国的专利申请授权量持续上升,但可以观察到,国内发明专利的申请授权量增长速度远远低于包含了国外专利申请授权量的总授权量,即国内的发明创造能力还有很大的提升空间。

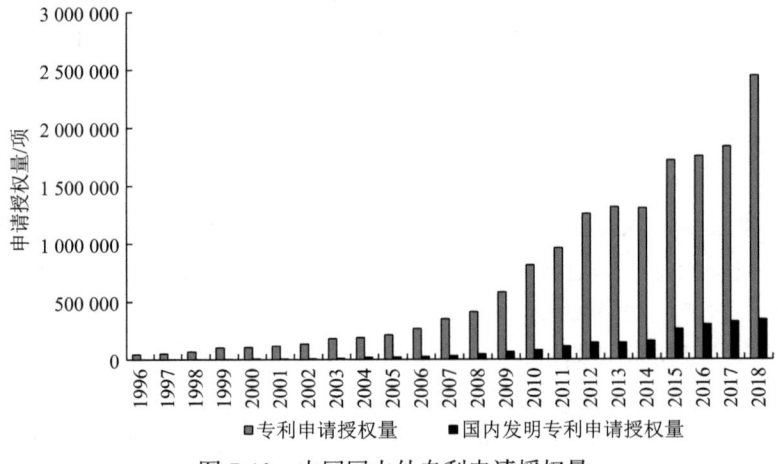

图 7-10　中国国内外专利申请授权量

最后,科技论文是创新和科技进步的重要载体。图 7-11 和图 7-12 展示了中国科技论文的发表情况。近年来,中国科技论文的发表数量逐年上升,到 2010 年年均已经超过了 300 000 篇。在这些论文中,大量研究是 SCI 收录的,截至 2016 年,SCI 收录的中国科技论文已经超过 25 000 篇。这些科技论文中的成果,构成了中国向全球科技领域所提供的重要公共产品。

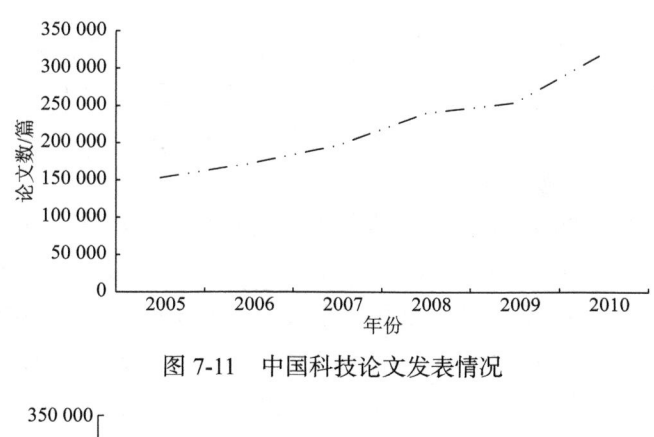

图 7-11　中国科技论文发表情况

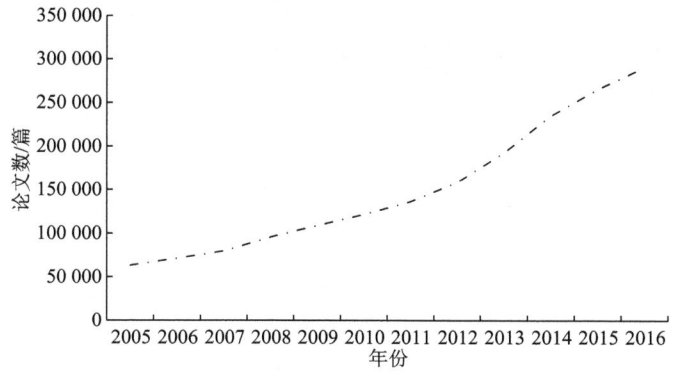

图 7-12　SCI 中国收录科技论文发表情况

但在全球科研实力的较量中,论文的发表数量只是一个方面。汤姆森路透发布的基本科学指标显示,在前沿科学领域,美国依然占据着绝对优势,无论是学术论文的产量还是质量,其都遥遥领先。虽然中国论文发表数量是美国的一半,排名第二,但是从论文质量来看,中国仅有 0.56% 的高水平论文,远低于美国(1.19%)及平均值(1.00%)。因此,在科学技术和创新领域,未来中国仍需要做出更大的努力。

五、减少贫困

公平和可持续的社会环境也是一种重要的全球公共产品,而这种公共产品依赖于各国在减贫和实现社会公平方面的积极投入。全球范围内的减贫是助推发展中国家经济增长和促使全球各主要国家实现公共竞争的重要途径。

近年来,中国对于全球的减贫和公平发展做出了重要贡献。习近平指出:"经过全党全国各族人民共同努力,在迎来中国共产党成立一百周年的重要时刻,我国脱贫攻坚战取得了全面胜利,现行标准下9899万农村贫困人口全部脱贫,832个贫困县全部摘帽,12.8万个贫困村全部出列,区域性整体贫困得到解决,完成了消除绝对贫困的艰巨任务,创造了又一个彪炳史册的人间奇迹!"[1]

同时,中国的减贫经验还为非洲等欠发达地区的经济发展和减贫提供了宝贵的经验和模板,联合国和世界银行等国际组织多次赴中国考察中国经济改革和发展的经验,希望能用于后发国家的发展和建设。中国在教育、科技和基础设施建设等领域也多次向欠发达地区伸出援手。截至2018年,中国已经为非洲提供了3万个政府奖学金和4万个来华培训名额,并为非洲培养了20万名职业技术人才[2]。这些举措都大大促进了当地人力资本的积累和经济的发展。

---

[1] 习近平:《习近平:在全国脱贫攻坚总结表彰大会上的讲话》,2021年2月25日,http://www.xinhuanet.com/politics/leaders/2021-02/25/c_1127140240.htm。

[2] 佚名:《三年对非提供3万个政府奖学金名额》,2018年9月2日,http://finance.people.com.cn/n1/2018/0902/c1004-30266162.html。

第三篇

全球经济治理新范式的中国参与：领域选择的逻辑

篇 首 语

随着各类新型区域合作机制与合作制度的涌现,全球经济治理新范式正在逐步从蓝图转变为现实。如何充分把握这一机遇,实现从全球经济治理规则被动适应者向主动引领者的转变,以及更好地把包容发展理念融入全球经济治理新范式之中,已经成了中国亟待破解的命题。破解这一命题的关键在于,中国必须依托于"一带一路"倡议,通盘考虑自身的发展理念、战略、需求及可以调动的资源,明确自身在宏观经济调控、贸易投资、货币金融、环境气候、可持续发展及国际产能合作等领域的定位与作用,坚持"各个击破,重点突出"的原则,从而在全球经济治理新范式中占据一席之地。

在宏观经济调控领域,美国次贷危机演变为全球金融危机,凸显出了全球经济失衡的严重性及主要经济体之间政策协调的滞后性。长期以来,以贸易和经常账户失衡为代表的外部经济失衡、以一国储蓄与投资为指标的国内失衡、以资本和金融账户及外汇储备为代表的国际金融往来失衡困扰着宏观经济的稳定发展。为此,中国可以充分借助 G20 机制、金砖国家合作机制、上海合作组织等平台,以共建"一带一路"为联动增长的纽带,探索打造政策协调与稳定增长的长效机制。中国作为包容性增长理念的倡议者和践行者,在打造互利共赢的合作框架方面具有独到优势,可以分阶段吸纳更多国家加入相关的合作磋商机制中,提升合作机制的代表性和影响力。

在贸易投资领域,"金字塔"结构的全球经济治理体系已经难以满足全球经济贸易格局演变的需求。长期以来,以美国为代表的大国利用处于"金字塔"顶端的优势,通过美元贬值、掌控大宗商品定价权等"隧道行为"以较低的代价,将优质的全球要素资源转移到了国内市场,这种不平等的合作关系削弱了世界贸易组织等多边合作机制的代表性和权威性,南北经贸谈判容易陷入僵局。正因如此,区域性的双边和多边合作机制才得以出现,并且大有取代全球性多边合作机制成为主流合作机制的势头,但这也带来了贸易规则碎片化的新问题。在这一背景下,中国需要充分利用全球贸易规则重塑及全球投资规则形成的机遇，联合主要新兴经济体建立更加公平、开放、自由、包容的贸易规则体系和投资规则体系，推动全球贸易与投资治理框架从"金字塔"结构向"扁平化"结构转变。

在货币金融领域，美元一家独大的国际货币体系饱受诟病，越来越多的国家开始意识到建立外汇储备的重要性，这一变化对于推动人民币国际化是很有利的。为此，中国需要制定更为明确的人民币国际化进程时间表及通过双边或多边谈判签订长期的货币互换协议，为外国企业使用人民币作为结算货币提供便利。在这类协议的基础上，中国还可以在打击洗钱、防范金融风险外溢等领域和其他国家开展更多的合作，在提升金融市场稳定性的同时增强人民币在国际舞台上的地位。在此过程中，中国可以优先推进与"一带一路"沿线国家和地区之间的货币金融合作，把货币金融合作与国际产能合作结合起来，加快国内的供给侧结构性改革。

在产业领域，南南合作在全球价值链体系中占据了更高的份额，集成式生产模式也逐渐被分布式生产模式所取代，以知识和技术为核心的要素正在成为国际分工新体系的决定性力量。对于中国来说，在新一轮全球产业价值链重构的过程中，主动"走出去"开展国际产能合作，是实现从"微笑曲线"底端劣势向顶端优势攀升的主要路径。在此过程中，中国需要以更加主动的姿态参与到全球价值链治理的各个环节中去，为开展国际科技合作、产能合作、要素合作创造更为宽松的政策环境和制度环境，从而为本土企业的国际化提供更加强有力的支撑和保障。

在环境气候领域，如何更好地平衡发达国家与发展中国家的减排责任与发展需要正在引起更多的关注和争论，美国选择退出《巴黎协定》更是凸显了全球气候治理的困局。中国作为负责任的发展中国家，不仅需要坚持承担与自身发展水平相适应的减排义务，而且要主动承担起制定全球气候治理规则的重任。需要指出的是，中国已经成为全球最大的可再生能源生产国，可以更多地牵头制定能源生产与气候治理领域的"中国标准"，提升中国在环境气候领域的话语权。

在减贫与发展领域，《2030年可持续发展议程》提出了17个具体的可持续发展目标，涉及消除贫困、保障健康、性别平等、保证公平等内容。作为世界上最大的发展中国家，中国不仅需要关注自身的可持续发展，同时需要贡献自身的发展理念和发展经验，帮助更多的发展中国家特别是"一带一路"沿线国家和地区实现可持续发展，这也有助于中国在全球经济治理新范式中获得更多的认可。

本篇主要分析全球经济各领域中中国的参与战略。第八章，主要针对宏观经济调控领域。世界上其他大国的货币政策、财政政策和汇率政策会对中国产生外部影响，同时，中国作为经济大国，其宏观经济政策对世界的外部效应也不可低估。因此，针对全球经济失衡问题有必要建立一个充分合作的制衡协调机制，中国在这一治理领域问题上提出了一系列理念、倡议和方案。同时，考虑了汇率政策、货币政策的制定和实施对世界经济的影响，表现出了大国的责任担当。第九章，主要针对贸易投资领域。针对多边贸易机制困境和规则碎片化严重的问题，中国坚持多边主义原则，反对贸易保护主义，倡导贸易自由化和便利化，为维护和改革多边贸易体制做出了贡献。第十章，主要针对货币金融领域。在国际货币体系、全球发展金融治理、全球金融监管规则制定方面，中国的治理权威不断上升，中国风险导向的偿付能力体系与欧盟、美国保险偿付能力监管模式并存。第十一章，主要针对产业领域。国际合作协调是全球产业治理的必要前提。全球价值链重构趋势下，中国完整的制造业体系为参与产业分工新格局奠定基础，快速增长的生产性服务业为产业转型注入了新动力，国际产能合作战略将助推中国攀升全球产业治理高地。第十二章，主要针对环境气候领域。环境气候问题是国际政治经济的中心议题，中国一直是全球气候治理机制的参与者、维护者和建设者。《巴黎协定》代表了未来全球气候治理发展的新方向，面对当前全球气候治理范式转型，国际社会期待中国在全球气候治理中发挥引领性作用。第十三章，主要针对减贫与发展领域。本章主要探讨全球发展治理的中国理念与经验，辨析中国发展理念的渊源，归纳参与《2030年可持续发展议程》的战略思考及中国作为发展中国家参与全球经济治理的作用。

第八章　宏观经济调控合作领域

　　世界主要大国宏观经济政策失调所致的全球经济失衡，是国际金融危机后各国面临的全球性挑战，也是全球经济治理的重要内容。早期阶段，全球失衡通常是指经常账户顺/逆差的现象长期存在，难以逆转。但在更深层次上，全球失衡不仅是经济运行层面的失衡，更是公平性的失衡，这与以往发达国家占据主要位置的全球经济治理范式有着密切关系。全球失衡加剧不仅带来了经济效率的损失，更给社会福利和民众诉求带来严重的挑战，全球经济治理范式改革具有紧迫性。因此，全球经济失衡凸显了国家内部和国家之间经济失衡发展的严峻挑战，迫切需要构建一个惠及全球的平衡、协调制度与机制。

　　经济增长动能短期内趋于衰竭，也是全球亟待解决的问题。虽然主要发达国家推行"第四次工业革命""工业4.0"战略等促进经济的恢复和发展，但中国面临着越来越多的外交挑战，经济失衡是中国在对外经济交流与合作中要应对的主要挑战之一。"逆全球化"思潮和全球贸易保护主义抬头的影响范畴是全面的、全方位的，不仅包括了欧美等发达国家和地区对中国的贸易调查与制裁，也涵盖了新兴经济体对中国采取的贸易保护措施，中国面临的贸易摩擦急剧增多，中国企业开展国际贸易和"走出去"时会面临更大的风险和挑战。从更深层次来看，全球经济失衡还带来了更为深远的负面影响，严重阻碍了中国给世界经济复苏带来的发展新活力、新动能，这是得不偿失的，而且对全球经济协调发展造成了重大的损失。

　　在南北共治的全球经济治理范式下，南北国家的宏观经济政策既存在激烈的博弈关系，也存在有弹性的、可斡旋的合作空间。就中国宏观经济政策协调而言，中国应主动承担大国责任，提供更多更好的全球公共产品，但也要通过持续的对外开放，获取更多发展新动能。因此，在全球政策协调相对分化的背景下，需要通过理论研究与经验分析，找出各国宏观经济政策相互协调合作的有效途径，以及克服和减少政策影响的负外部性。

第一节 全球经济失衡问题与制衡协调机制的建立

一、全球经济失衡状况与原因探索

全球经济失衡问题的产生，不仅是经济运行层面的失衡，更涉及公平性层面的失衡，其对人类社会的福利效应和可持续发展的影响是相当深远的。全球经济失衡是当前世界经济中急需解决的问题，需要进行深入研究。随着经济全球化的进一步深化，世界经济的不平衡现象越来越突出：一些国家在贸易账户、国际投资和贫富差距方面存在外部失衡；一些国家宏观经济政策导致的债务、储蓄和消费方面的内部不平衡。近年来，全球经济失衡已成为各大国际经济机构年度报告的主题，也是各类国际会议的主题，且引起了学术界的广泛讨论。西方学者认为，全球经济失衡主要表现为美国的贸易逆差和国际收支失衡。美国赤字的原因是其他一些国家持有巨额盈余，而后者的巨额盈余是各国有意"控制或低估"货币造成的。因此，这一做法的最终目的是迫使贸易顺差国家升值其货币。而来自新兴经济体多数学者认为，全球经济失衡的主要原因是基于美元的国际货币体系和当前的国际分工体系。因此，全球经济失衡的背景值得深入研究。

图 8-1 和图 8-2 可知，2007—2018 年，美国政府债务占名义 GDP 的比重不断加大，从 2007 年的 63.861%提高到 2018 年的 106.773%，涨幅明显。同时，美国的经常项目差额占 GDP 的比重也处于持续的波动变化中，但总体而言其对该国乃至全球经济失衡的威胁依然存在。

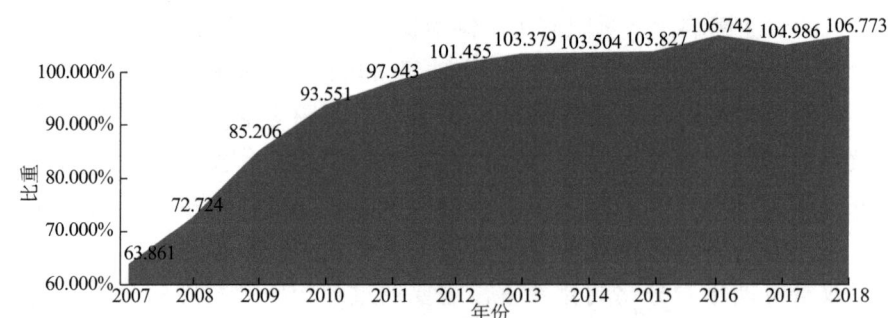

图 8-1 美国政府债务占名义 GDP 的比重

资料来源：CEIC 数据库

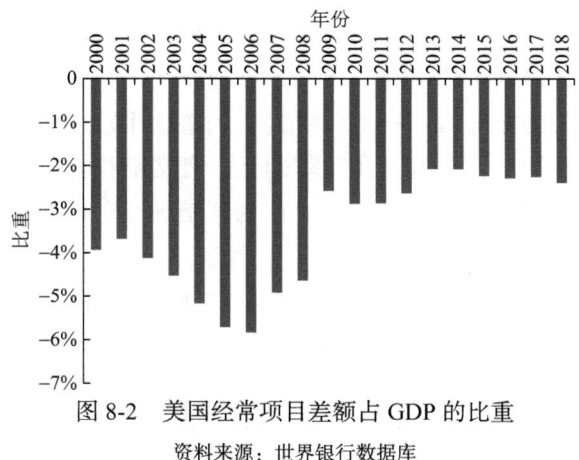

图 8-2 美国经常项目差额占 GDP 的比重

资料来源：世界银行数据库

与此同时，如图 8-3 所示，中国进出口贸易（含服务贸易）的差额自 2000 年以来也出现波动。中国货物和服务对外贸易差额占 GDP 的比重从 2000 年约 2%上升到 2007 年近 9%，其后呈下降趋势。总体而言，中国货物和服务对外贸易差额占 GDP 的比重仍不稳定，在经济全球化的浪潮中，中国也在一定程度上面临着全球经济失衡威胁下的治理问题。

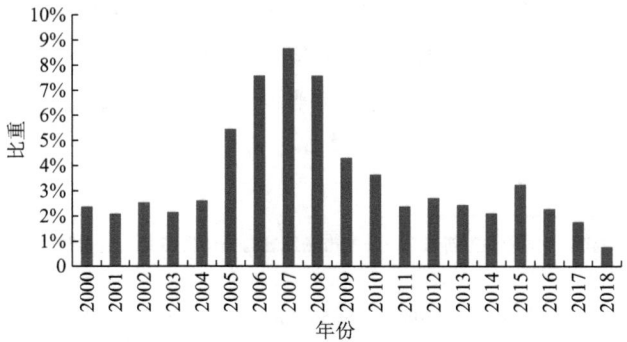

图 8-3 中国货物和服务对外贸易差额占 GDP 的比重

资料来源：世界银行数据库

从经济学学理分析，一般认为高（低）消费和低（高）储蓄是造成国际经济经常账户赤字（盈余）的重要来源。那么，究竟哪些因素影响了一个国家选择更多的消费或选择更多的储蓄？在早期阶段，学界从政府财政、价格扭曲或者增长率差异进行解释。但是，上述因素所导致的经常账户失衡必然是短期的。由此可以推断，经常账户长期处于失衡状态，说明资本与金融账户为资金长期流入（流出）提供了缺口。①这种缺口是什么因素导致的？少数研究逐渐开始从金融系统的国别差异来解释这种缺口产生的根源。比如，有观点认为金融深化程度是引致全球经济失衡的关键原因②。基于金融市场-制造业比较优势，国际分工是解释全球经济失衡的重要角度。在此基础上，有文献整合了传统的"恒久收入-生命周期假说"与国际分工理论，认为其是导致全球经济失衡的两种重要微观机制③。

目前，学界主要从6个方面梳理阐述了全球经济失衡的原因④。①储蓄-投资失衡角度。有学者认为，新兴经济体的金融市场发展相对滞后，缺乏投资机会等问题导致其预防性储蓄增加，从而在一定程度上导致了高储蓄率⑤。②汇率角度。有学者认为，美国的贸易伙伴（特别是亚洲国家）可能会存在通过操纵汇率的做法来提高其出口能力，从而提高其产品的国际竞争力⑥。一个可以观察到的现象是，金融危机以来美元已经实现了升值，但全球经济失衡的局面并没有改变，其中的原因值得深思⑦。③以主权货币为中心的国际货币体系。有文献认为，现今国际货币体系是以美元为本位的⑧，目前美元作为世界计价、结算和储备货币的地位可能是导致美国经常账户长期赤字的主要原因⑨。④长期因素，主要包括国际产业分工和人口结构因素。有学者认为，美国为首的发达国家的比较优势集中在服务业，而中国等新兴经济体的比较优势集中在制造业，鉴于商品贸易和服务贸易的开放程度不对称（特别是中国等新兴经济体对部分服务部门的开放

---

① 徐建炜、姚洋：《国际分工新形态、金融市场发展与全球失衡》，《世界经济》2010年第3期，第3—30页。

② Caballero R J, Farhi E, Gourinchas P O,"An Equilibrium Model of 'Global Imbalances' and Low Interest Rates", *American Economic Review*, Vol. 98, No. 1, 2008, pp. 358-393.

③ 姜凌、王晓辉：《全球经济失衡原因：基于"恒久收入-生命周期假说"与国际分工的视角》，《国际金融研究》2011年第2期，第42—51页。

④ 王厚双、李艳秀：《全球经济失衡与全球经济再平衡研究新进展》，《经济学家》2015年第3期，第84—92页。

⑤ Caballero R J, Farhi E, Gourinchas P O, "An Equilibrium Model of 'Global Imbalances' and Low Interest Rates", *American Economic Review*, Vol. 98, No. 1, 2008, pp. 358-393.

⑥ Mann C L. "The US Current Account, New Economy Services, and Implications for Sustainability", *Review of International Economics*, No.8, 2004, pp. 262-276.

⑦ McCauley R N, McGuire P. "Dollar Appreciation in 2008: Safe Haven, Carry Trades, Dollar Shortage and Overhedging", *BIS Quarterly Review*, No.12, 2009, pp. 85-93.

⑧ 陈炳才：《国际经济失衡的另类解说》，《全国美国经济学会第八届会员代表大会论文集》2007年。

⑨ 王国刚：《走出"全球经济再平衡"的误区》，《财贸经济》2010年第10期，第5—12、135页。

程度偏低）是全球经济失衡的重要原因①。⑤美国生产率增长和金融发展比较优势。生产率的增长有助于促进资本和劳动收益提高，从而刺激资本流入和消费，导致贸易逆差现象的产生。反之，则可能会导致贸易顺差现象的出现。这些增长可能成为导致美国贸易赤字的重要因素。②⑥统计规则。有学者认为，现行的国际收支统计规则——原产地统计规则，尤其是在加工贸易条件下，可能会在很大程度上高估跨国公司海外子公司东道国和母国之间的贸易逆差，使得全球经济失衡的现象及趋势被夸大③。

从上述的原因分析可知，全球经济失衡是世界经济结构所引起的问题④，或者说是发达国家主导下的国际经济治理范式的结果⑤。但中国 40 多年的高速发展，尤其是当中国成为全球第二大经济体时，中国被卷进了世界的风口浪尖。2006 年，德国马歇尔基金会发布的一项调查报告显示，近 60% 的欧美民众认为中国的快速增长、强大的制造力对他们的国家构成了威胁，他们对中国的发展表示担忧甚至恐惧，并认为中国的廉价商品大量涌入本国市场和当地企业纷纷迁往中国会剥夺他们的工作机会。更有甚者将全球金融危机和世界经济复苏乏力归咎于中国，认为中国应承担起世界经济失衡和"拯救全球经济"的责任。

二、全球经济失衡对世界经济的影响

全球经济失衡给世界宏观经济政策、社会等方方面面的可持续发展带来了严峻的挑战，具体介绍如下。

第一，全球经济失衡加剧了世界经济的不均衡发展。在过去，通过全球化和参与更广泛的全球经济，世界各国包括发达国家和发展中国家均能从中获益，取得了较大进步，尤其是欠发达国家能从与较大经济体的交往中获益，从而实现了全球经济的均衡协调发展。然而，在"逆全球化"背

---

① Barattieri A, "Comparative Advantage, Service Trade, and Global Imbalances", *Journal of International Economics*, Vol. 9, No. 1, 2014, pp. 1-13.

② Gust E, Guerrieri L, Christopher G, "A New Open Economy Model for Policy Analysis", *Board of Governors of The Federal Reserve System, International Discussion Paper*, No. 835, 2005, pp. 1-50.

③ 张文才、秦月星：《全球经济失衡下东亚区域政策选择》，《世界经济》2007 年第 6 期，第 13—18 页。

④ 赵夫增：《世界经济结构性变化与经常帐户失衡》，《国际金融研究》2006 年第 4 期，第 44—51 页。

⑤ Alisa D, KevinP, Dicaprio A, "The WTO and the Shrinking of Development Space: How Big is the Bite", *Journal of World Investment and Trade*, Vol. 7, No. 5, 2006, pp. 781-803.

景下，一些国家正逐步转向贸易保护主义，建立关税和配额壁垒，采取限制货币流动、保护本国劳动力市场及试图摆脱全球化的做法。在这种背景下，经济转型要取得成功变得更为困难。受此影响，全球经济增长乏力，投资动力不足，商品进出口增长速度放缓。虽然高效率的经济全球化治理机制有利于促进未来的繁荣与稳定，但孤立主义和保护主义威胁着世界各国紧密贸易伙伴关系的建立。全球经济不平衡威胁着所有国家实现可持续发展，各国必须建立共识，克服经济、社会和环境方面的严重阻碍。

第二，全球经济失衡给世界经济的发展带来了风险，影响了世界经济的可持续发展。从理论上讲，贸易不平衡（一个国家经营盈余而另一个国家出现赤字）应该很快就能自我纠正。然而，在现实中，这种情况不会发生，盈余和赤字可能会持续很长时间并且会变得非常大。这可能是因为一个国家盈余不足和储蓄过多，或者是其他经济体的赤字和需求太少。解决这一问题的办法是，盈余国家将其部分过剩储蓄转移到赤字国家以增加其国内需求，这种资金的跨境流动称为资本流动。在有效的全球经济治理框架内，贸易和资本流动是促进贸易与资本平衡的重要机制。但是，贸易不平衡造成的大量资本流动是导致某种资产膨胀和投机性泡沫的重要原因，给全球经济的可持续发展带来了巨大的冲击。

三、制衡协调机制的建立

由于全球经济失衡愈演愈烈，发达国家和发展中国家开始建立各种各样的国际经济协调组织机构或运行机制。其中，G20 作为当今国际经济协调的重要机制，对推动全球汇率、货币及财政等宏观经济政策的协调发展发挥了重要的作用[①]。

当前，G20 作为国际经济协调最重要的组织机构之一，其核心的职能正面临着一系列挑战，如缺乏权威和执行力。它的使命也正在从应对短期的金融危机转向促进世界经济长期的可持续发展。中国应抓住这一特殊机遇，积极引领 G20 机制转型，在全球治理中发挥更积极的作用。一方面，由于全球经济增长缓慢，全球系统性金融风险不断上升，各国的经济趋势和政策严重分化。为避免再次发生金融危机，迫切需要完善主要经济体宏

---

① 杨珩：《基于国际贸易、国际资本流动和国际货币体系视角的全球经济失衡研究》，吉林大学 2017 年博士学位论文；张坤：《全球经济失衡的调整与东亚经济转型》，吉林大学 2013 年博士学位论文。

观经济政策协调机制。另一方面，当前全球宏观经济政策协调机制不能满足当今全球金融稳定和世界经济健康发展的需要。在财政和货币政策协调方面，G20 成员每两年对各国的财政状况、公共债务和潜在的金融风险进行一次评估，但这种评估系统缺乏执行力。在结构改革方面，一个健康和可持续发展的运行机制也要求 G20 成员相互间加强政策协调。①

G20 的主要形式为轮值主席国组织的会议，包括 G20 首脑会议和 G20 财长和央行行长会议。衍生形式包括 G20 商务会议（B20）和 G20 智库会议（T20）等，它们推进协调工作的难度极大。G20 秘书处作为常设机构，在 G20 会议闭会期间组织协调各项工作。这有助于提高成员决策沟通协调的有效性，有助于监督和推动 G20 会议决议的落实，有助于加强 G20 与其他国际组织的合作，也有助于避免 G20 会议的议题和主题受到影响。

在新的国际经济形势下，为进一步构建更完善、更有效率、更互利共赢的全球经济制衡协调机制，努力的重点方向应包括以下几点。

首先，在国际货币基金组织的支持下设立 G20 秘书处。作为布雷顿森林体系的一部分，国际货币基金组织在协调国际社会的宏观经济政策方面发挥着主导作用。此外，它在全球经济和金融治理方面拥有丰富的经验，并且非常熟悉多边组织的内部工作。设立 G20 秘书处、G20 机制正式化有助于全球宏观经济政策的协调和全球经济的均衡发展。

其次，构建"5+1"全球宏观经济政策协调机制。美国、欧盟（欧元区）、中国、英国和日本，这五个经济体的货币都在国际货币基金组织特别提款权货币篮子中，是当今世界经济系统的主要参与者。因此，加强这五个经济体宏观经济政策的协调，有助于有效控制政策变化的负向外溢效应，保持全球金融体系的稳定，促进世界经济的健康、平衡的可持续发展。所谓的"5+1"是指美国、欧盟、中国、英国和日本这五个国家和地区，以及国际货币基金组织。组织召开"5+1"定期会议，主要内容是协调宏观经济政策，以及推动财政、货币、外汇、贸易和结构改革等；目的是增强这五大经济体宏观经济政策的积极溢出效应，同时将其消极溢出效应降至最低限度。②

最后，扩大特别提款权的使用。第一，现阶段国际货币体系仍处于美

---

① 徐洪才：《设立 G20 秘书处和构建 "5+1" 宏观经济政策协调机制》，《中国发展观察》2016 年第 8 期，第 12—13 页。

② 徐洪才：《设立 G20 秘书处和构建 "5+1" 宏观经济政策协调机制》，《中国发展观察》2016 年第 8 期，第 12—13 页。

国的主导下，这意味着美元承担了过重的责任。这不仅无益于全球金融体系的稳定，而且由于"特里芬困境"，事实上也不利于美国联邦储备系统（以下简称美联储）货币政策的独立性。在许多情况下，美联储面临着美元价值稳定与全球流动性供需平衡之间的艰难抉择。提高特别提款权在国际支付中作为"超级主权货币"的地位，有助于降低国际货币体系的风险水平，也有助于增加国际货币基金组织的财政资源。为了更好地扩容特别提款权的使用，应着力修订有关特别提款权的规定，包括特别提款权的估值和发行方法，以及与其他货币建立结算关系。第二，扩大特别提款权在国际货币基金组织成员进行国际支付和危机救济援助的作用。然后，扩大特别提款权作为国际贸易和投资定价单位的使用范围。第三，国际货币基金组织可以向其成员的中央银行和其他多边发展银行（如世界银行）提供特别提款权贷款，从而促进特别提款权在世界各国重大基础设施投资中的使用。为了落实上述事宜，全球经济智库可以组织关于上述主题的研讨会，就这些问题展开学术讨论，包括组织框架、决策规则、运作机制等。同时，中国可以积极与有关各方进行非正式沟通，争取达成更多共识，从而为共同打造一个惠及全球的国际经济协调机制、构建人类命运共同体共同努力。

第二节 中国与全球经济稳定和增长的长效机制

作为全球经济治理的重要参与者，中国在宏观经济调控领域始终坚持合作共赢、包容联动的协调理念，形成了协调合作的货币政策机制、强劲持续的财政政策机制、透明高效的税收政策机制及稳定有序的汇率政策体制机制，为国际宏观经济政策协调提供了中国理念、中国倡议和中国方案，为全球经济的稳定和增长提供长效保障机制。中国作为一个负责任的大国，积极参与和完善宏观经济调控合作，不断加强与发达经济体国家及新兴经济体国家的宏观经济政策国际协调，体现出了构筑新型国际合作关系的大国担当，这为新时代形成新的国际宏观经济政策多边协调机制做出了重要贡献。

一、中国与国际货币政策协调机制

随着全球化和世界经济一体化的不断演进，全球各经济体之间的相互依存度越来越高,货币政策的外溢效应也日益凸显,各国的经济运行效果不仅取决于自身的货币政策,也依赖于世界其他国家实施的货币政策。①②为了维护全球金融稳定、促进世界经济共同发展,中国在推进建立协调合作的货币政策机制领域做出了诸多努力,包括促成多元化国际货币体系、扩容特别提款权产品及促进国际货币基金组织份额和治理改革等。近年来,中国协调合作的货币政策体制机制为国际货币政策的高效协调发展做出了重要贡献。

(一)促成多元化国际货币体系

构建国际货币体系的根本目的是维护全球金融稳定性及促进世界经济合作,但目前国际货币体系的控制权主要集中于少数国家,美国等发达经济体国家凭借货币特权,不断通过汇率和利率市场获得国际货币的收益,而将货币政策的负向外溢效应和内部风险转移给其他国家,进而导致全球范围的金融动荡、金融危机和经济衰退。③④改革开放40多年来,世界范围内爆发了数次规模较大、负面影响波及广泛的金融危机,致使一国储备货币的危机引起整个国际货币体系的强力动荡,众多学者指出当前国际货币体系已经越来越不能适应金融全球化的发展需求,建构多元化国际货币体系的呼声越来越大。⑤⑥中国在参与国际货币体系改革中,秉承协调、包容与合作的治理理念,多次倡议国际货币体系应从强权主导转变为合作共赢,强力支持、促成多元国际货币体系的建立。作为崛起的新兴大国,中国在完善国际货币体系中积极发挥大国的主动作为,为构建多元化国际货币体系贡献了中国智慧。

在 2008 年第一次 G20 会议上,中国政府提出了国际金融体制改革的

---

① 周彤:《基于博弈论视角的货币政策国际协调与合作研究》,《经济问题探索》2013 年第 11 期,第 7—11、78 页。

② 于李娜、谢怀筑:《货币政策溢出效应:成因、影响与对策》,《中国社会科学院研究生院学报》2011 年第 1 期,第 51—57 页。

③ 彭兴韵:《国际货币体系的演及多元化进程中的中国选择——基于"货币强权"的国际货币体系演进分》,《金融评论》2010 年第 5 期,第 8—27、122—123 页。

④ 曹红辉、周莉萍:《国际货币体系改革方向及其相关机制》,《国际金融研究》2009 年第 9 期,第 8—14 页。

⑤ 熊爱宗、黄梅波:《国际货币多元化与国际货币体系稳定》,《国际金融研究》2010 年第 9 期,第 21—28 页。

⑥ 王道平、范小云:《现行的国际货币体系是否是全球经济失衡和金融危机的原因》,《世界经济》2011 年第 1 期,第 52—72 页。

方向、原则及目标，并特别强调国际货币体制亟须改革，而促进国际货币体系多元化是其主要的改革方案。2009年G20领导人第二次金融峰会上，中国政府再次提出要推动国际金融秩序不断朝着公平、公正、包容、有序的方向发展，尤其是要完善国际货币体系、健全储备货币发行调控机制、保持主要储备货币汇率相对稳定、促进国际货币体系多元化和合理化发展。中国也在2016年G20杭州峰会上重申了加快推进国际货币体系改革的意愿，强调建立由多种货币共同主导的多元化国际货币体系。中国关于促成多元化国际货币体系的方案体现了"兼收并蓄、百花齐放"的传统文化理念，可以有效引导国际货币体系在"变革观"和"去霸权"的思想脉络中，包容、协调、合作地疏散国际货币体系引致的全球性金融风险，以及缓解全球经济利益的分配不公，从而实现世界经济的多元化繁荣发展。

（二）扩容特别提款权产品

特别提款权是国际货币组织在1969年创立的国际储备货币，创立之初以美元为主导货币，而后在1974年启用特别提款权货币篮子，以美元、欧元、日元和英镑为主导货币，成为各国保持外汇储备长期稳定的超主权货币类型。①②人民币作为新兴市场货币，是国际贸易融资的第二大货币、全球第四大常用支付货币及外汇交易第七大货币，也是世界最稳定的货币之一。因此，人民币国际化不仅体现了中国的诉求，也是国际货币基金组织改革国际货币体系、缓解全球经济利益分配失衡的有效工具。③2015年11月30日，人民币加入特别提款权货币篮子得到国际货币基金组织的批准，这一决议在2016年10月1日正式生效，人民币成了赋有特别提款权的第五种货币，这也是人民币国际化的重要里程碑。中国一直提倡要扩容特别提款权产品、提升特别提款权货币作用范围、满足世界经济发展多元需求作为建立协调合作国际货币体系的重要路径，为推动国际储备货币朝着币值稳定、供应有序、总量可调方向完善开拓了更多的新思路。

---

① Wilkie C, *Special Drawing Rights (SDRs): The First International Money*, Oxford: Oxford University Press, 2012.

② 熊爱宗、黄梅波：《特别提款权与国际货币体系改革》，《国际金融研究》2009年第8期，第47—54页。

③ 郑联盛：《人民币加入SDR货币篮子及其对金融改革的影响》，《金融评论》2016年第1期，第67—80、125页。

目前特别提款权货币只有美元、欧元、日元、英镑及人民币五种类型，如果仅将特别提款权货币作为一种资产，其价值很容易受到各个主要国家货币政策的影响，所以要使特别提款权货币真正成为国际储备货币，必然要开发更多 SDR 特别提款权产品、拓宽特别提款权货币的使用范围。[1]在 2016 年 G20 杭州峰会前夕，世界银行利用中国银行市场成功发行了首期特别提款权债券，这一证券的发行不仅吸纳了约 50 家证券、保险、银行等境内投资者，而且调动了境外央行类机构的踊跃认购，特别提款权债券的成功发行，不仅丰富了中国债券市场交易品种，也为国内国际投资者资产多元化配置提供了新的选择。在 2016 年 G20 杭州峰会上，中国强调 G20 应不断完善国际货币金融体系，充分发挥特别提款权的作用，继续加强有关扩大特别提款权使用领域的研究，包括定期发布以特别提款权为报告货币的定量统计和财务数据，与此同时，推动特别提款权计价债券的发行，为国际货币体系增加韧性。中国在扩容特别提款权产品进程中发挥着至关重要的领导作用，为推动国际货币体系协调合作发展做出了重要贡献。

（三）促进国际货币基金组织份额和治理改革

在国际货币治理领域，具有发展活力的新兴经济体与发展中经济体在国际货币基金组织的占比相对较低，这不利于世界经济强劲、持续、平衡和包容性的发展。[2][3]2010 年，国际货币基金组织制定了国际货币基金组织份额和治理改革方案，将部分份额转移给了有活力的新兴经济体和发展中经济体，这不仅提高了国际货币基金组织的合法性、有效性和公平性，也显著提升了新兴市场和发展中国家的话语权。2010 年的国际货币基金组织份额改革使中国跃升为国际货币基金组织的第三大股东，中国在国际货币基金组织的话语权、国际金融活动中的影响力均大幅增加。话语权增加也意味着中国将肩负起改善国际货币基金体系、推动全球宏观经济协调合作发展的更大责任。中国关于促进国际货币基金组织份额和治理改革的总体思路是坚持协调、合作、共赢的改革理念，建立世界发达国家、发展中国

---

[1] Dreyer J S, "The Mechanics of Alternative Valuations of the Special Drawing Right", *PSL Quarterly Review*, Vol. 114, No. 28, 2014, pp.268-283.

[2] 管传靖、陈琪：《领导权的适应性逻辑与国际经济制度变革》，《世界经济与政治》2017 年第 3 期，第 35—61、157—158 页。

[3] 岳华、赵明：《国际货币基金组织治理机制改革的新设计》，《经济问题探索》2017 年第 7 期，第 179—184 页。

家、新兴市场国家互利共赢的关系,制定更加开放、透明、公平和有竞争力的国际货币规则。①②

国际货币基金组织份额和治理改革中,除了面临新兴经济体与发展中经济体份额较少的问题,也存在国际货币基金组织可以利用的贷款资源较少、无法应对全球经济危机的问题,以及调节国际货币收支平衡能力弱、全球国际收支严重失衡的困境。2016年G20杭州峰会上,中国政府就促进国际货币基金组织份额和治理改革提出了如下方案:推进国际货币基金组织2010年份额和治理改革的落实,并致力于在2017年年会前完成第15次份额总检查。具体包括如下几个方面:①形成新的份额公式;②份额调整应提高有活力的新兴市场国家和发展中国家的经济体的份额占比,以反映其在世界经济中的相对地位;③强调促进有效且可持续的融资实践的重要性,并将继续改善债务重组进程,支持将加强的合同条款纳入主权债券中的持续努力。③由此,中国在呼吁国际货币基金组织份额和治理改革中,既要从体制、机制和份额上提升发展中国家的话语权,也要准确评估灵活信贷额度、加强融资工具治理,为国际货币基金组织解决当前面临的治理问题和困境、加快国际货币基金组织份额和治理改革步伐提供了协调合作的中国方案。

二、强劲持续的财政政策体制机制

受全球金融危机和欧债危机的影响,近年来世界各国纷纷采取积极的财政政策拉动经济增长,但财政支出的不断增加并未带来财政收入的快速增长,各国财政收支仍处于持续的失衡状态。与此同时,财政供给持续高涨,而有效需求增长不足引发了结构失衡、产能过剩等一系列问题,亟待寻找世界经济持续增长的路径。中国财政政策体制机制整体呈现出强劲、持续的特征和趋势,涵盖深化财政政策结构性改革、提高友好型公共支出、推动可持续社会保障项目等重大财政举措,为促进世界经济协调合作发展提供了重要借鉴。

---

① 尹继志:《国际货币体系改革与中国的角色定位》,《上海金融》2009年第10期,第5—10页。
② 崔建军、常天:《IMF改革困境与中国的现实选择》,《当代经济科学》2013年第3期,第23—27、124页。
③ 《二十国集团领导人杭州峰会公报》,2016年9月5日。

(一) 中国财政政策结构性改革与国际协调机制

结构性问题是世界经济复苏缓慢的根本原因,无效财政政策引致的产能过剩问题也越来越突出,深化财政政策结构性改革已成为全球性的重要议题[①]。2016 年 G20 杭州峰会通过的《二十国集团深化结构性改革议程》提出的优先结构性改革涵盖促进竞争并改善商业环境、促进包容性增长、扩大贸易和投资开放、改善并强化金融体系、推进劳动力市场改革及获取教育与技能、推动财政改革、鼓励创新、增强环境可持续性、改善基础设施等九大领域。中国政府关于深化财政政策的结构性改革对克服财政政策财力和制度缺陷、实现全球财政政策强劲持续发展,通过提高有效供给催生新的需求、推动世界经济释放新的发展潜力意义重大。

当前,世界经济仍处于金融危机后的缓慢复苏阶段,旧的财政体制机制已无法满足创新发展、新工业革命、数字经济等新要素、新业态的发展需求,需要抓住新的发展机遇,利用积极的财政政策深化结构性改革,实现新旧机制与功能的快速转变。[②]特别是,要坚定实施创新驱动发展战略,加快建设创新型国家,要从全面深化科技体制改革、优化财政政策性制度供给中释放更多政策性红利,催生更多创新驱动成果;要以供给侧改革为主线,推动经济发展质量变革,要积极发挥政府财政资金引导作用,采取投资补助、基金注资、担保补贴、贷款贴息等方式,激活创新、高效的要素供给,引领经济健康发展。由此,中国财政政策以创新驱动发展、供给侧改革等为结构性改革的主要方向,为推动科技创新项目发展及提升有效供给数量,实施减税降费、提高研发公共支出等积极的财政政策,不仅为中国经济发展增加强劲引擎,而且为全球经济发展指明了发展方向。

(二) 加强增长友好型公共支出

随着全球经济体系的战略性调整,高端制造、创新引领、绿色低碳经济、共享经济、新能源、新材料等新方式、新业态、新要素逐渐成为主导全球经济发展的产业体系。为了抓住新型经济发展带来的新机遇,全面激活世界经济的持续增长,需要各个国家重视高质量的投资、调整财政支出的产业方向、加强更能带动经济增长的公共支出。[③]在 2016 年 3

---

① 刘昆:《增强财政金融协调共同推进结构性改革》,《财政研究》2016 年第 2 期,第 3—6 页。
② 刘伟:《经济新常态与供给侧结构性改革》,《管理世界》2016 年第 7 期,第 1—9 页。
③ 刘昆:《增强财政金融协调共同推进结构性改革》,《财政研究》2016 年第 2 期,第 3—6 页。

月的海南博鳌亚洲论坛上,李克强在开幕式上的发表主旨演讲强调:"希望世界各国深化合作、同舟共济,加强宏观政策协调,共同反对各种形式的贸易保护主义,采取更多的增长友好型政策,避免一些国家政策调整产生外溢效益。"①在 2016 年 G20 杭州峰会上,习近平指出:"面对当前挑战,我们应该加强宏观经济政策协调,合力促进全球经济增长、维护金融稳定。二十国集团成员应该结合本国实际,采取更加全面的宏观经济政策,使用多种有效政策工具,统筹兼顾财政、货币、结构性改革政策,努力扩大全球总需求,全面改善供给质量,巩固经济增长基础。"②中国所倡导的加强增长友好型公共支出为各个国家在经济低增长时期,增加自信、促进经济增长提供了重要的财政政策体制机制借鉴。

近年来,中国倡导和实施了众多增长友好型公共支出项目,其中绿色金融便是一项促进绿色低碳经济发展、实现经济可持续增长的重要财政支出。绿色金融将财政政策、金融政策及环境保护政策紧密地结合在一起,通过政府财政政策的参与、金融政策的引导,利用"绿色信贷"的政府扶持政策,推动社会投融资决策将环境保护作为重要的考量因素,社会消费领域形成绿色消费观念,从而促进环境保护、金融发展和社会经济实现可持续发展的目标。③作为一项重要的增长友好型公共支出,绿色金融也是中国政府在国际交流与合作中多次提倡的重要理念。2016 年 G20 杭州峰会上,绿色金融成为一项重要议题和一大亮点,为支持在环境可持续前提下的全球发展,有必要扩大绿色投融资,要为绿色金融的发展提供清晰的战略性政策信号与框架,支持本地绿色债券市场发展,开展国际合作以推动跨境绿色债券投资。④当然,加强增长友好型公共支出,不仅需要中国智慧和努力,也需要世界各国的共同推动和合作。

(三)推动可持续社会保障项目

人是社会生产力中最活跃的因素,只有保障人的基本需求,建立保障

---

① 李克强:《共绘充满活力的亚洲新愿景——在博鳌亚洲论坛 2016 年年会开幕式上的演讲》,2016 年 3 月 24 日,http://www.xinhuanet.com/politics/2016-03/25/c_1118435120.htm。
② 习近平:《构建创新、活力、联动、包容的世界经济——在二十国集团领导人杭州峰会上的开幕辞》,2016 年 9 月 4 日,http://www.xinhuanet.com/world/2016-09/04/c_129268987.htm。
③ Han L Y, You M, Wei X Y, "Novation Mechanism for Green Finance Under the Guidance of Government", *China Soft Science*, No. 11, 2010, pp. 12-18.
④ 《G20 绿色金融综合报告》,2016 年 7 月。

人力资源的可持续管理体系，才能全面调动人力资源对社会经济发展的能动性。社会保障事业不仅是各个国家自身需要加强的项目，也是作为人类命运共同体需要协调合作打造的项目，而强劲持续的财政政策在其中发挥着重要作用。①习近平在党的十九大报告中强调："按照兜底线、织密网、建机制的要求，全面建成覆盖全民、城乡统筹、权责清晰、保障适度、可持续的多层次社会保障体系。"②通过强劲持续财政政策推出全面的社会保障项目，努力消除全球贫困问题，维护全体人民合法权益，一直是中国落实可持续发展议程的核心理念。其中，普惠金融政策便是中国政府重点推出的一项促进全民享受优质金融服务的关键议题。普惠金融政策以政府设立专项财政资金为依托，联合金融服务机构，为社会不同阶层有金融服务需求的群体有效提供可负担成本的金融服务，同时城镇低收入人群、小微企业、农民等弱势群体是其重点支持的对象，从而实现消除贫困、实现社会公平的目标。③在2016年G20杭州峰会上，中国政府提出了数字普惠金融的概念，倡议利用全球数字技术助力普惠金融发展，并制定了《G20数字普惠金融高级原则》，让越来越多的市场主体，尤其是低收入发展中国家，分享到数字普惠金融所带来的便捷。中国利用积极的财政政策促进社会保障项目可持续性的诸多举措，为全球逐步消除贫困、社会各阶层获得公平权益及世界经济释放更多经济潜力提供了可以借鉴的长效保障机制。

三、透明高效的税收政策体制机制

税收政策是促进全球经济稳定与增长、全球治理体系构筑与完善的关键政策领域。随着国际贸易方式、商品生产模式、企业组织类型均发生了巨大的变化，原有的国际税收秩序已难以满足现代国际商务运作的需求，亟须构建出公平合理、透明高效的国际税收合作与交流体系。④中国在探索

---

① 孟颖颖：《改革与跃变：社会保障制度公平可持续发展的中国实践》，《社会保障研究》2014年第6期，第62—68页。

② 习近平：《决胜全面建成小康社会 夺取新时代中国特色社会主义伟大胜利——在中国共产党第十九次全国代表大会上的报告》，人民出版社2017年版，第47页。

③ Imboden K, "Building Inclusive Financial Sectors: The Road to Growth and Poverty Reduction", *Journal of International Affairs*, Vol. 58, No. 2, 2005, pp. 65-86.

④ Ndikumana L, "International Tax Cooperation and Implications of Globalization. Global Governance and Rules for the Post 2015 Era: Addressing Emerging Issues in the Global Environment". *Bloomsbury Academic*, 2015, pp. 73-106.

透明高效的税收体制机制方面做出了诸多探索，包括构建国际税收新体系、提高税款征收透明度、重点打击骗税和逃税等，为全球经济实现强劲可持续发展做出了巨大贡献。

（一）构建国际税收新体系

完善全球税收治理是全球经济缓慢复苏阶段各个国家携手探讨的重要议题。中国不断创新税收改革的理念、推介税收政策方案，主动参与到国际税收规则改革和国际税收新秩序构建中，为实现国际税收体系透明高效、良性互动、合作共赢贡献了中国力量。①中国以推动构建新型国际税收关系为己任，在国际税收合作中积极发出中国声音、提供中国方案、贡献中国智慧，在国际税收改革中发挥了不容忽视的作用，逐渐成为国际税收新体系的重要推动力量。

在2016年G20杭州峰会上，构建国际税收新体系是其中一个重要议题，未来G20各国将在坚持已有税收合作机制的基础上，思考在更大范围、更高水平、更深层次上开展国际税收合作，拓展全球性、区域性、多边和双边的税收合作。张高丽在2016年第十届税收征管论坛大会上强调："税收是国家治理体系和治理能力的重要基础，也是全球经济治理的重要手段。要强化国际税收征管合作，更好地维护各国税收利益和税基安全，促进经济发展，改善民生福祉。"②为了推进"一带一路"倡议的发展，中国将与"一带一路"沿线国家的税收展开紧密合作，中国深度参与国际税收合作的举措，对于国际税收新体系迈向新的高度、新的领域意义重大。

（二）提高税款征收透明度

全球化、数字化及技术革命给全球税收征收机构带来了众多机遇，同时加剧了国际税收体系监管和治理的复杂性，现有国际税收体系面临的挑战日益增多。各国税法规则与税收征管能力存在较大的差异，导致全球税收政策的协调性较差，世界经济的经营风险随之升高，难以从国际税收政策的积极外溢效应中获益。在全球范围内，建立提升税收信息透明度的国

---

① 戴子钧：《构建现代化税收服务新体系》，《税务研究》2003年第8期，第20—23页。
② 张高丽：《张高丽在第十届税收征管论坛大会上强调：加强全球税收合作 推动世界经济发展》，2016年5月12日，http://cpc.people.com.cn/n1/2016/0512/c64094-28343483.html?34200/rongjue。

际标准,形成各国税务政策与信息及时互通的国际税收交流合作新体系,成为全球化时代各国达成广泛共识的一项核心议题。[1][2]现阶段,中国越来越广泛地参与全球经济的合作与竞争,中国税收政策不可避免地受到世界各国税收政策溢出效应的波及,从而给中国经济主体"走出去"带来了重要影响。为了深化国际税收协调合作,中国政府也多次提倡增加各国税款征收的透明度,通过加快世界各国的信息自动交换,及时掌握纳税人的涉税信息,防范税收征收的流失问题,为高效透明国际税收政策体制机制的建立提供了中国逻辑。[3]

为了提高税收征收的透明度、加强税收信息的监管合作,中国在2013年8月加入了《多边税收征管互助公约》,加入这一公约后,中国将自动获得其他国家有关中国公民和中国企业的税收信息,可以高效地对海外中国税收居民或企业行使税收管辖权。与此同时,中国也会将多边合作国家在中国的税收信息和税收管辖权透明高效的共享给相关国家,各国之间税收信息的交换和互通,有效维护了各国在世界经济合作中的合法权益。在2016年G20杭州峰会上,中国政府继续呼吁所有尚未承诺采纳税收情报自动交换标准的相关国家,包括所有金融中心和辖区,尽快做出承诺,最迟在2018年前实施自动情报交换标准,签署并批准多边税收征管互助公约。[4]由此,为了扮演好全球重要贸易经济体的角色,中国应主动优化国内税收政策体制机制,积极参与和融入国际税收体系改革,为构筑透明高效国际税收体系、维护国际税收秩序做出贡献。

(三)重点打击骗税和逃税

在全球要素快速流动、世界经济广泛合作的趋势下,由于税收体系在国家间存在较高的信息壁垒,国际骗税和逃税的现象时有出现,严重侵蚀了各国的税收主权、影响了税收利益的全球分配。为了降低国际骗税和逃税行为引起的税基侵蚀与利润转移问题,OECD、G20等国际组织搭建了众多国际税收领域的多边合作平台。只有在世界各国税务机关的共同努力

---

[1] Hakelberg L, "The Power Politics of International Tax Co-operation: Luxembourg, Austria and the Automatic Exchange of Information", *Journal of European Public Policy*, Vol. 22, No. 3, 2015, pp. 409-428.
[2] 杨肖:《税收透明度与情报交换的发展和应对》,《国际税收》2017年第11期,第22—25页。
[3] 高阳:《中国税收情报交换工作的发展、成绩与挑战》,《国际税收》2014年第2期,第6—10页。
[4]《二十国集团领导人杭州峰会公报》,2016年9月5日。

下，才能在国际税收多边协调框架内逐渐打破国家间的信息壁垒，防止国际税收的大量流失，切实维护世界各国的税收利益。①中国作为G20成员和重要的发展中国家，在国际税收体系改革与升级中主动承担起了大国应有的责任，积极参与国际税收协调，促进国际税收体系的合作共赢，倡导世界各国加强税收透明度和信息交换，堵塞跨境逃税漏洞，携手打击国际税收体系中出现的骗税和逃税问题。②中国在打击国际骗税和逃税问题中，积极走向国际税收舞台提高自己的话语权，努力形成长效的国际税收合作机制。

为了重点打击国际骗税和逃税问题、加强国际税收合作，中国于2014年10月在德国签署了一项有关纳税信息自动交换的协议，加入此项协议的51个国家就协议范围内的地区自动进行信息交换，使得进行国际骗税和逃税人员难以逃脱本国税收机关的监管。在2016年G20杭州峰会上，中国政府与各方就国际税收体系中存在的骗税和逃税问题进行了重点探讨，将其作为建立全球公平和现代化国际税收体系的重要议题，世界各国需要有效落实税收透明度制度、推出世界不同国家都适用的统一透明度标准，同时要贯彻透明度标准中关于法人和法律安排受益所有权领域的规定，维护国际税收体系的完整性，防止世界各国借着税收信息交换的幌子，加大本国腐败、逃税、恐怖主义融资和洗钱等非法活动。

四、稳定有序的中国汇率政策体制机制

汇率具有熨平宏观经济波动的作用，稳定有序的汇率政策是维持国内金融机构有序经营、国际货币体系平稳运行、世界经济协调发展的重要保障，也是全球经济治理广泛关注和讨论的核心议题。中国作为全球经济的重要参与者，一直将稳定有序的汇率政策作为增强经济金融体系韧性的主要方式，通过避免汇率竞争性贬值、有序推进人民币汇率向市场化汇率转型、强化汇率双向浮动弹性等汇率改革路径，构建了长效的人民币汇率改革体制机制，为促进跨境货币资金的灵活流动、维护国内和国际金融市场的稳定有序提供了强力支撑。

---

① 张瑶：《情报交换协定是否能遏制企业的税基侵蚀和利润转移行为》，《世界经济》2018年第3期，第127—146页。
② 沈娅莉：《"逆全球化"背景下中国的涉外税收政策选择》，《税务研究》2017年第5期，第77—81页。

（一）避免汇率竞争性的贬值

外汇汇率的无序波动必然会加大世界经济运行的风险，且有损于各国经济发展。特别是部分国家为了保护本国产业，利用本国货币贬值的方式促进商品出口，恶意操纵汇率，通过汇率竞争性贬值获得更多利益，也由此引致了一系列的"汇率战争"，对世界经济造成了极大的损害。[①]例如，美国等贸易逆差国家经常对中国等贸易顺差国家施加汇率升值压力，造成严重的汇率纠纷和贸易纠纷，不仅不利于解决世界贸易失衡问题，还会打乱原有体系下形成的相对稳定的经济增长和物价预期，导致全球经济增长和物价波动明显增大。2008年全球金融危机爆发以后，世界各国纷纷表示要抵制汇率竞争性贬值。中国也针对汇率波动问题提出众多倡议，汇率过度波动和无序调整必然加大世界经济发展的风险与不确定性，不利于全球经济的协调治理、世界经济的持续增长，并多次重申人民币不具有持续贬值的基础并倡议外汇汇率交给市场进行定价。

中国始终强调维持稳定有序汇率政策的重要性，一直遵守关于人民币汇率平稳性的承诺，在提高汇率灵活性和保持汇率稳定性之间达到了较好的平衡，有效避免了人民币汇率无序调整可能产生的负向溢出效应及人民币的竞争性贬值，为促进全球经济金融稳定发展贡献了中国力量。在2016年G20杭州峰会上，关于外汇市场的讨论沟通中，强调汇率的过度波动和无序调整会影响经济金融稳定，G20成员应遵守先前做出的汇率承诺，避免以竞争性为目的盯住汇率，从而导致竞争性贬值。在2016年9月中美双方领导人会晤中，双方将严格遵守G20达成的关于汇率不以竞争性为目的的承诺，包括将避免竞争性贬值和不以竞争性的目的来盯住汇率。中国在深化汇率政策改革、深度融入全球经济金融发展进程中，坚定认为恶意的汇率政策操纵并不是实现全球金融稳定、世界经济持续增长的可选路径，强调各国政府通过汇率政策的协调沟通，建立汇率政策可持续发展的长效机制更为重要。

（二）有序向市场化汇率转型

汇率市场化是世界各国达成共识的重要汇率改革机制，可以有效缓解

---

① 张军生、李计广、郝治军：《全球货币竞争性贬值的潜在风险及应对策略》，《财经科学》2014年第5期，第1—10页。

全球范围内外汇汇率无序波动、恶意竞争的问题，促进全球经济持续稳定的发展①。随着中国经济与世界经济的联系日益紧密、人民币汇率与全球汇率体系的接触逐渐增多，中国十分重视市场机制在人民币汇率形成与改革中的重要作用，积极参照国际货币市场的供求情况，灵活确定人民币与其他外币的比价，不断加快人民币汇率的市场化改革进程。人民币汇率向市场化汇率的有效转型，体现了中国主动参与全球金融体系改革和开放的决心，反映了中国经济由国内范围内资源配置向国际范围内资源配置的转变，也是中国推动人民币国际化的重要举措。市场化的人民币汇率形成机制体系，有利于增加人民币汇率的透明度和确定性。维持人民币汇率的稳定均衡，提升国际市场的可预期性，不仅有助于中国构建新型金融开放体制，也为全球跨境资金自由流动提供了积极的保障机制。②

党的十九大报告指出："深化金融体制改革，增强金融服务实体经济能力，提高直接融资比重，促进多层次资本市场健康发展。"③深化利率改革和汇率市场化是金融体制改革的一个必然环节，因此，应进一步增强人民币汇率双向浮动弹性，完善人民币汇率市场化形成机制，更多发挥市场在汇率形成中的决定性作用。在 2016 年 G20 杭州峰会期间，中美双方就汇率问题进行了协商、重申和承诺，中方承诺将继续有序向市场化汇率转型。2016 年 10 月 1 日，人民币正式加入国际货币基金组织特别提款权货币篮子，人民币作为国际储备货币的地位得到确认，人民币的可自由兑换程度和人民币汇率形成机制的市场化水平得到了全球认可，为人民币市场化的进一步提升、人民币国际化的最终实现奠定了良好的基础。中国不断完善人民币汇率市场化、国际化的形成机制和改革路径，为中国金融业更好地融入全球金融体系、服务全球实体经济市场提供了重要体制支撑。

（三）强化汇率双向浮动弹性

构建稳定有序的汇率政策体制机制，强化汇率双向浮动弹性，根据全球市场需求调节的汇率制度，允许汇率具有上涨及下跌的双向浮动灵活性，

---

① 肖卫国、陈宇、张晨冉：《利率和汇率市场化改革协同推进的宏观经济效应》，《国际贸易问题》2015 年第 8 期，第 156—157 页。

② 管涛：《尊重价值规律：人民币汇率形成机制改革未来之出路》，《金融研究》2016 年第 2 期，第 113—120 页。

③ 习近平：《决胜全面建成小康社会 夺取新时代中国特色社会主义伟大胜利——在中国共产党第十九次全国代表大会上的讲话》，人民出版社 2017 年版，第 34 页。

确保外汇汇率在均衡、合理的水平上维持稳定也十分重要。①自 2005 年人民币汇率形成机制改革以来，中国将增强汇率双向浮动弹性作为完善汇率调控机制、提高金融资源配置效率的重要方式。根据中国人民银行发布的《2017 年第四季度中国货币政策执行报告》，可以看出 2017 年美元币值下降的现象相对凸显，全球主要货币对美元多数出现了升值趋势，人民币对美元汇率也呈现出了明显的升值态势，2005 年至 2017 年末，人民币对美元汇率累计升值 24.70%。从全球范围来看，美国等国家一直就人民币升值对中国施压，而中国政府坚持人民币汇率应该由市场化机制形成，未来也将在合理、稳定的水平上维持均衡。随着人民币汇率改革的持续深入，人民币逐渐发展成为全球较稳定的币种，为全球提供了更好的跨境资金流动服务。由此，中国关于人民币汇率形成机制向市场化、双向浮动、弹性运行转型的方案也得到了世界各国的广泛认同。2016 年 G20 杭州峰会上，中国政府关于继续有序向市场化汇率转型、强化汇率双向浮动弹性的倡议也得到了 G20 成员及其他国家的高度支持，这有助于中国进一步推进人民币汇率机制改革、充分发挥人民币对国际收支的调节作用。中国汇率政策坚持以市场化为导向，持续推动汇率政策机制的改革，积极探索更能促进汇率稳定的机制体制，为降低世界经济经营环境风险和不确定性提供了有效的解决方案。

第三节　大国宏观经济政策外溢与中国的作用

随着经济全球化的加深，各国经济发展已深度嵌入全球经济体系，各国宏观经济政策也会对全球经济运行产生显著外溢效应。一国宏观经济政策在调控国内经济运行的同时，还将通过利率、汇率、国际贸易、大宗商品价格、国际资本流动等多种传导途径对他国甚至全球经济运行产生外溢效应。该外溢效应既可能表现为逆风向调控的火车头效应（locomotive effect），也可能表现为顺周期冲击的以邻为壑效应（beggar-thy-neighbor effect），因溢出国外溢效应的强度、广度及外溢效应接受国的国家异质性而异。美国作为全球最发达的经济体，加之美元作为国际支付货币，其宏

---

① 管涛、谢峰：《做对汇率政策：强势美元政策对中国的启示》，《国际金融研究》2016 年第 9 期，第 3—10 页。

观经济政策的影响是全球性的，每一次降准降息均会引发全球金融市场的波动，国内次贷危机的爆发更诱发了全球经济危机。而中国作为崛起中的大国和新兴市场国家的代表，在全球经济发展的重要地位日趋凸显，参与宏观经济政策国际协调的话语权和影响力由其在宏观经济政策国际溢出链中所处的位置决定。中国既要接受源自美国、欧盟等发达国家和地区的宏观经济政策冲击，也会对亚洲国家产生显著的外溢效应，承担大国责任与应对大国冲击并存。基于此，本节从三方面展开分析：简要论述宏观经济政策外溢的主要效应与传导途径→系统论述发达国家及中国的宏观经济政策外溢效应→依据中国在宏观经济政策国际溢出链中的位置决定中国如何参与宏观经济政策的国际协调，分析结构如图8-4所示。

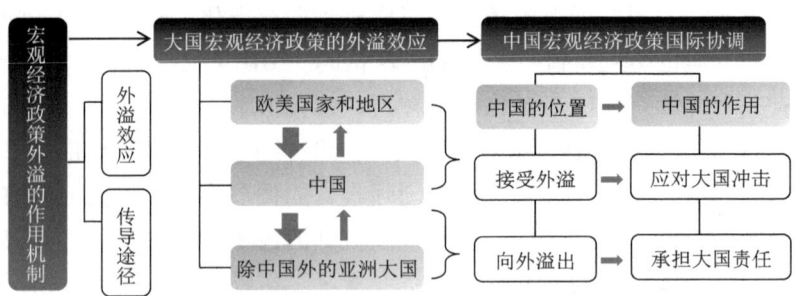

图 8-4　大国宏观经济政策外溢与中国的作用分析结构图

一、宏观经济政策外溢的作用机制

（一）宏观经济政策外溢的主要效应

宏观经济政策外溢是指一国在运用政策工具调控国内宏观经济运行的同时，也对其他国家经济发展产生外部影响，包括货币政策外溢和财政政策外溢等方面。货币政策外溢是指一国通过公开市场业务、调整再贴现率、改变法定存款准备金等方式调节国内货币供给和利率时，对他国产生的外部影响。财政政策外溢是指一国通过调整税率、政府购买、转移支付等方式调控国内宏观经济运行对他国产生的外部影响。宏观经济政策外溢效应依据各国经济结构和政策传导机制的不同产生差异，总体上可归纳为火车头效应和以邻为壑效应。①火车头效应主要指一国宏观经济政策引起他国宏观经济运行

---

① 邓创、席旭文：《中美货币政策外溢效应的时变特征研究》，《国际金融研究》2013年第9期，第10—20页。

的同向变化,从而对他国经济的逆风向政策调控产生有利的带动作用。以邻为壑效应主要指一国宏观经济政策对他国造成顺周期冲击效果,使该国宏观经济调控效果折损,产生不利的抑制效应,简而言之,其是指一国的宏观经济政策有利于促进本国国内的经济发展,却损害了别国的经济利益。

(二)宏观经济政策外溢的传导途径

宏观经济政策外溢直观反映为对他国产出的影响,具体包含了多重传导途径,涵盖了蒙代尔-弗莱明-多恩布什模型(mundell-fleming-dornbusch model,MFD)和新开放经济宏观经济学模型(new open economy macroeconomics model,NOEM)。蒙代尔-弗莱明-多恩布什模型在传统希克斯-汉森模型(Hicks-Hansen model,IS-LM)的基础上引入了国际资本流动、汇率市场波动、价格黏性、居民预期等因素,使之成为分析开放经济下宏观经济政策溢出效应的基础理论模型之一,之后与跨期均衡分析法等相结合形成了新开放经济宏观经济学模型[①]。依据上述两大理论研究框架,宏观经济政策外溢效应的传导途径可归纳为贸易、利率、汇率、大宗商品价格、国际资本流动等多种渠道。

二、大国宏观经济政策的外溢效应

通过分析以美国为代表的发达国家宏观经济政策外溢效应、以中国为代表的新兴市场国家宏观经济政策外溢效应及各国宏观经济政策的双向溢出效应可以发现,在经济全球化时代宏观经济政策的外溢效应广泛存在,从中我们可以看到中国作为一个负责任大国所发挥的日益重要的协调和引领性作用。

(一)发达国家宏观经济政策的外溢效应

发达国家借助其强有力的经济地位,在货币政策、财政政策等宏观经济政策领域对其国内和全球经济体产生了广泛而深远的外溢效应。

1. 货币政策外溢效应

美元作为国际支付货币,直接决定了其货币政策外溢的全球性影响,

---

① Obstfeld M, Rogoff K, "Global Implications of Self-Oriented National Monetary Rules", *Quarterly Journal of Economics*, No.2,2002,pp. 503-535.

亦是大国宏观经济政策外溢讨论的核心所在。除了少数非洲和拉美地区的新兴市场国家，美国对全球绝大部分国家或地区的货币政策外溢效应均显著强于对其国内宏观经济运行的调控作用，整体呈现同向变动的外溢效应，该外溢效应的强弱由外溢效应接受国的对外开放程度、汇率制度、金融市场发育程度、产业结构及其在全球价值链所处位置等因素共同决定，综合实力的提升将有助于强化外溢效应接受国应对美国货币政策冲击的能力[1]。Kim 分析研究了 G7 国家的货币政策溢出效应，指出美国具有较强的货币政策外溢效应，其扩张性货币政策将通过降低实际利率、刺激国际市场总需求、促进 G6 国家（除美国以外）产出增长，对 G6 国家的国际收支及产出产生正向溢出效应，以邻为壑效应不显著[2]，也将从利率、货币供应量及货币政策等方面对中国产生溢出效应[3]。另外，美国货币政策的正向外溢效应也可能呈现短视效果，即美国货币政策对全球其他经济体的产出主要表现为负向溢出效应，虽然短期内可对欧盟、日本、中国产生正向溢出效应，但长期来看，该溢出效应将会最终转化为负向溢出效应[4]。美国的货币政策冲击主要通过利率渠道对墨西哥、巴拿马、巴西等国家的宏观经济运行产生强烈冲击，通过贸易渠道传导的溢出效应则极为微弱[5]。相较而言，欧盟的货币政策外溢效应主要表现为内部国家之间的外溢效应[6]。

美国货币政策较强的外溢效应使其国内政策能极大地影响国际宏观经济形势，尤以量化宽松政策外溢效应的讨论居多。美国量化宽松政策在刺激经济复苏的同时，也将国内经济问题传导至世界其他国家。美国量化宽松政策主要通过利率汇率机制对加拿大通货膨胀产生影响[7]，但最直接的传

---

[1] Georgiadis G, "Determinants of Global Spillovers from US Monetary Policy",*Journal of International Money and Finance*,No.67, 2016, pp. 41-61.

[2] Kim S ,"International Transmission of U. S. Monetary Policy Shocks: Evidence from VAR's",*Journal of Monetary Economics*, No.48, 2001, pp. 339-372.

[3] 邢天才、唐国华：《美国货币政策对中国货币政策的溢出效应研究》，《财经问题研究》2011年第11期，第50—55页。

[4] 吴宏、刘威：《美国货币政策的国际传递效应及其影响的实证研究》，《数量经济技术经济研究》2009年第6期，第42—52页。

[5] Canova F ,"The Transmission of US Shocks to Latin America",*Journal of Applied Econometrics*, Vol.20,No.2,2005, pp. 229-251.

[6] Potjagailo G, "Spillover Effects from Euro Area Monetary Policy across Europe: A Factor-Augmented VAR Approach", *Journal of International Money and Finance*, Vol. 72, 2017, pp. 127-147.

[7] Bhuiyan R, "Monetary Transmission Mechanism in a Small Open Economy: A Bayesian Structural VAR Approach", *Canadian Journal of Economics*, Vol.45,No.3, 2012, pp. 1037-1061.

导渠道为贸易溢出,主要通过汇率和大宗商品价格影响欧元区的贸易量,从而冲击其他国家的宏观经济运行①。同时,美国的货币政策对菲律宾、韩国、马来西亚、中国等新兴市场国家也产生了显著的影响,主要通过汇率和利率机制影响其资本流动规模与实际产出,该政策冲击可解释新兴经济体3%~6%的宏观经济波动②。美国非常规货币政策在刺激国内经济复苏的同时,也在一定程度导致了2010—2011年巴西、中国及其他新兴市场国家的经济过热,但也促进了新兴市场国家2009—2012年的经济复苏,整体来看,对新兴市场国家的外溢效应要显著强于其他接受外溢效应的发达经济体③。

美国货币政策存在向外单向溢出效应的同时,各国货币政策也对美国产生了双向溢出效应。美国、中国两国货币政策的双向溢出效应表现为,货币政策外溢效应因各国总需求对利率变动的敏感程度而异,当货币政策外溢效应表现为以邻为壑效应时,同向宏观调控政策将使得总需求对实际利率敏感程度较高的国家产生反周期的宏观调控效果,中国货币政策对美国的产出和通货膨胀均产生逐渐增强的火车头效应,但美国货币政策对中国的外溢效应则主要表现为以邻为壑效应,中国应警惕宏观经济政策的外溢冲击,寻求宏观经济政策国际协调的有效模式④。虽然美国扩张性货币政策在短期内对中国进出口贸易和产出产生正向溢出效应,有助于刺激经济增长,但长期却表现为以邻为壑的负向溢出效应⑤,这也是2010—2012年中国通货膨胀高涨的重要原因⑥。

2. 财政政策外溢效应

依据蒙代尔-弗莱明-多恩布什模型,财政政策的溢出效应主要依赖于相互关联的利率及汇率渠道,国内财政刺激将直接导致货币升值,通过扩大进口促进国外消费、产出和就业,同时财政刺激也将提升本国利率,进而

---

① Neri S, Nobili A, "The Transmission of U S Monetary Policy to the Euro Area", *International Finance*, Vol.13, 2010, pp. 55-78.

② Mackowiak B, "External Shocks, U. S. Monetary Policy and Macroeconomic Fluctuations in Emerging Markets", *Journal of Monetary Economics*, Vol.53, 2007, pp. 2512-2520.

③ Chen Q, Filardo A, He D, et al., "Financial Crisis, US Unconventional Monetary Policy and International Spillovers", *Journal of International Money and Finance*, Vol.67, 2016, pp. 62-81.

④ 邓创、席旭文:《中美货币政策外溢效应的时变特征研究》,《国际金融研究》2013年第9期,第10—20页。

⑤ 李增来、梁东黎:《美国货币政策对中国经济动态冲击效应研究——SVAR模型的一个应用》,《经济与管理研究》2011年第3期,第77—83页。

⑥ 王书朦:《时变参数视角下美国对中国货币政策外溢效应》,《财经问题研究》2016年第6期,第60—65页。

吸引国际资本流入，凯恩斯开放模型同样表明扩张性财政政策会带动汇率上升。然而，大多数经验研究结论则与理论研究结论相悖，扩张性财政政策将造成利率下降和货币贬值[1]。

以美国和加拿大为对象的研究指出，美国财政支出增加将导致中期内利率上升，产生以邻为壑的负向溢出效应[2]，但该结论可能由于未考虑"支出逆转"现象而产生偏差。扩张性财政政策通常伴随着可预见的紧缩性财政政策，从而呈现出当前扩张性财政政策依赖于中期内实施紧缩性财政政策的"支出逆转"现象，造成短期实际利率的市场预期下降，引发长期利率的下降及本国货币的贬值[3]。在考虑了"支出逆转"现象后，美国财政政策对欧元区和英国的外溢效应则由以邻为壑效应转向正向溢出效应，美国政府财政支出增加将降低中长期的实际利率，并通过国际资产价格传导机制带动欧元区和英国的实际利率下降，从而产生正向溢出效应，促进欧元区和英国的产出增长[4]。以加拿大、英国和澳大利亚为研究对象的研究同样表明，经济衰退时期美国扩张性财政政策具有显著的正向溢出效应[5]。美国财政政策可从国际收支、利率、消费、投资等传导途径对法国、英国、德国、日本、加拿大等主要贸易国产生溢出效应，主要传导途径为利率机制，通过降低真实利率对其主要贸易国产生正向溢出效应，国际收支溢出效应则较小[6]。欧元区国家的扩张性财政政策也将会对各成员产生正向溢出效应。

（二）中国宏观经济政策的外溢效应

对于发达国家而言，中国宏观经济政策的外溢效应正逐渐增强，但在外溢效应的强度、广度和深度上仍与发达国家存在一定的差距。

---

[1] Enders Z, Mller G, Scholl A, "How do Fiscal and Technology Shocks Affect Real Exchange Rates? New Evidence for the United States", *Journal of International Economics*, Vol.83, No.1, 2011, pp. 53-69.

[2] Arin K P, Koray F, "Beggar thy Neighbor?The Transmission of Fiscal Shocks from the U.S to Canada", *Open Economies Review*, Vol.20, No.3, 2009, pp. 425-434.

[3] Forni M, Gambetti L, "Government Spending Shocks in Open Economy VARs", *Journal of International Economics*, No.99, 2016, pp.68-84.

[4] Corsetti G, Muller G, "Multilateral Economic Cooperation and the International Transmission of Fiscal Policy", *NBER Wording Paper*, No. 17708, 2011,pp.1-42.

[5] 肖娱：《商业周期内美国财政政策跨国影响的经验分析》，《世界经济》2013 年第 10 期，第 142—160 页。

[6] Faccini R, Mumtaz H,Surico P, "International Fiscal Spillovers", *Journal of International Economics*, No.99,2016,pp. 31-45.

1. 货币政策外溢效应

随着中国经济总量占世界经济比重的不断提高，国内货币政策的外溢效应越来越大。有研究对比分析了美国、中国和日本的货币政策对欧盟的溢出效应，结果发现中国宏观经济政策的外溢效应日趋凸显，扩张性货币政策将显著提高大宗商品价格，同向作用于欧盟的通货膨胀、工业生产及出口；日本的扩张性货币政策将产生抑制欧盟工业产出和出口的外溢效应；美国的货币政策外溢效应则有减弱的趋势[1]。也有研究指出，美国、欧盟、日本与中国在当前全球经济的"中心-外围"结构中处于中心地位，中国经济总量在全球经济总量中所占比重日趋提升，但在国际金融市场上尚未产生如美国、欧盟和日本的实质性影响[2]。

在亚洲地区，中国的货币政策外溢效应则较为凸显，其重要地位毋庸置疑。中国的货币政策对马来西亚、菲律宾、新加坡等东南亚国家均产生了显著的外溢效应，对菲律宾和新加坡的产出也具有显著正向溢出效应，整体上表现为对上述地区生产总值增长（短期）和价格水平增长（长期）的带动作用，同时对菲律宾的外溢效应较为显著[3]。中国的货币政策对东南亚五国宏观经济的外溢效应主要表现为，中国货币供给量对马来西亚、印度尼西亚、菲律宾定期存款利率的外溢效应，中国同业拆借利率对新加坡、印度尼西亚通货膨胀的外溢效应[4]。基于中国在亚洲国家的重要影响，要素进口量和中间产品出口量分别占到亚洲总量的50%和30%，若中国扩张性货币政策带来一定的通货膨胀压力，该通货膨胀压力将通过提升进口商品价格的国际贸易直接途径与提高大宗商品价格的间接途径，对亚洲其他国家产生了显著的外溢效应，进而影响到整个亚洲地区[5]。

---

[1] Vespignani J L, "International Transmission of Monetary Shocks to the Euro area: Evidence from the US, Japan and China", *Economic Modelling*, No.44, 2015, pp.131-141.

[2] Aizenman J, Chinn M D, Ito H, "Monetary Policy Spillovers and the Trilemma in the New Normal: Periphery Country Sensitivity to Core Country Conditions", *Journal of International Money and Finance*, No.68, 2016, pp. 298-330.

[3] Koluk T, Mehrotra A, "The Impact of Chinese Monetary Policy Shocks on East and South-East Asia", *Economics of Transition*, Vol.17, No.1, 2009, pp. 121-145.

[4] 曹伟、王旭祥：《国际储备货币视角下货币政策的外溢效应：理论及中国的实证》，《上海金融》2014年第4期，第58—63、117页。

[5] Osorio G, Unsal D F, "Inflation Dynamics in Asia: Causes, Changes, and Spillovers from China", *Journal of Asian Economics*, No.24, 2013, pp.26-40.

2. 财政政策外溢效应

通过考察国内外财政政策对中国宏观经济的影响及其跨国溢出效应，可以发现，中国的扩张性财政政策对欧盟、亚洲、拉丁美洲等地区主要贸易伙伴的净出口、实际汇率产生了差异化动态效应，中国的扩张性财政政策将提升亚洲主要贸易国的净出口水平，产生持续正向溢出效应。由于贸易产品组分差异，中国扩张性财政政策将对欧元区国家净出口产生负向溢出效应，该溢出效应对不同的欧元区国家影响存在差异；中国扩张性财政政策引致拉美地区的净出口下降，主要是因为拉丁美洲国家并非中国的主要进口国，但中国却是拉美地区的主要进口国。同时，双向溢出效应分析显示，在依据双边贸易流量和资本流动强度筛选出与中国具有邻域关系的美国、欧盟、澳大利亚、日本、韩国五个国家（地区），各国财政政策对中国的溢出效应强度和时机随各国异质性，以及与中国双边贸易、资本流动的差异而有所不同，但上述国家财政支出增加对中国产出产生了正向溢出效应[1]。

针对美国次贷危机背景下中国经济刺激政策的实施效果及外溢效应的研究表明，中国 2009—2010 年的扩张性财政政策有效刺激了国内需求，并通过刺激中国进口对全球贸易产生正向溢出效应，对日本的溢出效应较强，对美国和欧盟的溢出效应相对较弱，但该扩张性财政政策对各国产出的正向溢出效应却较为有限，反映出在浮动汇率制下中国财政政策对全球贸易和金融失衡的调节作用有限[2]。总的来说，中国在宏观经济政策的国际协调中尚处于从属地位，受发达国家政策的冲击较大[3]。

三、中国宏观经济政策的国际协调

在新的历史发展阶段，中国正以更加积极主动的姿态深入参与全球经济治理，坚定支持多边贸易体制。

（一）中国在宏观经济政策国际协调中的位置

中国在宏观经济政策国际溢出链上所处的位置直接决定了中国参与宏

---

[1] 陈浪南、罗融、赵旭：《开放型经济下财政政策效应的实证研究》，《数量经济技术经济研究》2016 年第 2 期，第 95—112 页。

[2] Cova P, Pisani M, Rebucci A, "Macroeconomic Effects of China's Fiscal Stimulus", *IDB Working Paper*, No. 211, 2010.

[3] 孙瑾、郑雅洁：《后危机时代中国与欧美财政政策协调研究》，《经济理论与经济管理》2014 年第 7 期，第 88—100 页。

观货币政策国际协调的话语权与影响力。宏观经济政策外溢的强度和半径随溢出国经济发展水平的增强而提升，美国作为全球最发达的经济体，宏观经济政策的国际溢出效应要显著强于其他国家。[①]结合前文的论述，可以将当前全球宏观经济政策外溢的基本格局概括为梯度溢出格局：美国—其余发达国家—中国—其余亚洲国家，即美国向其余发达国家及全球经济体产生外溢；其余发达国家在接受美国外溢效应的同时向全球经济体产生外溢效应；中国作为崛起中的大国和新兴市场国家的代表，在接受发达国家外溢效应的同时对其余亚洲国家产生外溢效应，呈现出梯度溢出的基本格局。

具体而言，美国作为全球经济、金融中心，美元为国际支付货币，其宏观经济政策冲击是全球性的，能对其他经济体产生显著的外溢效应，虽存在一定的双向溢出效应，但整体上美国仍为主要的溢出方，外溢效应最强，处于国际溢出效应链的最前端。英国、法国、德国、意大利、加拿大、日本等其他发达国家接受美国的溢出效应，也存在一定双向溢出效应，该双向溢出效应因各国异质性及与美国经济联系的紧密程度而异，同时表现为向全球其他经济体外溢的溢出方，处于国际溢出效应链的次前端。中国宏观经济政策外溢效应随经济影响力的增强显著提升，在接受发达国家溢出效应的同时也存在一定的双向溢出效应，但该反向溢出效应相较于欧美发达国家较弱，主要表现为对韩国、马来西亚、新加坡、印度尼西亚、菲律宾等亚洲地区的外溢效应，整体处于国际溢出效应链的中端。

整体来看，中国在宏观经济政策国际协调的作用日趋增强，在亚洲经济发展的影响较为凸显，但与发达国家相较仍存在一定差距，在影响他国宏观经济运行的同时，也受到源自发达国家的政策冲击，承担大国责任与应对大国冲击并存。

（二）承担宏观经济政策国际协调的大国责任

随着经济体量和综合实力的日益增强，中国在宏观经济政策国际协调中的参与度与贡献力日益凸显，主动展开与国际货币基金组织、G20、APEC、东盟等区域性经济组织的合作协调，推进了汇率改革、金融监督、货币互换、债券回购等多方面的国际协调，在应对1997年亚洲金融危机和

---

① Kim S, "International Transmission of US Monetary Policy Shocks: Evidence from VAR's", *Journal of Monetary Economics*, Vol.48, No.2, 2001, pp.339-372.

2007年美国次贷危机时做出了较大的努力与让步,用实际行动诠释践行大国担当。

1. 稳定汇率应对亚洲金融危机

1997年,泰国货币贬值引发的金融危机迅速席卷东南亚,人民币面临巨大的贬值压力,若无法稳定汇率,人民币贬值将引发更深层次、更广范围的金融动荡。为防止亚洲金融危机的扩散与冲击,中国在1997年12月的东盟高峰论坛上做出了"人民币不贬值"的承诺。此举稳定了亚洲金融市场,为亚洲各国共同抵御金融危机做出了较大努力。但人民币的坚挺与亚洲货币的普遍贬值直接重创了中国的出口贸易,部分国际市场被东南亚的泰国等国挤占,1998年出口增速仅0.5%,1999年贸易盈余大幅缩减,中国承担了158亿美元的经济损失,并由此引发了国内库存积压、失业率上升、居民收入下降、通货紧缩等诸多经济问题。在积极作为、主动承担风险与损失的同时,中国还向泰国等国提供了总额超过40亿美元的援助,向印度尼西亚等国提供了进出口信贷,对亚洲乃至世界金融、经济的稳定和发展起到了重要作用,主动承担了大国责任,诠释了大国的责任与担当。

2. 积极协调应对美国次贷危机

2007年爆发的美国次贷危机,美元的国际货币地位对全球经济体造成巨大冲击。2008年10月8日,美联储、加拿大央行、英格兰银行、欧洲央行、瑞士国民银行、瑞典银行六大行联手降息50个基点。在此形势下,中国积极采取四大举措应对危机。①降息27个基点至3.87%,并下调存款准备金0.5个百分点,免征存款利息税,持续推进降息,一年期贷款、存款利率分别累计下调216个基点、189个基点。②协调周边国家,与日本、韩国及东盟国家成立了800亿美元的亚洲货币稳定基金,并向巴基斯坦、泰国等国提供援助,以稳定亚洲局势,防止危机蔓延。③加深与美国的合作协调,为美国提供信贷支持,保证不出售并增持美国国债,成为美国国债最大债权国。④主动参加欧亚峰会、G20首脑峰会等国际会议,积极协调各国措施,共同应对次贷危机。

(三)应对大国宏观经济政策外溢的冲击

中国在主动承担大国责任的同时亦受到发达国家宏观经济政策的冲击,该政策冲击主要源于美国、欧盟、日本等发达国家和地区。2017年9月20日,美联储召开议息会议决定正式启动缩表;此后,美国正式签署了对华贸易备忘录,这些均给中国宏观经济政策的国际协调带来了挑战与冲击,因此,如何正确应对大国宏观经济政策的冲击尚待探索。

1. 沉稳应对美联储缩表

美国自2007年开始通过贴现窗口、量化宽松等各种方式向市场增发货币,以应对次贷危机,也因此导致资产负债表规模增长了近400%。2017年9月,美联储召开议息会议决定正式启动缩表,此举可能有利于美国挤出资产泡沫、防范利率风险、纠偏收益率曲线、减少国债高估风险、控制美元币值等,但也可能带来财政资金缺口、冲击房地产按揭市场、造成经济动荡等风险①。

就外溢效应而言,美联储缩表对中国的影响可能偏负面:首先,人民币汇率短期存回调风险,美联储正式公布缩表当天人民币汇率中间价上调184个基点,即期汇率也持续高于中间价,外汇市场已有所反应,人民币汇率短期内承受压力。其次,跨境资本流动面临一定压力,美联储加息将带来美国利率上升,资金涌入,推动美元指数走高,传导至国内,人民币汇率看跌,带来资本外流的压力。再次,市场利率走高,长期债券价格将明显下挫,债券市场面临调整。最后,可能造成商业银行负债端资金运营成本提高,国内融资成本走高叠加美联储加息的压力,国内流动性不会出现明显的宽松状况,房贷利率有可能被进一步抬升,但由于中国政府积极实施限贷限购等组合和配套的应对政策或措施,从长期来看,中国房地产市场走势并未因此而发生根本性的逆转。②

面对美联储缩表可能导致的外溢效应,中国应沉稳应对,平衡适度地实施稳健中性货币政策,在"去产能""去杠杆"的同时防止经济过度下行及滋生金融风险。同时,注重完善汇率形成机制,淡化对美元的关联度,加强预期引导,规避美国货币政策的干扰效应。

2. 理性应对美国加征关税

2018年以来,中美贸易战并未缓解,反而越来越激烈,美国逐步增强对华的各项贸易保护约束,首先对进口钢铁和铝产品加征关税(232措施),此后还建议加征关税自中国进口的航空航天、信息和通信技术、机器人和机械等产品的关税,对中国乃至全球经济贸易的可持续发展构成了重大的威胁和掣肘。

为了更好地应对中美贸易战带来的挑战,中国相继发布了对原产于美

---

① 宋湘燕、叶代鹏:《美联储缩表方式及影响》,《中国金融》2017年第5期,第84—86页。
② 王有鑫:《美联储缩表对中国影响及对策》,《清华金融评论》2017年第11期,第65—68页。

国的部分进口商品中止关税减让义务，对部分农产品或汽车、化工品等进口商品加征关税税率等一系列制衡政策，此举旨在针对美国建议加征关税的自中国进口产品清单做出应对，维护中国在国际经济中的合法权益，并有利于世界经济贸易环境的净化，遏制以美国等为首的发达国家推行的"逆全球化"和贸易保护主义升级的势头。

面对美国挑起的贸易战，中国的政策制衡既是对己方权益的维护，也是为全球贸易自由做出的努力。贸易战一旦正式实施，对中方、美方而言均会遭受严重的损失，也将推动全球贸易保护主义走强，这无疑与经济全球化和贸易自由化的目标背道而驰。

首先，世界主要大国宏观经济政策失调所致的全球经济失衡是全球金融危机之后各国面临的全球性挑战，也是全球经济治理的重要内容。早期阶段，全球失衡通常是指经常账户顺/逆差的现象趋势长期存在，难以逆转。但在更深层次上，全球失衡不仅是经济运行层面的失衡，更是公平性的失衡，其与以往发达国家占据主要位置的全球经济治理范式显然有着密切关系。全球失衡的加剧，不仅带来了经济效率的损失，还给社会福利和民众诉求带来了严重的挑战，体现出了全球经济治理范式改革的紧迫性。因此，全球经济失衡也在一定程度上凸显了国家之间和国家内部失衡发展的严峻挑战，迫切需要构建一个惠及全球的平衡、协调制度与机制。

其次，增长动能短期内趋于衰竭，也是全球亟待解决的问题。虽然主要发达国家推行"第四次工业革命""工业4.0"战略等，但近年来，随着经济的不断发展，中国面临着越来越多的外交挑战。其中，经济失衡是中国在对外经济交流与合作中应对的主要挑战之一。"逆全球化"思潮和全球贸易保护主义抬头的影响范畴是全面的、全方位的，不仅包括了欧美等发达国家对中国的贸易保护调查与制裁，也涵盖了新兴经济体对中国采取的贸易保护措施，一个直观的后果便是，中国面临的贸易摩擦急剧增多，中国企业开展国际贸易和"走出去"活动时会面临更大的风险和挑战。从更深层次来看，全球经济失衡还带来了更为深远的负面影响，其严重阻碍了作为全球经济引擎之一的中国给世界经济复苏带来的发展新活力、新动能，这是得不偿失的，对全球经济协调发展造成了重大的损失。

在南北共治的全球经济治理范式下，南北各国的宏观经济政策既存在激烈的博弈关系，也存在有弹性的、可斡旋的合作空间。就中国宏观经济政策协调而言，中国应主动承担大国责任，提供更多更好的全球公共产品，但同时要通过持续的对外开放，获取更多发展新动能。

第九章 贸易投资领域

所谓全球贸易投资治理是指各国在非歧视性和公平性等原则指导下，为促进国际贸易投资的自由化和便利化，通过协商谈判制定一套具有约束力的国际规则，促进国际贸易投资的健康可持续发展。贸易投资治理是全球经济治理的重点领域之一，贸易投资规则和协定谈判是国际经济制度协调的主导方式。该领域的治理制度主要体现为三种形式：第一类是 WTO 这样的全球性多边贸易机制，通过正式的制度安排对成员施以约束；第二类是若干国家参与构建的非正式国家集团机制，如 G20 等平台，主要就国家间经济政策进行磋商和协调；第三类则强调地区性，主要指各国之间为实现经济整合及促进贸易投资自由化和便利化而采取的治理模式，以 FTAs 和 BITs 为典型。

全球经济治理面临反全球化浪潮、区域一体化解体、地缘冲突、非传统安全问题、贸易投资保护主义等众多不利因素，贸易投资领域更是凸显了规则碎片化和多边谈判困境。据联合国贸易和发展会议统计，截至 2016 年底，全球范围内的国际投资协定（International Investment Agreements，IIAs）累计达到 3324 项，其中 BITs 为 2957 项，包括 FTAs 在内的 TIPs（Treaties with Investment Provisions，含投资条款的协定）为 367 项。2016 年，37 项新的 IIAs 谈判结束，全球贸易投资治理规则的"意大利面条碗"现象进一步加剧。与此同时，WTO 争端解决机制的上诉机构面临瘫痪，利益分歧导致决策效率较低，目前面临生死存亡的改革困境。贸易保护主义下的全球贸易摩擦加剧，中国和美国、美国和日本等全球经济大国间加征关税和双反调查频发。CPTPP 正式签订生效，"毒丸"条款下多边贸易体制受到威胁。

尽管中国当前在提供国际公共品、制定国际规则、管理国际联盟和维护国际道义方面面临诸多挑战，但仍致力于维护经济全球化和开放经济，维护发展诉求与利益，维护更加公平的国际体系和秩序，通过分享中国经验为全球经济治理提供更多"中国方案"，在全球经济治理中更加主动地发挥积极影响力。①

迄今为止，中国已通过 WTO 等多边平台、G20 机制及 APEC 等区域平台、FTAs 和 BITs 等规则制定参与到全球贸易投资治理中，其主要贡献如下。

一方面，中国致力于重塑全球贸易治理规则，以 RCEP 谈判等为代表的东亚轨道助力亚太自由贸易区的最终实现，中国推动既有 FTAs 升级，并适时整合区域内 IIAs 以缓解"意大利面条碗"现象②，在国际经济规则制定重点从"边境措施"向"边境内措施"转移的当下，积极引入更多代表未来发展趋势的新型贸易和横向议题。

另一方面，中国力促全球投资治理规则的形成，推动《二十国集团全球投资指导原则》落地及国际投资规则朝着更加开放、公平、包容、透明、可持续方向发展。此外，中国凭借改革开放以来的丰富经验及其在基础设施建设、工业化方面区别于西方发达国家的治理方法和路径，通过"中国方案"为全球投资治理注入了新的内涵和活力。

第一节　全球贸易投资治理问题：规则碎片化和多边谈判困境

WTO"多哈发展回合"（Doha Development Round）长期停滞不前促使诸多国家将推进贸易投资谈判的重心与精力转向"区域主义"与"复边主义"，迅猛发展并急剧扩散的区域一体化浪潮体现了身处其中的各国借市场开放与整合以革新经济，以及通过构建国际经济新规则以重塑全球贸易投资格局的诉求。③然而，当前反全球化浪潮及由此带来的区域经济一体化解体风险正在对区域一体化产生新的冲击。不仅如此，复杂的地缘政治与"非传统安全"议题，贸易投资保护主义等新问题和不断涌现的国际经济新规制强化了这一趋势，促使贸易投资多边谈判将继续深陷困境。

---

① 盛斌、王璐瑶：《全球经济治理中的中国角色与贡献》，《江海学刊》2017 年第 1 期，第 83—87、238 页。

② "意大利面条碗"现象一词源于巴格沃蒂在 1995 年出版的《美国贸易政策》一书，是指在 FTAs 和区域贸易协定下，各个协定不同的优惠待遇和原产地规则就像碗里的意大利面条，剪不断，理还乱。

③ 盛斌、王璐瑶：《全球经济治理中的中国角色与贡献》，《江海学刊》2017 年第 1 期，第 83—87、238 页。

一、全球贸易投资规则碎片化问题

据 WTO 统计,截至 2016 年 6 月,向其通报并生效的 FTAs 已达到 234 项,占全部区域贸易协定的 87.6%,其中半数以上为 2008 年经济危机爆发后签订,增幅明显。[①]亚太地区成为[②]全球经济治理和经贸规则制定的重点区域,环太平洋地区的南南合作也在不断推进。联合国贸易和发展会议数据则显示,2016 年各国新签订了 37 项新的 IIAs,[③]使得 IIAs 总数在年底达到 3324 项(另有 4 项协定在 2017 年初签订),其中,2957 项为 BITs,另外 367 项为包含投资条款的 FTAs 等其他协定(TIPs),反映了各国政府对参与国际投资的政策进行了更广泛的重新调整(图 9-1)。

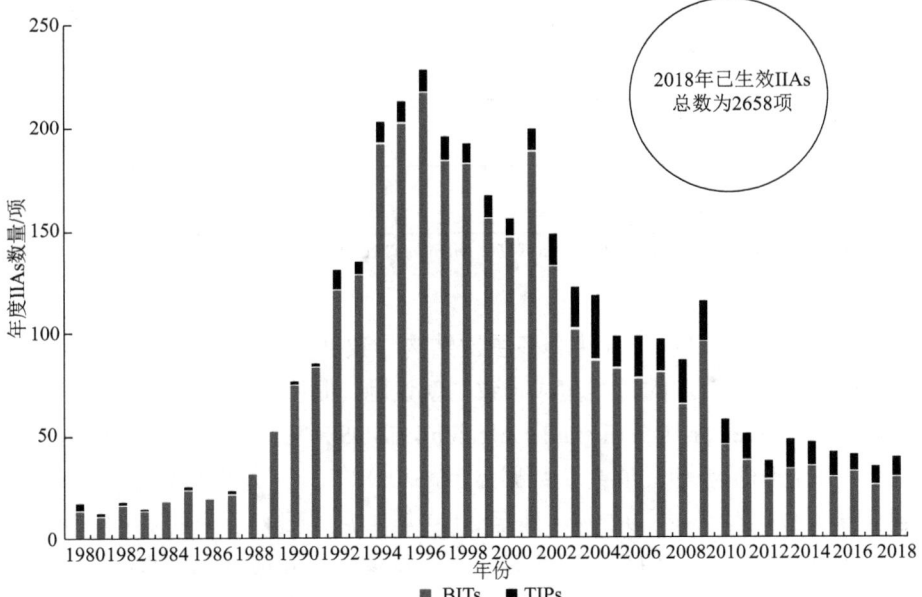

图 9-1　1980—2018 年签订的 IIAs 趋势

资料来源:United Nations Conference on Trade and Development, *World Investment Report 2017: Investment and the Digital Economy*, 2017

---

① "Region Trade Agreements Database",http://rtais.wto.org/UI/PublicMaintainRTAHome.Aspx.
② "Region Trade Agreements Database",http://rtais.wto.org/UI/PublicMaintainRTAHome.Aspx.
③ 按照联合国贸易和发展会议分类,现行 IIAs 主要由 BITs 及包括 FTAs 等在内的其他 IIAs 构成。其中,其他 IIAs 主要指除 BITs 外包含与投资有关条款的国际协定,如经济伙伴协定、自由贸易区协定、区域经济一体化协定及经济合作框架协定中的投资章节等。此外,与投资相关的文件(Investment Related Instruments,IRIs)、类似与贸易有关的投资措施协定(Agreement on Trade-related Investment Measures,TRIMs)和与贸易有关的知识产权协定(Agreement on Trade-related Aspects of Intellectual Property Rights,TRIPs)等政府间协定,以及经济合作与发展组织跨国企业准则(OECD Guidelines for Multinational Enterprises)等指导原则和意见,也是国际投资规则的组成部分。

与贸易投资规则碎片化带来的"意大利面条碗"现象紧密相连的是国际贸易投资争端解决案例数量的总体持续增加。新增协定在削减关税与非关税壁垒的同时，也将双边和区域内现有各类待遇与规则复杂化。WTO 统计数据显示，1995—2016 年，所受理的贸易争端案件多达 514 项。2001—2016 年，半数以上的贸易争端案件针对美国、欧盟和中国发起。其中，共有 37 项贸易争端案件针对中国发起（表 9-1）。

表 9-1　1995—2016 年 WTO 贸易争端案件数量

地区	1995—2016 年	1995—2000 年	2001—2005 年	2006—2010 年	2011—2016 年
全球/项	514	219	116	84	82
美国/项（占比）	128（24.9%）	50（22.8%）	40（34.5%）	20（23.8%）	18（22.0%）
欧盟/项（占比）	82（16.0%）	30（13.7%）	23（19.8%）	17（20.2%）	12（14.6%）
中国/项（占比）	37（7.2%）	—	1（0.9%）	20（23.8%）	16（19.5%）
小计/项（占比）	247（48.1%）	80（36.5%）	64（55.2%）	57（67.9%）	46（56.1%）

资料来源："Map of Disputes Between WTO Members",2020-10-26,https://www.wto.org/english/trato p_e/dispu_e/dispu_maps_e.htm

与此同时，IIAs 碎片化和多层次结构导致部分协定条款和内容相互冲突，再加上日渐增加的较难达成一致的新议题，促使近 30 年来投资者-国家争端解决（investor-state dispute settlement, ISDS）案例数量呈现出整体上升趋势。联合国贸易和发展会议数据显示，2018 年，投资者根据 IIAs 发起 71 起公开 ISDS 案件（图 9-2）。截至 2019 年 1 月 1 日，公开的 ISDS 申诉总数达到 942 项，公开信息显示已有 117 个国家是一起或多起 ISDS 案件的被诉方。由于某些仲裁可以完全保密，2018 年及此前提交的实际争议数量可能会更高。越来越多的外国投资者诉诸国际仲裁，也反映出某些 IIAs 存在条款内容含糊不清、模棱两可的情况。

不过，目前全球范围内大量 IIAs 进入调整和重构阶段，也为国际贸易投资协定体制改革带来机会。据联合国贸易和发展会议统计，20 世纪 90 年代达成的 BITs 数量最多，截至 2016 年底，已有 1000 多个 BITs 进入某一协定方可以单方面宣布终止的阶段；更多的协定还将在未来几年面临这样的终止。[①]

[①] United Nations Conference on Trade and Development, *World Investment Report 2017: Investment and the Digital Economy*, 2017.

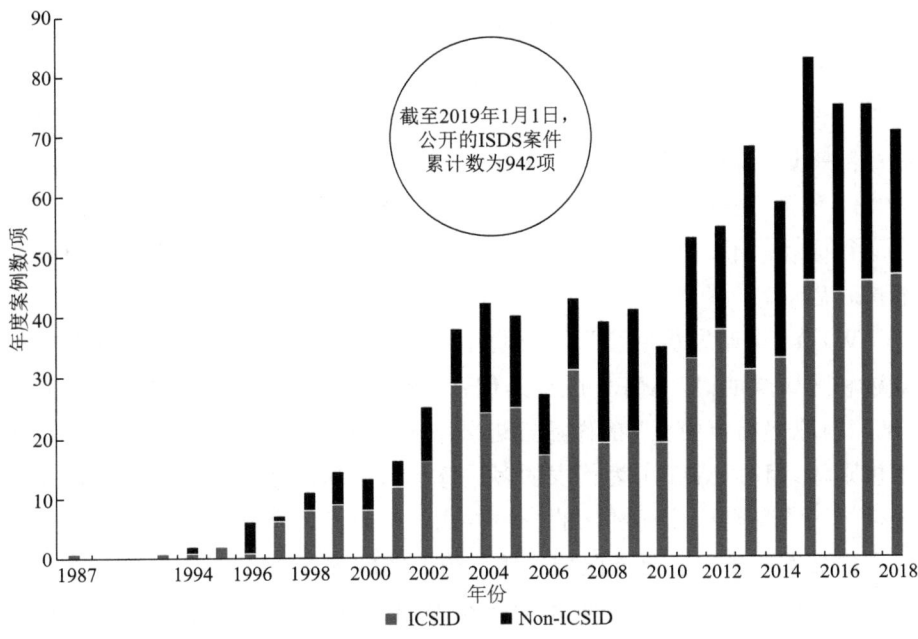

图 9-2 1987—2018 年公开的 ISDS 案件趋势

资料来源：United Nations Conference on Trade and Development, *World Investment Report 2017: Investment and the Digital Economy*, 2017

ICSID 表示国际投资争端解决中心处理的案例；Non-ICSID 表示未经国际投资争端解决中心处理的案例

此外，国家还可以通过修订和替换的方式更新 IIAs。其中，修订主要是以修订案的方式，修改或废止条约中的条款或增加新条款。替换则包括两个途径，一是通过再谈判达成新的协定。基于最惠国待遇等考虑，通过再谈判来削减或调整协定所规定的义务十分困难，但可促使缔约方在现有国际投资协定体制下重新审视协定的不一致性和重复性。二是一个或多个 BITs 等双边协定被新的地区或小多边协定替换，[①]这在一定程度上为整合贸易投资规则碎片化所引发的"意大利面条碗"现象创造了条件。

二、多边贸易协定谈判困境

WTO 于 1995 年正式成立之前，其前身关贸总协定分别在瑞士、法国、英国、日本、乌拉圭等地举行了八轮多边贸易谈判。谈判方从 20 世纪 40

---

① United Nations Conference on Trade and Development, *World Investment Report 2013: Global Value-Chains: Investment and Trade for Development*, 2013, pp.108-110.

年代的 20 个左右持续扩大至 20 世纪 90 年代的 125 个，议题主要围绕削减关税展开。历经"狄龙回合""肯尼迪回合""东京回合"和"乌拉圭回合"等谈判，各方平均关税实现整体大幅下降，其中，发达经济体的工业制成品平均关税降至约 3.6%。①此外，各方还于 1994 年签订协议以设立 WTO。然而，1999 年 WTO 第三届部长级会议试图进行的多边贸易谈判没有取得成功。不仅如此，原定于 2000 年 1 月开始的"千年回合"谈判也未能按时启动。

WTO"多哈发展回合"的长期停滞促使诸多国家将贸易谈判重心转向双边和区域层面，以 APEC 成员为代表的经济体早在 1998 年就开始尝试以"部门自愿提前自由化"的做法推进区域一体化发展。这势必对现行国际贸易规则体系和以 WTO 为代表的多边体制带来深远影响，但仍不失为过渡时期推进贸易自由化便利化的一种方式。然而，反全球化浪潮等正对此产生更猛烈的冲击，甚至连区域一体化也面临解体风险。

一方面，特朗普上任伊始即宣布退出 TPP，并主导对北美自由贸易协议（North American Free Trade Agreement，NAFTA）进行重新谈判。与此同时，TTIP 也面临极大的不确定性；另一方面，RCEP 谈判中东盟的"功能性中心地位"动力不足并倾向于未来将一体化进程限定在亚洲范围，加之印度等国家在区域贸易投资自由化便利化程度和标准方面较为保守，RCEP 仍局限于传统议题，且同样面临难以在短期内达成一致的困扰。因此，仅在亚太区域，国际经贸合作在未来一段时期内极可能继续呈碎片化趋势发展，体现为涵盖不同一体化进程的由 BITs 和 FTAs 组成的网络伞形式。②

与此同时，国际经济问题与政治安全问题紧密相连，集中表现为地缘冲突和治理进程主导权之争。此前，TPP 所代表的"亚太轨道"和 RCEP 所代表的"东亚轨道"就被视为通往亚太自由贸易区的两个可能方案，因而存在路径之争。TPP 作为一个带"牙齿"的协定，一方面，体现出很强的对国内政策主权的侵略性与压迫性，从而使成员方能够保留的国内政策空间趋紧；另一方面，美国通过构建 21 世纪贸易投资新规则吸引新兴市场国家加入协定或谈判，并辅之以军事安全保障等"非经济收益"以加深同

---

① 王秋红：《国际贸易学（第 2 版）》，清华大学出版社 2015 年版。
② 王璐瑶：《TPP 下一步可能动向及对亚太区域经济治理的影响》，《战略决策研究》2016 年第 6 期，第 23—40、102—103 页。

盟关系，部分东亚和东南亚国家出于引入域外大国以平衡区域力量及复杂化东海和南海争端等考虑加入 TPP，强化了亚太地区的"经济与安全二元化"结构，不利于开放性的区域合作框架构建。

不仅如此，国际制度是国家权力的附属，国家在很大程度上为维护自身利益而提供国际治理规则的公共物品，利用议题制定和标准体系建设阻止其他国家争夺国际话语权。例如，美国此前借助 TPP 初步完成了美版国际贸易投资规则的构建，有助于形成以美国为核心的贸易集团，并给中国、印度等新兴经济体施以压力，[①]进而在未来多边谈判中维持"中心（规则制定者）—外围（规则接受者）"格局。尽管美国也已退出其在亚太地区象征参与度和话语权的 TPP，但其影响力仍将通过日本等同盟国家及其他形式的合作安排得以延续。

综上所述，一方面，WTO 迄今为止虽在削减关税、取消农产品出口补贴、实现信息技术协定扩围等方面取得一定成效，但其谈判机制演变仍然无果，很大程度上还在延续"多哈发展回合"以来停滞不前的状态；另一方面，即使是双边和区域层面的小多边贸易谈判，也因反全球化浪潮和由此产生的区域一体化解体风险而备受挑战。2017 年 2 月，WTO《贸易便利化协定》议定书得到该组织超过 2/3 成员核准而正式生效。作为 WTO 成立 20 多年来达成的首份多边贸易协定"巴厘一揽子协定"的重要组成部分，《贸易便利化协定》被 WTO 原总干事阿泽维多称为"本世纪（即 21 世纪）全球贸易领域发生的最大变革"。[②]这似乎为多边贸易谈判带来新的希望。然而，2017 年底，随着 WTO 第十一届部长级会议结束，会议并未就主要谈判议题取得突破。2018 年，针对 WTO 改革，不同国家和地区推出了符合自身利益的方案，如欧盟发布的题为《WTO 现代化》的概念性文件，日本、美国和欧盟联合提交的《增强 WTO 协定下透明度和通报要求的程序》，欧盟、中国和印度等联合提交的关于打破目前上诉机构法官遴选僵局的方案及加拿大与其他 12 个国家共同发表的《WTO 改革部长级会议联合公报》，但各方案之间差异较大，目前难以达成一致。

---

① 沈铭辉：《美国的区域合作战略：区域还是全球？——美国推动 TPP 的行为逻辑》，《当代亚太》2013 年第 6 期，第 70—94、152 页。

② 《专访：〈贸易便利化协定〉生效为多边贸易谈判带来新希望》，2017 年 2 月 24 日，http://www.xinhuanet.com/2017-02/24/c_1120523951.htm。

三、多边投资协定谈判困境

多边投资协定（Multilateral Agreement on Investment，MAI）谈判主要由发达经济体在 1986—2003 年主导和推进，谈判平台先后从关贸总协定转移至 OECD 再回到 WTO，三个阶段的谈判过程充斥着各经济体间的博弈和妥协。[①]

第一阶段的谈判集中在关贸总协定乌拉圭回合期间（1986—1994年），其背景是 20 世纪 90 年代跨国企业地位不断上升，国际投资与国际贸易形成并列发展之势，为进一步削减投资壁垒，发达经济体呼吁在多边层面制定统一投资规则。以美国、加拿大、日本、瑞典、欧共体等为代表的支持者认为新的回合贸易谈判应该纳入各种投资措施规范，以免这些措施扭曲贸易和投资流向从而背离关贸总协定基本目标。然而，印度、阿根廷、巴西、哥伦比亚、古巴等发展中国家构成的反对方坚持认为投资问题不在关贸总协定权限范围内，因此也不应进入关贸总协定新的回合谈判。最终，谈判倾向发展中国家的立场，仅形成《与贸易有关的投资措施协定草案》，并且发展中国家拥有较长的过渡期以逐渐废除这些受禁止的投资措施。

第二阶段的谈判则以 OECD 为主场（1995—1998 年），体现了乌拉圭回合谈判提出的多边投资协定设想遭到发展中国家反对后，美欧等继续推进 MAI 的决心。当时的 OECD-29 国，以及欧共体、阿根廷等均参与了谈判，而斯洛伐克、爱沙尼亚、拉脱维亚、立陶宛被列为观察员。此次谈判的目标是达成一项 MAI，内容包括：实行广义投资定义；将国民待遇延伸至准入前阶段，并采用"负面清单"管理模式；外国投资者可以任意雇佣自然人且不受国籍和公民身份限制；禁止扭曲投资的业绩要求；不得降低环境、健康和安全等标准吸引外资；缔约方无条件同意私人投资者将争端提交 ICSID 等。1995—1997 年，OECD 就 MAI 共举行 11 轮谈判和 4 次成员会谈。1998 年 4 月，高级官员会议和部长会议上展开的 MAI 谈判宣告失败，OECD 在 5 月宣布暂停谈判。半年后，OECD 投资政策高级官员非正式磋商会议在 1998 年 12 月决定不再举行 MAI 谈判。

第三阶段的谈判选择回归到 WTO 框架下（1996—2003 年），在 OECD

[①] 叶兴平、王作辉、闫洪师：《多边国际投资立法：经验、现状与展望》，光明日报出版社 2008 年版。

推进 MAI 谈判的同时，部分发达经济体仍然寄希望于在 WTO 第一届部长级会议前发力，重启在 WTO 框架内的投资规则制定。其中，欧盟、加拿大、日本等是最为积极的推动者。在其看来，日益增长的国际投资需要借助能够体现各国利益的全球性规则予以规范，而 WTO 内进行的多边谈判有助于形成这种架构。美国及以印度为代表的发展中国家虽同为反对者，但反对理由不同。美国认为在 OECD 内完成 MAI 谈判是当务之急；发展中国家则不主张扩大 WTO 的投资职能，而是倾向联合国贸易和发展会议发挥类似作用。在各方博弈下，1996 年 WTO 第一届部长级会议仅宣布成立"贸易和投资工作组"（Working Group on Trade and Investment，WGTI）；2001 年，WTO 第四届部长级会议将贸易和投资议题列入"多哈发展议程"；2003 年，因发展中国家坚持反对，投资谈判并未进入 WTO 第五届部长级会议，MAI 以失败告终。

MAI 谈判陷入困境并最终失败的原因可以归纳为国际背景、国家分歧和平台限制三个方面：首先，尽管 20 世纪 90 年代发达国家对推进投资自由化的需要，以及发展中国家对平衡跨国企业海外投资权利与义务的诉求都在呼吁 MAI 出台，然而，1997 年爆发的亚洲金融危机迫使各方，尤其是亚洲国家对资本自由化流动重回审慎保守态度。其次，各国就投资定义、国民待遇、文化例外、业绩要求、劳工和环保议题及投资争端解决机制等多个方面存在争议，并且 OECD 的 MAI 文本所体现的高标准自由化和便利化要求对国家社会经济政治的影响深度及广度前所未有，即使在现有时代背景下也会对各方构成极大压力。最后，OECD 并非全球性组织且成员主要为发达国家，在谈判过程中容易忽略发展中国家在产业结构和国家经济安全方面存在的困境，也增加了发展中国家对扩围后的国际投资规则可能限制国内政策措施实施进而引发的主权让渡问题的担忧。

时至今日，重启 MAI 谈判存在必要性，如可以有效整合目前的国际投资规则碎片化问题、系统性改革现有的投资争端解决机制及将更多发展中国家和新兴经济体纳入全球投资治理平台以更好地解决可持续发展问题，但仍难以实行。在全球层面进行 IIAs 改革需要各国就关键问题和新兴议程达成共识并形成系统性改革的共同愿景。然而，这也是推进全球投资治理规则体系变革最具挑战性的环节，不仅因为全面把握和判断条款间的不一致性及重叠程度将涉及对数千份协定进行审查，还在于多边行动计划的指导方针和原则等具有非强制性，缺乏足够的约束和惩罚机制以保证各国朝着通力合作的方向前进。

尽管国际社会看待 MAI 的共识有所回温，但欧美发达国家通过区域和双边手段达成投资规则的趋势还将继续，多边主义并不是其目前的政策重点。[①] 目前，WTO 框架中虽已分散包含了一些与贸易有关的投资措施协定，却只对直接影响贸易的投资使用进行限制。

第二节　中国与全球贸易治理的规则重塑

中国主张以 WTO 代表的多边贸易体制为全球贸易规则的主渠道，也认可区域贸易自由化是其有益补充，对符合 WTO 规则、有助于促进亚太区域经济一体化的制度建设均持开放态度。[②] 因此，在多边贸易谈判深陷泥淖的当下，中国一方面以 FTAs 等全球贸易治理的传统规制实践为基础，不断对其进行扩充和升级；另一方面，也借由"一带一路"等治理新变量对沿线区域各类合作安排进行整合，从而为中国参与全球贸易治理夯实现实基础并营造良好的外部环境。

一、中国参与全球贸易治理的规制实践

截至 2019 年底，中国已与 25 个国家和地区签订 17 个 FTAs，并在区域层面推进中日韩 FTA 和中国—海合会 FTA 谈判，在双边层面推进与斯里兰卡、以色列、挪威等国的 7 个 FTA 谈判，此外，还与韩国和秘鲁在现有 FTA 基础上展开升级谈判。2020 年 11 月 4 日，RCEP 的 15 个成员结束全部文本谈判及实质上所有市场准入谈判，并推动各方在 2020 年 11 月 15 日正式签署协定。

中国从多边、双边和区域层面参与全球贸易治理的既有实践主要可以概括为以下三个方面。

第一，在多边层面，中国积极参与 WTO 框架下的贸易相关协议谈判并签署若干文件。

[①] 桑百川、靳朝晖：《国际直接投资规则变迁与对策》，对外经济贸易大学出版社 2015 年版。
[②] 《高虎城：中国坚定支持多边贸易体制》，2015 年 10 月 9 日，http://finance.people.com.cn/n/2015/1009/c1004-27675313.html。

在贸易便利化领域，2014年11月，WTO总理事会通过了《修正〈马拉喀什建立世界贸易组织协定〉议定书》，将2013年12月WTO第九届部长级会议通过的《贸易便利化协定》作为附件纳入《马拉喀什建立世界贸易组织协定》，并将在2/3的WTO成员（108个成员）接受《修正〈马拉喀什建立世界贸易组织协定〉议定书》后生效。截至2015年，已有包括中国在内的49个成员接受该协定。[①]在信息技术方面，2015年12月，WTO扩大《信息技术协定》产品范围谈判参加方在肯尼亚内罗毕宣布，就扩围谈判达成全面协议，并发表《关于扩大信息技术产品贸易的部长声明》。[②]2016年9月15日起中国对201项信息技术产品最惠国税率实施首次降税。在全球环境保护方面，中国是《环境产品协定》谈判的主要发起方之一，并持续积极主动地推进各类谈判磋商，与美国共同发挥重要引领作用，为《巴黎协定》的最终达成做出了切实贡献。[③]在农业议题谈判方面，2015年12月，WTO第十届部长级会议通过了《内罗毕部长宣言》，就非洲等发展中国家最为关切的农业出口竞争达成共识，162个成员首次承诺全面取消农产品出口补贴，其中发达经济体承诺将立即取消其大部分农产品出口补贴，包括中国在内的发展中国家则将在2018年取消。各方也就出口融资支持、棉花、世界粮食援助等达成新的多边纪律。[④]在服务贸易方面，2016年3月，WTO服务贸易理事会系列会议在瑞士日内瓦举行，中国商务部世界贸易组织司及中国常驻WTO代表团派员参会，中国与各方一道围绕国内规制、服务分类、最不发达国家成员服务豁免、电子商务等议题进行了讨论。[⑤]此外，中国积极配合WTO历次贸易政策审议工作，仅在2016年7月进行的第六次审议期间就对WTO向中国提交的1964个书面问题做出回应，涉及中国宏观经济体制和经贸领域的政策措施。[⑥]

[①]《世贸组织〈贸易便利化协定〉文本》，2015年10月16日，http://sms.mofcom.gov.cn/article/wtofile/201510/20151001138374.shtml。

[②]《〈信息技术协定〉扩围谈判全面结束》，2015年12月17日，http://www.mofcom.gov.cn/article/ae/ai/201512/20151201212077.shtml。

[③]《世贸组织〈环境产品协定〉谈判部长级会议在日内瓦举行》，2016年12月4日，http://www.mofcom.gov.cn/article/ae/ai/201612/20161202055354.shtml。

[④]《财经观察：WTO农业谈判有突破 多哈回合前景待观察》，2015年12月20日，http://www.xinhuanet.com/world/2015-12/20/c_1117520089.htm。

[⑤]《WTO服务贸易理事会2016年第一次例会在日内瓦召开》，2016年3月31日，http://sms.mofcom.gov.cn/article/dhtp/fwlsh/201603/20160301287642.shtml。

[⑥]《世贸组织对中国第六次贸易政策审议顺利结束》，2016年7月28日，http://sms.mofcom.gov.cn/article/u/aa/201607/20160701368264.shtml。

第二,在双边层面,中国扩充并升级现有FATs网络以助力自由贸易区战略全球布局。

自由贸易区战略近年来已上升为国家顶层设计。2015年12月《关于加快实施自由贸易区战略的若干意见》指出,加快实施自由贸易区战略是我国新一轮对外开放的重要内容,并对加快自由贸易区建设做出三个层次的规划:一是加快构建周边自由贸易区,力争与所有毗邻的国家和地区建立自由贸易区;二是积极推进"一带一路"沿线自由贸易区,积极同"一带一路"沿线国家商建自由贸易区,形成"一带一路"大市场;三是逐步形成全球自由贸易区网络。近期目标则包括加速现有自由贸易区谈判进度,在符合条件的前提下通过升级谈判等方式提高已有自由贸易区的贸易投资自由化水平,以及积极推动与我国周边大部分国家和地区建立新的自由贸易区。

迄今为止,中国在双边FTAs层面的努力可以概括为"扩充"和"升级"两个关键词。"扩充"即加快构建自由贸易区,在符合现实条件及具备可行性的基础上与他国签订新的FTAs,以壮大和完善既有FTAs网络,促进双边贸易自由化和便利化。除东盟作为整体外,中国在2014年及之前签订并生效的FTA伙伴多属冰岛、瑞士、新加坡、秘鲁这样的中小型经济体,彼时FTA贸易覆盖率仅在25%左右,远低于加拿大(68%)、美国(40%)和韩国(35%)。[1]2015年底生效的中国—韩国FTA和中国—澳大利亚FTA对此做出显著改善。在中国已签订的FTAs中,中国—韩国FTA是截至2015年协定生效时所涉双边贸易额最大且纳入议题最广的FTA。根据协定内容,在最长20年内,中方将最终对占税目数91%、占进口额85%的产品实现零关税,而韩方将最终对占税目数92%、占进口额91%的产品实现零关税。中国—澳大利亚FTA则实现了"全面、高质量和利益平衡"的目标。协定文本显示,澳大利亚将在减税过渡期结束后对全部产品实现零关税,而中方将最终对占税目数96.8%、占贸易额97%的产品实现零关税。此外,自协定生效起,澳方承诺将以负面清单方式对中方开放服务部门,成为世界上首个对我国以负面清单方式做出服务贸易承诺的国家,具有突破性意义。[2]值得特

---

[1] 陈德铭:《经济危机与规则重构》,商务印书馆2014年版。
[2]《中韩、中澳自贸协定正式生效》,2015年12月21日,http://fta.mofcom.gov.cn/article/chinaaustralia/chinaaustraliagfguandian/201611/33522_1.html。

别指出的是,目前正在研究的 FTA 中,加拿大是又一个体量较大的协定伙伴。中国和加拿大近年来均在推动全球范围内的自由贸易区布局,且双方此前曾与共同或类似的国家展开 FTA 谈判,有助于双方在理念和经验的基础上凝聚共识。

"升级"则是指中国与既有 FTA 伙伴在现有经贸合作往来和制度构建基础之上,推动双边 FTA 升级谈判,同时引入接轨国际经济新趋势和高标准的新议题与新措施。中国与新加坡和新西兰的 FTA 升级谈判已分别在 2018 年 11 月和 2019 年 11 月完成,与巴基斯坦正在进行 FTA 第二阶段谈判,而中国与东盟十国和智利的升级谈判此前已分别结束并正式签署协定。中国—新加坡 FTA 升级谈判除对原协定的原产地规则、海关程序与贸易便利化、贸易救济、服务贸易、投资、经济合作等六个领域进行升级外,还新增了电子商务、竞争政策和环境等三个领域。[1]中国—新西兰 FTA 升级谈判对原有的海关程序与合作、原产地规则及技术性贸易壁垒等章节进行了进一步升级,新增了电子商务、环境与贸易、竞争政策和政府采购等章节。双方还在服务贸易和货物贸易市场准入、自然人移动和投资等方面做出新的承诺。[2]截至 2019 年 4 月,中国和巴基斯坦围绕 FTA 第二阶段谈判已举办十一次会议,双方就货物贸易关税减让、投资、海关合作等议题进行了深入磋商,并取得积极进展。[3]此外,中国近年来已签订的大部分 FTAs 在推进传统贸易谈判的同时强调投资自由化和便利化,也在接轨国际投资规则新趋势。中国和瑞士在 2013 年签署的 FTA 就包含了竞争政策等与投资密切相关的议题,特别是首次纳入知识产权条款。2015 年底正式生效的中国—韩国 FTA 更是首次涉及以准入前国民待遇和负面清单方式开展服务贸易和投资谈判,首次在 FTA 中涉及电子商务和地方合作内容,首次设立金融服务、电信服务单独章节。[4]

第三,在区域层面,推动双边 FTAs 向小多边转型并力促亚太自由贸易区早日达成。

---

[1]《商务部国际司负责人解读中国-新加坡自由贸易协定升级议定书》,2018 年 11 月 12 日,http://fta.mofcom.gov.cn/article/zhengwugk/201811/39339_1.html。

[2]《中国与新西兰结束自贸协定升级谈判》,2019 年 11 月 4 日,http://www.xinhuanet.com/fortune/2019-11/04/c_1125191539.htm。

[3]《中国—巴基斯坦自贸协定第二阶段谈判第十一次会议取得积极进展》,2019 年 4 月 9 日,http://www.mofcom.gov.cn/article/ae/ai/201904/20190402851066.shtml。

[4] 张琳:《中国区域自由贸易协定(FTA)的新发展》,2015 年 5 月 1 日,http://iwep.cssn.cn/xscg/xscg_sp/201503/t20150323_1901983.shtml。

中国在区域层面推动双边 FTAs 整合并向小多边转型的显著成果即东盟十国作为整体与中国签订 FTA，有效缓解了中国与东盟国家之间一对一签署协定所产生的"意大利面条碗"现象。双方在 2015 年 11 月完成升级谈判，在货物贸易原产地规则等方面取得显著成果。中国—东盟自由贸易区升级后将以"区域价值百分比 40%"为主的标准改为对绝大部分工业品同时适用"4 位税目改变"和"区域价值百分比 40%"标准，涉及 3000 多种产品，且两种原产地标准可由企业自行选择适用。与此同时，新的协议文本还将跨境电子商务合作议题纳入其中并在服务贸易领域做出更高水平的开放承诺。①

基于成员体量和区域影响力考虑，中国目前在区域 FTAs 层面力推以 RCEP 为代表的小多边谈判，以期早日建成亚太自由贸易区。亚太自由贸易区被视为实现亚太区域经济一体化的长期目标，外界也将 APEC 北京峰会视为中国开始主导亚太自由贸易区进程的标志和对美国此前力推的 TPP 的战略性抑制，②以及中国以更加积极的方式参与全球和区域经济治理的外交政策组成部分。③但通往亚太自由贸易区的轨道尚在讨论和探索之中。美国此前携 TPP "重返亚太"一度导致以 TPP 为代表的"亚太轨道"和以"ASEAN＋"④为代表的"东亚轨道"产生竞合，给亚太自由贸易区带来更多路径选择。2018 年 CPTPP 正式签订生效，使得亚太层面的域内合作面临被分化的风险，部分国家因持观望态度而无法将精力和期待集中于正在进行的 RCEP 谈判上。

不仅如此，亚太自由贸易区"东亚轨道"还存在中国、日本和东盟主导的三个进程之争，⑤而 RCEP 是对中国倡导的"ASEAN+3"和日本推崇的纳入东亚域外三国（澳大利亚、新西兰和印度）的"ASEAN+6"的妥协，目的是促使中日双方让渡主导权以维持东盟在其中的"功能性中心地位"和"东盟方式"，强化"轮轴＋辐条"效应，但该模式不免有"小马拉大

---

① 白明：《中国东盟自贸区升级意义深远》，2015 年 12 月 11 日，http://www.china.com.cn/news/txt/2015-12/11/content_37292250.htm。

② Kassim Y R, "Asia Pacific Economic Leadership: Shifting from the US to China? ", *RSIS Commentary*, No. 222, 2014.

③ Zheng Y N, Lye L F, "China's Foreign Policy: The Unveiling of President Xi Jinping's Grand Strategy", *East Asian Policy*, 2015, Vol.7, No.3, pp.62-82.

④ "ASEAN+"即在东盟国家基础上加入中国、日本、韩国等国的谈判，以 RCEP 为代表。

⑤ 冯军、陈琛：《亚太自由贸易区（FTAAP）问题的由来及影响》，《亚太经济》2015 年第 5 期，第 47—51 页。

车"之嫌，动力不足。因此，中国近年来也坚决表态维护东盟在 RCEP 谈判中的核心地位并支持其发挥引领作用，以最大限度地在目前情形下稳定东盟对 RCEP 的投入和关注，同时尽可能地在关键环节发挥协助和润滑作用，通过与 RCEP 各方的双边既有谈判基础凝聚共识，促进 RCEP 取得实质性突破。

二、中国参与全球贸易治理的新变量：共建"一带一路"

"一带一路"是根据全球形势深刻变化，统筹国内国际两个大局，构建新常态下全方位对外开放全新格局的重大举措，对提升中国对外经济合作广度和深度大有裨益。同时，"一带一路"沿线国家多为新兴和发展中经济体，其作为整体约占世界人口的 3/5 和全球经济总量的 1/3，是中国参与全球贸易治理可以团结的重要力量。

通过地区规则影响和撬动全球性治理是各大国的通常做法，但对于广大发展中地区而言，其社会经济发展的高度不平衡性使得适用范围广泛的多边协定的诞生十分困难。[1]"一带一路"倡议作为治理新变量，有利于进一步协调发展中国家和发达国家利益，以及解决全球公共产品供给不足的问题。作为中国针对全球问题提出的首个方案，"一带一路"重视互利共赢，也更加关注区域融合。[2]由共商、共建、共享的理念探索全球治理及能力建设，致力于解决治理成果、手段和方向的失效、失灵及偏差问题，还可被视为超越地缘的全球治理理念创新。[3]

具体而言，"一带一路"不仅融贯沿线各类合作安排，也集中展示了中国与相关国家更深层次的互动（图 9-3）。纵观"一带一路"沿线六大合作机制，除前文所详述的 FTAs 等传统协定的整合升级外，"一带一路"倡议对中国参与全球贸易治理乃至规则重塑的助力还体现在以下三个方面。

---

[1] 张幼文、徐明棋编：《全球经济治理——议题、挑战与中国的选择》，上海社会科学院出版社 2014 年版。
[2] 徐长春：《全球治理博弈视角下的"一带一路"》，《复旦国际关系评论》2015 年第 1 期，第 53—64 页。
[3] 谢婷婷：《超越地缘的全球治理理念创新——对 21 世纪海上丝绸之路倡议的分析》，《国际关系研究》2016 年第 4 期，第 51—60、150—153 页。

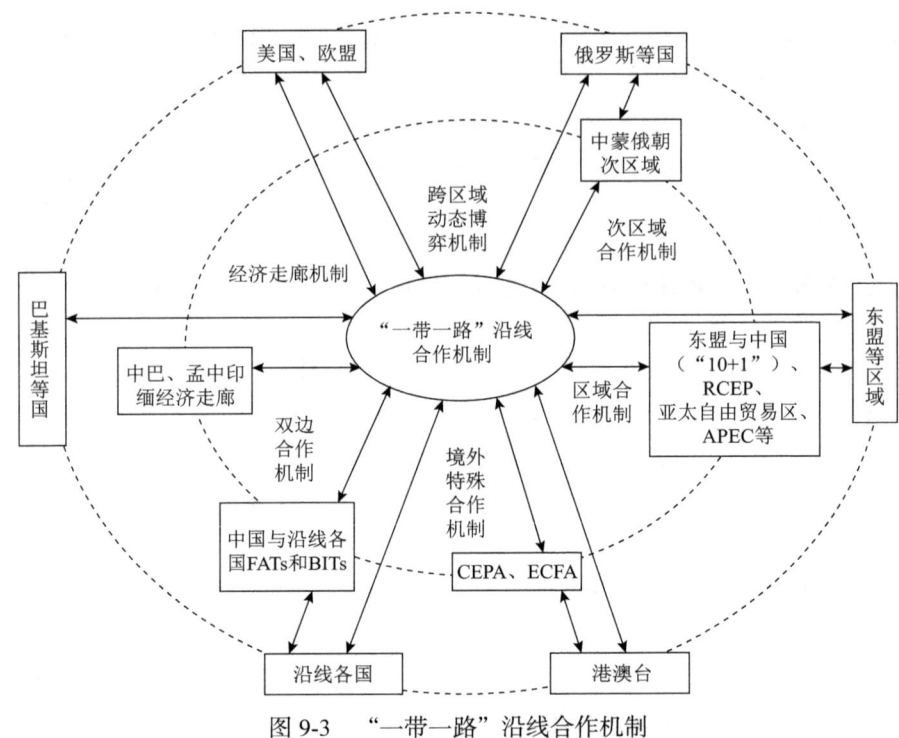

图 9-3 "一带一路"沿线合作机制

中巴经济走廊指中国和巴基斯坦经济走廊;孟中印缅经济走廊指孟加拉国、中国、印度、缅甸经济走廊;中蒙俄朝次区域指中国、蒙古、俄罗斯、朝鲜次区域;ECFA 指 Economic Coperation Framework Agreement,即海峡两岸经济合作框架协议

（一）推进互联互通和贸易畅通，夯实中国参与全球贸易治理的现实基础

互联互通是贸易畅通的必要保障。2015 年 3 月，国家发展和改革委员会（以下简称国家发改委）、外交部和商务部联合发布《推动共建丝绸之路经济带和 21 世纪海上丝绸之路的愿景与行动》，自此，"一带一路"进入全面推进阶段。截至 2019 年 1 月，亚吉铁路等一批主要由国企主导且具有世界领先水平的国际产能合作和基础设施互联互通项目已落地实施且进展迅速。亚吉铁路的开通开启了"一带一路"合作发展的新模式，全线采用中国电气化铁路标准施工，也是中国在海外推进的首条全产业链"中国化"铁路项目，涉及设计、采购、施工、监理和融资等项目全周期管理。中巴（即中国和巴基斯坦）双方自 2013 年 7 月签署《中巴经济走廊合作备忘录》并同意成立联合合作委员会研究制订经济走廊规划以来，中国葛洲坝集团有限公司等参与承建巴方高速公路建设项目，中国进出口银行为巴

方交通轨道提供项目贷款等。①这些具体落地项目产生了明显的社会经济效益，为东道国和地区的中长期发展及贸易畅通提供了源源不断的新动力。尽管国际环境充满不确定性及外贸形势总体严峻，但 2014—2016 年，中国与"一带一路"沿线国家的对外贸易规模总计在 20 万亿元人民币左右，并显示出高于全球平均水平的增长势头。②

（二）坚持开放区域主义，有效整合沿线各类正式和非正式制度安排

"一带一路"倡导"开放的区域主义"，简而言之，即渐进式地促进地区间贸易投资自由化便利化，并基于制度框架形成市场导向的一揽子政策体系。并且，通过合作放大区域发展协同效应，有助于域内各国强化自身社会经济发展，同时将深化亚洲与世界其他国家和地区的联结，并通过技术、能源、区域安全等方面的合作共同促进可持续发展与包容性增长，确保各方共享红利。③

从制度安排的角度看，一方面，"一带一路"秉持的"开放的区域主义"意味着中国对有利于促进区域经贸一体化、有助于地区共同发展繁荣的各类制度安排均持开放态度。相较于 TPP 等经济协定的封闭性及其带有"牙齿"的战略属性，"一带一路"更加强调平等、合作、包容和共赢。其中所体现的中国区域公共品供给能力和大国责任，势必有利于平复周边国家疑虑，营造良好国际环境。另一方面，"一带一路"沿线多为发展中国家，在群体性崛起的过程中对参与全球治理拥有更加热切的需求，而"一带一路"恰好为此提供了治理框架和平台。

可以说，"一带一路"倡议是正式机制和非正式机制的集合，是对巨大的"意大利面条碗"的有效整合。上述机制可划分为六大类，分别是：①双边合作机制，即中国与沿线国家签订的 BITs 和 FTAs 等；②境外特殊合作机制，如 CEPA 和 ECFA；③区域合作机制，如东盟与中国（"10+1"）、RCEP、亚太自由贸易区、APEC 等；④次区域合作机制，如中蒙俄朝（中

---

① 陈利君：《"一带一路"与中巴经济走廊建设》，2017 年 1 月 13 日，http://world.people.com.cn/n1/2017/0113/c1002-29022097.html。
②《"一带一路"倡议提出以来在贸易畅通方面取得 5 大成效》，2017 年 5 月 10 日，http://www.scio.gov.cn/xwfbh/xwbfbh/wqfbh/35861/36637/zy36641/Document/1551290/1551290.htm。
③《"一带一路"和"开放区域主义"协同发力，应对亚洲发展七大挑战》，2017 年 4 月 7 日，http://theory.gmw.cn/2017-04/07/content_24157468.htm。

国、蒙古、俄罗斯、朝鲜）等；⑤跨区域动态博弈机制，如 TTIP 等[①]；⑥经济走廊机制，如中巴（中国和巴基斯坦）和孟中印缅（孟加拉国、中国、印度、缅甸）等。中国以自身与沿线各国的双边协定为支点，撬动更大范围内的小多边和地区合作，在正式制度安排之外，将次区域合作机制、经济走廊机制等作为合理补充，避免与跨区域动态博弈机制直接冲突，欢迎任何有意愿的国家参与其中，有助于实现从制度框架建设到具体项目的落地及二者间的良性互动，并最终从"互联互通""贸易畅通""资金融通"等基础要素走向全方位的"政策沟通"和多层次的"民心相通"。

（三）强调多层次合作，提升中国在贸易治理中的国别（地区）战略对接

中国推进"一带一路"倡议与沿线国家和地区实现对接的方式主要包括两类。

一类是在中国与单个国家之间达成协议。例如，2016 年 9 月，中国政府和哈萨克斯坦政府在平等合作、互利共赢的原则基础上出台"一带一路"框架下首个双边合作规划，即《"丝绸之路经济带"建设与"光明之路"新经济政策对接合作规划》，涉及交通运输、工业、农业、能源、新兴产业、金融、知识产权等多个领域，鼓励企业按照市场规则和互利共赢原则在哈方经济特区内建设中哈产业合作平台及参与工业园区项目实施。此外，规划还涉及不少"边境内议题"的通力合作，包括协调认证认可政策、加强信息互换，以及继续开展食品药品监管合作等。上述各项提议有利于加强两国经济政治互信，也为中国参与全球贸易治理的国别互动实践积累了诸多经验。

另一类则是"一带一路"与沿线经济合作组织的整体战略对接。例如，2015 年 5 月中国和俄罗斯签署并发表《中华人民共和国与俄罗斯联邦关于丝绸之路经济带建设和欧亚经济联盟建设对接合作的联合声明》。欧亚经济联盟（Eurasian Economic Union，EEU）是由俄罗斯主导的独联体内经济一体化项目，"一带一路"与之对接不仅可以促进互联互通和贸易畅通，

[①] 特朗普于 2017 年 1 月宣布美国退出 TPP 后，以日本为代表的其余 11 国就协定展开重新谈判并在 2018 年 2 月发布了该协定的最终版本，即 CPTPP。该协定于 2018 年 3 月 8 日在智利签署，并于当年 12 月 30 日正式生效，知识产权从严保护等多项美国曾力主的规则被搁置。另外，尽管有迹象表明特朗普的贸易谈判团队及其驻欧外交团队 2018 年以来开始积极游说欧盟及其成员国家考虑重启 TTIP 谈判，但目前仍然停滞不前。

还可以强化安全合作,探索构建能源共同体。此外,EEU 部分成员同时作为上海合作组织成员或观察员,有助于在已有合作基础上,继续共同推进高水平战略协作,在打击恐怖主义等领域采取更有力的举措,维护地区安全。2016 年 6 月,中国和俄罗斯在北京再次发表《中华人民共和国和俄罗斯联邦联合声明》,主张在开放、透明和考虑彼此利益的基础上建立欧亚全面伙伴关系。2017 年 7 月,中俄在莫斯科签署《中华人民共和国商务部与俄罗斯联邦经济发展部关于欧亚经济伙伴关系协定联合可行性研究的联合声明》,标志着上述协定正式进入可行性阶段,充分体现了中国和俄罗斯共同推进区域经济一体化安排并寻求更加全面和更高水平合作的决心及意愿。① 鉴于"一带一路"沿线经济合作组织多存在可持续发展诉求并将域外合作视为重要选项,中国倡导的"一带一路"倡议与之对接势必有助于利益、责任和命运共同体建设,为中国参与全球贸易治理提供协调对接功能。

三、中国参与全球贸易治理的战略选择

当前,反全球化浪潮已由发展中国家扩散到发达国家,民粹主义和保守主义等势力明显抬头,英国脱欧、欧洲右翼政治等即是例证。反全球化势力普遍将矛头对准自由贸易、自然人移动与经济开放。以美欧为代表的贸易保护主义愈演愈烈,显著施压于全球贸易治理。据英国经济政策研究中心报告数据,2015 年全球采取的贸易保护措施的数量相较于上一年大幅增长 50%,贸易限制措施数量是自由贸易措施数量的 3 倍。同年,仅美国就采取贸易保护措施 90 项,平均每 4 天推出一项。2008—2016 年,美国针对他国共计采取贸易保护措施 600 余项。WTO 发布的《G20 成员国贸易措施报告》则显示,2009 年至 2018 年间,G20 成员 15.1 万亿美元的累计进口额中有 1.3 万亿美元受到贸易限制措施波及。其中,2019 年 5 月至 10 月,G20 成员共推出 28 项新的贸易限制措施,涉及贸易额 4604 亿美元,较上一监测期增长 37%,处于历史高位的贸易限制措施正对全球经济增长、就业、购买力产生严重冲击。②

尤其是 2018 年以来,美国针对中国的贸易措施急速出台,大国贸易摩擦引发全球广泛关注。2018 年 4 月,美国对中国的 500 亿美元产品加征关

---

① 《中俄签署〈关于欧亚经济伙伴关系协定联合可行性研究的联合声明〉》,2017 年 7 月 4 日,http://www.mofcom.gov.cn/article/ae/ai/201707/20170702604249.shtml。
② 《世贸组织报告显示 G20 国家贸易限制措施仍处历史高位》,2019 年 12 月 2 日,http://www.mofcom.gov.cn/article/i/jyjl/m/201912/20191202918693.shtml。

税,作为回应,中国随之宣布对原产于美国的大豆、汽车、飞机等约 500 亿美元的进口商品加征 25%的关税,①此外,中国还就美国对华 301 调查项下征税建议向 WTO 争端解决机制提起磋商请求,正式启动 WTO 争端解决程序。②2018 年 5 月初,中美贸易谈判在北京举行,双方在坦诚沟通的基础上达成部分共识,但围绕一些议题仍存在较大分歧。③总体上,美方的要求集中于中方的基本面改革,涉及减少对美贸易顺差、停止造成市场扭曲的行业补贴和其他政府支持、给予美国投资者公平和非歧视的市场准入及允许美国出于国家安全考虑在某些敏感技术和领域对来自中国的投资加以限制等;中方则倾向就具体问题展开突破,包括要求美方停止根据《1974 年贸易法》的 301 条款进行的知识产权侵犯调查和征税计划、重新对中国企业开放熟制家禽肉市场、允许中国公司进入美国电子支付和保险市场等。为化解分歧处理摩擦,中美双方至今仍在就争议问题进行谈判。

本质上,包括中美双边贸易在内的贸易不平衡现象是全球化的产物,是由全球化时代的国际分工和产业链布局所决定的,因而在更广泛的国际背景下,更应关注贸易摩擦等经济冲突对多边贸易体系产生的冲击及由此可能引发的一系列连锁反应和跟风效应。中国参与全球贸易治理的战略选择尤其重要,甚至关乎全球化的下一步走向。具体而言,中国参与全球贸易治理的战略选择至少应包括以下三个维度。

首先,针对目前广泛存在的反全球化潮流,尤其是美国所推行的贸易保护主义和绕过 WTO 争端解决程序处理贸易摩擦的单边主义,中国应坚决捍卫多边贸易体制,维护 WTO 的基本精神和原则及其他国际社会公认的经济规则。一方面,应联合国际社会掀开美国将自身伪装成全球化和多边体制"受害者"的面纱,作为多边贸易体制曾经的主导者,美国正是由此推动了诸多有利于自身利益的贸易规则付诸实施,成功位居全球价值链的高附加值环节,并强化了其全球贸易治理的主导权;另一方面,中国应进一步团结在当前国际经济规则制定中居于劣势的广大发展中国家,通过打造"利益共同体"和"命运共同体"形成足以与不公正的国际贸易秩序相抗衡的合力。

---

① 《中国拟对自美进口的大豆、飞机等金额约 500 亿美元商品征税》,2018 年 4 月 4 日,http://www.xinhuanet.com/world/2018-04/04/c_1122639377.htm。
② 《中国就美对华 301 调查项下征税建议正式启动 WTO 争端解决程序》,2018 年 4 月 4 日,http://www.xinhuanet.com/world/2018-04/04/c_129844418.htm。
③ 《中美经贸磋商就部分问题达成共识 双方同意建立工作机制保持密切沟通》,2018 年 5 月 4 日,http://world.people.com.cn/n1/2018/0504/c1002-29966053.html。

其次，中国与欧盟、日本等世界主要经济体和国家的共识与合作也至关重要。迄今为止，WTO 争端解决专家组指示性名单成员、比利时知名国际贸易法专家金·范德波特等指出中欧共同维护多边体制的权威性及世界经济的持续向好势头，以避免多边贸易体制的崩溃与瓦解。[①]2018 年 4 月和 5 月，第四次中日经济高层对话和第七次中日韩领导人会议分别召开。三国具有共同维护 WTO 多边机制和原则的经济利益基础，也应当共同反对违反 WTO 机制的单边主义进程和违反 WTO 原则的数量限制。[②]与中日韩三方经济对话类似，双边和区域合作不仅能提升相关各国的经济实力、提升跨国合作水平、构建开放型经济共同体，还有助于完善现有国际经济体制和扩大世界自由贸易。

最后，伴随中国在全球治理中的定位从"世界治理中国"向"中国治理世界"转变，中国也已实现了从早期强调发展中国家身份和国内发展到如今注重新兴经济体身份并强调整体性发展和全球经济治理责任承担的转变。[③]换句话说，仅仅参与式地改革现有全球治理规则对于中国来说意义并不大，中国应当创新更有价值的新兴全球治理理念和制度。[④]因此，中国应继续大力推行"一带一路"倡议，加快全球自由贸易区战略布局，同时明确"新型大国关系"的经济内涵并强调"和平崛起"的经济意义，从而对冲美国所发动的以邻为壑的贸易战，并致力于构建总体稳定、渐进调整、基本平衡的动态双边贸易格局[⑤]。

第三节 中国与全球投资治理的规则形成

近年来，"一带一路"建设和国际产能合作等助推中国进入对外直接投资快速增长阶段。2016 年中国对外直接投资额达到 1830 亿美元，较去

[①]《欧洲专家批评美国单边处理贸易摩擦 呼吁欧中共同维护多边贸易体制》，2018 年 4 月 9 日，http://dw.chinanews.com/chinanews/content.jsp?id=8485990&classify=zwsp&pageSize=6&language=chs。

[②] 周永生：《合作共赢是中日韩的共同选择》，《光明日报》2018 年 5 月 11 日，第 12 版。

[③] 曹亚斌：《21 世纪以来中国参与全球治理的领域分析》，《国际关系研究》2015 年第 3 期，第 25—37、153 页。

[④] 庞中英、王瑞平：《全球治理：中国的战略应对》，《理论参考》2014 年第 2 期，第 53—57 页。

[⑤] 梁国勇：《中美贸易战走向的四个关键维度》，2018 年 5 月 8 日，http://www.ccg.org.cn/archives/34245。

年增长 44%，成为全球第二大对外投资国。[①]一个较为广泛的共识是，中国应当在全球投资治理中提升作为公共品的制度供给能力，充分利用自身经验和智慧，在维护公平开放的投资体制、促进投资自由化便利化及可持续发展等方面贡献更多"中国方案"。对照联合国贸易和发展会议《投资便利化全球行动清单》，全球投资治理规则体系变革的中国实践也可以从国家、双边、区域等层面展开。事实上，中国已经在其中部分领域进行了尝试和探索，并取得了一定成果。

一、中国参与全球投资治理的探索和发展方向

BITs 是世界各国参与全球投资治理的主要途径。全球范围内的 BITs 按其签订方大致可以划分为两个阶段。20 世纪 90 年代之前的 BITs 大多由发达国家和发展中国家签订，旨在保护发达国家跨国公司在发展中国家的投资利益。该时段签订的协议确定了 BITs 的基本模式，对国民待遇和最惠国待遇、公正和公平待遇征收补偿、资本自由转移、投资争端解决等做出具体规定。此后的 BITs 则多在发展中国家间签订，旨在助力各国形成稳定透明的投资环境以吸引更多外商投资，同时促进投资自由化。总体上看，中国的 BITs 多与发展中国家签订，且约半数 BITs 生效于 20 世纪 90 年代（表 9-2）。

表 9-2 中国签订的 BITs 时段分布

年份区间	签订 BIT 数目	占比	累计占比
1982—1989 年	24	16.6%	16.6%
1990—1999 年	69	47.6%	64.2%
2000—2009 年	45	31.0%	95.2%
2010—2016 年	7	4.8%	100%

资料来源：United Nations Conference on Trade and Development Investment Policy Hub, "International Investment Agreements Navigator", 2020-10-26, https://investmentpolicy.unctad.org/international-investment-agreements

改革开放初期，外商对华投资规模相对较少，中国主要以资本输入国的立场与发达国家签订 BIT，重视对中国作为东道国的权益保护，力求最大限度地规避外资流入可能对国家安全带来的负面影响，强调根据缔约国

---

① United Nations Conference on Trade and Development, *World Investment Report 2017: Investment and the Digital Economy*, 2017.

法律和规章实行特定资产转移,并限定投资者只能将与征收补偿款额有关的争议提交专设国际仲裁庭解决。进入 20 世纪 90 年代,中国签订的 BIT 开始给予外国投资者更多投资保护,并承诺给予国民待遇,以及允许投资者将与东道国之间的投资纠纷提交国际仲裁庭解决。随着"走出去"战略的提出,中国企业对外投资也逐渐受到广泛关注。2001 年以后,加入 WTO 的中国更加积极主动地吸引外资。为进一步吸引外资并保护海外投资者利益,中国在签订 BIT 时逐步接轨国际规则高标准和新趋势,如在投资争端方面,允许投资者无条件地将所有投资争端提交国际投资仲裁(中国—德国 BIT),在征收方面首次明确了间接征收的内容(中国—印度 BIT)。

迄今为止,全球贸易壁垒已实现大幅削减,美欧主导的 TTIP、TISA 等新一代经贸协定将谈判重心从贸易领域调整至投资领域,从关税等"边境议题"延伸至监管一致性等"边境内议题",代表着全球经济规则的未来发展方向。中国从国家、区域和多边层面参与全球投资治理的探索及发展方向主要可以概括为以下几个方面。

第一,系统梳理并升级已签订的国际投资协定,积极对接国际投资新规则和新标准。

中国签订的投资协定主要包括两类。一类是 BITs,截至 2017 年 2 月,中国已与 131 个国家和地区签署 145 项 BITs(部分协定系到期或终止后重新签订)。[1]其中,如前文所述,大部分 BITs 是与发展中国家签订,旨在体现和维护稳定透明的投资环境以促进外商投资。伴随中国在国际投资版图上的地位持续提升,投资自由化、海外投资利益保护、投资便利化等成为关注的重点。另一类则是日益包含更多与投资相关条款并引入大量新型和横向议题的 FATs。知识产权保护、环境标准、电子商务、数字经济等既是国际社会所关注的与投资密切相关的规则领域,也兼顾中国当前和未来的经济发展趋势,若处理得当,既可接轨国际高标准,又可强化自身能力建设,可谓双赢。因此,在国际投资协定更新换代的"窗口期"对中国已经签订或生效的 BITs 和 FATs 进行系统梳理和条款修订,剔除不合时宜的标准并积极评估国际投资新规则和新标准十分必要。

在探索对接国际投资新趋势方面,负面清单的过渡期设置及试点即是典型案例,也是对中美 BIT 谈判等所涉内容的实践探索。从 2013 年上海成

---

[1] United Nations Conference on Trade and Development Investment Policy Hub, "International Investment Agreements Navigator", 2020-10-26, https://investmentpolicy.unctad.org/international-investment-agreements.

立自由贸易试验区，再到 2014 年底天津、福建、广东成立自由贸易试验区，以及 2016 年第三批自由贸易试验区扩容至辽宁、浙江、河南、湖北、重庆、四川和陕西，负面清单也历经了数次修订和完善，适用范围不断扩大。根据 2015 年 10 月发布的《国务院关于实行市场准入负面清单制度的意见》，将按照先行先试、逐步推开的原则，从 2015 年 12 月 1 日至 2017 年 12 月 31 日，在部分地区试行市场准入负面清单制度，积累经验、逐步完善，探索形成全国统一的市场准入负面清单及相应的体制机制，从 2018 年起正式实行全国统一的市场准入负面清单制度。①

第二，紧抓国有企业改革等切入点，强化自身参与全球投资治理的能力建设。

旨在约束国有企业不当竞争优势的"竞争中立"原则在 2008 年经济危机爆发后经由美国大力推广而备受关注，并最终以新型横向议题的形式体现在 TPP 协定文本之中，与 WTO 此前推行的"所有制中立"原则形成鲜明对比。全面综合的高标准条款可能对现有和未来的双边和多边协定（如中美 BIT 谈判）等产生示范和传导效应，使得中国企业在国际市场面临更多来自透明度和市场化的约束，而基于影响力的企业所有权判断方式可能使中国企业在海外面临严苛的"国家安全审查"。与此同时，在华欧美商会（中国欧盟商会和中国美国商会）也将偏向国有企业的产业和监管政策作为在华利益受损的重要影响因素，并以此质疑中国市场的公平性。另外，国有企业纪律、政府补贴、透明度等议题也正是中国目前改革的深水区，因而在对相关规则的接受度和适用性进行谨慎判断的前提下，中国也在以此为激励强化国有企业改革，健全与竞争和政府采购、补贴相关的立法，同时推进"所有制中立"概念以避免国有企业因权属不同而在国际市场受到区别对待。②

此外，目前中国实行的负面清单与国际通行惯例还存在较大差别。2014 年修订的《中国（上海）自由贸易试验区外商投资准入特别管理措施（负面清单）》将调整为部门、领域、序号、特别管理措施和国民经济行业分类代码，2015 年版本新增了平行限制措施，通过细化投资限制以提升清单的透明度，但本质上并未突破此前《外商投资产业指导目录》（2015 版）

---

① 国务院：《国务院关于实行市场准入负面清单制度的意见》，2015 年 10 月 19 日，http://www.gov.cn/zhengce/content/2015-10/19/content_10247.htm。

② 王璐瑶、葛顺奇：《TPP 透视："国有企业和指定垄断"议题分析》，《国际经济合作》2015 年第 11 期，第 12—14 页。

的既有格局，且没有明确特别措施所应对的具体法律依据。这也说明负面清单的引入是一个良好开端，但还将是一个循序渐进的过程，因而明确制度支撑和保障越发重要。伴随中国投资政策环境从传统的准入前和设立阶段监管向基于负面清单的准入后监管过渡，国家安全审查、准入后外资监测、竞争和反垄断等机制也亟待细化完善。其中，如何在投资促进和监管权限设置之间找到平衡点既是难点，也是重点。

第三，提升国内和双边投资自由化便利化水平，重视可持续发展导向。

党的十九大提出"赋予自由贸易试验区更大改革自主权，探索建设自由贸易港。创新对外投资方式，促进国际产能合作，形成面向全球的贸易、投融资、生产、服务网络，加快培育国际经济合作和竞争新优势"。[1]另外，中国在 2017—2019 年与新加坡、新西兰、智利等国进行 FTAs 升级谈判，其背后的驱动力不仅包括双边经贸合作日益深入，还在于以 TPP、TTIP 和 TISA 为代表的巨型协定强调在投资准入、金融开放、市场监管、法律标准等方面进行全方位升级，无论这些协定能否生效，均代表了国际经济新规则在投资领域的前进方向，因而也给既有投资安排扩充升级带来压力和激励。考虑到新加坡、新西兰等国经济开放度较高，亦属于 TPP 等既有高标准协定成员，将与投资有关的措施和新型议题引入中国与之进行的双边升级谈判，其接受度和可行性也较为乐观。

相较于投资促进和自由化，国际社会对便利化措施的关注较少。联合国贸易和发展会议数据显示，2010—2015 年全球范围内采取的 173 项政策中，几乎一半与投资激励相关，紧随其后的是经济特区政策，只有 23%的措施与投资便利化相联系。截至 2016 年 6 月，在 3000 余项 IIAs 中，投资便利化条款也不如其他主要条款普遍。[2]因此，在国际经济规则制定重点从"边境措施"向"边境内措施"转移的当下，中国在推动双边和区域 IIAs 升级时尤其注重便利化措施，包括提升投资政策运用的可预见性和一致性、在投资政策实践中建立更具建设性的利益相关方关系等。与此同时，也更加关注社会基础设施建设等可持续发展议题，通过 PPP（public private partnership，公共私营合作制）等形式提升投资的包容性和多样化，为私营部门进入可持续投资领域创造了便利化条件。

---

[1]《习近平：决胜全面建成小康社会 夺取新时代中国特色社会主义伟大胜利——在中国共产党第十九次全国代表大会上的报告》，2017 年 10 月 27 日，http://www.xinhuanet.com/2017-10/27/c_1121867529.htm。

[2] United Nations Conference on Trade and Development, *World Investment Report 2016: Investor Nationality: Policy Challenges*, 2016.

第四,在多边框架下倡导投资合作凝聚共识,提案获 WTO 成员积极响应。

中国在 WTO 场合强调捍卫经济全球化和多边体制,迄今为止已在农业、渔业、服务贸易、电子商务等领域围绕一系列新议题展开建设性对话并积极参与各类谈判和磋商,推动各方凝聚共识。①聚焦全球投资领域,中方于 2017 年 4 月在 WTO 发起成立"投资便利化之友",为 WTO 推进提高全球投资便利化水平提供"中国方案"。这一提议在响应业界诉求的同时,也得到诸多 WTO 成员的大力支持,截至 2017 年,包括阿根廷和巴西在内的 16 个 WTO 成员已加入"投资便利化之友"。

2017 年底,中国在 WTO 第十一届部长级会议期间成功主办投资便利化部长早餐会并达成《关于投资便利化的联合部长声明》,70 个 WTO 成员的联署为推动投资便利化议题进入 WTO 工作范围打下坚实基础。《关于投资便利化的联合部长声明》强调应推动世界范围内的国际合作及投资便利化多边框架的建立,认为应通过技术援助和能力建设等途径对发展中成员和最不发达成员予以支持,并认可成员监管权对成员完成政策目标的重要性。与此同时,中方倡导深化"一带一路"沿线合作,鼓励中国企业对外投资,也呼吁全体 WTO 成员积极参与第十一届部长级会议并就投资便利化议题展开讨论,力争通过《关于投资便利化的部长决定》。②

二、全球投资治理的"中国方案"

目前全球尚未形成统一的多边投资机制,中国在全球投资治理领域做出了积极的尝试。其中,中国倡导的《二十国集团全球投资指导原则》为多边投资机制的建立迈开了第一步。③当前全球经济治理面临反全球化浪潮及由此带来的国家保护主义等众多不利因素,中国也在提供国际公共品、制定国际规则、管理国际联盟和维护国际道义时面临诸多挑战。尽管如此,中国仍然致力于维护全球化和开放型经济体制,构建更加公平和包容的国际秩序。中国在 G20 平台推进投资规则体系改革的努力主要在于推动多边

---

① 《热点问答:世贸组织第 11 届部长级会议中国怎么看》,2017 年 12 月 14 日,http://news.xinhuanet.com/2017-12/14/c_1122110877.htm。

② 张卫中:《投资便利化中国方案获世贸组织成员积极响应》,《人民日报》2017 年 12 月 12 日,第 3 版。

③ 盛斌、王璐瑶:《全球经济治理中的中国角色与贡献》,《江海学刊》2017 年第 1 期,第 83—87、238 页。

一致价值和指导方针落地，促进多方改革。

在当前国际背景下，一个务实的做法即凝聚共识，促使各国政府认识到投资作为全球经济增长引擎的关键作用，避免对跨境投资实施保护主义，力求投资及对投资产生影响的政策在国际、国内层面保持协调，以促进投资为宗旨，进而与可持续发展和包容性增长的目标相一致。这也正是中国在G20杭州峰会力促《二十国集团全球投资指导原则》落地的意义和核心观点所在。G20设立目标就在于为工业化国家和新兴市场国家就贸易投资等重要问题的开放性对话搭建桥梁，进而为实质性问题的讨论和协商奠定广泛基础，最终通过国际合作推动治理体系改革并促进经济稳定增长。具体而言，中国对《二十国集团全球投资指导原则》的相关贡献主要体现在两个方面。

一方面，中国近来提出的一系列新全球经济治理理念与目标，包括以"人类命运共同体"作为全球治理的共同目标，以"互利共赢"作为全球治理的基本原则，以"平等和开放"作为全球治理的组织模式，以及以"合作与对话"作为全球治理的运行方式，集中体现在G20杭州峰会包括《二十国集团全球投资指导原则》在内的重大成果中。例如，G20杭州峰会提出"构建创新、活力、联动、包容的世界经济"的主题引领了全球经济发展与合作的目标与潮流；峰会通过的《二十国集团创新增长蓝图》和《二十国集团深化结构性改革议程》为实现全球经济长期强劲、可持续和平衡增长制定了明晰和有保障的路径；《二十国集团全球贸易增长战略》承认WTO在全球贸易治理的核心作用，支持继续加强其作用，《二十国集团全球投资指导原则》认识到全球投资作为经济增长引擎的关键作用，政府应避免与跨境投资有关的保护主义，向更广泛的公众传递出贸易投资开放与合作的益处，充分体现了维护多边贸易体制和构建开放型世界经济体系的坚定信念与决心。

另一方面，中国将"包容性增长"和"发展治理"引入全球经济治理的主流视野，为长远合作确立了与时俱进、切中时弊的新目标与方向。①G20杭州峰会提出的《二十国集团落实2030年可持续发展议程行动计划》第一次把发展议题置于全球宏观政策协调的突出位置，为真正解决全球发展问题提供了路线图。G20杭州峰会针对非洲与最不发达国家在包容性增长和

---

① 盛斌、王璐瑶：《全球经济治理中的中国角色与贡献》，《江海学刊》2017年第1期，第83—87、238页。

工业发展方面的需求,发起《二十国集团支持非洲和最不发达国家工业化倡议》。同时,G20杭州峰会还通过了11个多边开发银行共同提出的《支持基础设施投资行动的联合愿景声明》并批准启动了《全球基础设施互联互通联盟倡议》。上述文件旨在最大限度地强化多边开发银行间合作,夯实全球基础设施互联互通项目的整体协同,助力发展中国家改善营商环境并促进更多私人投资进入基础设施建设等可持续发展领域。可以说,中国通过自身努力对全球治理危机的多重困境做出了强劲有力的回击,成为推进全球有效治理的"关键角色"。

在南南合作的区域层面,2017年8月在上海召开了金砖国家第七次经贸部长会议,达成了《金砖国家投资便利化纲要》,并在金砖国家领导人厦门会晤期间批准。纲要主要包括增加透明度、提高行政审批效率和提高合作水平三个方面的内容,促进金砖国家外资增长。①在更广阔的国际背景下,中国于2013年提出的"一带一路"倡议也在投资自由化和便利化方面做出显著贡献,包括加强政策与机制的互联互通,推动沿线国家的标准、规则和法规对接,探索区域投资治理新框架,借助跨境园区建设、双边和"16+1"等多边平台构建以形成多层次多元化的投资自由化便利化合作新体系。

中国改革开放的成功经验为全球经济治理改革与创新确立了坐标,中国有能力为全球投资治理贡献更多中国智慧和"中国方案"。中非合作中的境外经贸合作园区即是典型。2015年12月,习近平在中非合作论坛约翰内斯堡峰会上提出"将中非新型战略伙伴关系提升为全面战略合作伙伴关系"②。这促使大量国内资本与非洲当地项目对接,并使得共建开发区成为中非合作的主要形式之一。截至2016年6月,中国已在非洲设立20余个海外园区,合计吸引投资超过305亿元人民币,累计纳税36亿元人民币以上,解决当地2.6万人就业,对建筑、能源、电力、制造业等领域产生了广泛而积极的影响。③

放眼未来,全球投资治理的"良治"不再单单依赖市场准入、自由化

---

① 《〈金砖国家投资便利化纲要〉将推动相互投资》,2017年8月25日,http://www.scio.gov.cn/32344/32345/35889/37063/zy37067/Document/1561866/1561866.Htm。
② 《习近平在中非合作论坛约翰内斯堡峰会开幕式上的致辞(全文)》,2015年12月4日,http://www.xinhuanet.com/world/2015-12/04/c_1117363197.htm。
③ 《"一带一路"海外园区建设的非洲实践研究》,2016年6月23日,http://na.mofcom.gov.cn/article/ztdy/201606/20160601345144.shtml。

便利化规则与投资争端解决等传统元素,基础设施的互联互通、标准与监管一致化、发展融资、能力建设等都成为越来越重要的新决定因素。①例如,针对"一带一路"沿线国家间合作项目投资资金大、回报周期长且风险较高的基础设施建设项目的特征,中国倡议设立了亚投行,出资400亿美元设立丝路基金,以及出资数百亿美元设立的其他融资工具等,对解决这一问题提供了新的思路。②再如,在南太平洋地区,习近平在2014年底首次访问太平洋岛国地区,与8位岛国首脑会晤时特别强调,"中方愿同各岛国就全球治理、扶贫减灾、粮食安全、能源安全、人道援助等问题加强沟通",③中方在南南合作框架下对岛国应对气候变化等提供支持,维护双方和发展中国家共同利益。与此同时,伴随中国对南太平洋岛国援助规模不断扩大及我国国际影响力的提高,地区传统援助国近年来也在加强与中国的投资援助事务合作,澳大利亚和新西兰等发达国家不断释放积极信号,三方合作应运而生,其也已成为中国对太平洋岛国援助的一种新方式。④有理由相信,中国的实践和呼吁将促使世界各国更加关注这些"新变量",并有效应对经济、技术、社会与环境变化所带来新挑战,促使世界进入一个繁荣而稳定的全球投资新时代。⑤

第四节 中国与全球数字贸易投资治理

数字经济正成为世界经济转型日益重要的驱动力,对实现全球包容性增长和可持续发展具有重要影响。然而,中国等发展中国家被排除在发达经济体主导的规则制定体系之外,在全球数字贸易投资治理中面临集体困境。中国作为发展中大国和全球主要数字经济体,理应对其做出积极回应。

---

① 盛斌、王璐瑶:《全球经济治理中的中国角色与贡献》,《江海学刊》2017年第1期,第83—87、238页。
② 《中国实施"一带一路"战略从互联互通起步》,2015年1月16日,http://www.scio.gov.cn/ztk/dtzt/2015/33995/34002/34016/Document/1463752/1463752.htm。
③ 《"平语"近人——习近平关于全球治理的重要论述》,2015年11月16日,http://www.xinhuanet.com/politics/2015-11/16/c_128433360.htm。
④ 张登华:《试析中国对太平洋岛国援助及三方合作新趋势》,见喻常森主编《大洋洲发展报告(2014-2015)》,社会科学文献出版社2015年版,第269—285页。
⑤ 盛斌、王璐瑶:《全球经济治理中的中国角色与贡献》,《江海学刊》2017年第1期,第83—87、238页。

一、全球数字贸易投资治理现状

由于不同经济体所处数字经济发展阶段各异，而经济治理目标又与国内公共政策优先选项和利益集团偏好密切相关，当前全球数字贸易投资治理在主体、目标、规则方面均呈现出明显的分化趋势。

（一）治理主体

美国、欧盟等是新一代数字贸易投资规则的引领者。美国自 2000 年在 FTA 中首次引入电子商务章节以来，一直致力于构建美式数字经济规则，并逐渐将相关义务延伸至服务贸易、投资等章节及监管一致性等横向议题。2017 年 1 月美国退出 TPP，作为延续的 CPTPP 在搁置原文本 20 余项争议条款后在 2018 年底正式生效，仍然保留了"跨境数据自由流动""数据存储非强制本地化"等美国力推的数字规则。[1]欧盟通常要求谈判国与其签订协定时将电子商务规则设置为欧盟类型，同样保证了其作为全球数字经济规则主要制定者的地位。

中国、俄罗斯等则通过 G20、APEC 等合作论坛和国际组织发挥作用。2016 年，G20 杭州峰会通过全球首个由多国领导人共同签署的数字经济政策文件《二十国集团数字经济发展与合作倡议》，提出协同、开放和有利的商业环境等七个指导原则，明确了电子商务合作、数字包容性等六大关键领域。2006—2018 年，中国共主持 APEC 数字经济合作项目 29 项，位居成员首位，越南和俄罗斯主持的项目数分别为 13 项和 11 项，仅次于中国和美国。[2]事实上，发展中国家签订的 FTAs 中并非没有涉及数字经济内容。统计数据显示，截至 2017 年 9 月，WTO 公布的 FTAs 中涉及电子商务规则的协定 77 项，其中南南 FTAs 为 26 项，南北 FTAs 为 47 项。然而，近一半协定中的数字经济相关条款基于 WTO 电子商务基础性规则，缺乏约束性且不涉及数字贸易和数据传输等核心议题。[3]

（二）治理目标

美国的数字治理目标集中体现为打造开放与自由的数字经济市场。

---

[1] 白洁、苏庆义：《CPTPP 的规则、影响及中国对策：基于和 TPP 对比的分析》，《国际经济评论》2019 年第 1 期，第 58—76、6 页。

[2] 史佳颖：《APEC 数字经济合作：成效与评价》，《国际经济合作》2018 年第 10 期，第 26—30 页。

[3] 沈玉良，等：《全球数字贸易规则研究》，复旦大学出版社 2018 年版。

2006—2016年，美国数字经济年均增速达到5.6%，显著高于其1.5%的GDP增速，数字领域的国家竞争力居全球首位。[①]谷歌、Facebook、亚马逊、苹果和微软等美国企业已成长为全球数字经济领域的超级巨无霸，持续扩大海外市场。美国商务部启动"数字专员"项目，在中国、欧盟、日本、印度、东盟等国家和领先数字经济体提供政策及法律支持，助力美国企业全球布局。欧盟的数字治理目标则十分重视隐私保护和自主监管权，史上最为严格的《一般数据保护法案》已于2018年5月正式生效，明确了数据管理原则、数据主体权利及其他合规义务，并极大地强化了欧盟的域外管辖效力。

中国、印度等主要发展中国家的数字经济治理目标围绕数字竞争力提升展开。例如，《中国制造2025》提出力争通过"三步走"实现制造强国的战略目标，第一步目标包括制造业数字化、网络化、智能化取得明显进展。《国务院关于积极推进"互联网+"行动的指导意见》明确了"互联网+"重点布局的11个领域。印度在2014年出台的"数字印度"战略包括改善数字化基础设施、提升电子政务服务和公民数字素养三大方面。印度近年来推行的集金融普惠政策、电子身份认证体系、手机渗透率为一体的JAM计划，以及在全国范围内开展的货物和劳务税制度改革等，均有助于数字消费增长和电子商务发展。[②]

（三）治理规则

全球数字贸易投资领域的治理规则分化体现在两个维度。第一个维度是即使在"美式模板"和"欧盟类型"之间也存在明显分歧。例如，美国认为在满足各国国家安全与合理监管要求的前提下应实现"跨境数据自由流动"和"数据存储非强制本地化"，并在TPP文本中提出有约束力的规定，特别强调基于合法公共政策目标而采取或维持的信息流动限制不得构成不合理的歧视或成为对贸易的变相限制，也不可超过必须的限度。同时，不得将使用本地计算机设施或将计算机设施置于本地作为允许相关人员从事经营活动的条件。然而，欧盟更看重数据传输过程中的个人权益保护及各国数据监管，因此将"中间服务提供商责任"等纳入规则文本，并在与

[①] 王滢波：《美国数字经济发展报告（2018）》，见王振、王滢波、赵付春主编《全球数字经济竞争力发展报告（2018）》，社会科学文献出版社2018年版，第63—64页。

[②] 赵付春：《印度数字经济发展报告（2018）》，见王振、王滢波、赵付春主编《全球数字经济竞争力发展报告（2018）》，社会科学文献出版社2018年版，第130页。

美国谈判过程中对"跨境数据自由流动"和"数据存储非强制本地化"相关条款做出保留。

第二个维度则体现为美欧数字贸易投资规则推进与发展中国家现有实践之间张力明显。美国贸易代表办公室认为,中国、印度、巴西、俄罗斯等国家均在不同程度上存在数字经济壁垒,体现为数字产品关税征收、歧视性待遇、跨境数据流动限制、本地化要求、数字部门外商投资限制、互联网服务受限等。[1]欧盟和主要发展中国家在互联网主权属性、数据监管等认知和实践方面存在部分共识,相应的冲突程度也较美国明显偏低。但是,近年来其协定文本也存在从"软性语言"向"进攻性条款"过渡的倾向,且维持对"视听例外"和"隐私保护"等欧盟传统议题的高度关注。[2]

美欧等推进的数字贸易投资规则未考虑包括中国在内的众多发展中国家的特殊国情,对后者的国家利益造成损害。以美国为代表的发达经济体抵制发展中经济体的数字本地化要求、强化技术标准和专利垄断战略并坚持应全面推行数字产品零关税,上述举措激发了发展中国家对互联网主权让渡的担忧,并可能引发更为严重的数字鸿沟问题。此外,全球数字经济领域各主要参与方立场各异且冲突严重。2019年G20大阪峰会签署《大阪数字经济宣言》,启动了"大阪轨道",但印度、印度尼西亚和南非并没有参与进来。其间,作为全球数字技术的两大领先力量,美方力推数据自由流动,中方则强调要共同完善数据治理规则,确保数据的安全有序利用,要提升数字经济包容性,弥合数字鸿沟。

二、中国在全球数字贸易投资治理中面临的挑战

2008年金融危机爆发后,以亚洲新兴经济体为代表的发展中国家成为全球经济增长新引擎,国际位势变迁助力中国等发展中国家提升全球经济治理话语权,并在维护开放型世界经济和发展诉求方面做出积极贡献。然而,在数字贸易投资领域,发达经济体有望借助科技领先和制度垄断重获优势。

一方面,发达经济体出于国家安全和既有利益考虑,对数字贸易投资和技术转移等倍加敏感并施以严格限制,促使国际局势日益紧张甚至出现国际冲突。以国际投资领域的"安全审查"为例,2017年9月,美国总统

---

[1] United States Trade Representative, *2019 National Trade Estimate Report on Foreign Trade Barriers*, 2019.

[2] 周念利、陈寰琦:《数字贸易规则"欧式模板"的典型特征及发展趋向》,《国际经贸探索》2018年第34期,第96—106页。

特朗普发布总统令以禁止中国私募股权企业——峡谷桥资本公司对美国莱迪思半导体公司的并购，原因是美国外国投资委员会发现该并购案的投资者涉及国有控股的风险投资基金，认为可能威胁美国国家安全。[①]2018年7月，美国更是通过《外国投资风险评估现代化法案》，对发起并购的外国国有企业或具有政府背景的实体展开更加严格的监管。并且，以大数据、云计算、人工智能为代表的数字技术和电信基础设施等资源禀赋正成为新的国际投资区位影响因素，很可能赋予发达国家通过资本回流等重新集聚外资的新优势。[②]

另一方面，数字治理规则不仅关系到国际国内公平竞争及全球贸易投资自由化便利化的经济意义，也涉及发达经济体借此施压于发展中国家以获取全球经济治理话语权的战略意义。CPTPP、TTIP 和 TISA 等新一代国际经济协定将治理内容延伸至竞争政策和产业政策，数字经济成为发达经济体推进全球经济新规则的又一着力点。维基解密泄露的部分协定文本内容显示，美国还曾试图将 TPP 中的数字经济相关条款及标准引入 TTIP 和 TISA 谈判。然而，上述三大协定谈判均由发达经济体主导，且均不包括中国、印度、俄罗斯等"金砖国家"为代表的全球主要数字经济体中的发展中国家阵营。换句话说，发达经济体通过排他性经贸协定谈判对数字经济规则制定的实质垄断导致多边层面数字经济治理规则难以达成，也不利于包容性的国际经济体制和秩序构建。

三、中国参与全球数字贸易投资治理的选择

数字经济的蓬勃发展、治理规则的推陈出新及其与中国等发展中国家现有实践之间所存在的张力客观上要求中国作为发展中大国在其中能够充分发挥作用，进而提出参与全球数字经济治理的"中国方案"。

中国已是全球数字经济主要参与者，在电子商务、数字支付、硬件制造方面占据国际领先地位。麦肯锡全球研究院发布的报告显示，中国在电子商务领域零售交易额从 2005 年不到全球交易总额的 1% 到 2016 年已超过 40%，约为美国交易额的 2 倍，远大于法国、德国、日本、英国等其他国家的总和。中国移动支付个人消费额在 2016 年达 7900 亿美元，是美国的

---

① U. S. Department of the Treasury, "Statement On The President's Decision Regarding Lattice Semiconductor Corporation", https://www.treasury.gov/press-center/press-releases/Pages/sm0157.aspx.

② 詹晓宁、欧阳永福：《数字经济下全球投资的新趋势与中国利用外资的新战略》，《管理世界》2018 年第 34 期，第 78—84 页。

11倍。中国还拥有全球最活跃的数字化投资与创业生态系统，虚拟现实、自动驾驶技术、机器人、无人机及人工智能等关键数字技术的风投规模位居世界前三。[①]中国数字经济崛起为发展中国家利用数字技术为经济增长注入持续动力提供了经验范本，中国在 5G（5th generation mobile networks，第五代移动通信网络）等领域的产业链优势为发展中国家共同推进国际标准化合作奠定了坚实基础，为扭转现有数字贸易投资治理格局带来机遇。

中国日益强调自身在全球经济治理中的责任承担和公共品供给。在2017年举办的首届"一带一路"国际合作高峰论坛上习近平提出"数字丝绸之路"概念，呼吁"要坚持创新驱动发展，加强在数字经济、人工智能、纳米技术、量子计算机等前沿领域合作，推动大数据、云计算、智慧城市建设，连接成 21 世纪的数字丝绸之路"。[②]同年，中国、老挝、沙特阿拉伯、塞尔维亚、泰国、土耳其、阿联酋等国在第四届世界互联网大会上共同发起《"一带一路"数字经济国际合作倡议》。截至 2019 年 4 月份，中国已同 16 个国家签署关于建设数字丝绸之路的谅解备忘录，已有 12 个国别正在编制行动计划。[③]在逆全球化潮流兴起、国家保护主义抬头、单边主义盛行的当前，依托秉承"开放的区域主义"的"一带一路"倡议有利于求同存异，通过平等、开放、包容的多方对话推动数字经济理念和规则向更加理性的方向发展。未来，中国在坚持以 WTO 为核心，以规则为基础，透明、非歧视、开放和包容的多边贸易体制的前提下，应致力于凝聚"一带一路"沿线经济体和广大发展中经济体的强大合力，在全球数字贸易投资治理中发挥更加积极有效的国际影响力。

---

① McKinsey Global Institute, *China's Digital Economy: A leading Global Force*, 2017.
② 《习近平在"一带一路"国际合作高峰论坛开幕式上的演讲》，2017年5月14日，http://www.xinhuanet.com/politics/2017-05114/c_1120969677.htm。
③ 黄勇：《数字丝绸之路建设成为新亮点》，《人民日报》2019 年 4 月 22 日，第 3 版。

第十章　货币金融领域

所谓全球金融治理，是指为了维护全球货币和金融系统的稳定及公平合理，各主权国家、政府间国际组织、非政府组织、全球公民社会等公共行为体通过构建规则和制度，对国际货币体系、国际金融机构、全球资本流动及全球金融监管等全球货币、金融活动进行合法、有效的管理。与全球经济治理一样，全球金融治理的方式同样是没有全球性政府下的多元合作共治，即各行为体共同协商以协调货币金融领域全球、区域和国家层次的各种利益关系，并采取集体行动。但由于货币的发行与流通是国家主权范畴中的重要内容之一及国家是唯一有足够能力推行全球治理决议的主体，国家（或国家集团）始终在全球金融治理网络中居于中心地位。自20世纪90年代开始，随着新兴市场经济体的群体崛起，世界经济结构发生了实质性变化。按照国际货币基金组织的统计，以更能反映各国实际经济总量的购买力平价计算，1992年发达国家的国民生产总值在世界中占比64.3%，而2012年发展中国家和转型中国家的国民生产总值反超发达国家[①]。发展中国家日益增长的经济实力与发展中国家在当前全球金融治理中仍然非常被动和处于不利地位的事实不相称。

在1997年亚洲金融危机爆发之前，G7及其掌控的国际货币基金组织、世界银行和国际清算银行是全球金融治理的核心。亚洲金融危机之后，G7控制下的全球金融治理的合法性和有效性开始遭遇质疑。发展中国家和发达国家都认识到有必要改革全球金融治理机制，1999年9月G7财长会议倡议成立的G20财长和央行行长会议机制就是G7将一些新兴国家纳入全球金融治理的标志性事件。

2008年全球金融危机爆发的本质原因是全球金融治理的内在缺陷，主要包括美元在国际货币体系中处于霸权地位和美国拥有货币特权，以及全球金融监管体系存在漏洞以至于无法有效应对金融自由化背景下金融创新的冲击。全球金融危机后，G20核心平台推动的国际经济政策协调机制为

---

① International Monetary Fund, *World Economic Outlook Database*, 2013.

全球经济复苏和金融市场稳定做了很多贡献,但仍有许多基本问题尚未解决,因此很难说全球金融治理改革已经取得实质性进展。如何改革全球货币金融体系仍然是各国决策者面临的重要问题。

对于全球金融治理的改革和完善尤为不利的是2016年欧美国家掀起的一股逆全球化的浪潮。英国公投脱欧,德国、法国、意大利、奥地利、荷兰等西方国家的民粹主义纷纷登场,尤其是美国总统特朗普上台后其贸易政策从以规则为基础的多边主义调整为以实力为基础的单边和双边主义。尽管美国挑起的全球贸易冲突尚未升级为货币战争,但保护主义其实只是特朗普"美国优先"政策的一部分,而由此引发的逆全球化可能会改变未来世界国与国之间合作与竞争的方式,可能使得全球金融治理的演进发生重大的方向性变化或质的变化。

随着中国综合实力、金融实力的快速增长,中国开始在金融制度领域积极谋求范式创新,塑造更加公平合理的全球金融秩序,成为全球货币金融治理制度的建设者和开拓者,进而推动全球经济治理新范式的形成。

第一节　国际货币体系改革与人民币国际化

一、当前的国际货币体系

国际货币地位是一个程度上的概念,不同币种之间的地位差别主要体现在其国际使用的份额差异。根据国际货币的不同职能,不同货币的地位有若干衡量标准。目前关于货币国际化程度存在两种精确的数据指标,分别为货币在外汇储备总额和外汇市场交易中所占份额,它们分别对应于国际货币的价值储备和交易媒介的职能。

2018年底,在全球可辨明币种的外汇储备中,美元的规模为6.62万亿美元,在已分配外汇储备中占比61.7%,已恢复到2008年全球金融危机前的水平,远远超过其他币种;欧元作为第二大储备货币,其规模为2.22万亿美元,所占比例从2008年的26%跌至20%;排第三位和第四位的是日元和英镑,它们所占比例相对2008年金融危机前都略有上升,分别为5.2%和4.5%,但与美元和欧元有很大的差距。其他货币在国际储备中所占的比例则微不足道。中国的人民币占比仅为1.89%,不过与上一年末的 1.23%

相比提升可谓迅速。①另外，根据国际清算银行每三年发布一次的全球外汇市场调查报告（2016 年），美元是占统治地位的周转货币，约 88%的外汇市场交易涉及美元，31.3%的交易涉及欧元，21.6%的交易涉及日元，12.8%的交易涉及英镑。澳元、加元、瑞士法郎等币种占比分别为 6.9%、5.1%和 4.8%。中国的人民币紧随其后，在全球外汇市场交易份额为 4.0%，与 2013 年比较几乎翻番，排名也相应地从第九位升至第八位。与 2010 年比较，2016 年美元的交易比重上升，欧元的比重下降，日元和英镑的比重分别有轻微的上升和下降。②

对世界主要货币的国际地位进行比较，明显可见当代国际货币结构存在"高、中、低"的等级结构。美元处于最高的位置，无论是在外汇市场交易还是在官方外汇储备中，美元所占的比例都远超其他各种货币，占据绝对优势。不仅如此，国际货币基金组织"官方外汇储备货币构成"数据库和国际清算银行发布的历次全球外汇市场调查报告的数据显示，2008 年在美国引发的全球金融危机爆发后美元无论是在外汇市场交易还是在官方外汇储备中的占比都只有不到 5%的下降，而且随后就比较快地得到恢复。

欧元是第二大国际货币，它在全球官方外汇储备和外汇市场交易中所占比例同样大幅度超越其他币种。但欧元在国际使用的地理范围主要是在欧元区及与欧元区经济和政治关系密切的周边地区。而且欧元作为国际货币的功能与美元相比相对有限，如欧元不像美元那样属于避险货币。因此，欧元是一种非常重要的区域货币。欧元自 2002 年正式进入流通到 2009 年欧债危机前，其国际份额稳步上升，2009 年欧债危机后欧元的国际地位出现明显下降。

英镑和日元在国际货币结构的地位紧随欧元之后。英镑是传统的国际货币，而且金融是英国的传统优势产业。日元是相对新兴的国际货币，对外贸易驱动下的外汇市场对日元的需求比较大。

瑞士法郎、加元等币种位于国际货币结构的第四层级，它们在外汇市场交易和官方外汇储备中都有少量的占比，这些国际货币在国际金融市场主要作为投资交易使用的货币。

---

① 资料源自国际货币基金组织"官方外汇储备货币构成"数据库。国际货币基金组织数据分为两个部分：第一部分为国际货币基金组织各成员央行公开宣布的分配外汇储备，第二部分为未分配外汇储备，后者为包括非国际货币基金组织成员所持有的外汇储备及没有对外公布的外汇储备。

② 数据来源于国际清算银行。

在国际货币结构的第五层级则是各类国民货币，这些货币基本是在该国国内使用，而不作为国际货币。就中国法定的人民币而言，它在国际货币结构中正处在由第五层级迈向第四层级的时期，人民币已经在部分功能领域开始发挥国际货币的职能，但它仍然不能算是一种完全意义上的可自由使用的国际货币。

由此，国际货币体系现状的显著特点是美元处于绝对垄断地位，这需要从理论上予以剖析，以期为人民币国际化提供分析工具。

二、国际货币形成的影响因素

一方面，国际货币为国际交易和价值贮藏带来便利，同时给予货币发行国极大的经济利益及全球政治特权，因此实力强大的国家有动机努力使其货币具有更重要的国际地位。[①]中国已发展成全球第二大经济体、最大的商品出口国和第二大进口国，但是人民币在国际货币体系中的地位却没有与此相称。另一方面，人民币国际化是中国提升全球金融治理制度性话语权的有机组成部分。从经济和政治角度综合解释国际货币的影响因素，目的是在理论上理解人民币国际地位如何得到提升。

（一）国际货币的经济影响因素

国际货币具有价值尺度、流通手段、贮藏手段、支付手段四个职能。经济学家认为国际货币是市场交易中私人参与者自由选择的结果。主权货币能否被国际市场参与者使用主要取决于三个因素：网络外部效应、货币购买力的信心和金融市场的发达程度。

首先，基于货币的流通手段职能，一种货币跨国使用范围越广，就越容易被越多的国际市场参与者选择使用，使用成本也越低，这就是国际货币的规模经济或者网络外部效应。一种货币之所以被跨国使用，取决于货币发行国的国内经济总量及对外贸易、金融和投资的规模。一国国内经济总量越大，其货币在国内的流通总量和流通网络就越大，就越有可能激发潜在的外部效应；而一国对外贸易、金融和投资的规模越大，其国际交易网络越大，其货币实际的外部效应就越大。可见，只有那些深度介入国际经济活动的经济大国的货币才可能成为国际主要货币。

---

① Chey H K, "Theories of International Currencies and the Future of the World Monetary Order", *International Studies Review*, Vol. 14, No. 1, 2012, pp. 51-77.

其次，基于货币的贮藏手段职能，一种货币是否被接受成为国际货币，取决于国际市场参与者对该种货币所代表的现实购买力的信心，而货币的购买力包括其对内价值和对外价值。货币的对内价值是其在国内的购买力，由国内通货膨胀率表示；货币的对外价值是其在国外的购买力，由货币的汇率表示。货币的购买力越稳定，安全性越高，也就越容易被国际市场的投资者和交易者作为价值贮藏手段。

最后，一国的金融市场越发达、越开放、越富有广度和深度，金融产品的品种越多，流动性越好，越能给国际市场参与者带来更便利和更多的保值及增值机会，国际市场参与者越愿意持有其货币，该种货币越具有国际吸引力。而金融市场的广度、深度和开放性，需要以免受国家干预和管制的法治环境为条件，并通过世界级的国际金融中心反映。

（二）国际货币的政治影响因素

主权货币是由国家垄断发行，在用于市场交易的同时，也用于政府目标的实现。特别是国际社会处于无政府状态中，仅仅依赖市场力量无法生成能被国际社会普遍接受的国际货币，货币国际地位的兴衰还有政治上的重要原因，特定国际货币体系的维护和发展需要国际政治的支撑。

Strange 通过考察英镑的国际角色，分析了英国的权力扩张、和平和战争的国际政治环境如何在英镑的国际使用上发挥重要的作用。[1] de Cecco 通过对 19 世纪古典金本位制运作的研究发现，金本位制不是纯粹由市场生成的，其运作需要英国政治统治地位来保证，英国的政治统治地位支持伦敦作为国际金融中心，并确保英镑具有国际主导货币地位。[2] Gavin 认为，20 世纪 60 年代，联邦德国为了让美国对其进行安全保护，维护两国的安全关系，有意持有远远超过其所需的美元储备，客观上支持了美元在资本主义世界的统治地位。到了 20 世纪 90 年代，冷战结束，东西德合并，德国对美国的安保依赖程度逐渐下降，便开始转向欧洲货币联盟的设计和实施，以对抗美元的霸权地位。[3] Eichengreen 和 Frieden 的研究表明，欧元

---

[1] Strange S, "The Politics of International Currencies", *World Politics*, Vol. 23, No. 2, 1971, pp. 215-231.

[2] de Cecco M, *Money and Empire: The International Gold Standard, 1890-1914*, Oxford: Blackwell, 1974.

[3] Gavin F J, *Gold , Dollars , and Power: The Politics of International Monetary Relations: 1958-1971*, Chapel Hill: University of North Carolina Press, 2004.

作为重要的国际货币，首先是一种政治货币。①Posen 认为，欧元无法挑战美元的国际地位，原因是欧元并不像美元那样有坚实的政治基础②。Helleiner 和 Kirshner 的研究涉及中美货币关系，他们指出，中国对美元国际货币地位的支持是因为需要发展与美国的政治关系。③

这些研究显示，国际货币的政治影响因素有两个，分别是货币伙伴网络与国际制度体系。一国的货币伙伴是稳定且持续地支持该国货币跨国使用的国家，支持的具体方式包括：持有该国货币资产作为本外汇储备、将该国货币作为本国汇率的参考、将该国货币作为本国中央银行干预外汇市场的货币、建立该国货币的离岸金融市场等。

国际制度体系则从两个方面为国际货币提供必不可少的保障。一是国际制度为国际货币地位的确立提供合法性；二是与货币相关的国际制度能锁定一种货币的国际地位，即使国际权力结构发生变化，也能确保其地位稳定④。

国际货币的政治理论研究了地缘政治和国际安全结构如何缔造国际货币地位，大国权力政治如何影响国际货币体系的演进。

三、人民币国际地位提升的历程

人民币国际化是 21 世纪欧元流通以来国际货币体系发生的最具影响的事件，对全球金融治理的影响很大。2009 年后人民币的国际地位得到迅速提升。标志性的事件是 2015 年人民币进入特别提款权货币篮子，人民币因此成为国际公认的第一个来自发展中国家的储备货币。人民币国际地位的提升包括本币改革和国际货币外交两个方面。货币外交则致力于为人民币崛起搭建一个稳固的国际政治基础。

国内货币改革的目的是挖掘人民币国际化的市场潜力。首先，有计划地放松人民币在经常项目下和资本项目下作为结算货币的使用限制。货币国家化源于国际贸易结算，2009 年 7 月跨境贸易人民币结算试点，标志着

---

① Eichengreen B, Frieden F, "The Political Economy of European Monetary Unification: An Analytical Introduction", *Economics & Politics*, Vol. 5, No. 2, 1993, pp. 85-104.

② Posen A, "Why the Euro Will Not Rival the Dollar", *International Finance*, Vol. 11, No. 1, 2008, pp. 75-100.

③ Helleiner E, Kirshner J, "The Future of the Dollar: Whither the Key Currency?", In Helleiner E, Kirshner J(Eds), *The Future of the Dollar*, Ithaca: Cornell University Press, 2009, p. 81.

④ 李巍：《伙伴、制度与国际货币——人民币崛起的国际政治基础》，《中国社会科学》2016 年第 5 期，第 79—100、205—206 页。

人民币国际化全面正式启动。①2011年8月跨境贸易人民币结算境内地域范围扩大至全国。2011年1月，为配合跨境贸易人民币结算试点，境外直接投资人民币结算开始试点。2011年10月，商务部发文允许境外投资者使用人民币在境内直接投资，中国人民银行出台相应的《外商直接投资人民币结算业务管理办法》。中国规模巨大的进出口贸易和直接投资流量，支持人民币成为一种跨境交易的计价结算货币。2018年中国经常项目和直接投资跨境人民币结算量为7.77万亿元，其中以人民币进行结算的跨境货物贸易发生3.66万亿元，约占货物贸易总值30.51万亿元的12%；直接投资人民币结算业务发生2.66万亿元。②

其次，进行汇率市场化改革和利率市场化改革以增强国际市场参与者对人民币可自由使用的信心，并将上海打造成国际金融中心，提升人民币在国际市场的认可度。人民币利率和汇率管制限制了人民币作为一种可自由使用的货币。2010年和2015年中国的人民币汇率机制改革，让市场在人民币汇率形成中起到越来越大的作用③。2008年全球金融危机暂缓中国利率市场化步伐近四年后，中国的利率市场化提速，存款利率浮动上限在2015年10月被取消，利率的市场化改革取得了较大进展。

除此之外，一国国际金融中心的发展对于国际货币的生成来说必不可少，国际金融中心交易的以本币计价的金融资产是提高一国货币国际吸引力的重要工具，如英镑对应着伦敦国际金融中心、美元对应着纽约国际金融中心、日元对应着东京国际金融中心、欧元对应着法兰克福国际金融中心。2016年4月上海黄金交易所"上海金"人民币集中定价合约挂牌交易，2018年3月中国原油期货在上海期货交易所上海国际能源交易中心挂牌交易，这一方面标志着黄金、石油等重要大宗商品人民币计价结算和定价权出现突破性进展，另一方面也是把上海建设成全球重要的国际金融中心的有力举措。

最后，中国稳步增持黄金储备，为人民币国际化提供信誉基础。2009年中国的黄金储备为1054吨，与2003年相比增长了75%。随后五年中国的黄金储备维持不变。2015年中国增持黄金储备增长超过50%，达到1763吨，黄金储备量在世界排名上升到第五位。2016年中国增持80吨的黄金

---

① 博源基金会：《人民币国际化：缘起与发展》，社会科学文献出版社2011年版，第25页。
②《2018年金融统计数据报告》，2019年1月15日，http://www.gov.cn/xinwen/2019-01/15/content_5358086.htm。
③ 易纲、胡舒立：《人民币汇率制度的最佳选择》，《中国改革》2010年第8期，第19—25、118页。

储备至 1843 吨，占外汇储备总量的 2.4%左右。①不过，这个比重在主要国家中是最低的，远远低于美国 8133.5 吨的黄金储备量，后者在其外汇储备中的比重达到 74.5%，占全球黄金总储备的 24.8%。②

中国的货币外交包括货币伙伴外交和国际制度外交两个方面。货币伙伴外交方面的表现主要有四点。第一，签订货币互换协议，为双边贸易投资结算，或为金融市场提供短期流动性支持。货币互换协议增强了国际货币互信，体现了协议方政治上赞同人民币的国际使用。从 2008 年 12 月至 2018 年 12 月，中国陆续与 37 个国家或地区的货币当局（包括欧洲中央银行）签订了双边本币互换协议，总额度超过 3.5 万亿元人民币，几乎覆盖全球。③第二，将"推动本币结算"写入双边或多边的政府联合公报，为双边或多边贸易和投资更多使用人民币结算提供便利。截至 2018 年 5 月，中国陆续与 35 个国家或地区联合申明，扩大双边或多边贸易和投资本币结算。④第三，实现人民币与更多外币的可直接交易，方便人民币在国际市场上的使用。从 2010 年开始，中国积极创造条件实现人民币与更多币种的可直接交易。截至 2018 年底，中国外汇交易中心已经实现人民币与包括美元在内的 12 种货币直接交易，大大增加了市场上人民币的可获得性。第四，推动在海外建立人民币清算机制，为境外主体持有和使用人民币提供便利。随着人民币被越来越多地作为跨国结算和支付货币，并且能够与越来越多的外币直接交易，从 2013 年开始，中国开始积极与多个国家和地区的货币当局合作，签署在当地建立人民币清算安排的备忘录，随后在当地确定一家中资银行作为人民币清算行。截至 2018 年 3 月末，中国共在 23 个国家和地区建立了人民币清算安排，初步构建起人民币清算的海外网络，大大便利了人民币的海外流通。⑤借助以上货币外交，中国与 50 多个国家和地区一道构建起人民币国际化初期的货币伙伴网络。

2008 年全球金融危机后，中国在全球金融治理领域实施了"改制"和

---

① 国家外汇管理局：《官方储备资产（2015 年 6 月-2017 年 12 月）》，2018 年 1 月 12 日，http://www.safe.gov.cn/safe/2018/0112/8051.html。

② "Monthly Central Bank Statistics", https://www.gold.org/goldhub/data/monthly-central-bank-statistics。

③ 数据来源于中国人民银行网站。

④ 李巍：《伙伴、制度与国际货币——人民币崛起的国际政治基础》，《中国社会科学》2016 年第 5 期，第 79—100、205—206 页。2016 年 10 月中菲（中国和菲律宾）联合声明，扩大双边贸易和投资本币结算，2018 年 5 月中国印尼（中国和印度尼西亚）联合声明，将推动贸易投资更多使用本币结算。

⑤ 中国人民银行货币政策分析小组：《中国货币政策执行报告 2018 年第一季度》，2018 年 5 月 11 日，http://www.gov.cn/xinwen/2018-05/13/5290717/files/7314bdaad20c491eaf36f80cb908905a.pdf。

"建制"两种形式的国际制度外交,为人民币国际化创造了必要的制度条件。在改革现存的国际制度体系方面,中国作为发展中国家的重要代表,努力推动国际货币基金组织和世界银行等现有主要国际金融机构实施投票权和高管选拔等内部治理结构的改革,以反映新兴经济体国际地位的提高。以特别提款权为突破口推动国际货币体系的改革,提升特别提款权承担计价、交易、储备等的国际货币职能,将新兴国家的货币纳入特别提款权货币篮子,2015年底国际货币基金组织宣布人民币进入特别提款权货币篮子,人民币国际地位显著提升。

除了改制式国际制度外交外,中国在全球金融治理领域创建新国际制度的行动同样对人民币国际地位的提升有很大作用。第一,中国与其他金砖国家一道加强相互间的货币合作,促进相互间贸易投资本币结算,共同发起成立金砖国家新开发银行与金砖国家应急储备基金,以推动多元化国际货币体系的建立。第二,升级"10+3"机制和《清迈倡议》。中国在"10+3"领导人会议上倡议《清迈倡议》多边化,将双边货币互换机制升级为"10+3"成员共同参与的多边备用信贷机制,2009年《清迈倡议多边化协议》达成,规模为1200亿美元的东亚区域外汇储备基金建立,其中中国和日本等额出资384亿美元,共同发挥核心作用。次区域制度平台不仅有助于深化东亚货币合作,而且有助于扩大人民币在东亚地区的使用范围。第三,中国发起成立亚投行,随着基础设施建设项目的开展,人民币可能通过直接投资和贸易渠道加快国际化,而且亚投行可能以人民币计价发行债券,这能增加国际投资者持有以人民币计价的优质金融资产的比例。第四,中国在上海合作组织框架下发展货币金融合作,包括促进成员间的货币互换,稳步推进银行联合体开发性金融合作、密切商业银行间的双边合作、建立成员间贸易和投资的结算支付体系、努力创造上海合作组织开发银行的成立条件等。金砖货币合作机制、东亚货币合作机制、亚投行和上海合作组织金融合作等区域性国际制度平台相互补充,共同助力提升人民币的国际地位。

尽管中国在提升人民币国际地位的国际制度改革和创建方面取得了一定成果,但对于这些成果的维护和发展仍面临各种挑战,中国作为一个新兴发展中国家在全球经济治理领域的权威和领导力还十分有限,还需要进一步努力通过权力分享和利益平衡,根据实际情况推进区域货币合作,团结和领导全球"去美元化"的力量,以推进人民币国际地位的全面提升。

四、人民币崛起的效应

人民币国际地位的提升会对全球经济治理带来一系列影响。人民币自由化不仅会改变国际货币发行国经济、货币和监管政策的环境，进而对国际政策协调带来新的挑战；它还预示着经济外交政策的转变，最重要的是引发既有和新兴国际货币制度体系的竞争。

（一）人民币国际化将影响国际货币发行国的经济、货币和监管政策

人民币国际化有可能对欧元区和美国的经济与货币政策带来挑战，但程度不一。对欧元区而言，人民币是欧元的潜在竞争对手但对欧元区的影响相对较小。人民币国际化使得各国中央银行和全球金融市场投资者的货币组合多了一种货币选择。不过因为欧元的使用范围不如美元、英镑和日元等国际货币，且不属于避险货币，所以再引入一种国际货币对其影响不大。美元则完全不同，自布雷顿森林体系建立以来，美元是传统的"锚货币"[1]。由于美元的国际货币效应及在世界政治经济不稳定时期具有的避险作用，世界各国对美国政府债券的需求弹性较小。但是如果人民币成长为与美元竞争的"锚货币"，那么美元享有的许多货币特权都将减少，而且美国财政和货币政策的成本更多需要由国内承担而不是将其转嫁到其他国家。

人民币国际化还将以不同方式影响中国和美国的监管政策。对中国而言，人民币国际化需要完善跨境使用的政策框架和跨境支付系统及清算安排等基础设施以支持人民币交易，需要完善对银行及非银行金融机构的监管，还需要加强对证券市场的监督，积极打造直接金融市场。随着越来越多的境外投资者参与到中国银行间市场、证券市场及人民币的汇兑交易中，国内的监管法规对全球监管政策的影响将会越来越大。因为中国与西方国家的金融市场结构、政府和市场参与者的关系、经济金融风险的容忍度都不同，所以中国与西方国家金融监管的目标和方法存在差异。人民币国际化将可能导致中国金融监管政策与西方国家相互冲突，各国将不得不就国际政策进行更多协商。与二战后美国霸权主导全球金融治理不同，未来的

---

[1] 在货币制度中，本国的货币钉住一种强势货币，与之建立固定汇率，这种强势货币就被称为锚货币。布雷顿森林体系崩溃后，美元锚的比重约在35%～75%。参见巴曙松、杨现领：《货币锚的选择与退出：对最优货币规则的再考察》，《国际经济评论》2011年第1期，第141—154、6页。

全球金融治理将可能是东西方合作共治。

(二) 人民币国际化将影响世界主要国家的经济外交政策

经济外交是以保全和获取经济利益为主要内容（手段或目标）的外交活动[①]。人民币国际化将提高中国在全球经济治理中的整体战略利益，增进与经济合作伙伴的关系。如果人民币成为国际货币，那么一定程度上中国政府就能拥有在全球范围配置资源的能力，中国政府就能有更多的方式和工具为自身和经济合作伙伴带来利益；中国能借助人民币跨境支付系统和清算协议，发挥本国国际金融中心的辐射作用，与其合作伙伴形成更紧密的政治与经济合作关系。人民币国际化在与经济合作伙伴的对话中逐步推进，中国与经济合作伙伴的关系更加紧密，中国企业海外扩张的机会更多。人民币国际化伴随的汇率市场化也让美国对中国操纵人民币汇率的指责变得缺乏事实依据。

此外，人民币国际化构建的金融基础设施可以为中国提供增加中国经济外交影响力的工具。中国可以借助货币金融市场更有效地实施经济制裁，也可以限制受制裁国家的市场参与者使用人民币计价的金融产品。同时，人民币跨境支付系统和中国金融市场能为那些遭受不恰当的金融制裁的国家提供替代的场所从而减轻或消除制裁给它们带来的不利影响。

世界主要国家面对人民币崛起，采取的外交政策反应不尽相同。欧洲主要国家对于发展人民币业务显示出比较大的兴趣，英国、法国、德国等争相建立离岸人民币交易中心，欧盟各成员争取让人民币清算银行落在本国，同时积极争取获得更多地进入中国资本市场的配额。欧洲大国也积极支持人民币进入特别提款权货币篮子，认可人民币作为储备货币，2017年上半年欧洲中央银行将价值5亿欧元的美元储备转成人民币外汇储备[②]。加拿大也认为加入人民币国际化进程是一个历史机遇，可以增进两国的双边政治经济关系，2015年3月多伦多宣布正式启动人民币清算行服务，标志着北美首个人民币离岸中心正式落户加拿大。与此相反，美国对人民币国际化进程反应很冷淡，美国在全球经济治理中最核心的利益就是美元的国际地位，尽管人民币崛起的目标不是取代美元，但毫无疑问会挑战美元的

[①] 周永生：《经济外交面临的机遇和挑战——经济外交概念研究》，《世界经济与政治》2003年第7期，第39—44、79页。

[②] European Central Bank, "ECB Completes Foreign Reserves Investment in Chinese Renminbi Equivalent to €500 Million", 2017-06-01, http://www.ecb.europa.eu/press/pr/date/2017/html/ecb.pr170613.en.html.

货币霸权地位，降低美国由此获得的利益，因此美国必然戒备和阻挠人民币国际化进程，如阻挠亚投行的成立、批评其欧洲盟友将人民币作为交易和储备货币。

（三）人民币国际化引发既有和新兴国际货币制度体系的竞争

鉴于人民币国际化与美元霸权之间的利益冲突，中国通过"两手抓"，即推动改革现有全球国际制度的同时创建新的区域国际制度来支持人民币国际地位的提升。尽管中国作为现有国际体系内的建设者和改革者而非推倒者和另起炉灶者，所谋求的是与自身经济能力相适应的更大制度空间，为世界提供日益稀缺的国际公共产品，但人民币的崛起也不可避免地会引发新一轮的国际货币制度竞争。美国维护美元霸权地位的全球经济治理制度体系将持续受到中国等新兴国家的质疑和挑战，中国等新兴国家主导的区域经济治理新制度体系也会面临美国施加的诸多压力。

这种国际制度竞争不仅是公共产品供给能力和国际制度本身效率的竞争，更是国际制度主导国家政治权威的竞争。金砖国家新开发银行、亚投行是对世界银行的补充，东亚区域外汇储备基金和金砖应急储备基金是对国际货币基金组织的补充，人民币跨境支付系统是对环球银行金融电信协会的补充。同时，这些新国际金融治理机构和新国际金融治理机制对国际货币基金组织和世界银行等既有机构和机制产生的制度竞争压力，将促使后者完善自身治理结构，以反映国际权力结构的变化。人民币崛起是历史的必然，但将会在既有国际制度和新国际制度相互补充而趋同的制度演进过程中实现。

第二节 中国与多边开发金融机构

一、亚投行和金砖国家新开发银行的建立

多边开发金融机构为全球提供了减贫和发展融资的公共产品。世界银行是最为重要的多边开发金融机构，其成立之初的目的是帮助欧洲实现战后重建，同时为了消化美国在二战中积累的过剩生产力。在欧洲重建任务完成之后，世界银行转变为一个促进发展中国家发展的金融机构。世界银行对发展中国家发放的开发贷款是美国领导的发达国家维护其利益的工

具，带有苛刻的附加条件。对发展中国家贷款的目的是让受援国维持清偿能力，保护发达国家债权人。为此，世界银行对债务国设置了改革国内经济金融制度的条件，要求债务国自由化、私有化和财政节俭，即采用西方国家的经济和金融制度，以利于发达国家金融资本进出。对于那些要求延期偿还债务的国家，世界银行要求它们必须采取特定的经济调整政策，包括宏观经济政策、经济结构调整、私有化等。世界银行从 1980年开始向贫穷国家提供结构调整贷款，自由经济和贸易的经济政策随之进入这些国家。

现有国际制度体系下，世界银行显然仍完全被以美国为首的西方主要发达国家掌控，主要表现在总部设立、席位构成、规则制定及人员安排等方面。2010 年 G20 多伦多峰会上发达经济体和发展中经济体就多边发展银行改革达成共识："采取具体措施确保援助更加透明，更高问责，更优治理，受援国更多主导，权力更加下放并在合适情况下更多使用国别体系，更优化的采购指南，管理、效果追踪和资金贡献的新方法；加强知识管理，确保人力资源适当并具有合适的多样性，更好地履行环境和社会保障责任，更稳健的风险管理；通过定价与费用挂钩方式，确保财务可持续性；承诺继续减少管理费用并使其更加透明。"①这些关于多边发展银行的改革承诺大部分得到实施但落实得并不充分。

改革开放以来，中国在经济全球化进程中不断发展壮大，先后经历了全球金融治理体系融入者、建设者和改革者的角色转变。世界银行内部权力分配改革进程缓慢，促使中国等新兴市场国家自主行动，寻求成立能部分替代世界银行行使全球金融治理职能的金融机构。2014 年 7 月金砖五国成立金砖国家新开发银行，2014 年 10 月中国发起创建亚投行。

发展中国家为提高它们在全球金融治理中的话语权进行过尝试，早在20 世纪 60 年代末，哥伦比亚、委内瑞拉、智利、秘鲁、玻利维亚等拉丁美洲部分国家由于不满由美国控制的世界银行和美洲开发银行在发放贷款过程中附加的苛刻条件，创建了安第斯开发银行（现为拉丁美洲开发银行），目前拉丁美洲开发银行向拉美国家发放的贷款大于世界银行和美洲开发银行的总和。但与这些区域开发性金融机构不同的是，首先，金砖国家新开发银行和亚投行的影响范围是世界性的。金砖国家新开发银行的五个创始

---

① 《二十国集团多伦多峰会宣言（译文）》，2011 年 11 月 4 日，http://www.china.com.cn/guoqing/zwxx/2011-11/04/content_23822798.htm。

成员国分布在四大洲，在各自区域经济体中具有很强的代表性；而亚投行的57个创始成员遍及五大洲，涵盖除美、日之外的主要西方国家，以及亚欧区域的大部分国家。其次，在保证由发展中国家控制的前提下，金砖国家新开发银行和亚投行的成员及受惠成员是开放的，今后将会有更多经济体被纳入这两个开发性金融机构。由于金砖国家新开发银行和亚投行兼有发展中国家主导及世界性影响两方面的特点，也有学者称其为"发展中国家的世界银行"。①

金砖国家新开发银行和亚投行，尝试改变旧的不公平规则，如印度从亚投行成形之初就受邀参与，如今是该机构第二大股东。尽管就成员数量、资金规模和影响力而言，金砖国家新开发银行和亚投行在相当长的一段时期都是对世界银行、国际货币基金组织等既有金融治理体系的补充，但它们可以通过两条途径推动全球金融治理制度改革，影响全球金融治理的格局，逐渐改变发展中国家在全球金融治理中的被动局面：一是通过与既有的多边开发银行和区域开发银行竞争，促使既有的全球金融治理制度朝发展中国家希望的方向改革，反映发展中国家的代表性和话语权；二是通过与既有的多边开发银行和区域开发银行合作，促进发展中国家和发达国家在既有的全球金融治理体系内形成更有效的对话合作机制。

二、新旧多边开发金融机构的合作

《亚洲基础设施投资银行协定》表明银行宗旨之一是"与其他多边和双边开发机构紧密合作，推进区域合作和伙伴关系，应对发展挑战"。《成立新开发银行的协议》也显示银行职能之一是"在银行认为合适的情况下，在其职能范围内与国际组织以及国内的公共或私人实体，特别是国际金融机构和国家开发银行，进行合作"。2016年4月亚投行与世界银行签署了联合融资框架协议，明确了投资项目的联合融资参数。协议规定，由世界银行为双方联合融资的项目提供采购、环保和安保等方面的准备和监管。2016年9月金砖国家新开发银行与世界银行签署谅解备忘录，在双方共同感兴趣的领域加强合作，包括项目联合融资、促进业务知识交流、联合咨询服务、双方人员借调和交流等。2017年4月亚投行与世界银行签署了加强两家银行合作与知识共享的备忘录，为双方在开发融资、人员交流、分

---

① 潘庆中、李稻葵、冯明：《"新开发银行"新在何处——金砖国家开发银行成立的背景、意义与挑战》，《国际经济评论》2015年第2期，第134—137、8页。

析调研工作等领域的未来合作提供一个整体框架,为双方在地区及国家层面的协调合作奠定基础。①

从筹建到正式运营,亚投行与世界银行集团和亚洲开发银行等多边开发金融机构密切合作。世界银行和亚洲开发银行通过分享信息、专长和知识支持亚投行的筹建,世界银行和亚洲开发银行与亚投行合作投资项目建设,极大提高了资金使用效率,共同服务于世界经济发展。多边开发银行授予贷款的基础设施项目资金庞大,对于单一银行而言,资金集中于一个项目的效率低,而多边开发银行联合融资,解决了它们可能面临的资金限制问题或者给特定成员的放贷已接近其自身规章规定上限的问题。截至2019年4月,亚投行已投资生效的项目共有39个,总投资79.4亿美元,分布在丝绸之路沿线东亚、东南亚、南亚、中亚、西亚、非洲6个地区18个国家,其中6个项目是通过支持国际金融公司新兴亚洲基金、印度国家投资与基础设施基金、印度基础设施基金、印度尼西亚区域开发基金、土耳其工业发展银行可持续能源和基础设施转贷便利,以及成立规模为5亿美元的信用债投资基金,动员更多资金来推动区域基础设施发展的。按照《环境与社会保障框架》的分类,这6个项目属于金融中介项目。其他33个项目分别包括14个能源项目、9个交通项目、4个水利项目、1个通信项目、2个城市发展项目、2个跨行业项目和1个灾害管理项目。②

金砖国家新开发银行、亚投行与世界银行在多个领域紧密合作,这不仅表明三家机构的大部分原则和规范是相同或者相通的,而且体现了世界银行2009年10月后关于规则和决策程序的改革在取向上与金砖国家新开发银行和亚投行的发展方向有一定的趋同性。

Morse 和 Keohane 的研究发现,二战后美国主导建立了一个以"一个问题领域,一个国际机制"为特征的世界秩序。但21世纪以来,世界政治逐渐发展出以"一个问题领域,多个国际机制"为特征的"竞争性多边主义"。其意味着,不满意既有国际机制的国家集团可以通过退出、呼吁或创建新的国际机制,来实现自己的国际政策目标,这将导致多个国际机制之间出现竞争的情况。③竞争性多边主义有两种形式,分别为机制转移形式

---

① 《世界银行与亚投行签署合作框架备忘录》,2017年4月23日,https://www.worldbank.org/en/news/press-release/2017/04/23/world-bank-and-aiib-sign-cooperation-framework。

② 资料来源于亚投行网站:https://www.aiiborg/en/projects/approved/index.html。

③ Morse J C, Keohane R, "Contested Multilateralism", *The Review of International Organizations*, Vol. 9, No. 4, 2014, pp. 385-412.

和竞争性机制的创建形式。前者指的是当存在与既有国际机制功能类似的国际机制时，对既有国际机制不满的国家政府会相应地将国际政策重心转移到这样类似的国际机制；后者是指不满意现存国际机制的行为体共同发起建立新的正式或非正式国际机制，以谋求共同的国际政策目标。

竞争性多边主义可能会导致权力政治的回归，也可能完善全球治理体系。如果不同的国际机制完全相互排斥，那么全球治理将出现权力政治的回归，使得国家违反国际条约的行为变得难以识别、遵守国际条约的"义务感"下降，并导致小国遵守国际条约的成本增加，而大国则具有明显优势，可以采取"选择菜单式"多边主义。[①]如果既有机制兼容新机制即两个机制互补，那么新机制的创建可能会刺激既有国际机制向前改革，最终完善全球经济治理体系。具体而言，国际机制是一整套隐含或明示的原则、规范、规则和决策程序。[②]如果新机制与既有机制在这四个方面都没有共同点，那么两个国际机制是彼此完全排斥的。但如果新机制与既有机制在原则和规范上有相当程度的一致性，只是在规则和决策程序上存在差异，那么新机制与既有机制的竞争会提高全球经济治理的有效性，实现全球经济治理秩序朝着更高效的方向演化。[③]金砖国家新开发银行和亚投行按照多边开发银行的原则及规范运营，借鉴现有多边开发银行的经验教训，在规则和决策程序上采用最高的可能的标准和做法，节省不必要的开支并提升运营效率，两家银行的建立反映了后一种类型的"补充性国际机制竞争"。

三、全球金融治理范式转型：亚投行和金砖国家新开发银行

自 2008 年全球金融危机爆发后，基于 G20 峰会平台，主要发达经济体和发展经济体达成改革全球经济治理体系的共识，但现实中全球经济治理体系的改革却面临"知识框架""发达经济体机会主义行为"和"新兴经济体集体行动"三大难题。[④]"知识框架"难题是指发展中经济体如果没有超越既存体系的全球治理实践，那么无法形成全球经济新秩序的知识框

---

① Drezner D, "Two Challenges to Institutionalism", In Alexandroff A(Ed.), *Can the World be Governed: Possibilities for Effective Multilateralism*, Waterloo: Wilfrid Laurier University Press, 2008, pp. 139-159.
② Krasner S D, "Structural Causes and Regime Consequences: Regimes as intervening Variable", In Krasner S D(Ed.), *International Regimes*, New York: Cornell University Press, 1983, p. 2.
③ 李巍：《国际秩序转型与现实制度主义理论的生成》，《外交评论》2016 年第 1 期，第 31—59 页。
④ 朱杰进：《金砖银行、竞争性多边主义与全球经济治理改革》，《国际关系研究》2016 年第 5 期，第 101—112、155—156 页。

架;"发达经济体机会主义行为"难题是指随着全球金融危机渐渐消解,发达经济体改革全球金融治理机构的意愿下降;"新兴经济体集体行动"难题则是指新兴经济体如果没有将发展中经济体的整体利益置于本经济体短期利益之前,没有相应的国际组织作为平台,则无法形成集体行动来改革全球经济治理制度体系。

由新兴经济体主导的金砖国家新开发银行和亚投行,相对于现有的多边开发金融机构,在规则和决策程序多方面有所超越。在利益分配问题上,以美国为首的 G7 控制下的世界银行维护的是发达国家的利益,通过对贷款附加条件,以投资保护为名实际干涉他国内政,以人权保护为名实际消解他国主权,以环境保护为名实际压缩发展中国家的发展空间。与之形成鲜明对比,金砖国家新开发银行和亚投行充分考虑发展中国家的实际情况,推动金融全球化朝着均衡、普惠、共赢方向发展。金砖国家新开发银行和亚投行会制定一系列严格并切实可行的高标准保障条款,但不会附加政治和经济等条件,不会干涉他国内政、人权和发展空间;同时会以市场化方式建立更加多元化的国际货币体系,减少对美元和欧元的依赖。2016 年 7 月金砖国家新开发银行在中国银行间债券市场首次发行规模为 30 亿元人民币的五年期绿色金融债券,这是多边金融机构第一次在中国发行人民币绿色金融债券。利用该债券募集的资金,金砖国家新开发银行向"上海智慧新能源推广应用示范项目"发放了规模为 5.25 亿元人民币的主权贷款,这是国际金融组织的首单人民币主权贷款业务,提升了上海的国际金融中心地位和助推了人民币国际化。

金砖国家新开发银行和亚投行的议题范围相对集中。世界银行和亚洲开发银行等多边开发银行和区域开发银行的宗旨是帮助发展中国家脱贫,其贷款被用在非常广泛的领域中。而亚投行重点服务于亚洲基础设施建设,金砖国家新开发银行对金砖国家等其他发展中国家的基础设施建设进行投融资,体现了这两个开发性金融机构对全球金融治理制度的"补位式改革",即针对现有全球金融治理的空缺进行补充性建设,通过弥补现有治理体系和制度的不足来推动全球金融治理制度的改革。

在控制方式上,既有的全球多边开发银行和区域开发银行,在投票权上都不是平均的。在制度执行的集中程度方面,既有的全球多边开发银行和区域开发银行,各成员由常驻董事代表,这些董事对新项目、计划和政策等相关事务进行投票表决,以对管理层形成制约。但它们几十年来的运行经验表明,常驻董事会运营费用高昂,而且导致决策速度严重变缓,大大降低了它们运行的效率。金砖国家新开发银行和亚投行简化了需要董事会决策的日常事务，不设置常驻董事会，让决策扁平化，有利于提高制度执行效率，减少官僚干预。亚投行是第一个发展中国家占多数投票权的多边经济治理组织，但并没有将发达国家边缘化，亚投行5位副行长中的3位来自欧洲发达国家，亚投行高管的国籍分布在美国、加拿大、新西兰、丹麦、韩国、新加坡等国家。2016年是亚投行正式成立运作的第一年，批准了9个项目，总额达17亿美元，其中有6个项目为与世界银行、亚洲开发银行、欧洲复兴开发银行等机构的联合融资项目。

总的来看，亚投行和金砖国家新开发银行的创建是全球发展金融治理领域发展中国家所做的"补充性国际机制竞争"，就促进不发达国家和发展中国家发展的原则及规范而言，亚投行和金砖国家新开发银行与世界银行是完全一致的，但在如何为不发达国家和广大发展中国家提供更有效的金融服务，以及在投票权分配、银行内部治理、贷款政策等运作规则和决策程序等方面，亚投行和金砖国家新开发银行做了具体的改进和创新。在没有可替代的全球金融治理组织之前，发达国家能通过控制已有的国际组织以确保其政治经济利益偏好持续不断地得以实现。中国等新兴国家建立新的国际金融组织，能够在一定程度上制约发达国家的机会主义行为。由此，这样的"补充性国际机制竞争"能缓解全球经济治理改革的"三大困境"，推动现有多边开发银行和全球经济治理体系变革。

第三节　中国与全球金融监管

一、当前全球金融监管体系的特征

金融全球化和一体化进程伴随的金融风险全球化及金融危机在全球范围内的传染，给金融稳定和金融监管提出了挑战。随着金融全球化的深化，世界各国金融机构连成一体，一部分金融机构尤其是系统重要性金融机构出现支付困难，将引发地区乃至全球金融体系资金周转不灵，甚至导致地区性或全球性的金融危机。

全球金融监管系统是由多个组织和团体形成的非正式分业监管网络，其中既有国际清算银行建立并开展工作的常设委员会和金融监管规则制定机构，也包括独立团体，如国际证券监管委员会组织、国际保险监管者协会等,分别从事不同金融领域监管标准的制定工作,并由各国金融监管当局贯彻执行各项金融监管标准。

2008年全球金融危机爆发后,G20作为全球经济治理核心平台,有力地促进了全球金融监管合作。G20峰会通过设定全球金融监管合作议题、制定顶层指导原则、按不同领域系统性分析监管标准的需求、推广各金融监管委员会制定的监管标准的应用并检查各国执行情况等全球协调机制建设,依托强有力的政治号召力并借助金融稳定理事会,使得国际金融监管既保持决策机制的灵活性,又能实现较强的行动力,增强了国际金融监管的力度和有效性(图10-1)。

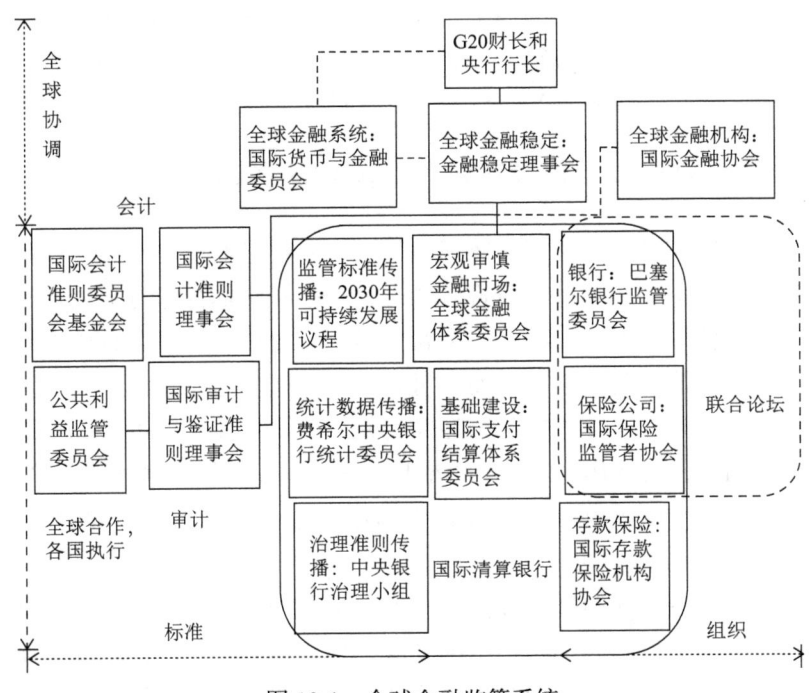

图 10-1 全球金融监管系统

资料来源:Bieri D S, "Financial Stability, the Basel Process and the New Geography of Regulation", *Cambridge Journal of Regions Economy & Society*, Vol.2, No.2, 2009, pp.311

然而,全球金融监管系统长期以来由以美国为首的西方国家主导。国际金融监管机构的成员构成和治理权力分配不能反映世界经济格局的变化。即使2008年全球金融危机后,在发达国家倡导下,全球金融监管的主导者迅速从G7扩大到G20,新兴经济体和非西方的国际金融中心如新加坡和中国香港被接受为成员,其不公正、不合理的问题仍十分突出。主要国际金融监管机构中的成员席位、领导层的选拔、总部位置等仍由发达国家控制。例如，巴塞尔银行监管委员会中欧盟占据 1/3 席位，即 9 个国家席位；更为明显的是，国际金融监管机构的高层管理人员大部分是发达国家的公民，其领导层更是向发达国家倾斜，这些机构的总部也基本上坐落在美国和欧洲发达国家，而不在新兴经济体或非西方的金融中心，相应地，全球金融监管规则也偏向于美国和欧洲发达国家。

既有的全球金融监管系统是西方发达国家主导下的监管规则体系，反映的是西方发达国家尤其是美国的利益，它们实际是发达国家之间相互妥协的产物，其合法性和有效性不足。[①] 全球金融危机的爆发表明，为了管理金融全球化伴随的风险，全球金融监管的协调与合作必不可少。新兴经济体需要主动地参与全球金融监管及其改革，提升制度性话语权，以反映发展中国家利益，推广新兴经济体在本国（地区）内开展金融监管的经验。

二、全球金融监管合作及对发展中国家的影响

全球金融监管合作的国际组织包括巴塞尔银行监管委员会、国际证券监管委员会组织和国际保险监管者协会，分别负责国际银行业的监管、国际证券业的监管及国际保险业的监管。但其实这三大国际监管组织是各国围绕全球金融监管问题进行协商和讨论的非正式多边论坛，本身并不拥有决策和执行的权力。尽管国际金融监管机构制定的监管标准只是对主权国家监管当局起参考作用，但如果世界上大部分国家都接受这样的监管标准，那么那些不接受的国家或地区的金融机构在国际市场上从事金融交易将困难重重。

另外，因各国的偏好及各自的发展水平不同，每个国家的理想金融监管结构其实不尽相同。例如，法国以放弃金融创新为代价，采取了比较严格的金融监管措施；而巴西对国有发展银行采取特殊的监管政策，为的是让它填补长期信贷市场的真空。[②] 因此，各国在金融监管的国际合作上面临诸多困难。

作为霸权国的美国，依靠其世界规模最大和最先进的金融市场，在全球金融监管合作和国际制度的建立中发挥着主导的作用。美国对巴塞尔银行监管委员会、国际证券监管委员会组织及国际保险监管者协会的成立和

---

① 姚晓丹：《实现国际金融监管体系再平衡》，《中国社会科学报》2017 年 1 月 11 日，第 3 版。
② Dani R, *A Plan B for Global Finance*, 2009.

发展都有不可替代的作用。美国在全球金融监管规则制定的谈判中以其金融市场的规模效应和市场准入效应作为条件，驱使他国接受自己的监管需求和偏好，①从而将其金融市场势力转化为美国主导全球金融监管规则制定的能力。

而发展中国家对于全球金融监管合作在制度和观念上都存在不足。②第一，在制度上，发展中国家金融监管改革的程度大大落后于发达国家。根据改革的内容不同，金融监管的转型可以分为三个层次。第一层次改革的内容是监管所采用的技术细节，即监管规则中的技术创新，但监管现状不变。第二层次改革的内容是制度结构和监管行为的性质。第三层次改革的内容是监管认知的变化，包括监管目标、观念、模式的变化，这个层次的改革会带来根本性的变化。大多数发展中国家的金融监管改革历史停留在第一层次，大大落后于发达国家。

第二，在观念上，发展中国家还没有输出监管制度的意愿和能力。虽然发展中国家尤其是新兴经济体的经济实力在不断增强，但运用国际规则仍处于初级阶段。这一方面是由于发展中国家是新兴经济体，金融市场还不成熟，另一方面则是由于发展中国家在国际金融环境和自身经济社会发展的制约下，国内金融监管改革推行并不容易。这些因素导致了发展中国家对美国主导的全球金融监管制度改革只能被动跟随。

以美国为首的发达国家依靠其主导的国际组织，将符合它们国家利益的金融监管制度输出到全球，以从制度上控制全球金融资源配置。特别是2008年全球金融危机后，国际金融监管规则趋紧，发展中国家的利益受到损害。

首先，全球金融监管加强，发展中国家合规成本增加，利润下降，导致与发达国家的金融实力差距进一步拉大。其次，发展中国家金融机构跨境经营受到阻碍，导致对跨境企业的金融支持受到限制。再次，许多金融监管标准的制定并没有反映发展中国家的利益，甚至有些制度针对的相关金融市场交易在发展中国家仍不成熟，如发达国家提出并主导构建的全球法人机构识别编码体系系统，对金融系统性风险的监管效益是边际报酬递增的，与发达国家相比，现阶段广大新兴市场及发展中国家加入全球法人

---

① Drezner D W, *All Politics is Global*, Princeton: Princeton University Press, 2008.
② 钟震，等：《国际金融监管规则演变的逻辑演绎及我国应对之策》，《宏观经济研究》2017年第1期，第31—41、155页。

机构识别编码体系系统的潜在收益较小。[①]最后，2008年全球金融危机后，发展中国家还面临着新规则和旧规则并行甚至相互矛盾的困扰。例如，《巴塞尔协议Ⅲ》的推出与《巴塞尔协议Ⅱ》仅相隔四年，比较而言，核心内容之一是将计量银行信用风险暴露的内部评级法退回到标准法，导致那些为满足《巴塞尔协议Ⅱ》的发展中国家投入的大量监管成本无法回收。

三、中国参与全球金融监管改革

在全球金融监管规则制定中话语权和影响力提升方面，2008年全球金融危机后，中国在保险业偿付能力监管规则制定中的话语权提升上取得突破。金融监管包括宏观、微观审慎监管和行为监管两大方面，其中审慎监管的核心是资本监管或偿付能力监管。与国际银行业已经建立全球统一的《巴塞尔协议Ⅱ》和《巴塞尔协议Ⅲ》不同，国际保险业仍没有形成统一的偿付能力监管规则。《欧盟偿付能力监管Ⅱ号指令》（以下简称欧盟偿付能力Ⅱ）标准和美国基于风险的资本标准是国际保险业主流的两种偿付能力监管模式，其他国家大都参考欧美模式。2008年全球金融危机爆发后，国际金融市场和全球金融监管发生深刻变革，同时鉴于中国国内保险市场化改革不断深化，中国原有的保险业偿付能力监管制度体系已经不能满足新的国际和国内经济形势的需要，需要进行改革，建立适合中国国情的现代化偿付能力监管模式。2012年中国保险监督管理委员会（以下简称中国保监会）启动中国风险导向的偿付能力体系（以下简称偿二代）建设，期间没有对欧美标准亦步亦趋，而是自主研发出既符合全球金融监管发展方向，又具有中国特色、反映新兴市场特点的偿付能力监管标准。2015年2月中国保监会正式发布"偿二代"17项监管规则，一套兼具中国特色和国际可比性的新一代保险业偿付能力监管体系基本建成。例如，鉴于新兴经济体金融体系不完善且存在扭曲与低效率等有效性不高的实际情况，偿二代中的资产负债评估既没有采用欧盟偿付能力标准使用的市场一致评估原则，也没有采用美国风险资本标准中的法定价值法，而是采用以会计报表账面价值为基础并适当调整的方法。

2008年全球金融危机后，G20推动国际保险监管者协会加快制定国际保险监管规则，这为中国保险监管机构参与国际规则制定提供了难得的机

---

① 陈伟光、黄雯华：《全球"LEI系统"进展及对我国的影响性分析》，《上海金融》2015年第6期，第67—71页。

遇。中国保监会积极参与、主动作为，将中国的经验和诉求反映到全球保险监管规则的制定中，在较短的时间内就显著提升了中国在全球保险监管规则制定中的话语权，中国的偿二代初步形成了与欧盟偿付能力体系、美国基于风险的资本制度模式并列的保险监管格局，这是中国参与全球金融治理的重大成就。

在标准建设和试运行过程中，中国保监会积极扩大偿二代在国际上的影响力。具体措施包括以下四个方面。①中国保监会以各种方式在国际上宣传推广偿二代。例如，2014年12月与瑞士再保险集团合作在瑞士苏黎世主办"中国偿二代国际研讨会"，并发布《风险对话》中国偿二代研究专刊，使得境外保险监管机构和国际保险监管者协会能够了解及研究中国偿二代。偿二代作为以国际通行的"三支柱"[①]监管框架为基础，体现新兴经济体特点，能够覆盖保险公司所有风险的一整套风险识别、计量和防范体系，在国际上赢得了积极评价和初步认可。中国偿二代与欧盟偿付能力Ⅱ是相通的。[②]②中国保监会依托偿二代体现新兴经济体特点的优势，努力推进偿二代标准和规则应用到新兴国家，促进跨境保险监管合作。2015年，亚非保险与再保险联合会主动申请纳入偿二代监管，实现了保险区域监管合作。③中国保监会开展偿二代规则等效评估。鉴于国际保险监管不统一，中国保监会通过开展与发达国家或地区保险偿付能力监管等效互认，提升偿二代的国际影响力。2018年中国保险监管工作会议指出，要积极推进我国偿二代与欧盟偿付能力Ⅱ的等效评估工作。④在"一带一路"沿线国家实施保险业偿付能力的技术援助，以培训、咨询等方式，在新兴市场和发展中国家推广偿二代监管技术和经验，提升偿二代在这些国家的影响力。

中国保险业偿二代建设为中国提升全球金融治理制度性话语权打下坚实的基础。国际保险监管者协会考虑到中国偿二代给保险业风险防范带来的积极效果，在2017年发布的《以风险为基础的全球保险资本标准》中将中国单独分组，分配相应的风险因子，而不再与其他发展中国家或地区一同使用最高风险因子，这是全球金融监管规则中首次明确体现中国标准。

---

① 第一支柱是定量资本要求，第二支柱是定性监管要求，第三支柱是市场约束机制。
② Van Hulle K：《中国偿二代：相通于偿付能力Ⅱ的监管制度》，《风险对话》（第21期）特刊，http://media.cgd.swissre.com/documents/CGD_RDM_CROSS_CHN_WEB.pdf。Van Hulle教授为欧盟委员会保险和退休基金事务小组组长、被誉为欧盟偿付能力Ⅱ之父（"Mr. Solvency Ⅱ"）。

展望未来，中国可以利用各种资源和平台，通过战略联合和创建或重塑平台等方式，打造和输出既能代表发展中国家共同利益又符合国际规范的全球金融监管新规则。中国可以借助由中国主导的亚投行等平台，与经济发展模式、金融体系结构及政治利益诉求类似的国家或地区结成战略伙伴，联合推出符合共同国家利益的全球银行、证券和保险监管规则。2008年全球金融危机后，全球处于金融监管改革和规则制定与演变的关键窗口期，中国可尝试在亚投行等平台适时提出新的全球金融监管合作框架，主动出击，逐步打破现存由美国为首的发达国家主导全球金融监管的不平等格局。

第十一章 产 业 领 域

20世纪50年代以来，伴随着国际投资和贸易格局的变迁，世界经济形态也发生了重大变革。中间产品贸易和服务贸易及离岸外包成为国际经贸新的特征和主要形式。近年来，全球价值链作为全球经济治理中产业组织发展基础的观点已经被各国政策制定者普遍接受。

国际分工的日益细化和深入使得新的国际规则和制度成为全球各个经济体的重要诉求。一方面，发达经济体对高质量国际投资和贸易环境的要求重视对知识产权等资产保护、营商环境的持续改善和法律体系的进一步健全；另一方面，发展中经济体更加关注融入全球价值链对国内就业的促进作用，重视提高产品工艺、获取知识外溢、强化劳动技能，以及环境、劳工、健康和安全等问题。全球价值链治理超越了单纯的私人治理领域，一些涉及发展中国家社会利益且与发达国家跨国公司商业利益相矛盾的问题需要公共治理和社会治理的深度介入。国际产业分工下的全球价值链由位于不同国家和地区的形成不同增加值的各个环节共同构建，需要建立各国共同协调和校正的制度治理体系，也就是说，有必要形成各国在产业分工和产业政策制定推行等方面的互动、合作与协调①，即全球产业治理。

21世纪初叶，发展中经济体随着自身经济实力的增强和在全球价值链中地位的攀升，在全球治理中的话语权也显著上升，新工业革命和产业分工正在重塑全球价值链。当前，新一轮科技和产业革命正应运而生，以互联网、大数据、云计算、物联网等新一代信息技术广泛应用为特征的第四次工业革命推动了传统制造模式和组织模式变革，促使全球价值链分解、融合和创新，使国际产业分工萌生了新形态，各环节附加值也相应发生变化，从而促使国际分工体系加速转变，全球产业价值链深度重塑。

中国在全球产业价值链重塑中的角色不断增强。中国在全球价值链治理中正在逐步强化自身的制度性话语权，从国际产业分工体系的低端嵌入

---

① 陈伟光：《全球治理与全球经济治理：若干问题的思考》，《教学与研究》2014年第2期，第53—61页。

者转变为国际经济利益关系协调的核心参与者，从被动接受国际分工安排到主动组织国际分工。这表现为：中国在全球价值链中的地位不断提升，产业竞争优势得到蜕变，从依靠劳动力成本优势向依靠人才能力优势转型升级。中国在一些领域的产业势力正在形成，从注重单个企业竞争力到产业链上下游优势互补、产业边界融合塑造整体优势。然而，从微观层面来看，中国企业作为全球价值链领导者行使治理权力的实践还相对贫乏，距离世界级跨国公司的路还很长。但相对完整的制造业体系为中国企业参与国际产业分工的新形态奠定了坚实基础，同时快速增长的生产性服务业也为中国产业转型注入了新动力，"制造+服务"新业态的丰富实践为中国企业迈向全球价值链高端提供了强大的动力。国际产能合作战略的实施，更是为中国企业提供了巨大的契机，使得更多企业借助这个机会打开国际化新思路，提升国际竞争实力，加速推动中国跨国公司的产生和成长。

然而，20世纪90年代以来全球化的进程已难以为继，因此创新现有国际规则和制度成为迫在眉睫的首要任务。现有的全球产业治理内容主要集中在以跨国公司为主导的私人标准领域，而诸多全球生产网络运行中涌现出的问题难以协调解决。更不可忽视的是，产业链的宏观治理主体仍然主要通过发达国家之间的G7/G8等治理平台协调，忽略了代表更广泛产业链的广大发展中国家的诉求。中国作为不断崛起的发展中大国，应充分发挥引领作用，在全球经济治理中勇于承担大国责任，贡献中国智慧，促进全球经济向好发展。

第一节 全球产业治理与全球价值链

一、全球价值链治理：全球产业治理溯源

在全球经济治理舞台，全球价值链作为全球产业组织发展基础的观点已经被各国政策制定者普遍接受。2013年《世界投资报告》指出，全球贸易中约有80%流经由跨国公司主导的全球价值链。世界范围内1/5的工作岗位与全球价值链有关。事实上，目前所有关注经济发展的重要国际组织都采用全球价值链的概念和语言作为其实施战略所考虑的核心要素[1]。全球

---

[1] Gereffi G, "Global Value Chains in a Post-Washington Consensus World", *Review of International Political Economy*, Vol. 21, No. 1, 2014, pp. 9-37.

价值链观点聚焦于协调全球价值链的经济性角色,即价值链领导企业在全球经济中的作用,全球价值链观点认为领导企业拥有强大的市场力量,从而显著影响产业分工结果。当然,私人部门的力量确实非常重要,全球价值链中的领导企业能够在相当程度上决定谁在哪里生产什么,以至于可以最终影响全球生产网络中谁赢谁输。由少量强势的经济性角色主导的全球经济影响着产出分配、生产区位,以及全球贸易、工作条件、环境影响、可持续发展等全球经济治理领域的重要问题。全球价值链治理就是一系列非正式的、非政府的、通过复杂关系(如战略联盟、模块化生产、合同生产等安排)来协调跨国界经济活动的潜在规则与行为范式。从这一概念可知,全球价值链治理过于强调领导企业在产业治理中的作用,忽视了公共部门的动态影响。在全球价值链的主流观点中,国家与国际组织在全球产业治理中的作用很少被关注,国家和公共治理的作用往往被遗忘在代表私人权力的企业力量之后。

虽然全球经济治理文献相当深入地探讨了公共治理和私人治理在日益全球化的世界经济中的治理作用,但这一领域的主流文献更多地将全球经济置于传统的市场条件下,认为国际贸易流动仍然是最终产品的安全距离交易(arm's length transaction),或者是跨国公司内部贸易(intra-firm trade)。全球经济治理欠缺的是对高度碎片化的全球生产组织形式和基于任务的服务贸易形式的关注,也就是说,未能较好地在全球经济治理分析框架中纳入全球价值链治理的考量。

在过去的 20 多年,国际产业格局伴随经济全球化发生了深刻变革。运输与通信成本的降低及互联网的普遍应用使跨国公司能够加强对全球价值链的掌控,通过内部贸易和供应链网络在不同国家寻求比较优势,推动全球贸易—投资—服务日益紧密结合。跨国公司的业务拓展与组织重构及全球价值链的全方位扩张,使得国内生产紧密融入全球生产,全球价值链的发展增加了跨国经营的复杂性,使各国间的贸易投资关系更加密切和交叠,使各国贸易投资政策和国内产业政策之间的边界变得模糊,从而产生了政策合作的需要,产生了制定新规则和新标准的需要。对全球经济的管制主要包括国内规则、跨界规则和国际规则,三者之间存在密切的相互影响。国际规则一旦确立,参与的国家主体必然要对其国内规则和居于其间的跨界规则进行调适,以顺应国际规则的要求。反之,参与国际规则制定的国家主体也会根据其国内规则和国内利益的需要影响国际规则及跨界规则。对于一个国家而言,在政治经济实力较为强大的前提下,可以以自己的国内规则为参考去影响国际规则的制定，有利于提升其在全球经济治理舞台上的主动性，然而这只有少数经济发达国家才有能力做到。广大发展中国家更多是将国际规则内化为国内规则，中国改革开放多年的实践即将国际经济规则内化为国内规则的过程，也是基于嵌入全球价值链的需要不断调适国内制度，使之逐步满足国际标准的过程[1]。

全球价值链治理的主要载体是大中型跨国公司和采购商，由它们领导的产业链呈现出生产网络和价值链全球化分布的特征，因此往往具有全球产业组织的形态。全球价值链理论中的产业治理强调企业的治理功能，政治经济学研究中的产业治理则侧重于分析产业组织对政策制定的影响，两者都未能充分关注国家和社会行为体在产业治理中的重要作用。因此，有必要认真审视全球产业治理的概念，弥补全球价值链理论与政治经济学对全球产业分工治理的不完整性。

二、全球价值链内涵

全球价值链、全球商品链和全球生产网络文献（因描述的问题相似，后文统称为全球价值链）对全球价值链类型和作为价值链领导者的发达国家企业如何治理价值链上企业进行了广泛的研究。价值链理论最早由 Porter 在分析企业行为和竞争优势时提出，他将公司的价值创造过程划分为基本活动（含采购、生产、营销和售后服务等）和支持活动（含研发、人力资源和财务等）两部分，这些活动互为条件、彼此依赖。20 世纪 90 年代开始，一些学者将价值链理论直接应用到全球经济或产业组织中，在价值链理论的基础上提出了全球商品链理论。学者在此基础上对全球价值链开展系统性研究，他们将全球价值链定义为：产品从概念设计到使用直到报废的全生命周期中所有创造价值的活动，包括对产品的设计、生产、营销、分销及对最终用户的支持与服务等[2]。上述活动越来越多地表现为在全球范围内广泛分布。全球价值链是价值创造过程在地理范围上拓展的结果，其形成过程是以两个维度展开的[3]：一是通过国际贸易构成全球商品流，即全

---

[1] 赵龙跃：《全球价值链时代如何更好统筹国际国内规则——中国积极参与全球治理的战略路径分析》，《人民论坛·学术前沿》2017 年第 13 期，第 58—69、79 页。

[2] 高闯、王季：《基于全球价值链的我国高技术企业集群国际化路径研究》，《经济管理》2007 年第 16 期，第 4—9 页。

[3] Feenstra R C, "Integration of Trade and Disintegration of Production in the Global Economy", *Journal of Economic Perspectives*, Vol. 12, No. 4, 1998, pp. 31-50.

球价值链在全球范围形成统一市场,是产品市场的地理范畴扩大的结果;二是生产的垂直分解,是生产分工在环节和功能上不断深化及解体的过程与产品生产全过程按要素禀赋优势在全球重新布局的过程[1],也是产业趋向垂直专业化、逆向一体化的体现。目前与全球价值链相关的研究主要集中于两个学派——国际贸易学派和产业经济学派,其研究拓展到全球生产网络、国际贸易与分工、贸易增加值分解、产业组织与竞争、产业空间布局、区域经济差异、区域创新系统和国际政治经济等研究领域。国际贸易学派和产业经济学派基于不同的理论基础,采用不同的研究方法,关注不同的政策焦点。前者基于国际经济学、政治经济学和跨国公司理论,采用宏观研究方法,主要采用产业层面的数据和贸易数据来支持,主要关注劳动力的国际分工、双边贸易协议的作用和对外直接投资等政策焦点;后者基于产业研究、当地发展和集群研究,采用微观研究方法,主要采用案例研究和定性资料,主要关注集群竞争力、当地和集群的发展策略。但二者关注的主要问题却是一样的,都是研究全球价值链的治理和发展中国家企业的升级。研究的对象涵盖世界各个发展中国家的各种产业,如巴西的制鞋产业、南非的葡萄酒产业、泰国的家具产业和中国内地的服装产业等。近年来,基于跨国公司在处理发展中国家劳工和环境等问题上的治理无效性,全球价值链研究又切入到国际政治领域,展开了对国家行为体参与全球生产网络形成、发展和治理角色功能的系统性研究。

三、全球价值链重构

2008年全球金融危机爆发后,全球价值链结构发生了革命性变化,全球要素市场配置方式与生产体系经历了重新构造和重新布局。全球价值链重构的驱动因素主要有以下几个方面。

(1)生产性活动承接国劳动力比较优势发生变化,如由于中国劳动力成本上升,发达国家企业将生产地逐渐转移到劳动力成本更具优势的国家,如越南、印度尼西亚[2]。

(2)发达国家以新一轮科技创新重振国内实体经济。2008年美国次贷危机后,主要发达国家深刻反思过去脱实向虚的发展模式,转向"再工业

---

[1] 刘林青、谭力文、施冠群:《租金、力量和绩效——全球价值链背景下对竞争优势的思考》,《中国工业经济》2008年第1期,第50—58页。

[2] 刘厚俊、王丹利:《劳动力成本上升对中国国际竞争比较优势的影响》,《世界经济研究》2011年第3期,第9—13、33、87页。

化"战略，聚焦实体经济和高端制造业的发展。物联网、大数据、人工智能、云服务等新兴技术走向产业化。这些科学技术与以往的技术所不同的是，它们往往具有强大的全社会渗透性，为传统行业及人类日常工作和生活带来颠覆性创新，集中体现了科技创新的突破，使得科技的产业化周期大大缩短，与传统制造业的结合更是推动了新的商业模式和商业形态的发展，新一轮科技创新将成为推动全球价值链治理格局重构的关键点。

（3）发达国家力图通过主导国际规则变迁取得先发优势。CPTPP、TTIP和 TISA 等贸易投资自由化规则纷纷出台。尽管美国特朗普政府宣布退出 TPP，将 NAFTA 替换为《美墨加三国协议》，但其根本目的在于捍卫其在全球经济治理中的主导地位，确保在全球价值链重构中拥有最大的利益分配权。同时特朗普政府对于 TTIP 和 TISA 的立场并不明朗，但上述规则的目的在于明确发达国家跨国公司在知识产权、服务贸易和对外投资方面的利益，拓展其具有比较优势的服务业价值链的地理范围，使其进一步向世界其他国家和地区延伸，同时牵制新兴经济体发展竞争优势。新的国际经贸规则虽不会导致发展中国家被全球价值链边缘化，但却会增加其向全价值链上游攀升的现实难度[①]。

（4）新兴经济体崛起实现价值链的升级转型，以印度软件服务业的崛起为例，印度软件产业借助承接欧美企业软件离岸外包的巨大市场机会，建立了整体性的技术能力，并以并购的方式逐步延伸软件产业链，使企业在软件产业中逐渐向核心业务领域拓展并最终占据一席之地，逐步实现了向价值链治理者的角色突破。

（5）新兴经济市场不断增强的购买力使其成为世界主流消费市场，如中国已成为一个潜力巨大的消费市场，有机会依靠市场力量崛起成为价值链治理的主导者。同时，在一定程度上，发达国家跨国公司全球生产网络的地理分布正在从以母国市场为中心的离岸生产布局，转向以东道国市场为中心的近岸生产布局[②]。

欧美发达国家的再工业化是建立在产业技术创新基础上的工业整体升级，是全球价值链重构的重要内容[③]。所谓再工业化是指具有后工业社会特征的国家，以欧美国家为代表，其产业结构演进方向为丰富的生产性服务

---

① 桑百川：《推动企业积极应对全球价值链重构》，《光明日报》2016 年 3 月 24 日，第 16 版。
② 桑百川：《推动企业积极应对全球价值链重构》，《光明日报》2016 年 3 月 24 日，第 16 版。
③ 张明之、梁洪基：《全球价值链重构中的产业控制力——基于世界财富分配权控制方式变迁的视角》，《世界经济与政治论坛》2015 年第 1 期，第 1—23 页。

业支持下的具有高附加值、知识密集和智能化特征的先进制造业。再工业化不是原有产业的简单回流，而是利用新一代颠覆性科技对产业网络的全球空间布局进行重组，使得高端制造业向发达国家回流，这将使全球价值链上增加值分布的不均衡的现象在发达经济体与发展中经济体之间加剧。在这一背景下，发展中经济体必须大幅提升参与全球价值链分工的能力，否则可能会被新的全球价值链体系排斥在外。由于在新一轮全球价值链重构中技术创新的主导权仍然掌握在发达国家手中，发展中国家与发达国家的差距被进一步拉大。20世纪初的十多年间，在发达经济体整体性经济衰退的趋势下，新兴经济体一度成为全球经济增长的新引擎，更多经济性资源流向新兴经济体，使得新兴经济体制度性话语权和国际分工地位均得到显著提升。然而，近年来新兴经济体经济增长的可持续性面临国内经济发展的结构性瓶颈和周期性矛盾的双重挑战，进行结构性改革成为新兴经济体避免落入"中等收入陷阱"的关键举措。而发展中国家单凭资源禀赋和劳动力成本方面的比较优势，很难找到对接前沿科技和新兴产业全球价值链的结点，新"数字鸿沟"将进一步挤压发展中国家企业参与全球价值链的空间。①

四、全球价值链重构中的中国机遇

2008年金融危机的爆发使得世界经济步入调整期，全球价值链面临生产环节重组整合、核心功能地域转移和产业跨域融合延伸的种种变革。驱动上一轮全球价值链扩张的制度和技术两大引擎的作用均有所弱化，基于全球价值链的国际经贸规则重塑蓄势待发。②在国际形势发生深度变化和调整的背景下，中国产业的生产能力和产业组织方式迫切需要做出与全球价值链重构的外部环境相适应的调整。过去中国经济在传统的全球价值链中赖以生存的制造业低附加值贸易活动，已经到了有必要转换发展引擎的关键时刻。中国经济步入更高级发展阶段的新常态模式，经济发展方式正从注重规模速度的粗放式增长转向注重质量效率的集约式增长，经济发展动力正从依赖要素优势的传统增长点转向以科技创新为引领的新的增长点。

对于中国来说，如何寻求新型全球化发展成为具有重要理论价值和现实意义的课题。中国产业经济应充分把握全球价值链重构的契机，紧抓新

---

① 杨丹辉：《创新与分化：影响未来的新科技新产业》，http://gjs.cssn.cn/kydt/kydt_kycg/201704/t20170412_3484043.shtml。
② 沈丹阳：《以更加积极的姿态融入全球价值链》，《人民日报》2016年3月27日，第5版。

兴科技这一经济发展新动力，从要素驱动向创新驱动转变，也就是推动中国参与的全球价值链分工从加工、制造、生产、装配等低端活动向研发、设计、营销、品牌、供应链等高附加值功能活动升级，构建以中国创造为引领的全球创新链分工体系，实现由"制造在中国"到"创造在中国"的转变①。

（一）从全球价值链转向全球创新链

中国嵌入全球价值链初期以发展出口导向型经济为主，往往通过建设各种产业园区形成产业集聚来发展出口型制造业，以低廉的要素成本为主要依托，通过加大基础设施建设，出台土地、税收等方面的优惠政策吸引外国资本。在全球价值链重构特征不断显现的趋势下，劳动力要素的重要性逐步降低，知识要素的影响力大大增强。中国经济发展路径有必要转向全球创新链发展模式，在实体经济中强调科技创业，注重社会和环境的可持续发展，避免对劳动力和土地要素资源产生严重依赖，是战略思路和路径的重大转变。前者代表了中国以加工贸易嵌入全球价值链，位于全球价值链低端位置，后者则说明了中国以自主创新攻入全球创新链的发展思路（表11-1）。

表11-1　全球价值链与全球创新链比较

项目	嵌入全球价值链	攻入全球创新链
目标	中国制造	中国创造
性质	依赖型经济	开放自主型经济
动力	国际直接投资主导的外生动力	本土企业创新驱动的内生动力
要素	引进资本、机器设备、技术	人力资本投资和人才制度创新
抓手	出口导向的开发区建设	科技创业、建设创新平台和综合创新环境
政策	针对物质资本的引进，实施包括土地利用、税收、信贷等在内的各种优惠政策	针对人力资本创新，进行物质和精神、文化的鼓励和诱导
效果	低附加值	高附加值

资料来源：刘志彪：《从全球价值链转向全球创新链：新常态下中国产业发展新动力》，《学术月刊》2015年第2期：第5—14页

当前，中国人力资源密集并逐步走向技能高端化，基础设施建设稳步推进且不断完善，资本市场快速发展，逐步规范化、市场化，要素市场齐

---

① 刘志彪：《从全球价值链转向全球创新链：新常态下中国产业发展新动力》，《学术月刊》2015年第2期，第5—14页。

备,拥有产业链完整和熟练的产业工人大军等诸多优势。新兴产业方面,集成电路、机器人、人工智能、大数据等装备制造、战略性新兴产业发展迅猛,以技术创新引领产业发展。如能抓住第四次工业革命机遇,通过自主创新以更快的速度切入全球价值链高技术环节,不仅可缩小与发达国家的技术差距,而且有望依靠技术创新跻身全球领先技术梯队、引领实现跳跃式发展。中国近年来鼓励创业创新,着力推动《中国制造 2025》和"互联网+"行动计划,以平台经济、共享经济、协同经济为表现形式的新产品、新模式和新业态快速成长,跨境电商、大数据、人工智能应用等领域走在国际前沿,促进经济发展模式向创新驱动型转变,为经济提质增效不断注入新的强劲动力。从这一意义来看,从嵌入全球价值链到攻占全球创新链高地是中国响应全球价值链重构变革、参与全球产业治理的重要路径。

(二)服务业成为经济增长新动力

从实践上看,目前中国已进入现代服务业高速发展的轨道,这为中国从以制造业嵌入全球价值链转向以服务业攻入全球创新链的发展路径提供了充分的事实依据。2012 年,我国 GDP 为 540 367.4 亿元,其中第二产业增加值和第三产业增加值占比分别为 45.27%和 45.31%,第三产业增加值占比首次超越第二产业,此后第三产业增加值在 GDP 所占比重处于"稳步增长"状态。这表明我国现代服务业正处于加速发展期,更值得关注的是,这些现代服务业将会与实体经济实现深度融合,促进产业转型升级、深度嵌入全球价值链中高端,第三产业推动经济增长的主导作用将会进一步增强(表 11-2、图 11-1)。

表 11-2　2007—2016 年第一产业、第二产业与第三产业增加值及其占 GDP 比重

年份	GDP/亿元	第一产业增加值/亿元	占 GDP 比重	第二产业增加值/亿元	占 GDP 比重	第三产业增加值/亿元	占 GDP 比重
2007	270 232.3	27 788.0	10.28%	126 633.6	46.86%	115 810.7	42.86%
2008	319 515.5	32 753.2	10.25%	149 956.6	46.93%	136 805.8	42.82%
2009	349 081.4	34 161.8	9.79%	160 171.7	45.88%	154 747.9	44.33%
2010	413 030.3	39 362.6	9.53%	191 629.8	46.40%	182 038.0	44.07%
2011	489 300.6	46 163.1	9.43%	227 038.8	46.40%	216 098.6	44.16%
2012	540 367.4	50 902.3	9.42%	244 643.3	45.27%	244 821.9	45.31%
2013	595 244.4	55 329.1	9.30%	261 956.1	44.01%	277 959.3	46.70%
2014	643 974.0	58 343.5	9.06%	277 571.8	43.10%	308 058.6	47.84%

续表

年份	GDP/亿元	第一产业增加值/亿元	占GDP比重	第二产业增加值/亿元	占GDP比重	第三产业增加值/亿元	占GDP比重
2015	689 052.1	60 862.1	8.83%	282 040.3	40.93%	346 149.7	50.24%
2016	744 127.2	63 670.7	8.56%	296 236.0	39.81%	384 220.5	51.63%
2017	827 122.0	65 468.0	7.92%	334 623.0	40.46%	427 032.0	51.63%
2018	900 309.0	64 734.0	7.19%	366 001.0	40.65%	469 575.0	52.16%

资料来源：2017年、2018年和2019年《中国统计年鉴》

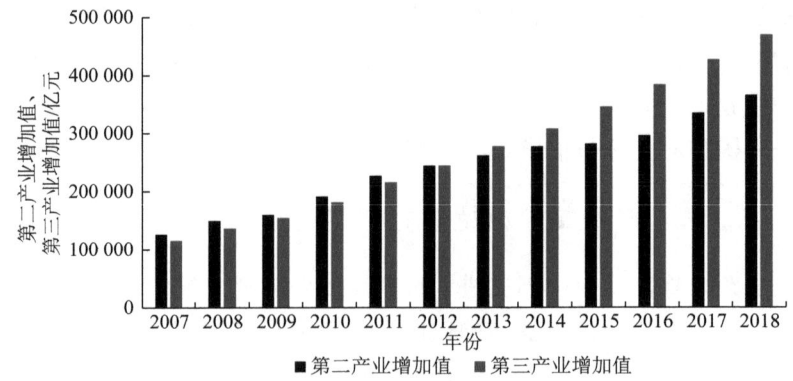

图11-1　2007—2018年第二产业与第三产业增加值

中国要把握好全球价值链重构的机遇期，在推动传统制造业转型升级和战略性新兴产业高速发展的基础上，加速推进以服务业开放为特征的新一轮商业模式变革和经济增长方式转型，自主开发与世界领先水平相一致的新一代科技，引领中国企业从嵌入全球价值链向参与全球创新链转变。

第二节　中国与全球价值链治理

20世纪90年代以来，经济全球化进程遭遇最严峻的考验，利益相关方之间新矛盾的出现倒逼国际贸易投资规则的创新，原有的以跨国公司为主导的全球产业治理模式显现出治理缺陷。迄今为止，一方面，全球价值链治理仍主要由跨国公司制定具有私人标准性质的治理规则，对于全球价值链运行中的诸多新问题，如环境、劳工和社会等相关议题缺乏相应的协调机制和协商规则；另一方面，以发达国家为参与主体的G7/G8等平台在全球经济治理舞台上发挥主导作用，尽管发展中国家对全球经济的贡献达到 2/3，但其在全球经济治理中的话语权得不到有效反映，国家权力结构相对不均衡，忽视了广大发展中国家的诉求。中国作为不断崛起的发展中大国，有责任充分发挥引领作用，贡献中国智慧促进全球经济转型发展。

一、全球价值链治理的要素分析

Gereffi 等确定了影响价值链治理的三个关键因素：①维持特定交易所需传递信息和转移知识的复杂性；②信息和知识可以被编码化，并因此达到有效传播且不需要交易各方进行特殊投资的程度；③与交易要求相比，供应商的能力水平。依据这三个因素，他们把全球价值链治理模式分为市场型、模块型、关系型、俘获型和科层型五大类别（表 11-3）。

表 11-3 全球价值链治理模式

治理类型	交易复杂性	交易可编码能力	供应能力	显性协调与权力不对称程度
市场型	低	高	高	低
模块型	高	高	高	↕
关系型	高	低	高	
俘获型	高	高	低	
科层型	高	低	低	高

资料来源：Gereffi G, Humphrey J, Sturgeon T, "The Governance of Global Value Chains", *Review of International Political Economy*, 2005, Vol.12, No.1, pp. 78-104

价值链治理是一个动态的过程。Humphrey 和 Schmitz 指出了三个驱使价值链治理模式演变的因素[①]：①当现有供应商能力提升后，其与价值链主导企业之间的权力关系将发生变化；②价值链主导企业建立和维持俘获型治理的成本很高，且由于交易专门化投资而导致运作不灵活；③企业常常同时存在于多个价值链中，因此它们可以将从一个价值链中学到的能力运用于其他价值链中。由此可见，决定价值链治理模式演化的关键因素是供应商能力的变化。这种能力变化与全球价值链中的知识转移有密切关系。Schmitz 认为，价值链治理的动态观有助于分析为何供应商在一些价值链遇到的升级障碍是暂时的，能随着治理模式的演变得以克服[②]。

---

① Humphrey J, Schmitz H, "How does Insertion in Global Value Chains Affect Upgrading in Industrial Clusters?", *Regional Studies*, 2002, Vol.36, No.9, pp.1017-1027.

② Schmitz H, *Local Upgrading in Global Chains, Recent Findings*, Paper presented at the DRUID Summer Conference, 2004.

一些全球价值链研究文献认为不同国家企业因参与制造产品的流程和活动而不断产生联系，并认为这种联系在发展中国家企业获取知识、加强学习和创新等方面发挥的作用日益重要[①]。参与全球生产网络可帮助发展中国家供应商获得全球市场的重要信息，这些信息涉及产品种类、产品质量和技术等方面，并最终帮助供应商的产品进入这些市场。该类研究的重要贡献之一是注意到在不同的全球价值链治理模式下，领导企业向当地供应商的知识转移机制存在显著差异。

全球价值链构成国家间密不可分的经济联系，各国经济发展越来越依赖于嵌入的全球生产网络的发展和升级。然而，参与全球价值链并不意味着必然获得利益和增长，更无法保证发展中国家能够自然而然地从嵌入全球价值链低端逐步向附加值更高的环节攀升，甚至可能对低附加值活动产生路径依赖而被其锁定。有关全球价值链的研究表明，很多国家和产业反而在参与全球生产分工的过程中发生了"社会降级"，使当地社会陷入更实质性的贫困。嵌入全球价值链的国家在价值链治理中的地位取决于其专业化深度，因此不能仅仅关注贸易量为一国带来国际竞争优势的作用，而更应聚焦于该国能够从全球价值链中实现的价值创造与获取程度，聚焦于国家在全球价值链体系中参与产业竞争与经济利益分配问题，还应重视嵌入全球价值链体系后的社会和环境发展境况是否得以改善。当前，以全球价值链为特征的国际产业分工体系正处于战略调整期，全球价值链重构使得发展中国家从价值链中获取增加值的能力被进一步削弱，从而使其参加全球价值链治理的机会更加渺茫。尽管发展中国家和新兴经济体在21世纪前10年的经济治理话语权得到一定提升，但在新一轮以科技创新、贸易规则全面调整为特征的全球价值链重构背景下，新的"数字鸿沟"将进一步拉大他们与发达经济体之间的距离，从而压缩其参与全球价值链治理的空间。

二、全球价值链治理的演变

伴随着全球价值链发展成为多层结构，每一层的企业都在外包一些业务活动，领导企业运用其自己的标准去治理价值链上其他企业的行为，就产生了私人标准[②]。不同于公共标准那样由政府强制实施，私人

---

① Giuliani E, "Upgrading in Global Value Chains, Lessons From Latin American Clusters", *World Development*, 2005, Vol.33, No.4, pp. 549-573.

② Mayer F, Gereffi G, "Regulation and Economic Globalization: Prospects and Limits of Private Governance", *Business and Politics*, Vol. 12, No. 3, 2011, pp. 1-25.

标准由企业个别或集体发布与执行，以自愿为原则。然而，近年来的研究指出，价值链领导企业及其私人标准在推动当地经济社会升级方面具有局限性，特别是对社会升级的影响，这就引起各界对私人、公共和社会多元协同治理形式的关注①②。

（一）全球价值链中的私人治理

全球价值链中存在各种不同类型的标准③。质量标准涉及较大范畴的产品质量，包括产品安全。质量标准如全球良好农业规范组织（Global Good Agricultural Practices，GLOBALG.A.P.）成为全球价值链上的决定性力量，因为分布于不同国家的很多企业都影响着最终产品的质量，需要有统一的标准对它们进行管理。领导企业之间产品差异化种植需求促使私人质量标准形成，另一个不断拓展的领域是社会和环境标准④。全球领导企业越来越多地承受着来自公众的压力，这种压力要求它们的供应链更多地考虑社会和环境的可持续发展。供应链上任何工厂在合规性表现方面的失误都会最终导致领导企业的声誉损毁，即便这些工厂并不属于领导企业。

私人标准对发展中国家企业的升级具有很大意义⑤。发展中国家企业的合规性活动需要各种资源投入，从附加文档到设施改进，这些资源投入为企业带来额外成本。因此，标准可能成为资源有限的小供应商或生产商的进入壁垒。例如，在农产品产业链中，大型食品制造商和零售商越来越明显地将其供应链圈定为与数量较少、有能力满足其严格要求的大型供应商建立直接联系，因此那些没有能力满足其要求的小型供应商就逐渐被边缘化了⑥。然而，相比较而言，高标准又可能成为升级的催化剂。发展中国家

---

① Mayer F, "Leveraging Private Governance for Public Purpose: Business, Civil Society and the State in Labour Regulation", In Payne A, Phillips N (Eds), *Handbook on the International Political Economy of Governance*, 2014, Northampton: Edward Elgar, Cheltenham, pp.344-360.

② Gereffi G, "Global Value Chains in a Post-Washington Consensus World", *Review of International Political Economy*, Vol. 21, No.1, 2014, pp. 9-37.

③ Ponte S, Gibbon P, "Quality Standards, Conventions and the Governance of Global Value Chain", *Economy and Society*, Vol. 34, No. 1, 2005, pp. 1-31.

④ Nadvi K, "'Rising Powers' and Labour and Environmental Standards", *Oxford Development Studies*, Vol. 42, No. 2, 2014, pp. 137-150.

⑤ Lee J, Gereffi G, Beauvais J, "Global Value Chains and Agrifood Standards: Challenges and Possibilities for Smallholders in Developing Countries", *Proceedings of the National Academy of Sciences of the United States of America*, Vol. 191, No. 31, 2012, pp. 12326-12331.

⑥ Maertens M, Swinnen J F M, "Trade, Standards, and Poverty: Evidence from Senegal", *World Development*, Vol. 37, No. 1, 2008, pp. 161-178.

企业只有改进生产技术和产品质量去满足较高的要求，才会被准许参与到高附加值的链条中。例如，发展中国家的一些小型农户成功地经营有机产品和公平贸易认证产品的细分市场，使自己得以从众多未经认证的生产商中突显出来[1]。

质量标准是私人治理全球价值链的关键机制之一。市场对产品类别的需求趋于多样化的今天，质量保证成为企业竞争优势的重要来源。消费者对社会和环境关切的日益增长也迫使跨国公司与其位于发展中国家的供应商紧密合作，并推动发展中国家企业的运营更为规范和不断提高生产效率。然而，从本质上讲，私人治理仍然是利益导向的，其最终目的是让跨国公司能够在全球范围内找到更有成本优势的供应商。对于国际化生产可能引起的国际公共领域问题，如环境保护、劳工权利保护等，私人治理不关注也没有意愿投入资源进行改进。涉及这些领域的国际性问题，需要引入其他主体参与全球价值链治理，制定跨越边界的、为各国广泛接受的、更具权威和第三方强制执行力的治理规则框架及运作机制。

（二）国家行为体参与全球价值链治理

越来越多关于全球价值链和全球生产网络概念的研究，呼吁有必要重新关注国家行为体在塑造当代全球经济的产业组织形式中的作用。国家行为体在关于全球价值链框架下经济全球化的起源、演变和运作的争论中甚少被提及。传统的观点认为，始于20世纪80年代的经济全球化进程打破了世界各国的生产消费活动空间大致局限于国家地理边界之内的状态，国家对广泛分布于其他国家的与自身经济息息相关的生产活动缺乏合法性治理权，国家在产业治理中的能力遭到普遍质疑。全球化和区域化的复杂辩证关系使世界经济面貌发生改变，据说这一变化已使国家难以控制本国境内的、尤其是影响全球的资本主义经济活动。[2]20世纪80年代末提出的"华盛顿共识"所宣扬的新自由主义学说在一些转型国家得到广泛传播。新自由主义学说认为，国际产业分工变革的动因是经济全球化进程，其逻辑是企业间的竞争，因此在经济全球化过程中，跨国公司创造和获取价值战略是全球价值链得以快速发展的主要动力，在此过程中，国家权力在经济全

---

[1] van Beuningen C, Knorringa P, *Inclusive Improvement: Standards and Smallholders Taking Stock and Moving On*, 2009.

[2] 〔英〕鲍勃·杰索:《治理的兴起及其失败的风险：以经济发展为例的论述》，见俞可平编《治理与善治》，社会科学文献出版社2000年，第52—85页。

球化浪潮中不断销蚀。然而,在国际贸易和投资方面,所谓的"华盛顿共识"为各国提供的宏观经济空间并不能为政策制定者和非政府组织处理劳工、社会和产业等相关问题提供足够的指引。亚洲金融危机的爆发促使人们对"华盛顿共识"所提供的理念和方略进行了重新审视和反思。1998年初,斯蒂格利茨首次发出"后华盛顿共识"呼声,"后华盛顿共识"反对过度自由的经济政策,重视政府的作用,并一改"华盛顿共识"过分关注发达国家经济发展问题的处理方式,坚持西方发展模式不应成为国际标准和唯一选项的观点,将焦点更多投入发展中国家经济发展特殊性和危机解决中。近期全球经济变革的出现,特别是一些新兴经济体的崛起及2008年全球金融危机的爆发,开启了对新自由主义理论的新一轮质疑,并为政策制定者提供了试验场。新工业化国家和地区如韩国、新加坡和中国台湾地区的成功及后金融危机时代中国大陆的崛起,使得产业政策的重要性重新回到人们的视野。同时,那些深度嵌入全球价值链的国家和地区,其发展空间却被大大压缩。因此,有必要更加审慎地理解在全球价值链治理中国家行为体权力的作用及其复杂性,在此基础上,不断演进的全球价值链治理可以更恰当地理解为围绕经济和政治权力的不可分割性展开。

然而,在全球价值链推动的国际产业分工体系发生明显变化的情况下,宏观治理系统的适应性演变却非常缓慢,这种治理机制与治理客体的动态不匹配导致了巨大的全球治理赤字的产生,主要体现在三个方面:第一个治理赤字表现为主要的全球经济问题与发达国家的利益偏好不匹配;第二个治理赤字体现在发达国家主导的国际组织并不能妥善解决很多国际性问题;第三个赤字是,发展中国家的治理能力相对缺乏,限制了治理产出的价值。但毋庸置疑,尽管私人治理在全球产业发展进程中仍然是主导性力量,但国家行为体作为合法性权力机构,能够为私人治理提供必要的管制前提,并强化私人治理的效果。因此,国家行为体在全球价值链治理中发挥的作用不容忽视。

(三)全球价值链中的公共治理

在过去的十多年中,通过私人标准改进质量、社会和环境产出,从而实现治理全球价值链的合规基础模型(compliance-based model)[①]经证明在

[①] Locke R, Amengual M, Mangla A, "Virtue Out of Necessity? Compliance, Commitment, and the Improvement of Labor Conditions in Global Supply Chains", *Politics & Society*, Vol. 37, No. 3, 2009, pp. 319-351.

涉及一些社会和环境问题时发挥的作用并不充分。就劳工条件这一问题，在一系列高度社会化的悲剧发生之后合规基础模型的无效性一直是政策制定者和学者关注的焦点。例如，2010年以来富士康员工接连跳楼事件及苏州联建科技有限公司员工中毒致残事件，将苹果等高科技企业的供应商工厂的恶劣条件曝光于公众视野；又如2013年孟加拉国一家为多个欧美品牌如H&M、ZARA、GAP代加工的服装工厂大楼坍塌，导致1000多名工人死亡，使这些全球零售和服装品牌企业的供应商工厂条件存在的诸多不安全因素从幕后被推到台前。在大量诸如此类的例子中，导致悲剧发生的根本原因是采购商自己的采购和供应链管理策略存在弊病，如成本削减、缩短提前期和最后一秒改动等，这些通常使供应商未能顾及遵守劳动法问题[1]。

合规基础模型的局限性已经引起学者对转换社会升级路径的思考[2]。更多的注意力投向多元利益相关者的联合行动上，联合行动的目的是将监督合规与能力创建结合起来，以便供应商学会如何为劳工问题发出自己的声音。而且，自下而上的方法强调了本土嵌入的重要性。当发展中国家企业成为"标准接受者"时，他们会通过自身的努力去改善工作条件，通常会采取集群企业集体行动的方式[3]。全球价值链中的工人和工会组织在其中扮演着积极的角色，他们通常是最好的监督者，有相当大的权力干涉供应链与员工的议价过程[4]。

当面临就劳工条件引发的工人不满和公众批评时，政府需要实施更严厉的劳动法和管制，更全面地监督和保护劳工权益不受侵犯。政府行动可以超越执行法律的传统角色，采取一些创新性和实验性的方法，与私人和公民社会行为体合作。如表11-4所示，在全球价值链治理中，私人治理与公共治理具有互补性，共同运用有助于全球价值链实现更为均衡的增加值分配。不同的治理主体可以共同发挥作用，相互补充[5]，即所谓的"协同治

---

[1] Barrientos S ,"Corporate Purchasing Practices in Global Production Networks: A Socially Contested Terrain", *Geoforum*, Vol. 44, No. 1, 2013, pp. 44-51.

[2] Gereffi G, Luo X B ,*Risks and Opportunities of Participation in Global Value Chains*, Policy Research Working Paper 6847, 2014.

[3] Lund-Thomsen P, Nadvi K，"Clusters, Chains and Compliance: Corporate Social Responsibility and Governance in Football Manufacturing in South Asia", *Journal of Business Ethics*, Vol. 93, No. 2, 2010, pp. 201-222.

[4] Selwyn B, "Social Upgrading and Labour in Global Production Networks: a Critique and an Alternative Conception", *Competition & Change*, Vol. 17, No. 1, 2013, pp. 75-90.

[5] Amengual M, "Complementary Labor Regulation: the Uncoordinated Combination of State and Private Regulators in the Dominican Republic", *World Development*, Vol. 38, No. 3, 2010, pp. 405-414.

理"①。因此，有必要跳脱出以企业为分析单元的思路框架，考虑更广泛的全球价值链治理形式，公共治理、公民社会治理可以成为价值链领导企业这种私人治理模式的有力补充②。

表 11-4 全球价值链的私人治理与公共治理

治理类别	治理主体	治理客体	治理目的	治理结构	治理模式
私人治理	跨国公司	价值链低端企业	商业利益	发达国家主导	准科层、模块化、合同
公共治理	公共部门、公民社会、领域专家等	价值链所有企业	社会利益	发达国家、发展中国家共同拥有治理权	产业政策、标准、贸易壁垒

（四）走向协同的全球产业治理

在全球生产网络所形成的复杂国际分工体系中，传统基于贸易规则的宏观协调机制很难有效发挥作用。其根本原因是，传统的贸易规则大多根据产品特征建立，但在全球价值链体系中，一国进出口的产品生产分布于多个国家，越来越难以辨识其国别身份，特别是针对全球生产分工中大量存在的原材料、零部件、知识产权、品牌等交易的治理规则，缺乏国际的协调和统一。③同时，出于攫取超额利润的目的，跨国公司操控下的全球产业治理在五种模式之间动态变化，各国对类似于内部贸易转移定价的垄断和控制权力更加不易观测，形式更加多样化。跨国公司通过股权纽带对东道国企业形成隐形控制，在供应商选择、技术转移、利润创造方面拥有绝对话语权，使得发达国家企业以非常隐蔽的方式，挤占发展中国家企业参与全球价值链产业分工创造的经济利益。目前在全球生产网络的运行过程中诸多纠纷缺乏运用多边机制的积极尝试。例如，美国利用贸易来迫使中国解决知识产权保护和其他国际投资问题，而不是通过多边机制来处理纠纷。这样，对于发达国家的大部分歧视性政策，大多数发展中国家只能被迫选择部分或全盘接受。④

---

① Mayer F, "Leveraging Private Governance for Public Purpose: Business, Civil Society and the State in Labour Regulation", In Payne A, Phillips N (Eds), *Handbook on the International Political Economy of Governance*, 2014, Northampton: Edward Elgar, Cheltenham, pp.344-360.

② Gereffi G, "Global Value Chains in a Post-Washington Consensus world", *Review of International Political Economy*, Vol. 21, No. 1, 2014, pp. 9-37.

③ 刘维林：《促进全球价值链协同治理》，《中国社会科学报》2016 年 8 月 24 日，第 4 版。

④ 刘维林：《促进全球价值链协同治理》，《中国社会科学报》2016 年 8 月 24 日，第 4 版。

国际贸易和投资形势日益复杂严峻，由 WTO 主导的多边贸易机制暴露出了其在治理过程中内生的局限性。在 WTO 谈判久拖不决的情况下，美欧等为了在新的全球产业分工格局中占尽先机，相继推出了 TPP、TTIP 等一批高标准、高层级的新型区域贸易协定。尽管美国宣布退出 TPP，但仍存在较大可能参与 TPP 的新版本 CPTPP。这些新型区域贸易协定通过吸纳一些发展中国家成员加入以增强其多元化主体属性，期望借此获得更广泛的影响力。但这无疑对多边贸易体制运行构成了冲击，在一定程度上撼动了 WTO 在多边贸易体系中的主导地位，然而从另一个角度看，这些新型区域协定具有较高的技术和法规门槛，众多中小企业特别是发展中国家企业容易被排除在新一轮全球价值链重构的浪潮之外，难以获取技术创新驱动的新一轮经济利益，从而阻碍发展中国家向全球价值链高端攀升，甚至难以融入新的国际分工体系。尽管美国后来宣布退出 TPP，并重启 NAFTA 谈判，但区域性贸易协定在全球价值链的宏观治理中仍然起到有效的补充作用。

协同治理是全球产业治理体系顶层设计的关键环节。对全球产业链采取协同治理机制，不仅要对传统贸易投资规则的局限性收集充分的资料证明，还要对可行的高标准、高质量规则开展深入研究和创新探索，在贸易投资便利化、负面清单等方面进一步扩大对外开放，积极推进贸易投资业务流程的行政管理体制改革，加快自由贸易区试点建设。同时，对跨国资本的市场支配地位、转移定价避税等不正当经营行为加大监控和打击力度，致力于与世界各国共同构建公正、合理、透明的国际经贸投资规则及平等、共赢、协商、共治和包容发展的多边经贸体系。在全球产业链的协同治理机制中，更重要的是维护发展中国家在全球产业分工中的合理经济利益，为发展性议题提供争端解决机制，平衡不同经济地位国家在全球产业治理中的制度性话语权，实现全球产业分工体系的协调持续发展。

三、中国参与全球产业治理的能力

发展中国家的产业发展模式往往受制于以发达国家为主导的全球产业分工和金融分工，根本性的问题是发展中国家产业的全球竞争力整体不足，缺乏有能力协调和管理跨国界资源整合的品牌企业及大型跨国公司。在全球产业治理中，只有掌握核心技术或市场资源的企业才拥有强势的治理权力。因此，培育一批世界级跨国公司，聚集创造核心能力的高级和专业化生产要素，成为中国获取全球产业治理话语权的基本路径。目前，由于核心技术缺乏与品牌影响力不足，中国尚缺拥有强大国际竞争力、有能力行使全球价值链治理权的跨国公司。因此，在今后的相当长一段时期，中国参与全球产业治理的主要路径是通过产业结构调整和实施创新驱动发展战略，紧紧把握新一轮全球科技创新的机会，培育真正的世界级跨国公司，形成中国参与全球产业治理的微观基础。

另外，还要看到随着新兴经济体和发展中国家购买力的不断增强，全球市场重心正在由发达国家部分转向新兴市场，这为发展中国家参与全球产业治理提供了契机。发展中国家对外直接投资理论认为相较发达国家，发展中国家企业拥有小规模技术优势、民族产品优势、低成本营销优势及后发优势。发展中国家企业可以凭借上述优势形成基于国内或区域市场的品牌影响力，从而为进一步向全球价值链高附加值环节攀升提供必要能力。中国在最近5年开始发起对外资企业的反垄断调查，美国、日本、欧盟汽车整车和零部件企业及高科技企业高通、微软、IBM、三星等都遭到过反垄断调查。中国在反垄断领域取得的突破得益于不断增强的综合国力和全球影响力。

制度性环境也是中国参与全球产业治理的关键要素。对发展中国家而言，制度性环境的改善有助于提高该国的产业国际竞争力。与运行数百年日趋完善的发达工业国家市场治理机制相比，大多数发展中国家在市场治理方面的能力极为欠缺。要参与全球产业治理，把握在全球价值链重构机遇中的制度性话语权，一个核心问题是，发展中国家必须构建自身的治理能力，特别是公共治理能力。政治经济学是理解后进国家如何在提升产业国际竞争力中发挥积极主动作用的理论基石。日本经济发展的成功实践表明，国家政府对聚焦"治理市场"而不是"市场治理"发展政策的承诺是东亚国家与西方资本主义国家的本质区别[①]。改善公共治理能力对中国参与全球产业治理有着深刻意义：基于协调校正的公共治理能力有利于政府与产业形成良好互动，赋予国家行为体在产业变革环境下拥有维持产业国际竞争优势的能力；基于引导变革的公共治理能力使国家行为体能够帮助产业建立起应对变革和构建国际竞争力的动态能力；基于保护扶持的公共治理能力则赋予国家行为体在国内产业无法与发达国家直接竞争的条件下，对具有国家战略意义的产业给予过渡期的保护与扶持，从而使其能够在较

---

① Wade R, *Governing the Market: Economic Theory and the Role of Government in East Asian Industrialization*, Princeton: Princeton University Press, 1990.

短时期内形成一定国际竞争优势①。基于上述分析，我们不难理解为何美国几乎从未在官方文件里出现过产业政策，而且长期以来对产业政策持质疑态度；而二战后的日本则依靠通产省对战后经济恢复的产业规划，使日本从战争废墟上迅速实现工业化，推进日本从农业走向制造业，从以纺织为主的轻工业向钢铁、石油冶炼和汽车重工业转型。事实上，"尚未有一个发展中国家不用产业政策而成功追赶上发达国家，也尚未有一个发达国家不用产业政策而继续在技术、产业和经济上处于领先地位。"②。由此说明，中国参与全球产业治理的能力很大程度上取决于中国利用后发优势取得比发达国家更快速的技术创新和产业升级的产业支持体系。

在构建协同的全球产业宏观治理方面，中国也越来越多地承担起负责任大国重任，致力于塑造全球产业治理新机制。中国作为核心参与国确立的 G20 作为世界级的国际经济合作论坛改变了以往 G7/G8 治理格局，在协调统一发展中国家和发达国家的经济诉求中扮演着重要角色。同时，G20 在 WTO 争端解决机制没有或部分覆盖的领域，如贸易投资、环境保护、金融监管、跨国公司、跨境电子商务等，也承担着改革原有不适用的制度规则和构建新制度体系的重任。各成员都希望借助 G20 平台，对 WTO 改革形成有效推动作用，尤其希望在解决贸易规则公平问题及国际投资安全调查和反垄断事务的协调上，可以发挥更为积极的作用。在中国的倡议下，G20 于 2016 年贸易部长会议上实现了贸易投资政策合作机制化，同时建立贸易投资工作组，为全球产业分工的协调整合奠定了良好的治理机制基础。作为 G20 峰会东道国之一，中国在推动全球产业治理体系朝着更加公平公正、合理有效、共建共享发展进程中，将会发挥日益重要的作用。

第三节 中国企业"走出去"与国际产能合作

中国参与全球产业治理的一个微观实现机制是增强中国企业在全球生产网络中的治理力量，其核心在于培育具有国际竞争优势的中国跨国公司。因此，推动中国企业"走出去"，在国际市场参与竞争，是提升我国全球

---

① 刘林青、谭力文：《产业国际竞争力的二维评价——全球价值链背景下的思考》，《中国工业经济》2006 年第 12 期，第 37—44 页。

②《产业政策的得与失》，2018 年 11 月 21 日，https://baijiahao.baidu.com/s?id=1617669845849719675&wfr=spider&for=pc。

产业治理能力的必要路径。国务院于 2015 年正式下发了《关于推进国际产能和装备制造合作的指导意见》，成为当前及今后一段时期内中国推进国际产能合作的重要指导性文件。在世界经济格局急剧变化的当前形势下推行国际产能合作是发展中国家积极参与国际经济新秩序构建和全球经济治理的必然路径。国际产能合作有助于整合并再平衡世界范围内的生产要素，把中国性能优良、价格合理、绿色环保的产能优势及资金的优势同发展中国家的市场优势、劳动力优势和资源优势结合起来，同时与发达国家的高端技术优势和资金优势相结合，从而实现优势互补，多方共赢。本节从政治经济学视角阐述国际产能合作的理论背景和意义，在此基础上，剖析中国倡导的国际产能合作与历次国际产业转移相比较的创新点及其全球经济治理内涵。

一、国际产能合作的政治经济学分析

国际产能合作不是国际经济领域普遍使用的概念，尽管中国已经广泛使用这一表达，但目前对国际产能合作尚无权威界定。初步的界定是，国际产能合作是国际行为主体（包括政府、企业及非政府组织）基于各自的宗旨和利益，围绕生产能力的建设、提升、应用和转移而进行的合作。国际产能合作大体可分为国家、产业和企业三个层次的合作：①国家层面主要是指为促进产能合作和降低风险而进行的宏观政策协调；②产业层面主要是指构建和深化与合作方的产业垂直分工关系，促进产业结构升级；③企业层面是指以提高企业国际竞争优势为目标的跨国经营。

国际产能合作在一定程度上体现出国际产业转移的特征。在发达国家推动的国际产业转移的较长历史时期中，人们不仅关注到国际产业转移为技术先发国与后进国带来的不同经济利益，同时将研究焦点放在国际产业转移对一国国内政治和国际政治的影响上。美国学者 Kurth 提出"产品生命周期的政治性结果"命题[1]，认为国际产业转移的政治性结果是多个产业共同演进所决定的，取决于多个产业之间的自由主义和保护主义政策的博弈。因此，从这种意义上理解，中国的国际产能合作要尽量规避历史上发达国家向发展中国家和地区转移落后产业可能产生的弊病，即东道国经济殖民地化和国内产业空心化。前者是特别需要关注的问题，中国的国际产

---

[1] Kurth J R, "The political consequences of the product cycle: Industrial history and political outcome", *International Organization*, Vol. 33, No, 1, 1979, pp.1-34.

能合作战略应发展出一套以合作为主导逻辑的超越熊彼特式"创造性破坏"机制的"创造性转移"机制,体现出与产能合作国家共谋发展和共享利益的战略理念。

产业国际转移的历史经验表明,在低收入阶段,拥有低成本劳动力的后发国家为了创造就业,会选择大力发展劳动密集型产业,这成为后发国家经济起飞的重要引擎。对于参与国际产能合作的后进国家而言,可以利用劳动密集型产业作为其实现工业化的基础,结合自身的产业技术短板,实现与中国产能合作的互利共赢。国际产能合作过程中,中国企业的对外直接投资决策与中国和东道国的外交关系互为影响、互为结果。外交关系对中国企业选择合作国家和进行产业布局产生重大影响,如中巴(中国和巴基斯坦)经济走廊的建设依靠的就是中巴牢固的外交关系基础。总体而言,国际产能合作是中国与其他国家增进互信、提升友谊的重大契机,所以,国际产能合作的开展不仅需要企业关注国际政治形势,充分利用自身规模优势和技术优势,主动配合国家外交政策,也需要国家在外交方面为企业提供大力支持。在新的历史时期,中国势必要进行真正的创新,推动区域性国际产能合作的发展。

二、中国企业"走出去"

国际投资合作是世界经济增长的重要引擎,2008年金融危机爆发,全球金融市场极不稳定,国际投资明显下降。在此情境下,中国坚持扩大对外开放,实施"走出去"的国家战略,支持有条件的企业开展对外投资合作,成为跨国投资回暖和世界经济复苏的重要力量。中国始终坚持"引进来"与"走出去"战略并重,积极推进国际产能合作,有效联结发达国家、发展中国家和欠发达国家的产业要素优势,发展更高层次的开放型经济,形成各国之间的互利合作格局。基于此,中国应致力于培育一批跨国公司,以崭新的角色参与全球产业治理。

改革开放后,中国的工业化水平取得了高速发展,总体上已进入工业化中期阶段,中国在技术与成本优势结合管理的领域已经居于世界先进水平,中国过去一段时期的高速发展所需的固定资本投资为基础设施企业提供了大量经验。但在部分领域也爆发了一些问题,像钢铁、有色金属、煤炭、水泥等行业的高产能、高库存现象非常严重。因此,中国对内须通过供给侧结构性改革来矫正要素配置扭曲,不断优化产能供给结构,淘汰落后产能。对外则要通过"一带一路"这一新型国际倡议来构建国际产能合作新机制，对过剩产能进行消化，同时输出自身在基础设施建设领域的技术优势。

因此，基于国际产能合作，并不是简单地转移过剩产能，而是创新性地推动国际产业转移。一方面，国际产能合作致力于帮助后进国家提升产业能力，实现一定程度的自主发展；另一方面，国际产能合作通过将成本较低的生产要素转移到国外，反过来助推了国内生产要素价格的提高，从而倒逼国内的自主创新和产业升级。因此，国际产能合作既不是传统国际产业转移过程的再次重演，也不是照搬复制日本、韩国等利用后发优势实现赶超国家的经验，而是根据中国和"一带一路"沿线国家政治经济现实背景量身定制的新型产业合作模式。

总体而言，中国倡导的国际产能合作是一种系统性的产业合作，它围绕中国与合作伙伴国生产能力的建设、转移和提升，以国际互利共赢为目标，主要内容包括制造业的发展、基础设施的建设、资源能源的开发，主要形式有直接投资、承包工程、装备贸易和技术合作。国际产能合作是解决世界经济复苏困境的重要路径，同时是中国经济步入新常态阶段的必然选择。通过加强国际产能合作，可以把中国成本合理、性能优良、绿色环保的产业优势及资金的优势同"一带一路"沿线国家的劳动力优势、资源优势和市场优势结合起来。同时，国际产能合作还包含中国与发达国家的产业资源互补，将发达国家的高端技术优势和资金优势融入，从而实现优势互补，多方共赢。国际产能合作的顺利开展将为参与国家带来新的经济价值，带领世界经济走出低迷，为参与的企业提供更多投资机会，同时推动新的全球产业链条构建，为中国参与全球产业治理开辟新的空间。

三、中国实施国际产能合作的实践

国际产能合作源于2014年李克强总理在哈萨克斯坦访问期间签订的中哈加强产能与投资合作备忘录，此后中哈（中国和哈萨克斯坦）产能合作模式在"一带一路"沿线国家和其他国家复制推广。国际产能合作范围的不断扩大，推动中国企业"走出去"的规模持续增长，产能合作成果丰富。

一是建立合作机制。截至2019年，中国已经与哈萨克斯坦、印度尼西亚、埃塞俄比亚、巴西、俄罗斯、巴基斯坦等40多个国家开展合作，建立了双边产能合作机制。与日本、西班牙、荷兰、比利时、法国、德国等多个发达国家建立了国际合作新模式——第三方市场合作机制，将中国的产能优势与发达国家的技术优势结合起来，有效对接发展中国家的市场需求。此外，我国还与东盟、非盟、澜湄国家广泛建立了多边产能合作机制。

二是加大金融支持力度。中国发起设立了中国—拉丁美洲、中国—非洲、中国—哈萨克斯坦、中国—巴基斯坦等一系列多边和双边产能合作的基金，2019 年合作基金总规模已经超过 2000 亿美元。

三是加强合作保障。中国与其他国家积极签订自由贸易区、投资合作、投资保护等协定和避免双重征税协定，推进风险防控体系建设，注重对企业境外投资的国别行业提供指引和风险提示，落实政府间保障机制，加强风险预警与突发事件解决机制。

四、中国实施国际产能合作的全球经济治理内涵

国际产能合作的实施表达了中国参与全球经济治理的新型治理理念。中国倡导和开展的国际产能合作，对于缓解供需矛盾，治理全球经济失衡更具有现实意义。一方面，国际产能合作有助于加强国际和区域间的合作，使中国经济更广泛地融入世界经济，同世界经济紧密结合起来，这突破了凯恩斯主义所提出的经济危机期间依靠各国独立的货币和财政政策应对市场供需矛盾和失衡的局限性；另一方面，国际产能合作的开展不仅增加了基础设施等公共物品的建设和投入，还从贸易、能源、投资和就业等多方面加强国际合作，可以从更本质的层面上解决供需矛盾问题。此外，国际产能合作不仅可以促进发展中国家和新兴经济体的经济增长，还可以有效提升发达国家技术优势的经济价值，从而改变全球经济治理中发达国家同发展中国家的整体失衡状态，尝试推动全球失衡的对称调整。

（一）国际产能合作是全球价值链重构背景下各国参与全球产业治理的选择

与二战后发达工业化国家向发展中国家转移低端产能不同，中国倡导和开展的国际产能合作在各国承担全球产业治理功能布局方面有着本质区别。发达工业化国家的国际产业转移以转移纺织、服装、制鞋、玩具、家具等劳动密集型低端制造业为主，将其转移到发展中国家后实现了国内产业结构调整和产业升级，同时将高耗能、高污染的加工制造环节转移出去，

自己牢牢控制着技术研发、品牌等高端环节,发达国家从这种不平衡的国际产业分工体系中攫取了高额利润。中国所倡导的国际产能合作本质上是让各国凭借自身优势以更平等的方式参与资源互补和生产合作,为各国承接适应国情的优势产业转移提供了机遇。中国将运用自己改革开放多年来积累的最具优势的技术、生产和应用领域实践经验,如互联网、卫星通信、高速铁路、核电、智能电网和传统制造业等,在这些领域拿出与发达国家相当水平的技术和实力,帮助发展中国家提升落后的产业发展水平。国际产能合作建立在平等协商、互利共赢的合作理念和原则基础上,参与中国所倡导的"一带一路"建设和国际产能合作对于促进产能合作国家和地区的工业化发展十分重要,有助于改变其在传统全球生产网络中的经济凹陷局面,使其以更有利的位势嵌入全球价值链,这也是世界各国积极参与国际产能合作的主要原因。

(二)国际产能合作战略的实施有助于新型区域贸易体系的构建

当前的全球经贸格局表现为两大区域贸易中心——大西洋轴心和太平洋轴心,以国际产能合作为核心的"一带一路"倡议则可能在未来形成除上述两大轴心之外的、以亚欧大陆为核心的全球第三大贸易轴心,并最终实现国际产能合作中欧洲、亚洲、非洲等区域型经济联盟全面衔接目标。例如,中国和东盟在产能合作方面关系基础好、发展潜力大,双方加强产能合作有利于推动东盟各国经济结构转型和产业升级,促进中国-东盟地区经济融合和发展。中国推行国际产能合作、推动产能"走出去"对投资东道国加快发展、扩大就业具有明显的改善作用,并会大大促进各国产业优化升级和世界经济结构调整。国际产能合作机制建立在各国产业资源互补的基础上,并以国家间务实合作为战略主线。构建国际产能合作机制,可让参与国家从中国经济发展进程中获益,搭上中国快速发展的顺风车。反过来,国际产能合作也为中国从合作伙伴国的产业成长进程中寻求更多机会,使合作国家成为中国充分发挥产业优势的延伸地带,为一个具有强大发展潜力的新型贸易经济区域的形成起到引导作用。

(三)国际产能合作有利于形成具有生命力的新国际经济生态体系,促进世界经济更快更全面复苏

国际产能合作对于国内产业升级和国际产业交替的深远意义是:一方

面将我国长期以来经济发展所依赖的产品贸易输出向高水平的产能输出模式提升，改变我国产业长期处于全球价值链低端的经济锁定局面，国际产能合作是我国产业汇聚全球价值链治理动能、促使全球产业网络分布再平衡的战略路径。国际产能合作的实施，将会有效联结世界范围内广泛的发展中经济体和发达经济体，为国际经济体系注入新的活力，引领世界经济早日走出低谷。面对世界经济复苏乏力、不确定性增强的严峻形势，各国都在寻求提振经济的药方。作为中国开出的一剂处方，国际产能合作要求各国同舟共济，不断扩大各自经济利益的汇合点。长远来看，国际产能合作不仅可以满足发展中国家的现实需要，使发展中国家从合作中受益，也能惠及参与合作的发达经济实体，如传统制造强国日本、德国等在内的一大批发达国家。因此，国际产能合作的实施，有利于打破原有的世界经济运行机制，形成新的国际经济生态体系，促进世界经济早日走出低谷。

第十二章 环境气候领域

伴随着环境气候变化给人类带来的深刻影响,全球气候治理问题得到了世界各国的广泛关注。人们对全球气候变化的认知与探索已经不仅仅局限于单纯的科学和环境问题,而成为涉及各国经济、科技、能源、外交与安全利益的重大政治经济问题,也关系到中国在全球气候治理中的地位问题。[①]全球气候治理与全球经济治理密不可分,尤其是与经济相关的碳排放、低碳经济发展、气候治理的经济规则等问题结合在一起,构成了全球经济治理中环境气候领域的重要部分。全球气候治理是全球各行为主体之间通过各种层次的合作,联合起来运用多种政策工具、融资手段、诸多规则和制度对全球气候变化进行的一种干预活动,其主要目的在于解决未来全球气候变化过程中出现的各种问题,以维护人类的生存和发展。

中国自改革开放以来,由化石燃料燃烧所产生的二氧化碳排放逐年增加。1978 年到 2000 年碳排放增加相对较为平缓。2000 年以后,由于中国经济增速大幅加快,重工业得到迅猛发展,二氧化碳排放急剧增加,2003 年碳排放总量首次赶超欧盟,成为全球第二大碳排放国。继而在 2006 年又超越美国,总量上成为全球第一大碳排放国。2012 年中国碳排放总量超过了美国和欧盟的总和。中国碳排放总量在全球碳排放量所占比重较大,使中国天然地在全球气候治理中扮演重要角色。虽然中国面临巨大的人口压力和本国发展的现实需求,但是作为世界人口第一大国、全球第二大经济体、一个负责任的大国,中国一直积极致力于全球气候治理,为降低全球二氧化碳排放贡献中国智慧和"中国方案"。当前,中国在参与全球气候治理过程中的困难主要是:治理能力与治理意愿、长期利益与短期利益交织而形成的各种矛盾。这就需要从国际和国内两方面着手制定相关政策以缓解当前所面临的困境:在国际上,要通过减排承诺来树立良好的负责任大国形象,积极参与双边和多边气候谈判;在国内,要采取行之有效的措施实现经济转型与低碳环保之间的有机结合,在发

---

① 王谋、潘家华:《气候安全的国际治理困境》,《江淮论坛》2016 年第 2 期,第 66—70 页。

展经济过程中实现自主减排承诺。①目前全球气候治理体系正面临着美国退出《巴黎协定》、中国从重要参与者转变为规则和制度主要制定者的巨大变化,中国在国内采取的一系列发展低碳经济举措将为全球气候治理新范式的形成提供新的有益尝试。②

第一节　中国参与全球气候治理机制的实践

中国自 20 世纪 90 年代以来就一直积极参与全球气候治理,是全球气候治理机制的参与者、维护者和践行者。中国已经成为全球碳排放总量最大的国家和仅次于美国的全球第二大经济体,在全球气候治理方面拥有非常重要的话语权,在规则塑造方面大有作为。③因此,中国需要以更加积极主动的姿态参与全球气候治理,为构建全球气候治理机制贡献力量。

一、中国参与双边合作机制的实践

气候变化是全球性的公共物品,如果不能很好地通过协商的办法达成协议,实现合作共赢,全球气候治理就有可能失灵,出现"公有地悲剧"的结果。除非存在一些强制办法能让个体按照集体利益行动,否则那些追求个人利益的理性经济人将不会自动采取行动来实现集团利益。④这说明合理有效的规则塑造和议题设置成为各方达成共识的前提条件。但要实现这个目标,既需要参与国的通力合作,又需要有担当的国家带头做出表率。中国始终积极参与全球气候治理,以"共同但有区别的责任"为原则,通过积极主动地与全球其他国家进行交流与合作,最终达成一系列双边合作机制(表 12-1)。⑤

---

① 刘雪莲、晏娇:《中国参与全球气候治理面临的挑战及应对》,《社会科学战线》2016 年第 9 期,第 171—177 页。

② 庄贵阳、周伟铎:《非国家行为体参与和全球气候治理体系转型——城市与城市网络的角色》,《外交评论(外交学院学报)》2016 年第 3 期,第 133—156 页。

③ 于宏源:《特朗普政府气候政策的调整及影响》,《太平洋学报》2018 年第 1 期,第 25—33 页。

④〔美〕曼瑟尔·奥尔森:《集体行动的逻辑》,陈郁、郭宇峰、李崇新译,上海人民出版社 1995 年版。

⑤ 庄贵阳、薄凡、张靖:《中国在全球气候治理中的角色定位与战略选择》,《世界经济与政治》2018 年第 4 期,第 4—27、155—156 页。

表 12-1　中国与其他国家达成的全球气候治理双边协定

国家/组织	协定名称	时间	地点	主要内容
中国与美国	《中美气候变化联合声明》	2014年11月12日	北京	美国计划于 2025 年实现在 2005 年的基础上减排 26%~28%的目标。中国计划 2030 年左右二氧化碳排放达到,并计划到 2030 年非化石能源占一次能源消费比重提高到 20%左右
	《中美元首气候变化联合声明》	2015年9月25日	华盛顿	中方重申到 2030 年单位 GDP 二氧化碳排放将比 2005 年下降 60%~65%,计划于 2017 年启动全国碳排放交易体系。美方重申了其清洁电力计划,计划到 2030 年其电力行业二氧化碳排放比 2005 年减少 32%
中国与欧盟	《中国和欧盟气候变化联合宣言》	2005年9月5日	北京	中欧加强气候变化,包括清洁能源方面的合作与对话,促进可持续发展
	《中欧气候变化对话与合作联合声明》	2010年4月29日	北京	中欧在《联合国气候变化框架公约》和《京都议定书》两个特设工作组中紧密合作,以便 2010 年底在坎昆举行的气候变化大会取得积极成果和有意义的进展
	《中欧气候变化联合声明》	2015年6月29日	布鲁塞尔	中欧携手努力推动 2015 年巴黎气候大会达成一项富有雄心、具有法律约束力的协议,协议以公平为基础,体现共同但有区别的责任和各自能力原则,考虑到各国不同国情
	《中欧领导人气候变化和清洁能源联合声明》	2018年7月16日	北京	中欧双方决心在气候变化与清洁能源领域大力加强政治、技术、经济和科学合作,考虑到全球在可持续发展和消除贫困的背景下,向资源集约、可持续、温室气体低排放和气候适应型经济社会的必然转型
中国与法国	《中华人民共和国和法兰西共和国关于应对气候变化的联合声明》	2007年11月26日	北京	重申对《联合国气候变化框架公约》和《京都议定书》的目标、原则和规定的承诺,愿根据共同但有区别的责任原则、各自能力原则和公平原则,加强气候变化对话与合作,建立一个双边气候变化磋商机制,原则上每年举行一次磋商,磋商在中国和法国轮流举行
	《中法元首气候变化联合声明》	2015年11月2日	北京	双方认识到动员气候资金以支持发展中国家实现低碳、气候适应型发展的重要性,特别是支持最不发达国家、小岛屿发展中国家和非洲国家。法国重申所承诺的到 2020 年将每年现有 30 亿欧元资金支持提高到 50 亿欧元以上。中国重申所宣布的拿出 200 亿元人民币建立"中国气候变化南南合作基金",支持其他发展中国家应对气候变化
中国与英国	《中英气候变化联合声明》	2014年6月17日	伦敦	欢迎双方已有的在低碳合作方面的紧密关系,这也将巩固我们的国际努力。双方同意,通过中英气候变化工作组加强双边政策对话和务实合作
中国与日本	《中华人民共和国政府和日本国政府关于进一步加强气候变化科学技术合作的联合声明》	2007年12月28日	北京	双方同意将根据两国政府间科学技术合作协定成立的中日政府间科技合作联委会的主席升格为副部长级,政府有关部门可广泛参加

续表

国家/组织	协定名称	时间	地点	主要内容
中国与澳大利亚	《中华人民共和国与澳大利亚联邦关于气候变化和能源问题的联合声明》	2007年9月6日	悉尼	中澳重申致力于《联合国气候变化框架公约》及其宗旨和原则，同意在《联合国气候变化框架公约》框架内促进对话和合作，并通过其他合作努力，为应对气候变化的国际努力做出贡献
中国与印度	《中华人民共和国政府和印度共和国政府关于气候变化的联合声明》	2015年5月15日	北京	双方敦促发达国家提高其2020年前减排目标、兑现其到2020年每年向发展中国家提供1000亿美元资金的承诺
中国与巴西	《中华人民共和国政府和巴西联邦共和国政府关于气候变化的联合声明》	2015年5月19日	巴西利亚	双方重申将致力于在2015年年底法国巴黎举行的联合国气候变化会议上，达成一项平衡、全面、公平和富有雄心的公约下协议，以确保公约的全面、有效和持续实施

  截至2008年，中国在环境气候领域已经与全球97个国家或地区签署了加强科技合作的双边协议。①中国同美国之间已经分别发表了《中美气候变化联合声明》和《中美元首气候变化联合声明》；中国同欧盟发布了《中国和欧盟气候变化联合宣言》《中欧气候变化对话与合作联合声明》《中欧气候变化联合声明》，同时设立了中欧气候变化工作组；中国同法国签署了《中华人民共和国和法兰西共和国关于应对气候变化的联合声明》和《中法元首气候变化联合声明》，两国约定每年进行一次双边环境气候变化磋商，中法轮流举办；同英国达成了《中英气候变化联合声明》，并设立气候变化工作组；同日本达成《中华人民共和国和日本国政府关于进一步加强气候变化科学技术合作的联合声明》，值得一提的是该声明中指出，为了体现重视程度，将成立的中日政府间科技合作联委会主席升格为副部长级；②同澳大利亚签署了《中华人民共和国与澳大利亚联邦关于气候变化和能源问题的联合声明》，设立"中澳洁净煤工作组"；同印度和巴西分别达成《中华人民共和国政府和印度共和国政府关于气候变化的联合声明》和《中华人民共和国政府和巴西联邦共和国政府关于气候变化的联合声明》，同意双方建立友好的双边磋商机制；除了以上这些，还与印度、巴西和南非维持非正式磋商机制。③

---

  ① 潘家华、陈迎、庄贵阳，等：《2008—2009年全球应对气候变化形势分析与展望》，《学术动态（北京）》2010年第2期，第2—32页。
  ②《中华人民共和国政府和日本国政府关于进一步加强气候变化科学技术合作的联合声明》，《人民日报》2007年12月29日。
  ③ 潘家华、陈迎、庄贵阳，等：《2008—2009年全球应对气候变化形势分析与展望》，《学术动态（北京）》2010年第2期，第2—32页。

中美两国既是全球最大的经济体，又是碳排放最多的两个国家。近年来，中美两国就环境气候治理问题展开了多次磋商。《巴黎协定》最终得以签署和生效即是中美两国在环境气候治理领域通力合作的结果。[1]但好景不长，随着特朗普上台后宣布美国退出《巴黎协定》，未来中美气候双边合作与发展呈现出极大的不确定性。同时，中国与欧盟也开展了非常广泛的气候治理双边合作，在气候治理领域也取得了一系列显著成效。在美国退出《巴黎协定》的背景下，中国同欧盟在全球气候治理领域的合作将会更为密切。特朗普政府于 2017 年 6 月宣布退出《巴黎协定》，随后中国与欧盟相继发表声明表示将继续履行协定，加强气候合作以应对全球气候变暖带来的问题。未来，中国与欧盟的积极合作将有利于助推《巴黎协定》的进一步落实。[2]

二、中国参与多边合作机制的实践

传统的全球气候治理多边框架主要包括《联合国气候变化框架公约》《京都议定书》和《巴黎协定》等，这些多边合作机制构成了全球气候治理的主要国际规则。但参与方众多，治理的能力和意愿容易出现不一致和不协调的地方，交易成本太高，因此出现了框架之外寻求解决新途径的现象。磋商平台和合作机制的多元化，有可能作为框架下谈判的补充，对谈判也起到了推动作用，中国在这些多边框架内发挥着积极作用。

（一）G20 峰会

在坚持《联合国气候变化框架公约》等传统多边合作机制的基础上，中国开始逐步拓展气候治理的其他多边合作机制。最具代表性的是 2016 年 G20 杭州峰会上中国将环境气候治理议题纳入进来，各参与方发表了关于气候治理问题的主席声明。这是 G20 历史上首次就气候变化问题专门发表声明，中国期待通过 G20 这一全球治理机制来拓展全球气候治理多边合作议题的意愿可见一斑。G20 是世界各国（地区）为了应对 2008 年全球金融危机而形成的多边合作机制。其内容以全球金融治理为主题，为了与主题契合，中国率先将"绿色金融"这一主题列入 2016 年 G20 杭州峰会的议题中，首次发起并成立了 G20 绿色金融研究小组，这一举措在国际社会

---

[1] 李强：《美国退出〈巴黎协定〉，中国何去何从？》，《党员干部之友》2017 年第 10 期，第 48—49 页。

[2] 李强：《美国退出〈巴黎协定〉与中国的应对策略》，《理论视野》2017 年第 9 期，第 72—75 页。

获得了积极反响和广泛支持。G20峰会中国提出的"绿色金融"主要是指那些可以产生环境效益来支持可持续发展的投资融资活动，如降低二氧化碳排放和提高化石能源的利用效率以减缓环境气候变化，提升环境友好型投资而抑制污染型投资。[1]在这一理念的指导下，绿色金融研究小组进行了深入研究，向G20杭州峰会提交了一份《2017年G20绿色金融综合报告》，各成员针对全球绿色金融发展达成了一致意见。中国推动G20通过这种形式来影响全球气候政策制定。[2]把G20杭州峰会作为全球气候治理变革的开端，中国未来将会在更多的多边机制中贯彻落实传统多边机制，开辟全球气候治理新路径。[3]

（二）政府间气候变化专门委员会

政府间气候变化专门委员会（Intergovernmental Panel on Climate Change, IPCC）为世界气象组织（World Meteorological Organization, WMO）和联合国环境规划署（United Nations Environment Programme, UNEP）联合建立的政府间机构。该机构旨在就气候变化对经济和社会潜在影响及如何减缓气候变化做出评估。这一机构是全球气候治理最具权威的研究机构，其研究结果的发布对于气候政策制定起到重要作用，受到国际社会普遍关注。中国是最早参与到政府间气候变化专门委员会工作的国家之一，时任中国气象局局长邹竞蒙推动了政府间气候变化专门委员会的诞生。[4]政府间气候变化专门委员会工作机制主要是由三个小组来完成，中国在其中发挥着重要作用。成立该委员会的主要目的是为全球气候合作提供有效的科学支持。中国作为一个负责任的大国，正积极参与到这个委员会中来，中国科学家邹竞蒙、丁一汇、秦大河等先后担任政府间气候变化专门委员会首席代表、第一工作组副主席、第一工作组联合主席等职务。中国科学家多次参与了政府间气候变化专门委员会评估报告的编写工作，深度参与评估报告流程和制度改革，在政府间气候变化专门委员会科学研究事务活动中

---

[1]《二十国集团框架下发展绿色金融的中国倡议》，2016年8月22日，http://finance.china.com.cn/roll/20160822/3870975.shtml。

[2] 董亮：《G20参与全球气候治理的动力、议程与影响》，《东北亚论坛》2017年第2期，第59—70、128页。

[3] 康晓：《中国气候多边合作新进展》，《绿叶》2016年第10期，第31—38页。

[4]《中国参与IPCC 30周年纪念活动在京举行》，2018年11月9日，http://env.people.com.cn/n1/2018/1109/c1010-30392480.html。

起到了非常重要的作用。[①]当然,中国科学家参与政府间气候变化专门委员会的研究工作也是一个不断发展的过程,在 20 世纪 90 年代,《气候变化评估报告》第一次、第二次发布时,中国仅有极少的科学家参与,影响力非常弱。直到 2001 年,第三次《气候变化评估报告》发布时,才出现中国科学家中 1 人担任工作组联合主席和 20 人次参与研究报告编写的情形。此外,还有一大批科学家参与到政府评审工作中来,使发展中国家在全球气候治理问题上的话语权大大增强。

三、中国参与区域合作机制的实践

(一) APEC 会议

APEC 成立于 1989 年,是亚太地区最具有影响力的官方论坛组织,成立初期是一个区域性基金论坛和磋商平台,经过多年的发展,已经变成亚太地区最高级别的多边经贸合作机制。APEC 成立的主要目标是探讨全球和区域经济发展,主要涉及如何促进多边贸易体制发展,实施亚太地区贸易自由化,如何推动金融汇率稳定和改革等议题。2014 年在北京召开的 APEC 会议中,中国通过一系列的努力有力地推进了亚太战略合作。在这次峰会上,中国推出了多项推动亚太区域气候治理的议程,达成了多项区域合作协议。在《北京纲领:构建融合、创新、互联的亚太——亚太经济组织第二十二次领导人非正式会议宣言》中,同意建立 APEC 绿色供应链合作网络,批准在中国天津建立首个 APEC 绿色供应链合作网络示范中心,实现 APEC 组织地区 2030 年可再生能源及其发电量在地区能源结构中的比重比 2010 年翻一番,欢迎在中国建立 APEC 可持续能源中心。此外,《北京纲领:构建融合、创新、互联的亚太——亚太经合组织第二十二次领导人非正式会议宣言》还提出,为应对能源和环境领域的重要问题,将致力于开展可再生能源、节能、绿色建筑标准、矿业可持续发展、循环经济等领域合作,强化节约和保护,促进绿色、节能、低碳发展,寻找经济增长新动力。为保护林业资源,将特别注意打击非法采伐和相关贸易,同时为合法林产品贸易创造有利环境。[②]在 2014 年 APEC 绿色发展高层圆桌会上,作为 APEC 中国东道年的重要环保合作活动,该会议的主题为"促进亚太

---

① 周绍雪:《中国应对气候变化战略与外交政策之关系研究》,《当代世界与社会主义》2004 年第 3 期,第 93—99 页。
② 康晓:《中国气候多边合作新进展》,《绿叶》2016 年第 10 期,第 31—38 页。

地区绿色发展和绿色转型",对亚太地区如何实现绿色发展进行了深入探讨与交流。来自 APEC 经济体的环境保护和贸易部门高级官员和联合国环境规划署等国际机构代表、国内外专家学者等通过对话交流,积极探索绿色发展合作优先领域和创新性合作方式,参会诸国就如何促进绿色发展和加强绿色供应链合作达成了一致意见,发布了《APEC 绿色发展高层圆桌会宣言》,为全球气候治理做出了积极贡献。

(二)亚欧会议

亚欧会议(Asia-Europe Meeting,ASEM)的主要目的是通过亚洲和欧洲国家的相互对话,增进了解与合作。亚欧会议主要由政治对话、经济合作和文化交流等三个部分组成。在政治领域,各国进行政治对话,加强了各国之间的相互了解与信任;在经济贸易领域,各国广泛展开宏观经济和财政政策方面的对话与合作,共同致力于促进区域经济贸易稳定增长;在文化交流领域,通过文化对话和文明交流,出台了中长期文化合作文件。参加亚欧会议的成员在能源、环境、劳动等领域也开展了一些卓有成效的合作。[①]亚欧会议的成员主要由欧洲发达国家和亚洲发展中国家组成,由前者向后者提供援助以减少温室气体的排放。中国在亚欧会议环境气候论坛方面做出了重要贡献。尤其是最近几年的论坛,中国与欧盟的合作主要落实在亚欧林业实务方面的合作,在 2010 年召开的第八届亚欧首脑会议上,中国倡导举办亚欧森林可持续管理应对气候变化的高级研讨会,推动亚欧林业合作;在 2012 年召开的第九届亚欧首脑会议上,中国倡导开展亚欧林业示范项目,各成员一道共同推动亚欧森林的可持续发展,并以此来应对全球气候变暖。

第二节 《巴黎协定》与全球气候治理的新变化

近二十多年来,环境气候治理问题一直是国际政治、经济活动中的核心议题,国际社会对此进行了长期不懈的努力,最终达成了共识:不合理的人类活动引发了全球环境气候变化,所造成的全球气候问题只能通过集体协商的形式才能够找到正确的解决途径。[②]全球气候谈判历经从《联合国

[①]《亚欧会议》,2016 年 7 月 8 日,http://politics.people.com.cn/n1/2016/0708/c1001-28537419.html。
[②] 曹慧:《全球气候治理中的中国与欧盟:理念、行动、分歧与合作》,《欧洲研究》2015 年第 5 期,第 50—65、6 页。

气候变化框架公约》到《京都议定书》再到《巴黎协定》的变迁，在不断发展过程中实现了逐步完善。

一、气候谈判的新变化

2015 年在法国巴黎召开的联合国气候变化大会（巴黎气候大会）上，基于自主、自愿原则下最终共有 175 个国家签署了《巴黎协定》。为 2020 年后全球共同应对环境气候变化行动"建章立制"。与前几次有关全球气候治理大会上所确定的原则不一样，《巴黎协定》采用"国家自主贡献"的形式分摊减排任务。

（一）谈判的主体：由传统的二元结构变成了多元结构

《联合国气候变化框架公约》将谈判的主体划分为附件一国家[①]、附件二国家[②]，发展中国家由于未列入附件中，统称为非附件一国家。除了继续承认《联合国气候变化框架公约》中关于附件一、附件二的国家外，《京都议定书》将谈判的主体新增加了附件 B 国家[③]，发展中国家依然未被列入附件名单，被以非附件国家命名。与《联合国气候变化框架公约》和《京都议定书》的全球气候治理体系相比，《巴黎协定》在对谈判主体的划分上不再是按照附件一国家和非附件一国家这样划分，而根据经济发展水平，划分为发达国家、发展中国家、最不发达国家和小岛屿国家等几类。充分考虑到最不发达国家在筹集资金和转让技术方面经济力量的薄弱，这样细分的目的在于确保这些低收入的发展中国家在实施国家气候战略的规程中能够获得国际社会资金的有效资助。[④]通过谈判主体的清晰化可以看出一方面发达国家对发展中国家在全球气候治理中所扮演的角色日益重视，另一方面通过进一步细分发达国家更能精准帮助不同发展水平的发展中国家减排。

---

① 《联合国气候变化框架公约》附件一（1998 年修订）所包括的国家集团，含 OECD 中的所有国家和经济转型国家。附件一国家承诺在 2000 年之前单独或联合将温室气体排放控制在 1990 年的水平。

② 《联合国气候变化框架公约》附件二（1998 年修订）所包括的国家集团，含 OECD 中的所有发达国家。这些国家被期望对发展中国家提供财政援助，以帮助发展中国家履行义务。

③ 《京都议定书》（1998 年修订）附件 B 所包括的国家集团，这些国家已就其温室气体排放的目标达成一致，其中包括除土耳其和白俄罗斯之外的所有附件一国家。

④ 李慧明、李彦文：《"共同但有区别的责任"原则在〈巴黎协定〉中的演变及其影响》，《阅江学刊》2017 年第 5 期，第 26—36、144—145 页。

（二）谈判的规则："强制减排"转变为"自主减排"

《巴黎协定》创造了一个有别于全球气候治理"京都时代"和"哥本哈根时代"的治理范式，在国家责任和治理的具体内容上进行了较大变革，更加注重"自下而上"的全球气候治理模式，即以"国家自主贡献"为核心的治理范式。这个新范式的主要特点是缔约方可以根据自身情况和经济发展能力来决定减排任务，而不再是一律强制规定减排指标和分配减排任务。同时《巴黎协定》与以往的环境气候减排协定相比，本身就具有长期性和可持续性，其中最引人注目的就是全球气候治理新框架基本形成，自此以后不会再出现大的转折和倒退了。[①]某种程度上而言，《巴黎协定》是"后巴黎时代"全球气候治理规则的总纲，具有提纲挈领的作用。这种自愿采取适当行动来参与全球气候治理的行为，更能够体现出各国对参与全球气候治理的最大诚意。除此之外，《巴黎协定》在为广大发展中国家提供资金、技术方面支持的基础上，增加了对缔约方关于透明度的要求。[②]

（三）谈判的议题：由单一性变成了综合性

同以往全球气候治理达成的《京都议定书》和《哥本哈根协议》相比较而言，《巴黎协定》是一个内容丰富、包容性强、内容涵盖面非常广的全球气候协议。《京都议定书》的主要目的在于减少碳排放，降低全球气候升温的速度。虽然"巴厘行动计划"的确有提出在全球气候治理中把减缓、适应、技术及资金等几个方面包括进来，但目标在于实现全球气候治理"巴厘路线图"的《哥本哈根协议》并没有解决这几方面的问题。《巴黎协定》中囊括了减缓、适应、资金、技术开发与转让和能力建设及透明机制等全球气候治理的多个方面，尽管有些问题还需要留待下一阶段进一步谈判，但毫无疑问的是《巴黎协定》成为自全球气候治理提出以来最为全面的一个国际协议。[③]

二、新变化产生的原因

任何事物的发展变化都有其内在或外在的影响因素，对于全球气候谈

[①] 李慧明：《全球气候治理新变化与中国的气候外交》，《南京工业大学学报（社会科学版）》2017年第1期，第29—39页。

[②] 李海棠：《新形势下国际气候治理体系的构建——以〈巴黎协定〉为视角》，《中国政法大学学报》2016年第3期，第101—104页。

[③] 巢清尘、张永香、高翔，等：《巴黎协定——全球气候治理的新起点》，《气候变化研究进展》2016年第1期，第61—67页。

判新变化产生的主要原因,笔者认为主要有以下两个方面。

第一,全球气候治理格局的演变是导致全球气候治理新范式形成的根本原因。全球气候治理问题随着全球政治经济变革而发生变化,全球气候变化加剧使其逐渐从学术问题探讨演变为全球政策问题。在气候变化方面,欧美国家在引起气候变化的经济能力和历史责任方面都占主导地位。由此,在《联合国气候变化框架公约》和《京都议定书》的条款上确定了发达国家与发展中国家之间"共同但有区别的责任"。发生变化主要体现在2007年以后,在"后京都时代",欧美国家一方面对新兴经济体碳排放的增加表示担忧,另一方面倍感新兴经济体经济迅速崛起带来的压力,传统的"共同但有区别的责任"原则受到动摇,而发达国家企图变革全球气候治理机制的行为遭到广大发展中国家的普遍抵制,在哥本哈根气候峰会上,全球气候治理模式出现了转变,由"自上而下"转向"自下而上"的治理。2012年后,气候谈判受到全球经济治理格局整体变革的影响,中国、印度等新兴经济体的崛起使得欧美发达国家感到空前压力,同时这些发展中大国碳排放也急剧增加,国际气候治理格局当然也要随之进一步演变。在这种大变革的背景下,国际社会认为既要让欧美等发达国家继续承担减排义务,又要使中国、印度等发展中的大国为减少碳排放做出贡献,所以经过多方博弈,《巴黎协定》确立了以"国家自主贡献"为核心的减排模式,期待动员更多国家为全球气候治理贡献本国的力量。[①]

第二,世界形势的深刻变革是全球气候治理体系转变的直接原因。最初《联合国气候变化框架公约》制定时世界正处在冷战刚刚结束的时候,南北对立的冷战思维还没有完全消除,集体行动难以达到一致效果。《联合国气候变化框架公约》所规定的具有约束性的"自上而下"的全球气候治理模式比较理想化,难以实施。随着全球化的进一步发展,人类社会进入21世纪,全球主义思想得到广泛传播,对话协商、共建共享、合作共赢、交流互鉴、绿色低碳的命运共同体理念在国际社会逐步成为一种共识。同时,全球气候问题的进一步加剧也引起世界各国的高度重视。除此之外,非国家行为体、国际组织和民间环保组织进一步发展壮大,也推动了全球气候治理向前发展。主要大国不仅要考虑本国的国家利益,也要保持自身良好的国际形象,面对国际舆论和非国家行为体的强大压力,将更多地思

---

① 李慧明:《〈巴黎协定〉与全球气候治理体系的转型》,《国际展望》2016年第2期,第1—20、151—152页。

考国家之间的团结与合作，强调"共同责任"，自身的道德责任感得到加强。"后京都时代"理想化的"自上而下"减排任务逐步转变为本国"自下而上"的自主贡献模式。①

三、新变化对全球气候治理的影响

《巴黎协定》展现出来的新变化对全球气候治理新范式形成有着不可忽视的影响。具体体现在以下几个方面。

首先，《巴黎协定》在保持与以往多边框架外机制一致的情形下达成了一致。之前的京都模式和后京都模式主要是采用传统的国家主导下"自上而下"的减排模式，其他非国家行为体的行动普遍受到压制和排斥。《巴黎协定》的主要目标在于治理结果，所以具有明显目标导向，没有对实施手段作更多强制性规定，缔约方可以根据自身情况灵活地采取各种措施来推动碳减排。②这种通过放弃全球气候治理顶层设计路径而推动全球气候治理的做法将会加速多边框架下全球气候治理的发展。

其次，《巴黎协定》为全球气候治理的清洁高效转型提供了新动力。《巴黎协定》进一步促进低碳经济发展，让所有缔约方意识到低碳经济将会是未来全球经济发展的一种必然趋势，环境友好、低碳和可持续的发展方式将成为未来发展之必须，③加强了世界各国对发展低碳经济的重视和紧迫感。在这样的一种理念和氛围下，全球气候治理将会进一步加快发展。

最后，《巴黎协定》将会加剧世界大国争夺全球气候治理领导权的局面。在"京都时代"和"后京都时代"，全球气候治理的领导权式微，除了欧盟外，其他发展中大国和一些发达国家都不愿意积极承担全球气候治理中的责任，在环境气候治理上倾向尽量少地付出成本，乐于"搭便车"。但是通过签署《巴黎协定》的主要大国对全球气候治理减排的承诺来看，全球气候治理领导权的争夺在加剧。全球气候治理将成为未来影响全球秩序转型的一个重要支点和关键要素。围绕《巴黎协定》的国际互动可以看到，美国、欧盟、

---

① 王克、夏侯沁蕊：《〈巴黎协定〉后全球气候谈判进展与展望》，《环境经济研究》2017年第4期，第141—152页。

② 于宏源：《〈巴黎协定〉、新的全球气候治理与中国的战略选择》，《太平洋学报》2016年第11期，第88—96页。

③ 李慧明：《全球气候治理制度碎片化时代的国际领导及中国的战略选择》，《当代亚太》2015年第4期，第128—156、160页。

中国等对全球气候治理的领导权的能力和意愿都在加强。[1]

但随着特朗普政府宣布美国退出《巴黎协定》，这种中美欧竞逐全球气候治理领导权的模式又发生了微调。美国的退出虽未直接断送《巴黎协定》，但却在多方面产生了恶劣影响。美国是全球最大的经济体，中国是温室气体排放最多的国家，中国和美国气候合作是《巴黎协定》能够达成的关键因素。美国退出《巴黎协定》将会导致发达国家承诺——每年向发展中国家提供 1000 亿美元用于减排成为一纸空文，由于发达国家份额分配变化而出现争议，发展中国家或许会因为缺少这笔资金援助而回到观望和"搭便车"的立场上。[2]

由此可以看出，《巴黎协定》对全球气候治理新范式的形成具有里程碑式的作用，开启了全球气候治理的新时代，极大地推动了全球气候治理的新发展和全球经济发展的低碳化。全球气候治理体系的新变革对中国而言既是新机遇，又是新挑战。在美国退出《巴黎协定》的情况下，中国应当主动作为，积极提出全球气候治理的新规则和新方案，进而重塑全球气候治理的新体系和新范式。

四、美国退出巴黎协定与中国在全球气候治理中的角色

自全球气候问题被提出以来，中国政府对全球气候变化的认识不断提高，参与气候谈判的积极性也在上升。但就整个发展阶段而言，不同时期中国在全球气候治理中的地位差异显著。从 1960 年到 2000 年左右，中国政府主要关注全球气候变化的科学认知和政治含义。在参与全球气候治理的过程中扮演着追随者的角色，在国际社会治理全球气候中主要是跟进和参与，议题的把控能力和参与制度的设计能力较弱。这一时期在碳排放总量方面（图 12-1），2000 年中国的碳排放总量（340 000 万吨）显著低于美国（569 300 吨）和欧盟（391 100 吨）；人均碳排放方面（图 12-2），2000 年中国人均碳排放量（2.69 吨）与美国（20.18 吨）和欧盟（8.01 吨）相距甚远。碳排放量的多寡背后暗含的深意还有经济发展实力的大小。这些因素共同决定了中国这一时期在全球气候治理中处于从属的地位。欧美是这一时期全球气候治理的领导者，后面美国由于一系列因素退出，欧盟成为实际的主要领导者。

---

[1] 于宏源：《〈巴黎协定〉、新的全球气候治理与中国的战略选择》，《太平洋学报》2016 年第 11 期，第 88—96 页。

[2] 李强：《美国退出〈巴黎协定〉与中国的应对策略》，《理论视野》2017 年第 9 期，第 72—75 页。

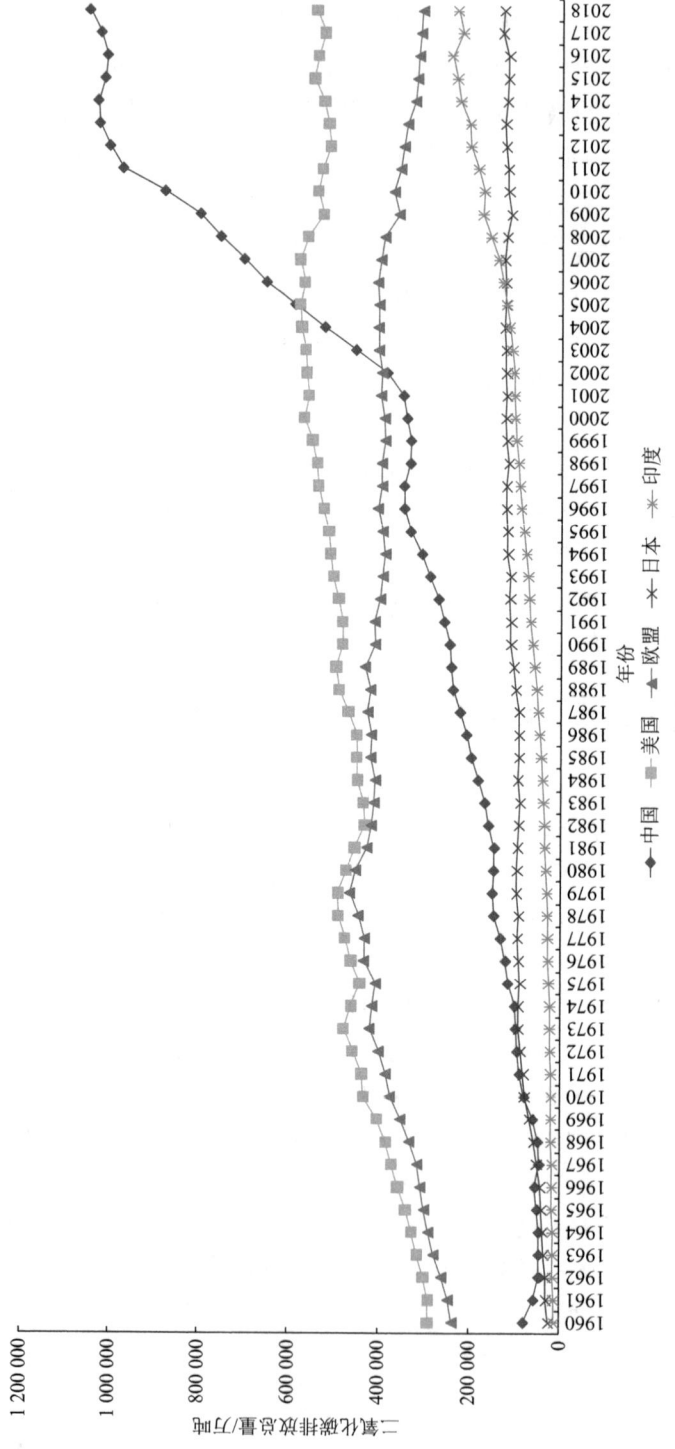

图12-1 世界主要国家和地区二氧化碳排放

资料来源:1960~2014年数据根据世界银行数据库数据绘制,2015~2018年数据来源于国际能源署报告

第十二章 环境气候领域

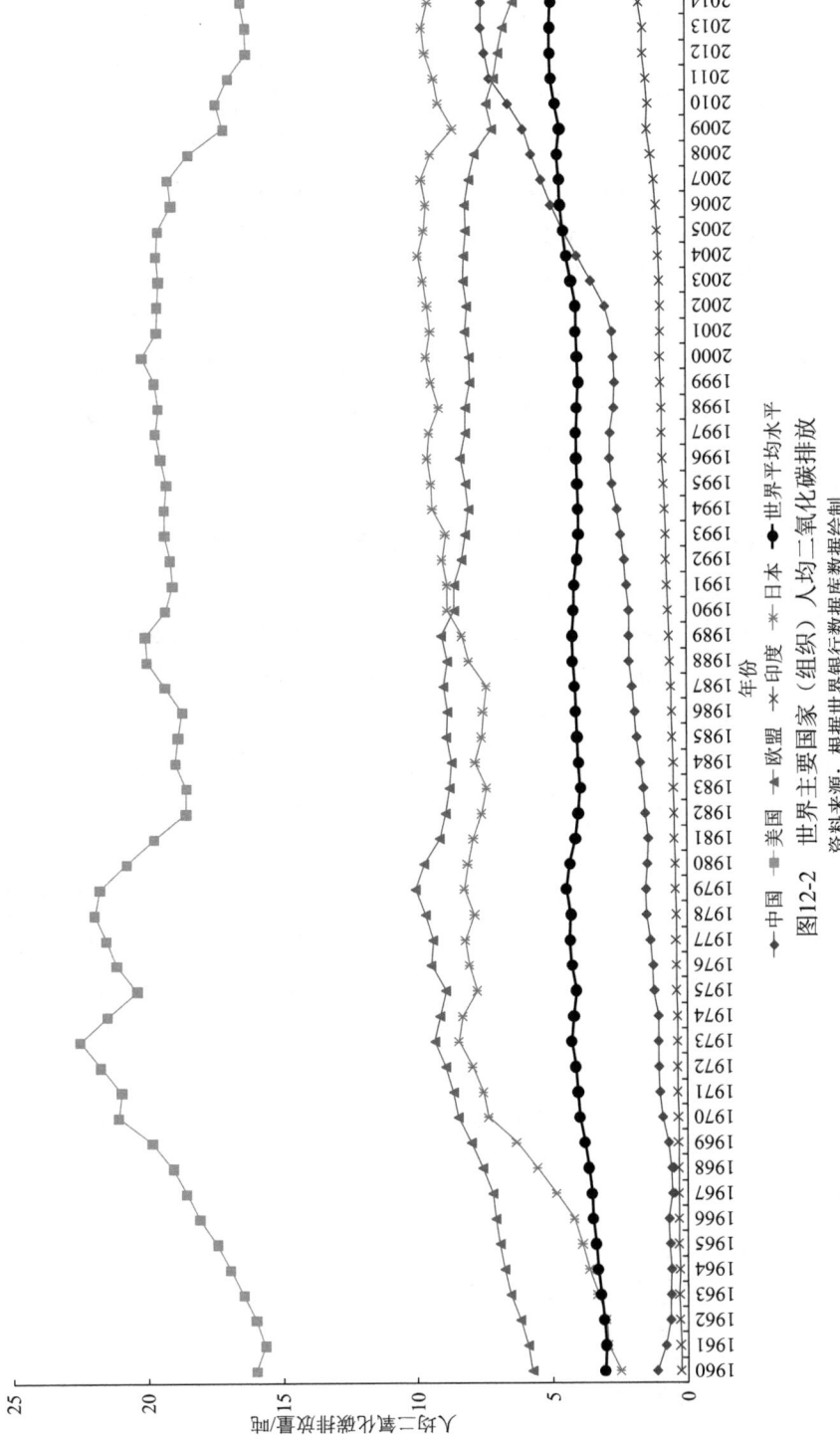

图12-2 世界主要国家(组织)人均二氧化碳排放
资料来源：根据世界银行数据库数据绘制

随着中国工业化的进一步发展，尤其是加入 WTO 以后，中国经济迅速崛起，中国成为"世界工厂"。中国拥有价格低廉的劳动力和土地，欧美发达国家把大量制造业加工工厂迁移到中国，导致中国的碳排放急剧增加。碳排放总量方面，2003 年中国的碳排放总量（454 000 万吨）首次超越欧盟（404 700 万吨），成为仅次于美国（567 500 万吨）的全球第二大碳排放国家。随后在 2006 年中国（652 900 万吨）又全面超越美国（569 700 万吨），成为世界第一碳排放大国（图 12-1）。人均碳排放方面，由于中国是一个人口大国，在很长一段时间内，中国的人均碳排放量都低于世界平均水平，直到 2005 年，中国的人均碳排放量（4.523 吨）才超过世界平均水平（4.522 吨）。随着中国的进一步崛起，2011 年中国人均碳排放量（7.243 吨）首次超过欧盟（7.081 吨），截至 2014 年，中国人均碳排放量仅次于美国和日本，排在第三位（图 12-2）。

中国碳排放总量和人均碳排放量在全球的显著增加，让中国成为全球碳减排瞩目的对象。在全球气候治理问题上，中国要想本国提出的治理行为和制度规范获得其他国家的认可，需要提高其自身的治理能力及让国际社会看到中国为达成良好效果付出的努力，即树立全球气候治理的典范。全球气候问题关乎全人类的生存与发展，国际社会希望碳排放大国承担起降低二氧化碳排放的主要责任。哥本哈根气候峰会上，为了避免成为国际社会谴责的对象和背负历史骂名，世界上主要碳排放国家都在抢占道德和国际舆论制高点。中国作为一个负责任的大国，一方面为了为自身发展创造和谐的国际环境，另一方面为了缓解自身资源环境的压力，提出了减排承诺，并将节能减排纳入国民经济发展规划。中国行动获得了国际社会的广泛赞赏，中国高姿态主动减排推动了其他大国纷纷效仿，为全球减排分摊了主要任务，中国在全球气候治理中的国际地位得到了较大提升，成为全球减排的重要推动者和主要贡献者。

中国共产党第十九次全国代表大会指出："生态环境治理明显加强，环境状况得到改善。引导应对气候变化国际合作，成为全球生态文明建设的重要参与者、贡献者、引领者。"[①]这是对过去五年中国在全球气候治理领域发展做出贡献的精准概括，也是回应国际社会对未来中国的期待。尤为重要的是在 2015 年巴黎气候大会上，中国为了促进《巴黎

---

① 习近平：《决胜全面建成小康社会 夺取新时代中国特色社会主义伟大胜利——在中国共产党第十九次全国代表大会上的报告（2017 年 10 月 18 日）》，《人民日报》2017 年 10 月 28 日，第 1 版。

协定》的达成，积极斡旋，与各国共同协商，提出基于"国家自主贡献"的减排方案，最终促成了协定的达成。中国成为全球气候治理的引领者。

美国退出《巴黎协定》后，对气候治理的格局和中国在全球气候治理中的地位及作用产生了新的影响。主要表现如下。

一是将会动摇以《巴黎协定》为核心的全球气候治理机制的基础。[①]美国作为全球第一大经济体，是全球气候谈判最为重要的角色之一，没有美国参与的《巴黎协定》将是一个不完整的全球气候协定，严重影响协定的普遍性。

二是将给全球气候治理带来不良示范效果。美国是全球碳排放大国，人均碳排放量居世界第一。美国退出《巴黎协定》，开始不履行减排责任，其他碳排放更少的国家就会跟着效仿，出现全球气候治理"搭便车"行为。虽然目前还没有国家提出不继续履行自主减排的责任，但是一旦美国真正开始执行，这种不良示范效应就难以完全避免。

三是中国在全球气候治理中的压力加大。中国与美国在2015年巴黎气候大会谈判中作为主要角色促成了《巴黎协定》的达成，国际社会对中国期待较高。美国退出《巴黎协定》将会出现全球气候治理的真空地带，国际社会对中国的期待值将增加，希望中国能够填补美国留下的权力真空。但是领导意味着责任，权力越大、责任越重。中国政府一直坚持发展中国家的定位，强调能力与贡献相匹配，避免战略透支。[②]所以，展望未来，如何去回应国际社会期待中国应该在全球气候治理中发挥领导作用这一问题，将是中国面临的一大挑战。

四是世界国际关系格局将发生巨大变化。美国退出《巴黎协定》后，全球气候治理领导缺位，传统的欧美关系出现裂痕，互信互赖程度进一步降低。欧盟意识到欧洲人的命运必须要掌控在自己手中。同时，美国的退出也让中欧关系面临新的机遇，国际社会期待中欧联合起来担任全球气候治理领导者的角色。同时原有的国际关系格局也出现了转变，欧盟和中国在全球气候治理问题上日益走向联合。当然，欧盟与中国的联合不是一个简单的权宜之计，将会是一个长期的过程，需要结合实际情况和双方的诉求

[①] 张海滨、戴瀚程、赖华夏，等：《美国退出〈巴黎协定〉的原因、影响及中国的对策》，《气候变化研究进展》2017年第5期，第439—447页。

[②] 张海滨，等：《美国退出〈巴黎协定〉的原因、影响及中国的对策》，《气候变化研究进展》2017年第5期，第439—447页。

来权衡。①

五是全球气候治理的发展进程将迟滞。美国的退出虽然不会致使《巴黎协定》失去法律效力，但是作为全球第二大碳排放国，其退出《巴黎协定》将会直接导致全球碳减排的资金出现缺口、领导力出现真空，动摇世界各国共同合作参与全球气候治理的信心。鉴于当前全球舆论压力较大，各国仍然表态积极维护《巴黎协定》，但若长此下去，没有美国这样的碳排放大国和全球最大经济体的推动，很难确保不会有其他后续追随者退出，让《巴黎协定》的作用大大减弱，同时，特朗普退出《巴黎协定》将会导致美国的基于"国家自主贡献"的碳排放破产，极有可能导致美国的温室气体排放不降反升，②最终将阻碍全球气候治理向前推进。

第三节　中国与全球气候治理新范式

环境气候问题始终是全球治理问题中最突出、最富有时代特征的问题之一，③正日益成为全球治理的重要课题。美国退出《巴黎协定》、英国脱欧、民粹主义抬头，世界出现逆全球化趋势，全球气候治理出现极大的不确定性。欧美国家的治理能力和治理意愿下滑，使其在全球气候治理方面难以继续发挥影响力，全球气候治理范式出现转型，国际社会期待全球气候治理的"中国方案"出台。构建人类命运共同体和共建"一带一路"有助于破解全球气候治理的理论困境和现实阻力，④是中国为全球气候治理提供的"中国方案"。

一、全球气候治理范式转型动因

（一）全球气候治理格局演变

全球气候治理格局的演变主要是伴随着新兴经济体的全面崛起和美欧

---

① 柴麒敏、傅莎、徐华清，等：《特朗普政府宣布退出〈巴黎协定〉的分析及对策建议》，《中国发展观察》2017年第12期，第5—10、55页。
② 柴麒敏、傅莎、祁悦，等：《特朗普"去气候化"政策对全球气候治理的影响》，《中国人口·资源与环境》2017年第8期，第1—8页。
③ 蔡拓：《全球学导论》，北京大学出版社2015年版。
④ 赵斌：《全球气候治理困境及其化解之道——新时代中国外交理念视角》，《北京理工大学学报（社会科学版）》，2018年第4期，第1—8页。

发达国家治理意愿与治理能力的普遍下降而引发的。具体而言，2008年的全球金融危机致使西方大国经济发展普遍衰弱，经济增长长期处于低迷状态，国内失业率骤增；而新兴经济体开始逐步崛起，经济实力的增强必然要求在国际政治上有所作为，同时由于发达国家制造加工业的转移，发展中国家中的主要大国也成为碳排放最大的国家，要想全球气候治理取得显著成效，新兴大国的参与成为一种必然选择。欧美大国对新兴经济体存在着十分矛盾的心态，一方面希望中国等发展中大国在全球气候治理中主动承担更大的减排责任，另一方面又害怕这些国家在全球气候治理过程中过度发挥作用，主动抓权，所以在实际操作过程中采取各种防范措施。例如，欧盟通过与中小发展中国家结盟来施压于新兴经济体。美国在奥巴马政府期间积极重塑气候变化的国际领袖地位，采用绿色壁垒来牵制中国产品出口就是很好的例证。特朗普政府虽然退出《巴黎协定》，但不少学者认为，美国可能会通过各种协定外活动来提高自己在全球气候治理中的地位。[①]

（二）中美欧的三方博弈

由于经济实力和治理能力的原因，美国、欧盟和中国并驾齐驱，成为全球气候治理的三驾马车。关于气候变化的责任和减排任务的分摊博弈就成为影响全球气候治理领导格局的根本因素。在"京都时代"的初期，欧盟处于全球气候治理的主导地位，欧美之间紧密合作[②]。2001年美国退出《京都议定书》导致了全球气候治理出现碎片化，但客观上却起到了促进中欧气候合作的作用。中国支持欧盟的领导并促进了《京都议定书》的执行。在这一时期美国被边缘化，欧盟也试图通过与新兴经济体的合作把美国拉回《京都协定书》中。最终，2007年在印度尼西亚巴厘岛召开的联合国气候变化大会促使美国回归《联合国环境与气候变化框架公约》，欧美之间的合作同盟再次形成，但是该会议对发展中国家在提供发展低碳经济技术和资金方面采取拖延态度。后来，随着奥巴马的上台中美在全球气候治理上开创了新的合作局面，尤其是在发展清洁能源方面，气候议题成为中美双边关系发展的重要领域。

[①] 李昕蕾：《全球气候治理领导权格局的变迁与中国的战略选择》，《山东大学学报（哲学社会科学版）》2017年第1期，第68—78页。

[②] 薄燕：《全球气候变化问题上的中美欧三边关系》，《现代国际关系》2010年第4期，第15—20、63页。

（三）内部层面的影响因素

中美欧是全球气候治理三大最主要的参与者，全球气候治理领导格局的变化也建立在三者各自的典型特征和内部因素之上。基于欧盟是由多个主权国家组成的区域组织，每年轮值主席国的更替使得领导权延续困难。同时，对外能源依赖性大，在严格的低碳政策和保障能源供应方面只能折中选择①。2008年全球金融危机后，欧盟不得不把降低失业率和保障经济稳定放在首位，暂缓执行节能减排的气候治理措施。对美国而言，气候政策主要与两党制度息息相关，民主党总统奥巴马上台促使美国气候政策向上，而共和党总统特朗普上台则使美国气候政策再次跌入低谷，清洁能源产业受到波及，而中国则可借助全球气候治理参与全球规则治理，从而引领全球经济治理。

二、推动全球气候治理范式转型的中国理念和实践

与参与全球经济规则的制定相比较而言，中国参与全球气候治理规则的塑造有其独特性。全球经济体系规则主要是欧美等西方发达国家制定的，中国想要加入这一体系首先要接受西方国家的主导权，中国改变规则的空间非常狭小。相比之下，当前的全球气候治理规则仍不成熟，虽然发达国家有一定的主导优势，但发展中国家在发展演变中还有很大空间。中国应该在全球气候治理规则制定上发挥更大作用，将全球气候治理的"中国方案"贡献给世界。

（一）在气候治理中树立人类命运共同体意识

气候变暖属于全球公共物品中的公害品，其后果牵一发而动全身，在这个问题上，没有哪一个国家可以做到独善其身。②坚持发展低碳经济，减少二氧化碳的排放，已经成为全球共识。这与构建人类命运共同体中要求保护人类共同的生存空间，实现绿色、低碳的可持续发展高度一致。《巴黎协定》是全球气候治理史上的一大里程碑，但美国的退出给协定的履约带来了诸多不确定性，国际社会亟待新的理念来引导全球气候治理。

---

① 冯存万、朱慧：《欧盟气候外交的战略困境及政策转型》，《欧洲研究》2015年第4期，第99—103、6—7页。

② 庄贵阳、薄凡、张靖：《中国在全球气候治理中的角色定位与战略选择》，《世界经济与政治》2018年第4期，第4—27、155—156页。

中国提出构建人类命运共同体这一"中国方案",与以往的全球气候治理理念存在较大差异,这是一种以共生、共赢为基础的全球气候治理方案,①并主张各个国家合作共赢,充分考虑到历史和现实情况,合理分摊减排任务,包容不同发展水平国家的诉求,通过中国行动为全球气候治理增添活力。在国际上倡导共生共赢的全球气候治理理念,以自己的实际行动来推动《2030年可持续发展议程》和全球气候治理的进一步发展。

在全球气候治理问题中,难点和痛点主要集中于全球减排任务的分摊。谁应该为全球气候变化承担更多的责任,这是一个非常复杂并且充满争议的问题。②由于历史和现实的原因,就公平而言,全球气候治理的责任和贡献应该有所不同。

但实际上"共同但有区别的责任"的原则仍然受到较大争议。中国所倡导的构建人类命运共同体有利于缓解这一分歧,《巴黎协定》所确立的基于"国家自主贡献"的原则就是对原有强制减排规则的一种创新,但也存在巨大漏洞,难以鼓励世界各国在"全球盘点"动态调整过程中依据自身实力和意愿来做出合理的"责任自领"。构建人类命运共同体还能够有效地解决全球气候治理中责任分担的问题。构建人类命运共同体所倡导的是一种互利共生、合作共赢的发展理念,每个国家都不是孤立的,而是与其他国家存在共生共荣的合作关系,本国利益的实现也需要兼顾别国的利益。中国以"共同但有区别的责任"为原则,在自身减排的同时强调发达国家对发展中国家的义务,中国的这一主张获得了国际社会大多数国家的支持和认可。

气候变化已经成为超越国界的全球性问题,气候治理的规则也被看作非常重要的全球公共产品,只要是公共产品就无法避免由于"搭便车"带来的相应问题。构建人类命运共同体是一种权责共担、合作共赢的机制。与当前全球气候治理的机制相比较而言,构建人类命运共同体通过为全球提供发展的共同理念,从而形成共有知识,以有效约束和广泛动员来实现全球气候治理规则的优化。在全球气候治理问题上,构建人类命运共同体将有利于摆脱当前全球治理规则困境,加强各主体之间的交流与合作,减少气候治理中的"搭便车"现象,为引导全球气候治理走向善治而共同努力。③面对

---

① 王瑜贺:《命运共同体视角下全球气候治理机制创新》,《中国地质大学学报(社会科学版)》2018年第3期,第26—33页。
② 陈俊:《全球气候治理与气候责任》,《哲学动态》2018年第2期,第87—94页。
③ 王瑜贺:《命运共同体视角下全球气候治理机制创新》,《中国地质大学学报(社会科学版)》2018年第3期,第26—33页。

全球气候问题，中国创造性提出建立南南合作的倡议，开展发展中国家之间的资金和技术推广合作。尽管当前中国应对全球气候变化的能力十分有限，但中国将继续奉行互利共赢的开放战略，欢迎各国搭乘中国发展的"顺风车"。

（二）在"一带一路"建设中践行全球气候治理新范式

自2013年中国提出共建"一带一路"倡议以来，中国与沿线国家的合作不断增加，交流越来越多，中国的对外开放进入历史发展的新阶段。共建"一带一路"实践的展开，不仅会对全球经济政治格局产生巨大影响，也将深刻影响沿线国家环境、资源和碳排放。①在此情形下，习近平在乌兹别克斯坦最高会议立法院的演讲中提出，"要着力深化环保合作，践行绿色发展理念，加大生态环境保护力度，携手打造'绿色丝绸之路'"。②

在区域范围上，"一带一路"与南南合作高度重合，沿线大多为比较贫困的发展中国家，这些国家受气候变化带来的影响较大。中国通过倡导构建"一带一路"，把环境气候问题作为"一带一路"建设的切入点，通过与沿线国家开展环境气候领域的合作，满足沿线发展中国家应对全球气候变化的实际需要，为实现沿线国家经济、环境、资源的共同发展做出贡献。③在中国倡导下发起成立的亚投行和丝路基金等多边合作机制可以充分发挥作用。亚投行的主要目标之一就是以绿色环保的方式发展经济，体现这一理念的办法就是把资金投资到既有经济效益又有环保效益的基础设施建设上来。未来可以通过亚投行和丝路基金来扶持和鼓励有低碳技术的企业产业化，大力培育低碳高科技产业，为"一带一路"经济发展提供新的支撑。④

为此，中国环境保护部、外交部、国家发改委和商务部四部委共同出台了《关于推进绿色"一带一路"建设的指导意见》，在文件中指出，推进绿色"一带一路"建设是分享生态文明理念、实现可持续发展的内在要

---

① 王彬彬、张海滨：《全球气候治理"双过渡"新阶段及中国的战略选择》，《中国地质大学学报（社会科学版）》2017年第3期，第1—11页。
② 《习近平在乌兹别克斯坦最高会议立法院的演讲（全文）》，2016年6月23日，http://www.scio.gov.cn/tt/Document/1481582/1481582.htm。
③ 周茂荣：《中国落实〈巴黎协定〉的机遇、挑战与对策》，《环境经济研究》2016年第2期，第1—7页。
④ 康晓：《中国气候多边合作新进展》，《绿叶》2016年第10期，第31—38页。

求；是参与全球环境治理、推动绿色发展理念的重要实践；是服务打造利益共同体、责任共同体和命运共同体的重要举措。以和平合作、开放包容、互学互鉴、互利共赢的丝绸之路精神为指引，牢固树立创新、协调、绿色、开放、共享发展理念，坚持各国共商、共建、共享，遵循平等、追求互利，全面推进"政策沟通""设施联通""贸易畅通""资金融通"和"民心相通"（即"五通"）的绿色化进程，要搭建沟通对话、信息支撑、产业技术合作平台，推动构建政府引导、企业推动、民间促进的立体合作格局，为推动绿色"一带一路"建设作出积极贡献。

由此可见，如果说共建"一带一路"是中国参与全球治理的新探索，那么总结中国参与全球气候治理的经验并将其引入"一带一路"倡议中，将会为中国参与全球气候治理赢得更多主动权。

三、中国在全球气候治理范式转型中的战略路径

当前，中国已经被推向全球气候治理的前台，巨大的人口压力和快速发展的经济使得其碳排放量急剧增加，这受到国际舆论施压和本国资源环境减退的双重挑战。在探讨中国如何面对全球气候治理的挑战之前，要先了解全球气候治理的特殊性，它是影响全人类的公共问题，中国在参与全球气候治理的过程中要本着构建"人类命运共同体"的思想来主动作为，树立一个负责任大国的良好形象。具体而言，可以从以下几个方面着手实施。

第一，积极承诺减排，塑造一个负责任的大国形象。中国可以考虑对全球减排做出承诺，并积极实施。有计划、分阶段、分目标地实现减排任务。实际上，在哥本哈根气候峰会上，中国已经做出了到 2020 年单位 GDP 的二氧化碳排放比 2005 年基础上下降 40%~45%的减排目标，进一步中国在 2015 年巴黎气候大会上做出了到 2030 年单位 GDP 的二氧化碳排放比 2005 年基础上下降 60%~65%的减排目标。如图 12-3 所示，中国的碳排放强度在近二十多年已经大幅下降，成为世界主要大国（组织）中碳排放强度下降幅度最大的国家。今后，中国在塑造负责任的大国形象方面，不仅要积极承诺减排，还需要在国际场合强调中国在参与全球气候治理过程中所付出的努力和具体行动，以打消国际社会的疑虑。当然，中国的减排行动也应按照本国实际国情和经济发展做出安排，找到国家利益与全球利益的平衡点，防止出现被"道德绑架"的问题。

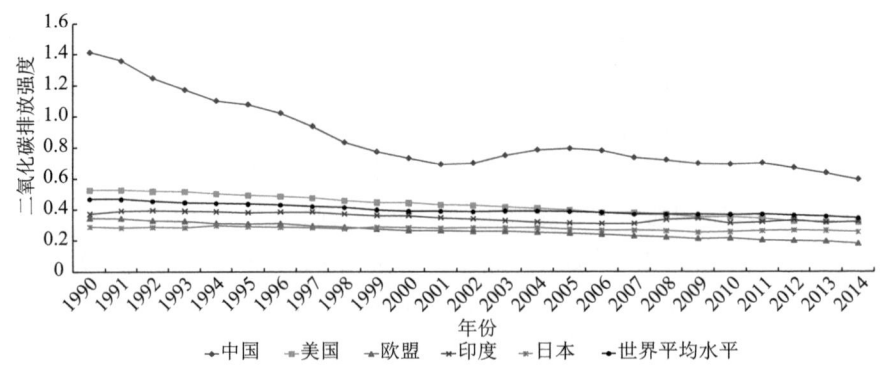

图 12-3 全球及主要大国（组织）二氧化碳排放强度
资料来源：根据世界银行数据库数据绘制

纵坐标轴单位为：千克/2011 年 PPP 美元 GDP，表示在购买力平价计算下，每产生 1 美元 GDP 对应的二氧化碳量（以千克计）；PPP 表示购买力平价，英文全称为 purchasing power parity

第二，加强气候治理的对外援助，提升中国在全球气候治理领域的领导力。中国既要在本国发展经济的过程中实施绿色发展，做出低碳减排的行动，也要加强对一些经济发展相对落后的发展中国家在减排行动中的援助，并指导和支援发展中国家开展低碳节能技术创新，给予资金扶持，帮助他们建立数据支撑系统。广泛开展同发展中国家的合作，利用已有的合作基金，进一步加强对发展中国家的资金支持。当前，中国正在倡导构建"一带一路"，在"一带一路"建设和产能合作的过程中，应该有计划地引导海外投资流向低碳环保领域。

第三，主动参与全球气候治理，提高中国在全球气候治理领域的话语权。中国目前与欧美发达国家在全球气候治理议题上尚存在不少分歧，要充分实现自身利益就应该团结广大的发展中国家，特别是巴西、南非、印度。这四国是较大的发展中国家，除巴西外，也是世界上碳排放量较多的国家，获得他们的支持，非常有利于提高中国在全球气候治理上的话语权。随着全球气候变化对人类的不利影响加剧，实施量化减排措施是必经之路，如何能够制定一整套发达国家和发展中国家都能接受并能够贯彻执行的全球气候治理减排框架，世界各国期待"中国智慧"和"中国方案"。所以，中国在全球气候治理上发挥的作用越显著，提供的公共产品越丰富，未来全球气候治理将越有可能打上中国烙印。

第四，将中国参与全球气候治理变为引领全球治理的一个重要切入点。中国目前已然是全球第一大碳排放国，在国际社会上受到极大关注，如果不能行使使命，积极参与全球气候治理，其国际形象必定大打折扣，不利于中国在国际社会构建大国领导力。中国在巴黎气候大会前夕,已经与世界上主要碳排放大国在会外进行了多轮双边外交磋商,为《巴黎协定》最终达成做出了巨大贡献,其在环境气候治理领域的领导力和影响力已经与日俱增。[①]但在很多传统的全球治理领域,中国一直都只是追随者或者参与者,影响力还非常有限。中国如能够将全球气候治理作为中国引领全球治理的切入点将会是非常好的选择。

总而言之,中国在参与全球气候治理中的软硬实力都在不断增强,这有效地推动了全球气候治理向着公平、公正、合理的方向发展。同时,中国应该清晰地看到全球气候治理在议题和主体上已经发生了深刻变化,中国需要不断提高自身治理能力,为实现全球气候治理的善治贡献自己的力量。

---

① 孙永平、胡雷:《全球气候治理模式的重构与中国行动策略》,《南京社会科学》2017年第6期,第29—37页。

第十三章 减贫与发展领域

发展问题是全球经济发展中的突出问题。尽管经济全球化有利于全球资源配置效率，但是全球市场机制却难以解决全球分配和发展不均衡的问题，这就有赖于全球发展治理。全球发展治理旨在促进人类福祉发展，即国家在塑造全球发展理念、合作规则及多边机制中对贫困等发展不平衡问题的治理。21世纪以来，随着环境问题和生态多样性持续恶化，可持续发展备受关注，成为当前全球发展治理的重要范畴。而以中国为代表的新兴发展中国家在全球发展治理上的地位也备受关注。在此背景下，中国如何参与并引领全球发展治理新范式具有理论价值和实践意义。

新时代要求我们要以与时俱进的科学发展理念，形成规范化和系统化的中国新发展理论，参与全球对话。作为最大的发展中国家，中国致力于构筑全球发展伙伴关系，促进世界各国的共同发展，形成了一套新型的发展理论。其核心是以谋求共同永续发展为目标，以"公平、开放、全面、创新"的发展为路径。其中，公平是发展的道义属性，背离了公平的发展不可能实现共同发展；开放是发展的方式，开放的发展是实现有效率发展的手段；全面是发展的范围，只有不同个体和领域的共同发展，才是真正的发展；创新是发展的动力，以创新为驱动力，不仅是中国的发展战略，也是世界经济增长的关键。

在树立人类命运共同体意识下，新发展观与新安全观、新型的大国关系、新型的国际关系、中国梦和世界梦等一系列理念相互交融，构成了当代中国与世界互动的发展战略理论体系，也为世界提供了"中国智慧"和"中国方案"。本章第一节在探讨中国的全球发展治理经验和理念渊源的基础上，讨论全球发展治理理念的大国分异，对中国的新发展观的核心思想和现实路径予以论证。第二节探讨中国作为发展中国家参与全球发展治理的作用，剖析国际发展议程与治理机制的博弈与演进，厘清全球发展治理中的南北关系，论述《2030年可持续发展议程》与中国参与全球发展治理角色的辩证关系，提出中国落实《2030年可持续发展议程》的三大措施：

积极参与《2030年可持续发展议程》，构建可持续发展全球伙伴关系；加强对南南合作和多边合作平台构建，共建"一带一路"合作平台，推动发展中国家共同发展；加大对外援助力度，积极承担全球治理的国际社会责任。第三节是关于中国与《2030年可持续发展议程》的思考，归纳分析《2030年可持续发展议程》的背景、内容及评价，提出中国参与《2030年可持续发展议程》的战略思路，包括国别可持续方案、可持续发展全球伙伴关系、"一带一路"对接、社会各界参与及中国发展经验借鉴等五个方向，从合作平台、合作领域、合作规则及具体目标四方面论述中国"一带一路"倡议与《2030年可持续发展议程》对接的路径措施。

第一节 全球发展治理：中国的理念

一、中国发展理念的渊源：当代发展观的演进

在我国发展过程中，既吸收了西方国家的发展理念，同时在发展过程中结合自身实践，不断充实、完善既有理念，形成了具有中国特色的发展观。在这一过程中，我们大致可以根据发展阶段，划分为四种不同的发展观。

（一）"经济增长至上"发展观

第一代发展观盛行于二战末到20世纪60年代，将经济发展作为发展的全部内容，以经济增长涵盖发展的整体内涵。因而，我们把该发展观归纳为"经济增长至上"发展观。第一代发展观的确立，以1951年联合国发布的"欠发达国家经济开发方略"为代表[1]，其集中讨论了欠发达国家之所以经济落后的根源及摆脱落后实现经济跨越发展的途径，并因而形成了一门新的经济学学科——发展经济学。第一代发展观的经典著作包括刘易斯的《经济增长理论》[2]、莱本斯坦的《经济落后与经济增长》[3]等。总体而言，早期的发展理念强调国民生产总值是经济发展的首要目标，经济快速增长的关键是资本的积累和工业化。

---

[1] 孙尚清：《发展观的演进与经济社会的协调发展》，《管理世界》1996年第3期，第1—4页。
[2] Lewis WA, *Theory of Economic Growth*, London: Routledge, 1955.
[3] Leibenstein H, *Economic Backwardness and Economic Growth*, New York: Wiley, 1957.

（二）"社会协同进步"发展观

进入20世纪70年代，不同国家的实践证明，仅仅依靠经济增长，无法从根本上解决失业、贫困、分配不均、城乡差距等社会问题，这些问题甚至随着经济增长而恶化。通过对实践的反思，吸取第一代发展观的经验，产生了第二代发展观。第二代发展观强调，发展离不开经济增长，但经济增长不等于发展。发展除了经济增长的内容，还应包括社会状况的各种改善和进步，发展的目标应包括消除贫困、失业、不平等、营养不良等社会全方位的问题。所以，我们把第二代的发展观归纳为"社会协同进步"发展观。1970年第25届联合国大会制定的"第二个发展十年计划"标志着第二代发展观形成。在会上，提出了发展的最终目的是对收入和财富实现更平等的分配，促进社会提高生产效率和就业水平，改善教育、卫生、营养、文化、社会福利等社会问题。这一时期，比较有代表性的著作主要有达德利·西尔斯的《发展的意义》、佩鲁的《新发展观》[①]、托达罗的《经济发展与第三世界》[②]等。

（三）"可持续发展"发展观

随着人类的发展，对于自然的开发不断增加，使得能源危机、环境污染、资源消耗、生态恶化等全球性问题日益严峻。此时，"可持续发展"发展观应运而生。1987年联合国发表了《我们共同的未来》，[③]正式提出了"可持续发展"的概念。当然，"可持续发展"发展观也经历了一个不断深化的过程。最早由生物学家卡逊出版的《寂静的春天》，[④]警示人类应保护环境，与自然和谐相处，引发了对新发展观的讨论。联合国第一次人类环境会议通过的《人类环境宣言》则标志着"可持续发展"发展观的初步形成。全球问题智库罗马俱乐部在《增长的极限》[⑤]一书中提出了自然资源和环境对人类发展具有不可替代的作用，唤醒了全球人类对自然资源和环境的关注。1992年联合国环境和发展大会在里约热内卢召开，《里

---

① 〔法〕弗朗索瓦·佩鲁：《新发展观》，张宁、丰子义译，华夏出版社1987年版。
② 〔美〕迈克尔·P.托达罗：《经济发展与第三世界》，印金强译，中国经济出版社1992年版。
③ Barbier E B, "The Concept of Sustainable Economic Development", *Environmental Conservation*, Vol. 14, No. 2, 1987, pp. 101-110.
④ Carson R, *Silentspring*, New York:Houghton Mifflin Harcourt, 1962.
⑤ Meadows D H, Meadows DL, Randers J, et al, *TheLimits to Growth*, New York: Universe Books, 1972.

约环境与发展宣言》①《21世纪议程》②《联合国气候变化框架公约》等生态环境和气候变化治理文件发布,"可持续发展"发展观逐渐为国际社会所认可,并在全球范围得以普及扩展,成为联合国的中心议题。

纵观前三代发展观,第一代发展观强调经济发展,具有片面性和单一性。第二代发展观则认识到发展应是经济增长和社会状况的协同进步。然而,由于种种原因,第二代发展观在很多国家仍然缺乏实现的内在动力。而20世纪80年代之后,随着工业化的推进,自然资源和生态环境等问题日益凸显,人类不能不对第二代发展观加以反思,探索更能适应人类发展和社会进化的观念。可以说,第二代、第三代发展观从不同方面不同程度上有所突破,对于人们全面深刻地认识发展的内涵,把握人类发展的规律,具有重要的启发性。然而,仍有不少尚待完善的地方,如没有提出以人为本的观点,缺乏对发展方式方法的研究,没有形成一个明确、系统、完整的科学发展观体系;没有很好地符合发展中国家的实际状况和实践需要。也正因此,第四代发展观——以人为本的科学发展观应运而生。

(四)以人为本的科学发展观

以人为本的发展观是在前三代发展观基础上,结合中国的传统和实践经验提出的。早在春秋时期,中国杰出的政治家和思想家管仲就明确提出"以人为本"的思想。③1990年,联合国开发计划署发布的《人类发展报告》也提出了发展的人本取向,重点关注人类多维度的发展。科学发展观首次提出是在2003年党的十六届三中全会上。科学发展观是对以往发展观的继承、发展和创新,具有丰富的内涵,主要可以概括为以下几个方面。一是以人为本的发展观。这是科学发展观的核心内容,意味着推动人的全面发展。二是全面发展观。其包括政治、经济、社会、文化四维度。三是协调发展观。我国发展存在城乡之间、区域之间、经济社会发展之间不协调状况,协调发展要求在发展中,将发展速度和结构、发展质量和效益进行有

---

① 中国环境报社:《迈向21世纪:联合国环境与发展大会文献汇编》,中国环境科学出版社1992年版。
②《21世纪议程》,国家环境保护局译,中国环境科学出版社1993年版。
③ 管仲是辅佐齐桓公九合诸侯、一匡天下的杰出政治家、思想家。在西汉刘向编成、汇辑管仲众多思想观点的《管子》一书"霸言"篇中,记述了管仲对齐桓公陈述以人为本的言论:"夫霸王之所始也,以人为本。本理则国固,本乱则国危。"(见商务印书馆"万有文库"版本《管子》,1936年版,第二册第8页)。

机的统一，实现可持续的、循环的发展。①维持稳定增长的经济发展速度，是经济发展提升的基础，是实现良好结构、高质量、高效益发展的前提，但增长并不代表着发展，只有调整结构，提高质量，增加效益，才能保证经济的持续、快速、稳定发展。四是可持续发展观，即要在开发和利用自然中实现人与自然的和谐相处，在发展经济的同时，充分考虑环境、资源和生态的承受能力，实现对自然资源的持续利用和可持续发展。②

总体而言，科学发展观被赋予了新的时代内涵，是一个新的理论创新。

二、全球发展治理中国模式：中国新发展观核心思想与实现路径

当前，中国经济步入新常态，处于新旧动能转换的关键时期；同时，中国经济在全球经济中所占的比重急剧提升，大国地位逐步确立，需要更多地参与国际事务，深度融入世界。在中国共产党十八届五中全会上，中国进一步强调为了全面建成小康社会的目标，需要坚持走一条"创新、协调、绿色、开放、共享"的发展道路。这"五个发展"与习近平在联合国提出的"四个发展"（即公平、开放、全面、创新）③构成新发展观的有机整体，是在新的国际国内形势下，中国对发展议程的新认知、新理念。其中，创新发展和开放发展是构筑命运共同体和维护开放型世界经济的原则，国际国内都需要共同坚持。对国内要更加强调协调发展，同时强调坚持建设"生态文明"和"美丽中国"的绿色发展，实现共同富裕的共享发展。在国际上，需要强调不同发展阶段国家的公平发展和遍及世界的各国公民的共同发展。

（一）新发展观的核心思想

中国新发展观是在中国特色社会主义实践中逐步探索发展形成的，并运用于指导中国的社会主义市场经济的建设。从"发展就是硬道理"到新发展观的形成，从建设小康社会到全面建成小康社会的目标转变，从中国基本实现联合国千年发展目标到落实 2015 年后发展议程目标的承诺与倡议。中国新发展观得到了世界的关注和认同，其理论需要从国内向国际拓展与交流，并在发展伙伴关系中进一步强化。

---

① 黄镇东：《坚持科学发展观推进经济协调发展》，《求是》2004 年第 2 期，第 31—33 页。
② 曾培炎：《树立和落实科学发展观实现全面协调可持续发展》，《求是》2004 年第 18 期，第 11—16 页。
③《习近平在联合国发展峰会上的讲话（全文）》，2015 年 9 月 27 日，https://www.fmprc.gov.cn/web/ziliao_674904/zyjh_674906/t1300882.shtml。

从对发展重要性的认知上看,包括中国在内的发展中国家,历经贫穷、落后乃至殖民沧桑,最懂得发展的重要性和关键作用,习近平指出,"发展依然是当代中国的第一要务"。①对于各国人民来说,发展孕育着生存与希望,象征着国家的尊严和权利。

由发展与和平的关系来看,和平与发展相辅相成,和平能够促进发展,发展可以巩固和平。②没有和平就没有发展,没有发展也不可能有真正的和平。巩固和平与发展的时代主题,是解决全球性挑战的根本出路。继承和弘扬联合国宪章的宗旨和原则,构建以合作共赢为核心的新型国际关系,打造人类命运共同体,是中国和平发展观的彰显。

从发展与安全的关系来看,发展是安全的前提与基础,安全是发展的体现和保障。在经济全球化时代,各国安全相互关联、彼此影响。发展与安全的共同性及两者之间的相互依存性都表现得十分突出。

从发展的目标上来看,经济全球化的背景下,国别、区域发展问题往往具有外溢性,往往成为全球性问题,这就要求地区决策和行动都应该在全球的整体协调的框架下进行,才能实现全球整体的发展。所以,实现共同的发展与可持续发展是新发展观的目标取向,也是中国的新发展观融入全球的基本宗旨。共同发展体现的是共赢性、同向性和合作性,是典型的非零和博弈思维,可持续发展是时间上的永续不间断发展,体现了人的代际公平和人对自然资源的态度。中国在联合国宣示的"共同永续发展"目标及实现该目标的一系列倡议,为全球发展提出了新理念、注入了新动力、达成了新共识。中国承诺将始终做全球发展的奉献者,坚持走和平发展道路,积极推动构建人类命运共同体。习近平指出,"大家一起发展才是真发展,可持续发展才是好发展"。③共同发展是指世界上所有国家,不管发达国家还是发展中国家,不分地域、民族、体制,都应得到发展,从而推动整个世界的发展,共同享受发展带来的红利。

(二)新发展观的内涵

2015 年,在联合国发展峰会上通过了《2030 年可持续发展议程》,给

---

① 《习近平在华盛顿州当地政府和美国友好团体联合欢迎宴会上的演讲》,2015 年 9 月 23 日,http://www.xinhuanet.com/world/2015-09/23/c_1116656143.htm。

② 李爱华:《论科学发展观与和平发展论的关系》,《山东师范大学学报(人文社会科学版)》2008 年第 5 期,第 9—13 页。

③ 《携手构建合作共赢新伙伴 同心打造人类命运共同体——在第七十届联合国大会一般性辩论时的讲话(2015 年 9 月 28 日,纽约)》,2015 年 9 月 29 日,http://politics.people.com.cn/n/2015/0929/c1024-27644905.html。

世界各国的发展描绘了新愿景。为切实实现"共同永续发展"目标,中国提出需要共同走出一条公平、开放、全面、创新的发展路径。

一是公平发展。首先,公平是一个正当性价值判断概念,是关于权利、责任和利益配置合理性及均衡性的评价,反映了一个社会中个体之间或团体之间均衡协调相处的状态和方式。其次,公平发展体现的是横向公平和纵向公平,在有关气候变化等可持续发展上,应承担"共同但有区别的责任"。无论是发达国家还是发展中国家都有义务坚持走可持续发展道路,在环境资源保护、温室气体减排等问题上有共同的责任,这是横向公平。各国能力和水平有差异,在同一目标下,发达国家和发展中国家对可持续发展事业所要承担的责任不同,这点其实就是纵向公平的原则。最后,公平发展要体现按照贡献来分配权利的原则①。这是实现公平的根本性原则和标准,是各种公平理论普遍接受的原则。全球治理机制要反映发展中国家对世界经济的贡献,增加其在国际货币基金组织、世界银行等机构中的话语权。

二是开放发展。一方面,开放性是相对于封闭性和限制性的概念,开放发展是经济全球化时代的必然要求,经济全球化是经济开放的必然结果。开放发展要求各国降低壁垒,促进生产要素在全球范围更加自由便捷地流动。习近平指出,"各国经济,相通则共进,相闭则各退"②。各国要遵循共商、共建、共享原则,共同维护多边贸易体制,尊重彼此的发展选择,相互借鉴发展经验,构建开放型世界经济。另一方面,开放性也意味着包容性和非排他性,"一带一路"建设和亚投行的建设都体现了这种开放性上。其中,"一带一路"建设是面向所有国家开放的倡议,无论是沿线内国家还是非沿线的国家,均可通过参与共建,为本国和区域经济的繁荣发展做出贡献,亚投行也是开放的,亚投行的进入机制和运作机制也都是开放的。无论是域内国家,还是域外国家都可以申请加入,在运作机制中,如项目面向全球采购,而不是仅限于成员采购;不设常驻执行董事会,以提高运行效率,降低运行成本;明确公开、透明、择优的人才招聘和选拔机制。③

---

① 贾可卿:《简析分配正义的原则》,《科学社会主义》2008 年第 3 期,第 49—52 页。
②《习近平:共同维护和发展开放型世界经济——在二十国集团领导人峰会第一阶段会议上关于世界经济形势的发言(二〇一三年九月五日,俄罗斯圣彼得堡)》,2013 年 9 月 6 日,http://cpc.people.com.cn/n/2013/0906/c64094-22826347.html。
③《财政部:亚投行将根据公开、透明、择优原则选聘行长》,2015 年 4 月 15 日,http://politics.people.com.cn/n/2015/0415/c70731-26850857.html。

三是全面发展。全面是指整体性与遍及性概念，全面发展首先要求每个个体都要得到发展，在消除贫困、保障民生的同时，人人享有发展机遇、享有发展成果；同时，全面发展也是指各领域综合发展，不仅指经济的增长，也包含政治、文化、安全、卫生的全面进步。发展是一项多方面、多维度、没有止境的事业。全面发展代表了一个经济体各个方面都能够进步，也指全球所有国家共同创造有利于发展的环境而建立合作关系。

四是创新发展。创新是创造和革新，是旧质形态向新质形态转化的活动。从经济社会发展的角度来看，是指以科技创新为核心的全面创新。改革开放以来，中国经济高速增长。中国经济走到了从高速增长向高质量发展的关键时期。但是中国经济发展中不平衡、不可持续的问题仍然凸显，人口、环境压力逐渐增大，加快创新驱动发展是大势所趋。从全球范围看，新一轮科技革命及产业变革目前正在孕育兴起，一些重要科学问题和关键核心技术如今已经呈现出取得革命性突破的预兆，科学技术逐渐成为推动经济社会发展的中流砥柱。

第二节　全球发展治理：中国作用

一、国际发展议程与治理机制的演进

18世纪工业革命以来，人类活动对环境和生态的影响越来越显著，对环境问题和生态破坏也是日趋严重。20世纪90年代，国际社会开始重视这一问题，1992年，联合国环境与发展大会通过了《21世纪议程》，以解决全球发展问题与全球环境问题为核心。21世纪之初，联合国千年首脑会议根据20世纪90年代以来国际社会所达成的一系列共识为基础，进一步制定了千年发展目标，以消除贫穷作为全球发展治理的首要目标。

（一）可持续发展目标提出与国际治理初步发展

人类生存环境急剧恶化严重威胁着人类生存发展。从20世纪60年代开始，环境污染问题引起了公众的关注，为治理环境污染问题，联合国于1972年建立了环境规划署。1987年联合国发布《我们共同的未来》，正式提出了"可持续发展"这一概念。在这期间，可持续发展理念逐渐受到国际社会的关注，但可持续发展理念长期停留于理论探讨层面。

这段时期，《我们共同的未来》中的可持续发展概念虽然提供了一幅完整的蓝图，但其执行结果不尽如人意，主要是由于全球发展合作机制刚刚起步，仍然存在诸多缺陷；同时，可持续发展的目标涵盖内容过多，缺乏可操作性。此外，各国更多地关注于解决本国经济社会发展问题，国家之间的可持续发展合作交流机制尚未建立。

（二）千年发展目标与全球发展治理的推进

1992 年，联合国环境与发展大会通过了《21 世纪议程》，将可持续发展凝聚为全球共识。2000 年联合国发布了《联合国千年宣言》，并将可持续发展目标更多聚焦于消除极端贫困，完善了发展目标的量化体系。

与 1992 年《21 世纪议程》的可持续发展目标相比，《联合国千年宣言》的可持续发展目标更加关注于发达国家应该承担的国际社会责任，呼吁更多发达国家为经济困难及发展中国家提供官方发展援助①。此外，在消除极端贫困和饥饿方面，国际社会取得重大进展：尤其是东亚国家贫困水平大幅度降低，平均降幅高达 80%②。进入 21 世纪后，国际社会基于以往的可持续发展议程和一系列会议，重新制定了更加具有实际性、可操作性和聚焦性的发展目标。但由于各国国家发展环境的限制及国际合作机制存在诸多不足，千年发展目标的完成情况并不理想，其他非关键目标遭到忽视，各国发展目标的执行情况存在巨大差距。

这一时期，全球发展合作机制仍存在很大不足。一方面，发展目标忽视了各国国情差异，量化标准用于所用国家，导致部分发展缓慢的发展中国家无法有效落实发展目标；另一方面，联合国相关报告、各国政府或国际组织相关承诺由于法律强制性效力低下，在《2030 年可持续发展议程》目标实施过程中，对各国《2030 年可持续发展议程》目标的执行缺乏一定的约束力和强制力。

（三）《2030 年可持续发展议程》与全球发展治理机制建设

基于 20 世纪 90 年代以来可持续发展目标制定的经验与不足，国际社会为了推进全球可持续合作发展，加快构建全球发展治理的框架体系。2012

---

① 《联合国千年宣言》，https://www.un.org/chinese/esa/devagenda/millennium.html。
② 叶江、崔文星：《联合国千年发展目标实绩评析——兼谈后 2015 全球发展议程的争论》，《上海行政学院学报》2014 年第 2 期，第 27—38 页。

年各国在联合国可持续发展大会("里约+20"峰会)一致通过了《我们憧憬的未来》。由此,该文件成为制定《2030年可持续发展议程》的重要参照。2015年,基于过去的经验与不足,为了弥补以往目标的缺陷,联合国发展峰会围绕着可持续发展目标制定了《2030年可持续发展议程》,将可持续发展目标增加到了17个,旨在应对持续变化的全球可持续发展的新形势,加快完善符合未来国际发展趋势的全球发展治理机制。

与《联合国千年宣言》相比,《2030年可持续发展议程》首先体现于发展目标的协同性、各发展目标协同完整性;其次,更加强调总目标的平等重要性,尤其是可持续发展的三个层面——经济、社会、环境同步发展,不可分割;最后,更加强调各个主要目标之间的相互关联性和协调一致性。

《2030年可持续发展议程》受到联合国和各国政府的高度关注,国际社会通过推动全球发展治理机制的完善,支持可持续发展目标的实现。第一,建立一套可供量化的全球性指标和机制来跟进及监督各国《2030年可持续发展议程》目标的进度和落实情况,《2030年可持续发展议程》涵盖了所有可持续发展目标和各个细分目标及执行手段。第二,建立"四管齐下"的全球发展治理框架。一是联合国大会,联合国作为全球治理的推动者,为制定《2030年可持续发展议程》做了充分的准备。二是2012年"里约+20"峰会成立的工作组,负责《2030年可持续发展议程》的目标制定及对《2030年可持续发展议程》提出意见建议。三是高级别可持续发展政治论坛,主要为国际社会执行和完成可持续发展目标提供指导意见。四是可持续发展融资政府间专家委员会,主要负责资金评估、资源调动及政策协调。

二、全球发展治理中的南北关系

进入21世纪后,以新兴市场国家为主的发展中国家经济快速发展,极大冲击了世界经济格局。国际经济格局的变化必然对国际政治格局产生影响。新兴发展经济体积极参与到全球治理体系中,且其在全球治理体制中的影响力和话语权逐渐扩大。基于这样的大背景,南南国家和南北国家之间经济发展及资源分配能力仍然存在较大的差距。在全球发展治理领域,主导权和话语权基本在个别发达国家手中,发展中国家地位低下。

（一）发达国家及国际发展议程的制定

20世纪90年代，受国际社会委托，联合国召开多次会议讨论可持续发展问题，为《2030年可持续发展议程》的目标制定奠定了基础。1990年在泰国举办世界全民教育大会；1990年在纽约召开世界儿童问题首脑会议；1992年在联合国环境与发展大会通过了《里约宣言》，并正式提出可持续发展战略；1995年的社会发展问题世界首脑会议中，国际社会形成了可持续发展的共识，成为《联合国千年宣言》可持续发展目标的基础；2000年联合国千年首脑会议通过了《联合国千年宣言》，并随后以《联合国千年宣言》为指导纲要制定了可持续发展目标。

1990年世界全民教育大会、1990年世界儿童问题首脑会议、1992年联合国环境与发展大会、1995年社会发展问题世界首脑会议及2000年联合国千年首脑会议等会议本质上均由发达国家为主导，发展中国家几乎没有影响力，此次构建的国际治理发展的机制主要以发达国家的利益为主[①]。

与《联合国千年宣言》可持续发展目标的制定相比，《2030年可持续发展议程》的制定过程强调所有发展主体的同等地位，中国、印度也陆续在2013年发布了关于《2030年可持续发展议程》立场的文件。然而，发达国家仍然紧紧掌握着可持续发展目标制定的主动权。联合国通过的可持续发展目标与欧盟理事会提出的17个目标基本相同。因此，目前发达国家在全球治理体制构建中仍发挥着主导作用。

（二）发展中国家在全球治理中地位

自冷战结束以来，伴随着国际格局深度调整、全球政治经济形势的不断变化，发展中国家逐渐丧失了话语权，"不结盟运动"和"七十七国集团"等不再为人所关注，国际社会上充斥的是"华盛顿共识"、新自由主义经济学等西方主流学说，发展中国家成为外围国家，其利益和诉求被忽视。

进入21世纪以来，发展中国家成为全球经济增长的引擎，新兴发展中国家总体力量在国际发展合作领域迅速增强，由发展中国家提出的南南合作在国际社会引起持续关注和热烈反响，让世界再次关注到发展中国家在

---

① Loewe M, *The Millennium Development Goals: Chances and Risks*, German Development Institute, 2008.

全球治理和国际体系中的巨大影响力及坚实存在。新兴经济体也成为新时期推动南南合作的中坚力量。

在以往参与全球发展治理的过程中，南南合作和发展中国家仍然是被动的接受者，但由于发展中国家在可持续发展目标执行中发挥着重要作用，南南合作的地位得到较大提升。2000年召开了首届南方国家首脑会议，南南合作模式首次受到国际社会的关注。会议鼓励发展中国家积极参与国际会议讨论，共同构建国际治理体系。近年来，发展中国家的经济发展规模不断扩大，对国际发展合作治理体制构建发挥着重要的作用，以新兴经济体为首的发展中国家在国际会议上的地位和影响力日益上升。2005年通过的《关于援助有效性的巴黎宣言》，被认为是南北合作的重要文件；2008年通过的《阿克拉行动议程》，在文件中确认南南合作是对南北合作模式的补充。2010年南南合作和能力发展高级别会议在哥伦比亚波哥大召开，成功推进了关于南南合作的讨论，确认南南合作是发展伙伴关系的重要模式，并深入推进相关合作进程，为2011年韩国釜山第四次援助有效性高级别论坛举办做了充分准备。2011年韩国釜山第四次援助有效性高级别论坛召开，该论坛被看作南南发展合作重要的转折点。至此，南南合作已得到国际社会的承认。[1]

《2030年可持续发展议程》的制定使得南南合作发展到一个新的水平。在传统全球发展合作体制中，发达国家长期主导全球治理体制的规则制定，而发展中国家则是规则接受者和被动执行者。但是，《2030年可持续发展议程》更加注重发展中国家，尤其是新兴发展经济体。《2030年可持续发展议程》为新兴国家和广大的发展中国家提供了增强话语权和国际影响力的机会及平台。因此，《2030年可持续发展议程》对发展中国家参与全球治理具有重要的意义，不仅推动发达国家与发展中国家的地位更平等合理，而且推动全球发展合作机制更趋向于公平合理，让发展中国家获得了更大的影响力。[2]

发展中国家的地位在《2030年可持续发展议程》中得到提升。南南合作也逐渐成为目前全球治理和可持续发展探讨的新的重要议题，如在《新型全球合作关系：通过可持续发展消除贫困并推动经济转型》报告中更加

---

[1] "Busan Partnership for Effective Development Co-operation", http://www.oecd.org/ctp/49836618.pdf.
[2] 彭斯震、孙新章：《后2015时期的全球可持续发展治理与中国参与战略》，《中国人口·资源与环境》2015年第7期，第1—5页。

强调南南合作模式的重要性，①《2030 年可持续发展议程》也比较重视南南合作。南南合作所传达的和平发展理念与《2030 年可持续发展议程》的可持续发展理念高度切合，两者均强调公正平等、互利互惠、加强交流。综上得出，南南合作在全球治理体系重新构建中的作用与意义逐步提升。

三、中国在全球发展治理中的角色

随着中国综合国力的迅速发展，中国积极参加全球发展治理，尤其是进入 21 世纪以来，中国在全球发展治理中做出了巨大贡献，为中国参与《2030 年可持续发展议程》的制定和推动议程目标落实奠定了坚实基础。

（一）中国与千年发展目标的制定与落实

在《联合国千年宣言》可持续发展目标的制定阶段，中国仍然是全球发展治理体制的被动接受者，因此未对可持续发展目标的制定产生较大的影响。一方面，可持续发展目标的制定主要由发达国家及其利益集团所主导；另一方面，在其可持续发展目标的制定过程中，中国更多的是作为受援者。但是，中国为执行可持续发展目标，在国际社会舞台上做出了自己的积极贡献。例如，2005 年，中国在巴黎举行的关于有效援助的高层论坛上，作为援助国签署了《关于援助有效性的巴黎宣言》，表明中国正从受援者转变为既是受援者又是援助者。中国在全球发展治理中正发挥越来越重要的作用，对国际社会可持续发展合作机制的影响稳步提升（表 13-1）。在可持续发展目标的执行期，中国在南南合作下帮助了 120 多个发展中国家②。以上均表明，中国在积极参与实现可持续发展目标执行和落实的过程中，在全球治理机制中的影响力也得以提升。

表 13-1 中国对外援助举措汇总

时间	会议	举措
2005 年 9 月	联合国首脑会议发展筹资高级别会议	5 项
2006 年 11 月	中非合作论坛北京峰会	8 项

---

① "A New Global Partnership:Eradicate Poverty and Transform Economies Through Sustainable Development", 2013-05-30, https://www.post2020hlp.org/wp-content/uploads/docs/UN-Report.pdf.

② 中华人民共和国国务院新闻办公室：《新时代的中国与世界》，2019 年 9 月 27 日，http://www.gov.cn/zhengce/2019-09/27/content_5433889.htm。

续表

时间	会议	举措
2008年9月	联合国千年发展目标高级别会议	6项
2009年11月	中非合作论坛第四届部长级会议	8项
2010年9月	联合国千年发展目标高级别会议	6项

资料来源：中华人民共和国国务院新闻办公室

（二）中国参与全球发展治理的机遇与挑战

加入WTO以来，伴随着中国经济总量的不断增长，中国政治地位也随之不断提升，南南合作模式逐渐为世界所认可，推动中国更加积极地投身到全球事务中去。在这一过程中，中国参与全球发展治理能力获得较大发展，但同时面临诸多机遇与挑战。

从挑战来看，中国综合实力迅速提升引起了部分西方国家，以及周边发展中国家的不安，需要中国以更加审慎的方式参与到《2030年可持续发展议程》的落实过程中。一方面部分国家对中国的发展报以怀疑的态度，担心中国的崛起给它们带来威胁，或是通过发展议题影响本国政治；另一方面他们又希望中国承担更多的国际责任，并要求中国承担超越自身能力的责任与履行不切实际的义务。

从机遇来看，进入21世纪以后，中国从一个被动者角色开始参与国际可持续发展合作会议讨论，并在落实可持续发展目标中不断学习和积累经验，到目前已具有一定的能力积累（表13-2）。《2030年可持续发展议程》为中国在全球治理和可持续发展合作中增强国际影响力提供了战略机遇。一是继续秉持"共同但有区别的责任"理念，中国需要结合国内发展情况，制定与中国国情相适应、与可持续发展理念相契合的国家战略；二是需积极参与国际事务，依托《2030年可持续发展议程》的平台，通过"一带一路"建设，提升在全球发展治理中的话语权。《2030年可持续发展议程》启动以来，中国积极参与讨论可持续发展议程，以此为主题，召开了一系列的国内会议，听取国内各方的意见，尝试为《2030年可持续发展议程》制定提供更多可行性意见。联合国与中国都高度重视《2030年可持续发展议程》，且中国所付出的努力也得到了国际社会的高度认可，标志着中国在全球可持续发展领域中日益发挥着不可替代的作用，国际社会中的话语权逐步提升。

表 13-2　中国可持续发展议程会议及文件

时间	机构	会议及文件	内容
2013 年 9 月	外交部	发布《2015 年后发展议程中方立场文件》	中国对 2015 年后发展议程的指导原则、重点领域和优先方向、实施手段等
2015 年 5 月	外交部	发布《2015 年后发展议程中方立场文件》	一是凝聚政治共识，用新型发展观指导全球发展方向，解决发展不平衡、不协调的问题；二是推动构建全面、均衡的国际发展合作架构，完善全球发展伙伴关系；三是推动南北合作，加强南南合作，为发展中国家创造更好条件
2015 年 8 月	中国科学院	编写出版《2015 年世界可持续发展年度报告》	经三年研究编写，对《2030 年可持续发展议程》的目标设计提出全面修正，拟定了更加适合全球五大类国家（发达国家、新兴经济体、发展中国家、最不发达国家、小岛国家）各自实际的可持续发展目标体系

资料来源：中华人民共和国外交部

（三）中国推动发展中国家参与全球发展治理的作用

近年来，中国通过现有国际制度改革和新建各类国际制度，推动发展中国家积极参与全球发展治理，并在实践中提升制度话语权，为突破西方发达国家话语霸权，打造新的公正公平的全球治理新秩序提供了一条新路径。

在目前的全球治理制度中，中国显著推动了 G20 这一代表性机制。G20 作为发达经济体、新兴经济体和发展中经济体共同合作推动的重要国际论坛，在全球宏观政策协调过程中有重要的影响。作为发达国家与发展中国家的重要桥梁，中国大力促进完善 G20 的制度建设，为全球治理体制的建设与完善提供了坚实的保障，同时在制度层面从根本上提升了中国和大多发展中国家在国际上的话语权。

当前，对互联网的治理成为全球治理新兴的热点领域。目前，全球互联网的制度设立、规则解释及价值传播等方面的国际制度话语权大多集中在美国等发达国家手中。但是，西方国家主导的互联网制度性话语权产生了严重后果，如对制度的实施力度及执行力度较弱、制度的合法性有待加强等，进而造成了严重"数字鸿沟"。近来，中国越加关注联合国和国际电信联盟等国际组织在机制上的主导作用。另外，中国积极参与世界各国举办的关乎世界各国利益的会议及关于全球互联网治理制度的探讨。一系列的参与和措施都有效提升了中国及其他发展中国家在全球互联网领域治理的制度性话语权。

另外，在核安全、环境恶化及全球可持续发展等领域的全球性问题方面，以中国为代表的发展中国家从共商、共建、共享的角度入手，提出并且形成符合自身国情的治理理念，且将其不断地完善，将其转化为国际方案。例如，亚投行、G20 和互联网等方面的规范建设都有发展中国家的贡献。此外，中国的一系列举措体现了中国共商、共建、共享的全球治理理念，有利于推动发达国家和发展中国家协同发展，实现平等、共享、开放的全球发展治理体系。

（四）提升中国在全球发展治理中的制度性话语权

在全球发展治理领域，中国属于后来参与者。随着中国在国际事务和全球治理发展中的参与度越来越高，中国日益重视在全球治理中的话语权。但是，在制度性话语权上中国还存在较多的认知误区，其在制度性话语权上的建设有待加强，未来在制度性话语权上的发展仍然面临较大的挑战。因此，中国要想进一步提升在国际上的制度性话语权，仍然需要采取更有力的举措。

第一，以《2030 年可持续发展议程》为依托建立并深化可持续发展全球伙伴关系。国际环境的改善和全球环境治理是全球的共同诉求，应齐心协力推动落实相关工作。中国作为最大的新兴发展中国家，要承担应有的社会责任，积极投身于全球治理体系的构建，推动构建可持续发展的全球伙伴关系。

第二，加强对南南合作和多边合作平台的构建，共建"一带一路"合作平台，推动发展中国家共同发展。面对众多国家的担忧，中国要及时解释，深化与其他国家的交流沟通，表明自身立场。通过与"一带一路"沿线国家的紧密合作，促进发展中国家协同发展。

第三，加大对外援助的力度，积极承担全球治理的国际社会责任。目前，中国要始终坚持"求同存异"的原则，以自身的发展情况为基础，自觉承担国际责任。例如，中国支持中非合作的举措，[①]体现了中国与各国携手共同进步的决心，我国积极推动与各国的合作，促进共同进步。

第四，推动全球发展治理的改革进程，响应世界各国的呼声。在未来的进程中，中国需要进一步在议题和制度等方面促进改革，提高合作发展质量。首先，努力促使发展中国家的诉求纳入会议的探讨议程，为发展中

---

① 这里的"求同存异"原则是指中国外交的"求同存异"原则，进入 21 世纪，由于中国经济的飞速发展，针对中国的"中国责任论"甚嚣尘上。为了使世界了解中国，以胡锦涛为总书记的党中央继承和深化了党的三代中央领导集体关于"求同存异"的外交理念，提出了建设和谐世界的构想。但该原则和"共同但有区别的责任"的原则不是同一所指，"共同但有区别的责任"的说法更多用于气候变化和生态环境保护等全球环境治理领域。

国家发声；其次，积极推动各国共同优化完善相关的投票机制与国际公务员的选举等机制，为更多的发展中国家提供发声和争取利益的平台。

第三节　中国与《2030年可持续发展议程》

2015年12月31日，联合国千年发展目标到期，在这之前，2015年9月25日，《2030年可持续发展议程》在联合国发展峰会上正式通过，计划于2016年1月1日正式启动。①该议程启动标志着全球发展治理迈入新的阶段。可以说，《2030年可持续发展议程》为中国致力于全球治理提供了难得的一次机遇，而积极参与全球发展治理机制的建构与升级，深入对接《2030年可持续发展议程》，对中国发展同样具有重要意义。

一、《2030年可持续发展议程》的背景、内容及评价

（一）《2030年可持续发展议程》的背景

2000年联合国千年首脑会议通过了《联合国千年宣言》并通过专门工作组落实发展目标工作。联合国2001年公布了《联合国千年宣言》的执行路线图，正式提出了8个总目标和21个具体指标。联合国千年发展目标的设立是以1992年联合国环境与发展大会、1995年联合国社会问题发展世界首脑会议等全球性会议所达成的一系列共识为基础的。

联合国千年发展目标在一定程度上为全球环境问题发展发挥着重大的推动作用（表13-3）。首先，联合国千年发展目标汇集了国际社会在全球发展问题上的诸多共识，②成为近年来国际发展合作的重要落脚点。其次，千年发展目标聚焦于消除极端贫困，目标较为明确，有利于各国政府开展针对性行动。在这段时期内，千年发展目标发挥着巨大作用，但仍存在诸多的缺陷与不足，一些新的挑战逐渐凸显。此外，联合国千年发展目标的总体设计也存在着严重不足，千年发展目标亟须进行升级调整，以适应各种新的发展环境和各国国情差异。

---

① 《新闻背景：2030年可持续发展议程》，2016年9月20日，http://www.xinhuanet.com/world/2016-09/20/c_1119595242.htm。

② 黄超：《千年发展目标塑造中的全球共识性与大国主导性》，《国际展望》2014年第4期，第68—81、151—152页。

表 13-3　全球联合国千年发展目标实施情况

目标	进展
消除极端贫困和饥饿	发展中地区的极端贫困人口比例不断下降，从1990年的47%下降至2015年的14%，极端贫困人数也由19亿人减少到8.36亿人。发展中地区营养不足人口占比从1990—1992年的23.3%减少到2014—2016年的12.9%
普及小学教育	发展中地区在2000—2015年，小学净入学率从83%上升至91%
促进性别平等和增强妇女权能	发展中地区在2015年整体上实现了小学、中学和高等教育中的性别均等
降低儿童死亡率	5岁以下儿童死亡率从1990年的每1000名活产婴儿死亡90人下降到2015年的43人
改善孕产妇保健	每10万名活产婴儿的孕产妇死亡数从1990年的380名减少到2013年的210名，死亡率降低了45%
与艾滋病病毒/艾滋病、疟疾和其他疾病作斗争	2000—2013年，新感染艾滋病毒的人数从350万人降至210万人
全球合作促进发展	官方发展援助金额不断上升，从2000年的810亿美元上升至2014年的1350亿美元；2000—2015年，互联网普及率也由稍高于6%上升至43%

资料来源：作者根据《千年发展目标报告2015年》整理

（二）《2030年可持续发展议程》的内容

2010年联合国召开千年发展目标高级别会议，提出制定2015年后可持续发展议程的倡议[①]。在此背景下，各国政府和国际组织积极围绕2015年后发展议程开展一系列的制定工作会议（表13-4）。

表 13-4　2015年后可持续发展议程制定的报告

时间	工作组/会议	文件	主要内容
2012年7月	联合国可持续发展大会	《我们希望的未来》[②]	联合国设立可持续发展高级别政治论坛
2013年5月	2015年后发展议程高级别名人小组	《新的全球伙伴关系：通过可持续发展消除贫困和实现经济转型》[③]	提出了全球应实现的五大转型和十二大目标
2013年9月	联合国发展组	《百万种声音：我们憧憬的世界》[④]	总结了来自193个联合国成员共130万人次的调查结果

资料来源：联合国新闻部

---

① 《浅析联合国2015年后全球发展议程新动向》，2015年4月9日，https://world.huanqiu.com/article/9CaKrnJJMye。

② "The Future We Want", https://www.imf.org/external/np/seminars/eng/2012/rio/index.htm.

③ "A New Global Partnership: Eradicate Poverty and Transform Economies Through Sustainable Developments", 2013-05-30, https://www.post2020hlp.org/wp-content/uploads/docs/UN-Report.pdf.

④ "A Million Voices: The World We Want", 2013-09-18, https://www.undp.org/content/undp/en/home/librarypage/mdg/a-million-voices--the-world-we-want.html.

《2030 年可持续发展议程》以 2015 年后可持续发展议程为基础，其所包含的 17 个可持续发展目标及 169 个细分目标的期限是 2030 年或 2020 年。发展目标重点是：消除贫困和饥饿，促进经济增长；全面推进社会进步，维护公平正义；加强生态文明建设，促进可持续发展。从内容上看，《2030 年可持续发展议程》涉及经济发展、社会进步和环境保护三个方面，三位一体、缺一不可；从适用范围来看，它适用于世界上所有国家，既包括发展中国家也包括发达国家；从制定过程来看，所有成员都参与了讨论，具有较为广泛坚实的基础。

（三）对《2030 年可持续发展议程》的评价

《2030 年可持续发展议程》作为一个在可持续发展形势下制定的全球性发展议程，一方面有利于缓解并解决全球环境问题，当前的气候变化已经成为《2030 年可持续发展议程》的核心，全球环境的可持续发展已成为燃眉之急。另一方面，促进贫困和饥饿问题的消除，推动全球变暖等全球性发展问题的解决，为全球可持续发展提供了重要机会。除此之外，《2030 年可持续发展议程》给发展中国家特别是新兴发展中的国家积极参与全球治理机制建构、增强全球治理水平和把握全球治理话语权方面提供了难得的机遇和发展空间。

不过，《2030 年可持续发展议程》也存在诸多不合理之处。第一，发展目标设立存在不足。《2030 年可持续发展议程》可持续发展目标的部分指标存在内容重复的问题，部分指标可操作性不强，部分指标普适性弱，难以量化。指标体系较庞大，各个国家和地区难以聚焦于当前面临的关键问题。第二，可持续发展目标对各国国情考虑不全。发展目标的设定以全球视角为基本，但由于各国国情不同、发展程度不一，可持续发展目标的指标对于部分发展中国家而言难以直接采用。第三，"里约原则"趋于淡化。在《2030 年可持续发展议程》中倾向强调共同责任，而淡化了区别责任。[①] "里约+20"峰会达成议程目标的基础是共同责任，但在现实推进过程中，有区别的责任分配可能使《2030 年可持续发展议程》的执行效果大打折扣。

二、中国参与《2030 年可持续发展议程》战略途径与世界影响

《2030 年可持续发展议程》为中国深度参与全球可持续发展治理提供

---

① "The Future We Want", 2012-06-12, https://www.imf.org/external/np/seminars/eng/2012/rio/index.htm.

了历史性的机遇,也让中国面临着巨大的困难与挑战,但中国在参与全球治理的过程中发挥了重大的作用,并积极推动了发展治理的新范式形成。

(一)《2030年可持续发展议程》对中国的影响

一方面,在《2030年可持续发展议程》背景下,中国通过联合国等多边平台在全球可持续发展领域开展对外合作。例如,生态文明建设、扶贫建设及"一带一路"倡议构想等重要成果,增强了国际社会对中国可持续发展模式的了解和认同,创造了先进技术交流和经济贸易交流发展的国际社会环境,为中国的国际产能合作和国际产业互补提供了巨大的发展空间。

另一方面,中国目前在国际舞台上主要承受来自国际社会的压力,这也是中国深入参与《2030年可持续发展议程》的重大挑战。[①]第一种是中国经济转型的压力。中国经济仍然以资源消耗型生产为主,能源消费呈现消耗量高、利用率较低的特点。由于过去三十多年中国过度消耗能源,其环境保护问题和生态问题已经成为国内甚至国际社会的关注焦点。中国能否完成经济绿色转型已从国内发展领域关注的焦点扩展到全球可持续发展领域关注的焦点。第二种是来自国际环境的压力。中国日益发挥着大国的作用,逐渐承担起更多国际责任。在《2030年可持续发展议程》中,中国的角色已从以往的"受援国"角色转变为"援助国"角色,中国正为全球可持续发展做出更多的承诺,承担更多的国际责任,但是部分要求超过了中国自身能力,与自身国情不相符合。中国深度参与《2030年可持续发展议程》,将对现存的全球治理体制构建和全球秩序产生重要影响,然而部分国外势力对现有的西方主导下国际政治经济秩序存在着"惯性",并不适应中国对全球治理体系的参与及不希望中国在国际社会中发挥重要作用,不断采取措施对中国的和平发展进程进行干预。

(二)中国参与《2030年可持续发展议程》的战略思路

中国应积极面对深度参与全球治理的巨大挑战,把握好《2030年可持续发展议程》所带来的历史性机遇。总体来看,作为全球最大的发展中国家,中国应该从自身国情出发,积极参与《2030年可持续发展议程》的制定和执行过程。中国应详细分析研究《2030年可持续发展议程》目标及其

---

① 彭斯震、孙新章:《后2015时期的全球可持续发展治理与中国参与战略》,《中国人口·资源与环境》2015年第7期,第1—5页。

发展理念，并将其与中国发展状况和国家发展战略相结合，积极调动政府、企业、民间参与到可持续发展目标的实施过程中。具体而言，中国应考虑从以下五个方面开展工作。①加快落实《中国落实2030年可持续发展议程国别方案》，与联合国可持续发展的具体目标相对接，通过专项规划不断统筹、细化，并结合自身国情，确保到2020年实现现行标准下的农村贫困人口全部脱贫，并于2030年基本完成农业、卫生、教育、经济增长等重点领域的相关目标。②加强国际合作，积极构建可持续发展全球伙伴关系。在南南合作援助基金和中国－联合国和平与发展基金的支持下，开展南南国家技术合作、经济贸易交流、文化交流和创新合作，促进中国发展可持续发展全球伙伴关系。③将"一带一路"与《2030年可持续发展议程》紧密相连，依托亚投行加大对沿线国家的支持，帮助沿线国家实现《2030年可持续发展议程》目标，并且共同推进国家层面可持续发展目标实施过程的监督和评估。④积极调动社会各界广泛参与，推动政府、企业与民间组织三者协同投身于可持续发展目标的实现探讨中。例如，健全优化政府、企业、大学、社会等各方共同参与的体制机制，加大对公共事业领域投入；又如依托相关的民间团体和社会组织开展中国可持续发展议程目标的宣传，推广国家在目标实施方面所做出的专项行动等。⑤结合自身发展历程，总结中国可持续发展的经验和教训，形成中国自身的可持续发展理念，加强与发展中国家的经济和文化交流，并向有需要的发展中国家提供有益的经验。

（三）中国参与全球发展治理的"中国方案"

中国在参与全球发展治理过程中，不断总结自身发展的经验与教训，把国内发展治理方案转化为全球发展治理方案，形成了包括替代方案、折中方案和提出的新方案等"中国方案"。在现有全球治理框架下，中国不断地创新，构建新的平台和组织，支持发展中国家或新兴经济体发展，如中国发起成立的亚投行。在目前的全球治理体系里，中国处于发达国家集团和发展中国家"中间"的地位，起到联结双方的纽带作用，这也使得中国在全球治理体系中更好地担当着协调者的角色。

如今，中国对现有的国际秩序的政策及态度决定了"中国方案"的供应。根据目前中国在全球治理中的基本角色，提出如下参与全球治理的"中国方案"。

一是填充、修正、提高现有方案性质的"中国方案"。中国的立场始终是不颠覆、不挑战现存的国际制度体系,并且坚定世界秩序中的中国意图、战略及目标。中国不仅不会颠覆现存的国际制度体系和秩序,而且中国将会成为捍卫现存的国际制度和秩序的一支主要力量。但是,现存国际制度和秩序仍然缺乏一定的公正性、合理性和有效性,现有的国际制度与秩序还需优化改善和提高。但是,从解决方案的角度,中国对完善改进现有的国际制度秩序的能力仍然不够。2009年以来,中国虽然在改革国际金融机构上的态度较为积极,提出了部分出色的国际金融组织改革方案,但国际金融组织中的改革不是由中国推动的,也不是由中国领导带动的,更多的改革和改进由国际金融机构与美国、英国、欧盟等发达经济体发起和领导。

二是把中国国内治理的方案转化推进为全球治理的方案。从国际上看,历来就有国家或区域组织将他们国家或区域的治理方案推广到全球的范例,如欧盟等。如今,中国也开始把自身的治理解决方案转化为全球的治理方案,但与其他国家不同的是,中国不强求他国采纳"中国方案",中国始终坚持尊重他国主权,不支持霸权主义,始终贯彻落实不干涉他国内政的指导理念。中国主张的是与国际社会中的其他国家分享来自中国的发展经验。

三是提出替代性方案。在全球治理的体系中,如果遇到一个方案无法很好地解决问题则需要一个替代性方案来替代原来的方案解决问题。比如,被用来解决全球气候变化治理的《巴黎协定》虽然已经达成,但其在落实的过程中遇到了不少阻碍,如2017年,美国宣布将退出《巴黎协定》。因此,当参与全球治理的国家在意识到现有的方案存在缺陷、弊病时,各国可以通过提出更可行的新方案来替代当前的方案。但是,历来中国提供"替代方案"时,其动机经常被误认为是"颠覆"现有的国际制度或者现有的国际秩序,因此对于提供"替代方案",中国需要审慎而行,做好细致有用的外交方案。

四是折中的方案。相较于修订、完善或替代,折中方案更易于被各方接受。折中方案是通过综合考虑不同方案而形成的。折中方案被认为是协调全球治理中各方的价值和利益冲突时的有效方案。

五是创设新方案,即面对新的全球治理问题提供治理方案。与以前全球治理其他领域不同,全球公域治理缺少通用的国际规范、规则及制度。习近平提出"人类命运共同体"理念,提出要"秉持和平、主权、普惠、共治原则，把深海、极地、外空、互联网等领域打造成各方合作的新疆域"①，这一理念超越单一国家利益，有助于全球公域问题解决。

三、中国"一带一路"倡议和《2030年可持续发展议程》的对接

"一带一路"倡议自提出以来取得了丰硕的成果。在此背景下，《2030年可持续发展议程》为全面推进"一带一路"发展提供了一个历史性外部机遇。

（一）"一带一路"倡议对接《2030年可持续发展议程》的意义

"一带一路"倡议提出以来，从顶层设计到项目落实，一大批重点基础设施的项目逐步在沿线国家中落地。在丝路基金、亚投行等投入运营的情况下，"一带一路"项目获得了稳定的资金支持。同时，"一带一路"倡议还具有鲜明的南南合作特点。积极推进"一带一路"倡议与《2030年可持续发展议程》对接，有利于带动"一带一路"沿线国家提升可持续发展水平和环境治理能力。

第一，"一带一路"倡议和《2030年可持续发展议程》两者对接有利于树立负责任的大国形象。"一带一路"倡议对接《2030年可持续发展议程》可以更好地提升中国在全球治理和国际经济社会发展中的地位，让沿线国家增信释疑，提升"一带一路"倡议的国际吸引力与接受度，推动中国逐渐成为全球经济发展和国际治理机制的主要参与者与贡献者。"消除贫困是人类的共同使命。中国一直是全球减贫事业的积极倡导者和有力推动者，不仅致力于自身消除贫困，还积极支持和帮助广大发展中国家特别是最不发达国家消除贫困。"②2019年4月，在第二届"一带一路"国际合作高峰论坛上，习近平提出："我们要致力于加强国际合作，为发展中国家营造更多发展机遇和空间，帮助他们摆脱贫困，实现可持续发展。"①"一带一路"倡议与《2030年可持续发展议程》的对接，将使中国能更好

---

① 《习近平主席在联合国日内瓦总部的演讲（全文）》，2017年1月19日，http://www.xinhuanet.com/world/2017-01/19/c_1120340081.htm。

② 习近平：《消除贫困是人类共同理想 习近平为世界贡献中国智慧》，2020年12月14日，https://news.cctv.com/2020/12/14/ARTINO3K8RMdWzSoJR2O55JU201214.shtml。

① 习近平：《齐心开创共建"一带一路"美好未来——在第二届"一带一路"国际合作高峰论坛开幕式上的主旨演讲》，人民出版社2019年版，第6页。

承担国际社会责任，向全世界展示中国负责任大国的社会形象。

第二，"一带一路"倡议通过对接《2030年可持续发展议程》，提高中国在新型全球发展伙伴关系中的地位，可以逐渐深化中国投身于南南合作的水平，使中国在参与全球治理建设中获得更多话语权和影响力。打造基础设施互联互通是"一带一路"倡议的优先领域，而提升基础设施建设水平也是《2030年可持续发展议程》的目标之一。所以，"一带一路"基础建设有利于帮助沿线国家落实《2030年可持续发展议程》的目标。对接《2030年可持续发展议程》，将为"一带一路"倡议带来与国际发展议程相互发展融合的机遇，"一带一路"倡议将会成为推动中国南南合作的国际发展平台。

第三，《2030年可持续发展议程》与"一带一路"倡议对接将推动中国企业增强可持续发展观念，增强"走出去"企业的社会责任。"一带一路"倡议鼓励中国企业积极"走出去"并参与"一带一路"项目建设和产业发展，在此过程中，不仅仅要为沿线国家提供就业岗位和发展机会，还需主动承担保护环境的责任。目前，中国企业在"一带一路"建设中的经济行为需要政府进一步加以规范，使之符合《2030年可持续发展议程》的可持续发展理念，促使中国企业在"走出去"过程中更加自觉地承担社会责任。

（二）"一带一路"倡议与《2030年可持续发展议程》对接方向

"一带一路"倡议与《2030年可持续发展议程》相互对接的实现，需要在合作平台、合作领域、合作规则、具体目标等方面明确对接的方向。

第一，推进合作平台的对接。中国应加强同《2030年可持续发展议程》的推动主体——联合国之间的合作，以联合国为多边平台，推动以贸易、投资、融资为主要议题的发展合作，将联合国成员，尤其是发展中国家的发展诉求与"一带一路"倡议的互联互通建设有机结合起来，实现与各国发展方案的对接。对接过程中应充分重视和利用联合国作为多边发展平台的作用，考虑到参与国家的国情、政治制度和社会生态，做到有的放矢，提升对接合作的有效性。

第二，推进合作领域的对接。以"一带一路"倡议与《2030年可持续发展议程》交叉的议题为合作重点，开展以基础设施互联互通，贸易、投资、产业融资等方面的合作。通过落实《2030年可持续发展议程》，同时依托亚投行、金砖国家新开发银行、丝路基金等融资平台，探索南南合作、南北合作的新实践、新模式，为发展中国家的发展合作提供融资支持。

第三，推进合作规则的制定。"一带一路"倡议对于《2030年可持续发展议程》的推动作用需要在充分发挥规则作用的基础上才能实现。"一带一路"倡议作为单方面倡议，需要借助多边平台与合作机制，将单方面的发展方案转化为多方的共识与原则，进而在各方存有共同利益的领域推进合作规则的制定。考虑到"一带一路"倡议与《2030年可持续发展议程》均聚焦发展问题，保障"一带一路"倡议的投资环境建设、推进绿色丝绸之路建设可以作为制定规则的优先考虑方向，以期谋求共同利益的最大化，推动合作规则的制定与落实。

第四，实现具体目标的对接。《推动共建丝绸之路经济带和21世纪海上丝绸之路的愿景与行动》[1]提出的重点与《2030年可持续发展议程》的可持续发展目标之间存在许多对接点。首先，实现基础设施互联互通是"一带一路"建设和《2030年可持续发展议程》的核心内容。"一带一路"倡议将基础设施互联互通设定为优先领域，确定了交通、能源、通信三大基础设施建设重点。同时，基础设施互联互通网络建设必须具有包容性和可持续性，充分考虑生态环境和气候变化的影响。

---

[1]《推动共建丝绸之路经济带和21世纪海上丝绸之路的愿景与行动》，2015年3月29日，http://politics.people.com.cn/n/2015/0329/c1001-26765454.html。

第四篇

全球经济治理新范式的中国参与：行动逻辑

篇 首 语

经济的发展和生活质量的提高是人类共同的愿望，经济全球化是世界经济发展的必然结果。但当今世界经济的发展是主权国家基础上的发展，必然存在发展的不平衡问题，存在发展过程中的利益共享和利益冲突问题。建立在共同发展愿望基础上所存在的利益共享和利益冲突等问题，最有效的解决方式就是构建有效的全球经济治理机制。通过全球经济治理机制来实现共同发展和共同繁荣，不仅是一种美好愿望，也已被20世纪中叶之后的世界经济发展史所证实——人类因为全球经济治理机制的建立享受到了长期的和平和经济繁荣。

二战后逐渐建立起来的全球经济治理的格局，随着新兴市场国家的兴起正在逐渐发生变化，特别是中国经济的崛起正在改变世界经济格局，也必然影响全球经济治理格局，全球经济治理的新范式正在逐渐形成。中国不仅为全球经济治理的新范式贡献了理念和方案，而且在行动上迈出了坚实的步伐。在全球经济治理的新格局中，中国从被动的参与者到主动参与者再到积极引领者；中国的目标不在于重构全球经济治理的架构，而是实行边际变革，推动全球经济治理新范式的形成，为世界经济发展贡献力量，为全球的共同繁荣贡献智慧，成为全球治理体系变革的促进者。中国在参与全球经济治理的行动逻辑主要体现在：共建"一带一路"合作的经济治理、金砖国家合作的经济治理等方面，加上中国参与全球治理变革的利弊分析。

第一，共建"一带一路"是一种全新的国际经济合作方式，必然带来许多新的经济治理问题，促进形成全球经济治理的新范式。"一带一路"倡议和共建是一种以中国为主导、赋予新的理念和新的运行机制的治理模式及集体行动。"一带一路"共建的经济治理模式是典型的全球经济治理新范式，其治理的目标、治理的主体、治理的对象和内容都是前所未有的，其治理的国际机制也是全新的，其治理的成效或是边际变革，或是失败，或是对全球治理体系的颠覆。"一带一路"共建治理的新范式还处在初期的实践探索阶段，需要经受时间的检验，但其行动和成效将对全球经济治理体系产生重大的影响且具有深远的意义。

第二，金砖国家合作开创了南南合作的新局面，是对 G7 机制的弥补和对 G20 机制的补充，其治理模式也是全球经济治理的一种新范式。全球经济治理格局变革是因为全球经济发展格局发生了变化，当前全球经济发展格局最大的变化是世界新兴经济体的崛起，金砖国家是新兴经济体中最靓丽的国家。金砖国家合作机制的现状、中国在合作机制中的地位与作用、金砖合作机制对全球经济治理的作用等问题是探讨金砖国家合作治理新范式的重要内容。

第三，中国经济的崛起和中国在全球经济治理中地位的提升是全球经济治理新范式形成的主要原因，中国参与全球经济治理并促进治理范式的变革对中国经济的发展存在利弊。利的方面，它是实现中华民族伟大复兴的中国梦的一部分，是中国构建人类命运共同体和为人类做贡献的需要，是中国经济可持续发展和包容性发展的需要，是构建全面对外开放新格局的需要，是提升中国软实力的需要。在防范风险方面，应该遵循量力而行、防范冒进的原则，防范产业空心化的风险，防范境外投资大量损失的风险，防范金融危机的风险。

第十四章 共建"一带一路"合作的经济治理

共建"一带一路"的倡议是中国参与引领全球经济治理范式转型的重要实践,党的十九大报告提出,"积极促进'一带一路'国际合作,努力实现政策沟通、设施联通、贸易畅通、资金融通、民心相通,打造国际合作新平台,增添共同发展新动力",[①]与沿线国家共享利益、共同发展。"一带一路"建设目标的实现并不是凭中国一己之力就可以完成的,而是需要沿线国家共同参与、共同建设、共同打造一个互相依赖、合作共赢的综合性国际合作机制。

第一节 共建"一带一路"与经济治理问题

一、"一带一路"倡议的源起与发展

2013年9月,习近平出访哈萨克斯坦,提出共建"丝绸之路经济带"[②];同年10月,出访印度尼西亚,提出共建"21世纪'海上丝绸之路'"[③],"一带一路"倡议由此产生。"一带一路"倡议以中国发展作为契机,旨在促进沿线国家协同发展,为促进全球经济增长、实现全球化再平衡、开创地区新型合作带来了"中国方案",具有重要的世界意义。"一带一路"倡议提出以来,历经由提出共建倡议到付诸实际行动的过程,政策逐层演进,取得了长足发展。

"一带一路"倡议包括三个层面。一是由构想到行动。这一过程主要体

[①] 习近平:《决胜全面建成小康社会 夺取新时代中国特色社会主义伟大胜利——在中国共产党第十九次全国代表大会上的报告(2017年10月18日)》,《人民日报》2017年10月28日,第1版。

[②] 习近平:《弘扬人民友谊 共创美好未来——在纳扎尔巴耶夫大学的演讲(2013年9月7日,阿斯塔纳)》,2013年9月8日,http://politics.people.com.cn/n/2013/0908/c1001-22842914.html。

[③] 习近平:《携手建设中国—东盟命运共同体——在印度尼西亚国会的演讲(二〇一三年十月三日,雅加达)》,2013年10月4日,http://politics.people.com.cn/n/2013/1004/c1024-23102653.html。

现在政策的逐层演进与发展上。2013年11月,党的十八届三中全会召开,会上决议通过了《中共中央关于全面深化改革若干重大问题的决定》,明确指出"建立开发性金融机构,加快同周边国家和区域基础设施互联互通建设,推进丝绸之路经济带、海上丝绸之路建设,形成全方位开放新格局"。2014年,为了更加促进"一带一路"沿线国家之间的互联互通建设,亚投行和丝路基金应运而生。2014年12月,中央经济工作会议提出优化经济发展空间格局,"一带一路"建设与京津冀协同发展、长江经济带发展一同成为国家重点实施的三大战略。2015年3月,在博鳌亚洲论坛上,经国务院授权,国家发改委、外交部、商务部联合发布了《推动共建丝绸之路经济带和21世纪海上丝绸之路的愿景与行动》,提出了"一带一路"建设的顶层设计和规划方案,标志着"一带一路"进入了全面推进阶段。2015年11月,《中共中央关于制定国民经济和社会发展第十三个五年规划的建议》发布,明确了"十三五"时期建设"一带一路"的重点,"推进基础设施互联互通和国际大通道建设,共同建设国际经济合作走廊。加强能源资源合作,提高就地加工转化率。共建境外产业集聚区,推动建立当地产业体系,广泛开展教育、科技、文化、旅游、卫生、环保等领域合作,造福当地民众。加强同国际金融机构合作,参与亚洲基础设施投资银行、金砖国家新开发银行建设,发挥丝路基金作用,吸引国际资金共建开放多元共赢的金融合作平台。"①

二是由共商到共建。随着"一带一路"倡议的提出,相关沿线国家和国际组织积极参与其中,使得"一带一路"建设更好地实现与沿线国家和国际组织经济发展计划对接的目标。截至2019年4月,我国已经与100多个国家和国际组织签署了共建"一带一路"的合作文件,共建"一带一路"的核心理念也逐渐被联合国、G20、APEC等重要国际机制纳入成果文件。

三是由共建到共享。从"一带一路"倡议提出以来,在中国与沿线国家及国际社会的共同努力下,初步实现了前期成果的共享。截至2018年,中国与"一带一路"沿线国家建设了80多个境外经贸合作区,为当地创造24.4万个就业岗位②,为"一带一路"沿线国家带来了实实在在的好处,成果惠及世界。2017年5月,第一届"一带一路"国际合作高峰论坛的顺利

---

① 《中共中央关于制定国民经济和社会发展第十三个五年规划的建议》,2015年11月3日,http://www.gov.cn/xinwen/2015-11/03/content_5004093.htm。

② 《"一带一路"五年成就辉煌》,2018年8月17日,http://www.xinhuanet.com//politics/2018-08/17/c_1123287186.htm。

召开,是"一带一路"建设从愿景转变为现实的里程碑,共享建设成果的红利逐渐显现。

二、共建"一带一路"合作的挑战与治理

共建"一带一路"的原则包括了共商、共建、共享三个方面,其中的关键即在于"共",表明了合作是实现"一带一路"建设的重要途径。共建"一带一路"这一项系统工程存在着诸多困境。首先是参与主体的复杂性。"一带一路"沿线国家众多,这些国家在种族、生存环境和历史传统方面存在巨大差异,在政治、经济、文化等方面显著不同,在利益诉求方面也有考量如何合作、如何共建,问题多而复杂。其次是合作所涉及的领域广泛。涉及贸易与投资的畅通、基础设施的建设与联通、货币金融的融通、产业产能的对接、资源的开发与利用、环境保护等诸多领域,最终目的是实现政策沟通、设施联通、贸易畅通、资金融通和民心相通。如何合作、如何共建,任务多而艰巨。最后,在新形势下,既有的国际经济合作理论难于应用到实际,已有的国际合作经验难于借鉴。原有的合作理论是基于某方面的,或贸易合作,或投资合作,或产业合作,或货币金融合作,即使有多领域的合作也是范围有限。"一带一路"的合作是全面的、跨区域的合作,如何合作、如何共建,其路径需要探索。

共建"一带一路"的复杂性、艰巨性和不确定性,使得治理的重要性更加凸显。"一带一路"是国际合作新平台,致力于亚欧非大陆及附近海洋的互联互通,建立和加强沿线各国互联互通伙伴关系,构建全方位、多层次、复合型的互联互通网络,实现沿线各国多元、自主、平衡、可持续的发展。[①]共同的利益,使多元行为体协商合作,共同应对问题和挑战,积极探索经济治理的新模式。

习近平在博鳌亚洲论坛 2018 年年会开幕式上的主旨演讲中说"共建'一带一路'倡议源于中国,但机会和成果属于世界"。[②]与以往的经济合作模式所不同的是,共建"一带一路"倡导的是"和平合作、开放包容、互学互鉴、互利共赢"的丝绸之路精神,将中国与沿线国家相互联系起来,

---

① 《授权发布:推动共建丝绸之路经济带和 21 世纪海上丝绸之路的愿景与行动》,2015 年 3 月 28 日,http://www.xinhuanet.com/world/2015-03/28/c_1114793986.htm。
② 《习近平:开放共创繁荣 创新引领未来——在博鳌亚洲论坛 2018 年年会开幕式上的主旨演讲(2018 年 4 月 10 日,海南博鳌)》,2018 年 4 月 11 日,http://cpc.people.com.cn/n1/2018/0411/c64094-29918031.html。

树立命运共同体意识,实现共同发展与利益共享,从而有效地解决全球经济治理地区化、碎片化等问题,促进全球经济更快更好地发展。共建"一带一路"符合国际社会的根本利益,彰显人类社会共同理想和美好追求,是国际合作及全球治理新模式的积极探索,将为世界和平发展增添新的正能量。[1]

"一带一路"倡议是国际合作的新模式,是中国主动参与全球经济治理及其机制改革的新范式。共建"一带一路"对中国而言,机遇与挑战并存。在推进"一带一路"建设过程中,由于沿线国家经济发展差距较大、地缘政治敏感复杂等问题,也必将给中国带来一系列的挑战。

共建"一带一路"在推进过程中需要重点解决以下几个问题。

第一是治理主体多元性的问题。支持"一带一路"倡议且建立共识并推进实质性合作的国家政府,都是"一带一路"倡议的治理主体。数量众多的治理主体必然会在治理目标、各自利益追求等方面产生分歧,因此"一带一路"倡议首要解决的重大问题是:如何满足不同国家政府的利益诉求,以实现构建利益共同体、命运共同体、责任共同体的治理目标。

第二是治理主体开放性的问题。"一带一路"倡议是一个开放的、非排他的区域合作,这意味着,一方面其他尚未加入"一带一路"建设的国家只要其达成共识,都可以参与建设,这将进一步加重治理主体多元性的问题;另一方面,对于其他没有打算参与到"一带一路"建设中来的国家,参与国——特别是作为倡导者与协调者的中国,要如何处理与他们的经济政治关系,也是一个需要考量的重要问题。

第三是治理对象复杂性的问题。"一带一路"沿线国家在种族、生存环境和历史传统方面存在巨大差异,在政治、经济、文化等方面也显著不同。政治上既有资本主义国家也有社会主义国家,既有民主制国家也有君主制国家;经济上既存在西欧发达经济体、中亚西亚能源资源出口国,又存在中东欧和东盟新兴工业化国家及少数欠发达农业国;文化上融合了中华文明、伊斯兰文明、印度文明、东正教文明、西方文明、非洲文明等。如何合作、如何共建,问题多而复杂。治理对象的复杂性将大大增加治理的难度。

第四是治理内容广泛性的问题。"一带一路"提到的"五通"(即政策沟通、设施联通、贸易畅通、资金融通和民心相通)囊括政治、经济、

---

[1]《授权发布:推动共建丝绸之路经济带和21世纪海上丝绸之路的愿景与行动》,2015年3月28日,http://www.xinhuanet.com/world/2015-03/28/c_1114793986.htm。

文化等多方面的内容,虽然基础设施建设、贸易投资、货币金融等经济问题是治理的重点内容,但是在开展以上内容治理的同时,不可避免地会涉及政治、文化等问题,而这些问题都是传统治理模式难以解决的。例如,"政策沟通"的敏感性特征决定了沟通双方难以通过"制定正式条约"的治理方式来达成"政策沟通"的目的;而"民心相通"触及的是各个国家人民的想法与意愿,规则治理对此基本无法发挥更大作用。即使是可以通过传统治理规则来推进的经济问题,也会由于"一带一路"沿线国家国情差异较大而造成在经济领域推行规则治理成本增大的问题。

以上这些问题在经济合作中必然会产生摩擦,甚至冲突。通过构建合理的治理机制解决这些摩擦和冲突是最有效的方式。

第二节 共建"一带一路"合作的治理结构与机制

一、共建"一带一路"合作的治理结构

共建"一带一路"是中国通过"区域经济合作"途径参与全球经济治理的一项重大举措,是一个综合性、多元化、多领域国际合作的系统工程,它的推进是一个逐步探索、动态发展和长期实施的过程,其治理框架的具体构成包括以下几个方面。

一是治理目标。"一带一路"合作的经济治理目标是通过"五通",建立命运共同体、利益共同体和责任共同体,实现共同体内部的经济融合、政治互信及文化包容。

二是治理主体。"一带一路"合作的治理主体呈现出多样性的特点,并不唯一。这当中主权国家行为体是重要的治理主体,同时地区、企业、国际组织和非政府组织等种种行为体参与其中。在"一带一路"倡议中与中国建立共识、有实质性合作的国家,都可以认为是"一带一路"建设和治理的主体,但中国作为"一带一路"的倡导者,在所有的治理主体中占据着关键的地位;在"一带一路"建设的推进过程中,一些市场主体如跨国企业及相关的民间组织也将逐渐发挥其治理作用,构成重要的行为体[1];另外,各类政府间的国际和地区组织在治理中也扮演着重要

---

[1] 陈伟光:《"一带一路"建设与提升中国全球经济治理话语权》,人民出版社2017年版。

的角色。

三是治理对象和治理内容。"一带一路"合作的治理对象聚焦于宏观经济、金融、贸易投资、产业等领域。各领域具体需要治理及解决的问题围绕"五通"开展：政策沟通方面，需要积极对接"一带一路"沿线国家经济发展战略，推进区域经济合作规划和措施的制定等；设施联通方面，重点是如何推进公路铁路、跨境电力与输电通道、跨境光缆等基础设施建设；贸易畅通方面，重点需要解决以消除投资和贸易壁垒为目标的投资贸易便利化问题，在降低通关成本、提升通关能力、挖掘双方贸易新增长点、拓展双方投资领域等方面取得突破；资金融通方面，通过推进建设亚投行、金砖国家新开发银行等途径，扩大沿线国家双边本币互换、结算的范围和规模，为"一带一路"建设提供资金保障；民心相通方面，重点是如何丰富沿线国家的文化交流从而达到民心相通的目标等。[①]

四是治理机制。目前，"一带一路"尚未形成专业化区域治理平台，而主要在双边机制、多边机制的基础上，采取灵活的方式，以论坛促新合作。"一带一路"在推动面向亚欧的自由贸易区网络建设问题上发挥了重要作用，以亚投行、中国—东盟自由贸易区升级版的建设与发展为代表，"一带一路"加快了双边、多边 FTA 或 BIT 谈判的进程，推动建立自由、公平、公正的全球开放性多边贸易和投资体系。在双边和多边的经济合作机制作用下，以国际产能合作为重要抓手，带动跨国协同的产业升级转型和经济发展。"一带一路"的推进，创新了"以论坛促进经济合作"的模式，国际经济论坛、展会等制度平台都具有公共品的正外部性，"一带一路"通过整合带动这些制度平台，发挥其正外部性，达到推进区域经济合作的目的。

二、共建"一带一路"合作的治理机制

从治理主体看，中国作为新兴经济体中最具代表性的主权国家，在促进全球经济发展、维护全球经济稳定中具有重要作用，是"一带一路"合作机制治理主体构成中最为重要的部分[②]。据海关总署统计，2018 年中国外贸进出口总值达到 30.51 万亿元人民币，比 2017 年增长 9.7%，继续保持

[①] 陈伟光、黄亮雄、程永林，等：《"一带一路"经济学创立及其诸多向度》，《改革》2017 年第 2 期，第 5—16 页。

[②] 隋广军、查婷俊：《全球经济治理转型：基于"一带一路"建设的视角》，《社会科学》2018 年第 8 期，第 3-12 页。

货物贸易第一大国的地位。与此同时，2018年12月末中国外汇储备额达到30 727亿美元，位居全球外汇储备排行榜榜首。从经济全球化角度分析，在金融危机阴云未散、全球经济缓慢复苏的今天，中国是全球经济增长的推动力，也是值得信赖的合作伙伴，有能力成为"一带一路"合作机制的推行者。除了国家间双边合作的不断推进，"一带一路"建设的包容性使得其治理主体具有多元化与开放性特征，在"一带一路"建设中，不仅将中国及其相关利益国作为全球经济治理的主体，更重要的是将所有参与到全球经济治理中的民族国家、亚国家、超国家组织、区域性组织及跨国组织等重要主体囊括其中，尽管治理主体的多元性与开放性加大了全球经济治理转型的难度，但在当前宏观治理与微观治理寻求平衡发展的过程中，这种集宏观与微观于一体的治理主体构成是必要的[1]，也正是这样才使得构建新型全球经济治理体系成为可能。

从治理结构看，"一带一路"从理念到行动，从愿景到现实，其合作机制的多元化是最主要的特征[2]。以平等合作、共商共建作为权力结构的基石，以利益共享、合作共赢作为利益分配结构的准则，"一带一路"合作机制正逐步建立起一个多元化、多层次的区域治理平台。自2017年5月在北京举行的第一届"一带一路"国际合作高峰论坛开始，"一带一路"合作机制以论坛促合作，从推动形成面向亚欧的自由贸易区网络，到达成全球范围内的双多边FTA或BIT合作协定，以合作共赢为目标，运用模块化治理结构，借助亚投行、丝路基金、经济合作走廊、区域和次区域经贸合作等，构建起"一带一路"沿线自由、公平、公正的全球开放性多边贸易和投资体系，将中国与世界紧密联系起来，打破了凯恩斯主义认为的"在市场供需矛盾和失衡时依靠各国独立政策应对"的局限性[3]。

从治理对象看，一方面，全球经济治理转型过程中面临的阻力和问题，是"一带一路"合作机制的重要治理对象之一。传统的全球经济治理框架下，成员相对固定使得治理集团具有一定的封闭性[4]，并且大多数治理集团在成立最初就立足于相同的利益和目标，使得通过谈判、磋商形成双边、

---

[1] 卡尔·萨旺、房帅、孟寒，等：《全球治理的新动态：国际生产体系扩张对全球微观治理框架的影响》，《国际经济评论》2018年第1期，第39—60、5页。

[2] 李向阳：《论海上丝绸之路的多元化合作机制》，《世界经济与政治》2014年第11期，第4—17、155页。

[3] 段晓华：《"一带一路"背景下中国参与全球经济治理的路径选择》，《改革与战略》2017年第12期，第70—73页。

[4] 陈伟光：《"一带一路"建设与提升中国全球经济治理话语权》，人民出版社2017年版。

多边合作的难度降低、效率提高。例如,美国主导的 TPP 就是通过对成员有意识地挑选,纳入能增进本国地缘政治安全及经济利益的国家[①]。而"一带一路"建设中,治理主体是在合作机制不断推进的过程中,以合作共赢的利益相关者角色逐渐参与进来的,这种主体多元化和机制多样化使得治理过程必须综合考虑不断变化的政治、经济、文化因素,并且由于这种全球经济治理的转型动摇了现有利益集团的地位,难免遭到发达国家的排挤,在博弈过程中增加了交易成本,降低了合作效率。这些都使得治理对象的复杂化程度增加。另一方面,"一带一路"合作机制下,全球经济治理转型中面临的风险,也是最重要的治理对象之一。由于"一带一路"合作机制受到上述因素的制约,加上全球经济格局的瞬息万变、中美大国关系在全球化新阶段面临诸多挑战,中国在深度参与全球经济治理过程中,应当更加注重对风险的防范与治理。从国内的发展角度看,要坚持以实体经济振兴来提升综合国力,借鉴发达国家在过去产业转移过程中的经验教训,防止产业空心化,同时注重全球化专业人才的培养。从参与全球化角度看,要搭建法制化平台,防范由政治风险、经济风险、法律风险、经营管理决策风险等因素带来的境外投融资风险。

三、共建"一带一路"合作治理的新特征

"一带一路"所提倡的"和平合作、开放包容、互学互鉴、互利共赢"[②]的丝绸之路精神,与全球经济治理的转型方向是一致的。基于前文对全球经济治理转型方向与"一带一路"合作机制理论构架的分析,结合当前经济全球化的发展趋势,中国在当下通过主动承担发展中大国的责任,以双边全面开放格局为起点,向多边及区域全面开放格局迈进,破解全球经济治理机制碎片化难题,在制度选择的开放性、包容性、共赢性方面追求合理与有效,实现通过"一带一路"建设参与并推进全球经济治理转型的目标[③]。

第一,"一带一路"合作机制的开放性。这种开放性既体现为区域的

---

① 王燕:《区域经贸法治的"规则治理"与"政策治理"模式探析》,《法商研究》2016 年第 2 期,第 161—171 页。
② 习近平:《携手推进"一带一路"建设——在"一带一路"国际合作高峰论坛开幕式上的演讲》(2017 年 5 月 14 日,北京)》,2017 年 5 月 15 日,http://world.people.com.cn/n1/2017/0515/c1002-29274975.html。
③ 隋广军、查婷俊:《全球经济治理转型:基于"一带一路"建设的视角》,《社会科学》2018 年第 8 期,第 3-12 页。

开放，即不同于其他经济治理模式中成员固定的传统模式（如 G7、G20 等）；又体现为合作的开放，即除了主权国家外，还包括了区域集团、跨国公司、国际组织等；更体现为制度的开放，即只要能够缓解全球经济供需矛盾、推动区域均衡发展、实现产业优化升级、促进资源有效配置等都可以配套相应的开放制度①。因此，"一带一路"合作机制的开放性与全球经济治理对全面开放格局的需求是高度契合的，有助于形成合理公平的治理制度。

第二，"一带一路"合作机制的包容性。这种包容性主要体现在参与主体的多元化、参与方式的多样化、参与内容的多维化。"一带一路"以海纳百川的胸怀，接纳并认可存在的政治、经济、文化、宗教信仰等方面的差异，以求同存异的心态包容不同国家和地区的经济发展水平，寻求参与主体间的深层次合作，并通过优势互补实现共同发展，最终通过促进要素资源在全球范围内的有效流动与配置，打造开放、包容、均衡的世界经济格局。

第三，"一带一路"合作机制的共赢性。2015 年 3 月 28 日《推动共建丝绸之路经济带和 21 世纪海上丝绸之路的愿景与行动》的发布，标志着"一带一路"建设进入全面推进阶段。随后，《标准联通"一带一路"行动计划（2015—2017）》《文化部"一带一路"文化发展行动计划（2016—2020 年）》《中医药"一带一路"发展规划（2016—2020 年）》《"一带一路"生态环境保护合作规划》《共同推进"一带一路"建设农业合作的愿景与行动》等政策文件的颁布，将"一带一路"建设在各领域进一步深入实施，通过不断建立健全工作机制，细化工作方案，将政策落实由单纯"关系"驱动转变为标准化"规则"实施，提升了"一带一路"建设的合作效率，实现了全球经济治理向规则化、机制化的过渡，有助于提升整个沿线国家体系的整体话语权，实现互利共赢。

通过共建"一带一路"，以开放、包容、共赢打破原有国家利益主导下的霸权困境，以多层次、多元化治理体系破除全球经济治理机制碎片化难题，以发展中大国的责任与担当为全球经济搭建公共品供给平台，是中国在国际经济格局重塑的趋势下，深度参与并推动全球经济治理转型的最优路径。

四、共建"一带一路"合作治理新范式

在前文分析的基础上，我们将"一带一路"治理模式概括为：在中国

---

① 段晓华：《"一带一路"背景下中国参与全球经济治理的路径选择》，《改革与战略》2017 年第 12 期，第 70—73 页。

倡导的"一带一路"倡议框架下,所有经过共商而建立共识的国家政府,通过对接本国经济发展计划及现有合作模式等途径参与共建,在本国企业及相关国际组织等的推动下,形成实质性的合作,共同解决合作过程中面临的问题。

共建"一带一路"治理模式在治理目标上不再以国家利益作为唯一价值取向,而是以人类的共同利益为导向,以构建人类命运共同体为最终治理目标;在治理主体上具有前所未有的包容性,能容纳多主体从不同层次参与治理;治理内容集中在基础设施建设、经贸规则的协调与对接、金融监管与合作等方面。共建"一带一路"治理模式顺应当前世界经济发展新趋势,是全球经济治理的新模式,将共建"一带一路"治理模式与现有的区域合作模式对接与融合,以形成具有"一带一路"新标签的中国—东盟合作模式、中国—中东欧"16+1"模式、中国—巴基斯坦产能合作模式、中俄战略对接合作模式等。其"一带一路"新标签体现在以下三个方面。

其一,新范式更突出中国向周边国家提供区域公共产品的功能,是中国以区域整体利益观代替本国局部利益观的体现,这种适当放弃经济利益以获取政治和安全利益、通过经贸优惠积累关系资本为中国和平发展提供良好的地缘政治关系的做法,与传统的关系治理模式一致,但与此同时,也为"一带一路"公共产品供应、切实提高沿线国家贸易与投资能力提供了支撑。

其二,新范式不完全固定合作的线路及参与合作的国家的特征,合作范围既可能是周边的也可能是全球的,最终可能由线和带的概念扩展到网和面的概念。"一带一路"合作内容由基础设施建设为先导,逐渐推进至贸易与投资合作及民间文化交流等。合作机制也不限于现有的双边及区域合作机制,还蕴藏着孵化新机制的潜力。

其三,新范式向沿线发展中国家提供制度公共产品,并使这些制度反映当前国际投资、贸易、金融等制度的最新发展及发展中国家的整体利益,从而团结广大"一带一路"沿线国家,增强沿线国家在国际社会上的整体话语权。

第三节 共建"一带一路"合作的经济治理实践

中国通过共建"一带一路"将政府-市场双轮驱动、基础设施先行的工业化、经济合作走廊、开放性金融、开发区模式、地方合作模式等中国模式推广到"一带一路"沿线国家，以实现共赢发展。具体而言，中国通过共建"一带一路"参与全球经济治理主要从两个方面推进。一方面，主导建立相关平台机制，主动参与全球经济治理，主要实践包括：召开"一带一路"国际合作高峰论坛，建设治理平台；成立亚投行、丝路基金，参与全球金融治理，为共建"一带一路"倡议推进提供金融支持；建设六大经济合作走廊，重点开展基础设施建设，为参与全球贸易与投资治理奠定基础。另一方面，将共建"一带一路"倡议与现有的区域和次区域制度平台进行对接与融合，提升制度性话语权，实现参与全球经济治理的目标。

一、"一带一路"国际合作高峰论坛

2017年5月14日至15日，第一届"一带一路"国际合作高峰论坛在北京成功举办。本次论坛形成了5大类，共76大项、270多项具体成果。归纳而言，成果主要包括以下几个方面。①

第一，构建了双边多层的制度框架，为沿线国家提供了参与全球经济治理的平台，有利于沿线国家开展国际合作，共同应对世界经济面临的挑战。"一带一路"国际合作高峰论坛始终强调"平等协商、互利共赢、和谐包容、市场运作、平衡和可持续"的合作原则，致力于消除贫困、创造就业、促进可持续发展，体现了共同发展的理念。

第二，促进了"一带一路"倡议对接全球性倡议、国际及区域性组织、沿线国家发展战略和政策举措的目标。在第一届"一带一路"国际合作高峰论坛上，有68个国家和国际组织与中国签署了"一带一路"合作协议。

第三，明确了未来的合作方向，确定了重点合作领域和行动路径。"一带一路"建设合作的重点领域是互联互通，不断完善基础设施建设，增强在经济、金融等领域的宏观政策协调，进一步推进建设自由贸易区，以实现贸易和投资自由化与便利化。

第四，加大了"一带一路"建设的资金支持力度。在第一届"一带一路"国际高峰论坛上，中国宣布了进一步解决"一带一路"建设融资问题的几大措施，包括：增资1000亿元人民币到丝路基金；中国国家开发银行、中国进出口银行将分别提供2500亿元和1300亿元等值人民币专项贷款，用于支持"一带一路"基础设施建设、产能、金融合作；鼓励金融机构开

---

① 《"一带一路"国际合作高峰论坛成果清单》，《人民日报》2017年5月16日，第5版。

展人民币海外基金业务；充分发挥多边开发机构的作用，联合世界银行、金砖国家新开发银行、亚投行等，共同制定"一带一路"融资指导原则。

第一届"一带一路"国际合作高峰论坛的成功举办标志着共建"一带一路"进入了治理机制建设的新阶段，是中国突破西方治理模式局限性、构建全球治理新模式的积极探索。"一带一路"国际合作高峰论坛与构建开放包容、合作共赢的新型国际关系具有内在的一致性，为解决当前国际制度存在的机制封闭化、规则碎片化问题提供了"中国方案"。"一带一路"国际合作高峰论坛强调坚持和平合作、开放包容、互学互鉴、互利共赢的丝路精神，积极推动共商、共建、共享，通过打造新型经济合作机制，重塑全球经济再平衡；在第一届"一带一路"国际合作高峰论坛成功举办的基础上，中国已经迈开了将论坛进一步制度化的步伐：2019年，中国举办第二届"一带一路"国际合作高峰论坛，建立"一带一路"海关信息互换和共享服务平台、建立"一带一路"共建国家标准信息平台，以加强相关信息的发布与共享，促进"一带一路"建设。"一带一路"国际合作高峰论坛为共建"一带一路"提供了新型制度框架，在此框架下，沿线国家协同行动，共同发展，既提升了中国在全球经济治理中的制度性话语权，也推动了沿线国家的包容与可持续发展，通过构建以合作共赢为核心的新型国际关系，共同推动构建人类命运共同体。[①]与会各方达成了从"大写意"到"工笔画"转变的共识，未来"一带一路"合作要走深走实，向高质量发展转变。

二、丝路基金与亚投行

丝路基金于 2014 年 11 月由中国倡导成立，时间上早于亚投行。丝路基金成立的主要宗旨是在基础设施建设、资源开发、产业产能对接等重大项目上，为"一带一路"沿线国家提供融资支持。可以说，丝路基金为"一带一路"倡议的推进提供了前期保证。其资金规模为 400 亿美元，首期资本金为 100 亿美元，外汇储备通过其投资平台出资 65 亿美元，中国投资有限责任公司、中国进出口银行、中国国家开发银行分别出资 15 亿美元、15 亿美元和 5 亿美元。投资方既可以运用贷款、基金等方式进行投融资，也可以与其他相关金融机构合作共同发起投资基金，进行资产受托管理与对

---

① 王明国：《"一带一路"国际合作高峰论坛的制度逻辑》，《教学与研究》2017 年第 8 期，第 58—66 页。

外委托投资等。

丝路基金的特点体现在，它是开放包容的投资平台，强调项目的共同开发与互利共赢，但却并不谋求成为多边开发机构。与多边开发机构不同，丝路基金并不要求合作框架下的各国都要出资，而是由有资金且想投资的主体机构加入，结构上和决策上相对简单灵活；并且丝路基金定位以股权为主，按照市场化、国际化、专业化原则设立中长期开发投资基金，避免了许多政治及平衡的考虑。

2013年10月，筹建亚投行的倡议由中国首次提出。在经历一年多的精心准备和筹划后，2014年10月，中国、印度、新加坡等共计21个意向创始成员国在北京共同签署了《筹建亚洲基础设施投资银行备忘录》，标志着亚投行的筹备工作进入新阶段。此后在短短数月内，印度尼西亚、马尔代夫、新西兰、沙特阿拉伯、塔吉克斯坦、约旦等27个意向创始成员国先后申请加入亚投行。英国于2015年3月申请加入亚投行，成为第一个申请加入亚投行的主要西方国家。在其带动和示范效应下，法国、德国、意大利、卢森堡、瑞士和奥地利等欧洲国家先后申请加入亚投行。[1]韩国和澳大利亚也于2015年3月底之前宣布加入亚投行。截止到2015年4月，亚投行的创始成员国数量扩大到57个国家，成员遍布五大洲。值得关注的是，美国和日本两国出于自身利益的考虑，对于亚投行持负面和否定态度，在两国决定不加入的同时还一度试图阻止其他国家加入亚投行。[2]

亚投行的成立是中国在国际经济事务中由既定规则接受者向新规则创建者转变的重要体现之一，其发起和建立有助于改变现有的国际金融机构改革迟滞的局面。2008年金融危机爆发后，以中国为代表的新兴经济体在全球经济中的地位和重要性日益上升。但是，上述国家在寻求更多的国际事务话语权过程中往往会面临着各种各样的阻碍，既表现为在主要国际组织中的份额和投票权的合理要求难以满足，也体现在部分国家所做出承诺通常是"口惠而实不至"，特别是在发达国家的经济出现好转后，其改革的意愿已经大大降低。换言之，现有的国际金融改革的长期滞后引发的国家经济实力对比和在主要金融机构中的话语权的巨大反差引发了相关国家寻求创建新的多边金融机构。亚投行建立本身就是这一逻辑的具体体现，

---

[1] 赵柯：《欧盟亚太政策转向"新接触主义"？——理解欧盟国家加入亚投行的行为逻辑》，《欧洲研究》2015年第2期，第16—28、5—6页。

[2] 张伟：《亚投行对国际金融治理的贡献、挑战与发展建议》，《国外理论动态》2016年第11期，第94—104页。

对现有的国际金融体系产生了深远影响。①无须回避的是，亚投行与现有的国际金融机构存在着竞争的关系，但是从其定位、具体章程设置和业务经营等方面来看，其同样也为现有的众多国际金融机构间的合作搭建了具有互补特征的平台。有学者认为亚投行的建立体现了中国话语权的提升，在客观上也为各方提供了更多选择的可能，无须对亚投行的政治意图进行过多解读。

事实上，亚投行并不是一个以中国自身为中心的金融机构。在创建亚投行过程中，对于该机构涉及具体运作的机制设计部分，中国的一系列公开、透明的举动已经消除了绝大多数国家在这方面的顾虑和质疑。在努力借鉴世界银行、亚洲开发银行等现有机构运营和管理经验的同时，中国还吸取现有金融机构的不足，在秉持开放的态度下积极与各国协商各类议题。

三、"一带一路"六大经济走廊建设

六大经济走廊建设是共建"一带一路"的重要内容，六大经济走廊与中国的东北、西北、西南及东南四大区域相连接，四大区域是经济走廊发展的增长极，四大区域的中心城市发挥引领作用，进而打开通往不同方向经济走廊的门户，以实现长三角经济圈、珠三角经济圈和环渤海经济圈与沿线地区的共同发展和共同繁荣。六大经济走廊的建设重点是实现政策沟通、设施联通、贸易畅通、资金融通和民心相通，增强沿线国家的互联互通和互利合作，实现"一带一路"沿线国家的协同、集聚、创新发展。

六大经济走廊在建设过程中，由于各经济走廊的经济基础、地缘关系等的差异，其建设重点、建设进度等各不相同。

中巴经济走廊是共建"一带一路"的重点项目，巴基斯坦与中国长期保持的良好政治关系为推进中巴经济走廊的建设提供了良好的基础。因此，与其他经济走廊相比，中巴经济走廊的建设可以说是共建"一带一路"的样板工程，除了要推动经济的共同发展之外，中巴经济走廊还需要用成功的建设项目及其经验来消除一些国家的思量，用事实让他们相信，"一带一路"建设确实能够带来经济上的共同发展。

新亚欧大陆桥良好的铁路运输系统是共建"一带一路"的特有优势，为互联互通打下了良好的基础。新亚欧大陆桥的优点在于通过铁路的联通，将环太平洋经济圈和欧洲经济圈连接起来，比水运的距离要短，更节省运

---

① 陈绍锋：《亚投行：中美亚太权势更替的分水岭？》，《美国研究》2015年第3期，第94—104页。

费与时间；缺点在于途经的国家众多，通关成本较高。为此，新亚欧大陆桥经济走廊建设的重点在于充分利用良好的铁路运输系统，进一步推动通关便利化、贸易投资便利化，提高经济活动效率。

中蒙俄经济走廊是中国环渤海经济圈与欧洲经济圈之间的桥梁，将亚洲与欧洲联通起来。这条经济通道具有运输成本低、时间短，经过的国家少、海关通关成本低等优势。中蒙俄经济走廊的建设重点是，在政策方面，推进丝绸之路经济带倡议与沿线国家相关倡议（俄罗斯"跨欧亚大铁路"、蒙古国"草原之路"倡议）的对接；在基础设施方面，加强公路与铁路的互联互通，进一步推进通关和运输便利化，在过境运输合作的基础上，促进旅游、智库交流等领域的务实合作。

中国—中南半岛经济走廊连接了中国南边的珠三角经济圈与中南半岛国家，其建设重点在于如何在既有的中国—东盟合作框架下，促进城市间合作，建设开发园区，推动基础设施联通，建设国际性交通运输大通道。

中国—中亚—西亚经济走廊的主要特征是能源通道，中国—中亚石油管道和天然气管道沿着该走廊分布。因此，中国—中亚—西亚经济走廊建设的重点在于在能源通道的基础上，将丝绸之路经济带倡议与哈萨克斯坦的"光明之路"、塔吉克斯坦的"能源交通粮食"三大兴国战略、土库曼斯坦的"强盛幸福时代"等国家发展战略对接，推动建设物流合作基地，启动农产品快速通关通道，促进海关物流畅通，随着发展的深入，将触角延伸到西亚北非地区国家。

孟中印缅经济走廊的建设对比其他经济走廊相对落后了许多，目前，孟中印缅经济走廊各个国家之间尚未形成政府间合作机制。其中一个重要原因是印度在其中的影响，印度存在走廊建设会扩大中国在南亚影响的疑虑，担心中国会削弱其在南亚的影响力，为此，印度政府对合作一直持表面积极的态度，同时还在中国与孟加拉国合作的时候，对孟加拉国施加影响与压力，以期阻扰中国过多的介入。为此，孟中印缅经济走廊建设的重点在于从民间着手，先促进民心相通，通过推进民生改善的合作项目，让孟印缅三国的民众感受到合作带来的好处，累积良好的民意基础，进而扩大经济走廊合作的影响。

四、与现有主要区域和次区域制度平台的对接及融合发展

中国实现参与全球经济治理目标的另外一个重要实践是，将共建"一

带一路"倡议与现有的区域和次区域制度平台进行对接与融合，提升制度性话语权。对接与融合的前提是要充分了解现有区域和次区域制度平台的治理框架构成，在此基础上，找到与共建"一带一路"倡议的契合点，主动对接与融入。

（一）与上海合作组织的融合与发展

共建"一带一路"模式与上海合作组织区域合作机制互为机遇、互动发展，具有广阔的发展空间，主要体现在以下几方面。

第一，二者具有相通的发展理念："丝绸之路精神"与"上海精神"都抵制强权政治与冷战思维。中国参与上海合作组织和倡导"一带一路"的初衷都是支持各国共同发展，在发展自身利益的同时，更多考虑和照顾其他国家的利益，体现了以义为先、义利并举的正确义利观。

第二，二者具有相同的建设目标：促进和平发展、合作共赢；在国家之间、区域之间形成一种相互协作、连带发展的良性关系；建立一种全新的价值链和利益链，构建人类命运共同体。在以往的区域化实践中，大国奉行本国利益至上，保护主义严重，而中国倡议构建的命运共同体，安全上风险共担，政治上平等相待，经济上互利共赢，文化上包容尊重。

第三，二者具有类似的实践路径：通过基础设施建设，实现互联互通，进而培育区域大市场，构建跨境大通道，促进经济大融合；注重自上而下的政策和战略的相互协调与对接；"一带一路"建设与上海合作组织有不少项目是共有的，二者相得益彰，互为平台。

第四，二者互相促进发挥更大作用。上海合作组织为"一带一路"沿线国家开展深层次合作发挥了引领和先导作用："一带一路"建设在中亚地区的早期成果不少与上海合作组织相关；上海合作组织成员、观察员、对话伙伴都是"一带一路"沿线的重要国家，在地区层面的合作可拓展性强。"一带一路"建设为上海合作组织成员突破发展瓶颈提供了新的机遇，以"一带一路"为抓手，深化区域经济合作，为上海合作组织开创发展新局面提供了契机。

（二）与亚洲相互协作与信任措施会议的融合与发展

中国是亚洲相互协作与信任措施会议（以下简称亚信会议）发展历程中不可缺少的重要力量，参与了亚信会议建设发展的各个阶段工作。中国对亚信会议的重大贡献在于,在亚洲国家的相互信任与协作方面不断努力,为共建安全、稳定的地区环境奠定基础。

亚信会议是亚洲国家深化互信、共维稳定、共谋发展的重要平台,共建"一带一路"与亚信会议具有较高的契合度,具有巨大的对接与融合潜力,主要体现在以下几个方面。

一是合作目标互补。安全稳定的国际和地区环境是共建"一带一路"的基础,而亚信会议的首要目标就是以对话和合作促安全,并特别强调发展对安全的促进作用。由此可见,二者在合作目标上相辅相成,互为助力。

二是合作理念相同。共建"一带一路"的核心理念是"和平合作、开放包容、互学互鉴、互利共赢"的"丝绸之路精神",倡导共商、共建、共享。亚信会议倡导对话、协商、合作,二者志同道合,异曲同工。

三是合作领域契合。"一带一路"的核心内容是"五通",而亚信会议的基本合作领域包括军事政治、新威胁新挑战、经济、环境、人文等五大领域,新发展的合作领域还包括互联互通、金融合作等。可以看到,"一带一路"与亚信会议在合作领域上有很高的契合度。

四是合作对象重合。亚信会议的26个成员中,绝大多数是"一带一路"沿线国家,这些沿线成员在制定和实施各自发展战略时,不少都在考虑如何与"一带一路"倡议对接。哈萨克斯坦"光明之路"新经济政策、蒙古国"草原之路"战略、俄罗斯倡议的欧亚经济联盟建设等与"一带一路"倡议的对接都取得了重要进展。

五是合作渠道多元。亚信会议建立国家元首和政府首脑会议、外长会议等多种商讨机制;成立实业家委员会、青年委员会等机构与平台整合多方资源;与观察员国家及包括联合国等在内的国际组织形成良好的合作机制。亚信会议自身机制、职能的不断完善与扩大,将不断丰富"一带一路"建设的渠道。①

(三)中国与东盟"10+1"的融合与发展

在坚持睦邻友好的外交方针下,中国和东盟国家间保持了长期友好、互利共赢的政治经济关系。2001年3月,在中国—东盟经济贸易合作联合委员会的框架下双方正式成立中国—东盟经济合作专家组,围绕中国"入

---

① 《亚信参与共建"一带一路"大有可为》,2017年3月27日,http://world.people.com.cn/n1/2017/0327/c1002-29172550.html。

世"和中国—东盟自由贸易区建设等议题进行研究和讨论,专家组一致认为自由贸易区对双方而言具有重要意义,建议利用 10 年的时间完成中国—东盟自由贸易区的建立。这一建议在 2001 年 11 月举行的第五次中国与东盟领导人会议上正式对外公布。2002 年 11 月,中国和东盟 10 国领导人在第六次中国—东盟领导人会议上正式签署了《中国与东盟全面经济合作框架协议》,一致决定到 2010 年建成中国—东盟自由贸易区。2013 年 10 月,李克强总理在第十六次中国—东盟领导人会议上倡议启动中国—东盟自由贸易区升级版谈判,在经过四轮谈判后,各方最终于 2015 年 11 月在马来西亚首都吉隆坡正式签署了《中华人民共和国与东南亚国家联盟关于修订〈中国-东盟全面经济合作框架协议〉及项下部分协议的议定书》。由此,中国—东盟建立自由贸易区的进程正式启动,双方在经贸领域的往来进入一个新的历史阶段。此外,东盟还邀请中国等国家参与区域全面经济伙伴关系的谈判,在削减关税和非关税壁垒的基础上,建立 16 国间的自由贸易市场。中国与东盟的经贸合作往来和合作模式早已突破了传统的双边范畴,在区域性的各类合作议题上双方已实现了密切往来。

中国和东盟国家间在开展政治、经济等领域的合作中,由"10+1"模式引申而来的"10+X"模式较为引人注目。事实上,东盟开展对外经济合作一直具有"小国推动、大国跟进""小马拉大车"的区域合作特点。同其他新型合作机制相比,中国—东盟的"10+1"模式具有明显的特殊性,中国在其中发挥的话语权和领导权特征较弱,特别是在亚洲地区的合作中,由于中日两国存在短期内难以妥善解决的结构性矛盾,[①]因此东盟国家实际上起到了更为主导的作用,且这一模式也得到了包括中日等国在内的大力支持。

当然,中国在与东盟的经济合作过程中起到的作用同样是不可忽视的。中国为了保持双方的合作持久发展下去、维持中国同东盟国家的良好关系,做出了巨大的贡献。中国支持东盟在东亚区域合作中扮演主要推动角色,支持东盟共同体建设,回应东盟国家的合理关切,有效地消除了部分东盟国家对中国的疑虑、回击了外界对中国和东盟发展正常关系的质疑。

(四)与中国—阿拉伯国家合作论坛的融合与发展

在共建"一带一路"过程中,中国和阿拉伯国家可通过双边渠道,并充分借助中国—阿拉伯国家合作论坛(以下简称中阿合作论坛)平台,

---

① 邵建平:《中国的东盟政策:误解与正解》,《外交评论》2017 年第 1 期,第 92 页。

将以下领域作为重点合作方向,积极争取早期收获,实现合作共赢,促进共同发展。

第一,进一步扩大中阿的投资与贸易,建立合适的贸易和投资便利化制度。加强中阿区域经济合作,推进区域贸易自由化便利化,中国愿意在以下几个方面积极推进相关工作:参与埃及"苏伊士运河经济走廊"和苏伊士经贸合作区建设、重启中国—海合会自由贸易区谈判并达成协议、探讨同其他阿拉伯国家建立自由贸易区的可行性。

第二,推进中阿基础设施的互联互通,重点建设领域为铁路、港口、航天、信息网络等。中国将利用自身在高速铁路领域的雄厚技术力量和丰富建设经验,积极参与阿拉伯半岛铁路等战略项目建设。

第三,在原有合作领域的基础上,进一步拓展在核能、金融、航天等领域的合作,加速中阿务实合作的转型升级。中国将积极推动设立中国—阿联酋共同投资基金,与阿联酋在和平利用核能、卫星制造与发射等领域开展具体项目合作,以及相关技术交流和人员培训合作。

第四,推进对接中阿能源发展的长期规划,拓展油气领域的上下游合作,在风能、太阳能等能源领域取得更大突破。共同维护能源战略通道畅通,保障国际能源供应与消费的安全。

第五,促进中阿文明的交流与对话,重点关注科教文卫等人文领域,增进中阿人民的相互了解。

(五)与中国—海合会战略对话的融合与发展

2010年至2014年,中国—海合会共进行了三轮战略对话,期间先后签订了《中华人民共和国和海湾阿拉伯国家合作委员会成员国关于战略对话的谅解备忘录》《中华人民共和国和海湾阿拉伯国家合作委员会成员国战略对话2014年至2017年行动计划》。海湾阿拉伯国家位于古丝绸之路上,海合会成员天然是中国实施"一带一路"倡议的重要合作伙伴。中海双方在经济上具有互补性,主要体现在能源、贸易、工程承包及投资领域。就中国而言,其"世界工厂"的地位将为海方提供充足多样的工业制品;而就海方而言,其丰富的石油与天然气是中国经济发展的重要资源;在工程承包及投资领域,中海双方的合作具有广阔的前景。随着中国—海合会自由贸易区谈判的不断深入,我们有理由相信中海双方将进一步扩展合作领域,互惠互利。

（六）与亚欧会议的融合与发展

共建"一带一路"倡议是融合亚洲一体化与欧洲一体化的经验而提出的构想。"丝绸之路经济带"和"21世纪海上丝绸之路"覆盖的地区广阔，多个世界文明发祥地身在其中；同时，"一带一路"沿线还包括许多地缘风险较高、战略利益较集中的焦点地区，具有明显的差异性与多样性，有分歧的同时更有巨大的合作潜力。基于此，亟须具有包容性和弹性的制度安排，促使各方达成共识，进行资源整合，实现共同发展。亚欧会议为中国实施共建"一带一路"倡议提供了重要的平台与宝贵的经验，为跨区域大合作提供了更多的契机。

（七）与APEC的融合与发展

中国一直是APEC的积极参与者、贡献者。作为"一带一路"的倡议国，中国一方面努力推进APEC框架下的区域合作，另一方面也积极撮合"一带一路"建设与APEC的合作与对接，以促进亚太区域及世界经济的一体化和可持续发展。"一带一路"倡议与APEC的契合度主要体现在以下几个方面。

第一，APEC在推进亚太自由贸易区建设的同时促进了"一带一路"框架下的贸易相通。"一带一路"建设的其中一个重点内容是投资贸易合作，通过建立自由贸易区，促进投资合作，推进贸易便利化与自由化，而这正是APEC推进亚太自由贸易区建设的重要内容。

第二，APEC推进亚太互联互通建设方面的内容是"一带一路"框架下设施联通的重要组成部分。实现亚太经济一体化的前提是基础设施的互联互通，这与"一带一路"建设首推的基础设施建设不谋而合。除了基础设施的互联互通，政策法规的互联互通、人员往来的互联互通也都是APEC推进亚太互联互通建设与"一带一路"建设的重要内容。

第三，APEC推进亚太地区包容性增长与"一带一路"框架下推动沿线国家共荣发展具有相同的目标与理念。"一带一路"沿线国家经济的可持续发展必须建立在国家间互相包容、和谐共存的基础上，这正是APEC所倡导的亚太地区包容性增长内容，互相包容、和谐共存将让更多的国家及其人民分享到经济成果，进而提高其参与"一带一路"建设的积极性。[1]

---

[1]《当"一带一路"遇上APEC：共促亚太发展新格局》，2016年11月19日，http://www.xinhuanet.com/world/2016-11/19/c_135840617.htm。

（八）与大湄公河次区域的融合与发展

中国重视大湄公河次区域合作，积极参与大湄公河次区域各层次、各领域项目的规划与实施，为促进大湄公河次区域各成员民生和福祉做出了自身贡献。朱镕基、温家宝、李克强都曾出席大湄公河次区域经济合作领导人会议并做重要讲话。

大湄公河次区域经济合作以项目为主导，通过加强经济联系，推动区域内发展中国家互利合作、联合自强，进而促进次区域经济社会发展。经过十多年的发展，大湄公河次区域的经济一体化速度不断提高，有力地推动了区域经济一体化进程。大湄公河次区域经济合作与"一带一路"倡议可以在以下几方面开展重点对接与合作：加快基础设施重大项目建设，促进区域互联互通；创新产业合作模式，推动各国产能合作，为域内各国人民带来实实在在的利益。

"一带一路"倡议提出的孟中印缅经济走廊与大湄公河次区域在地域上存在较大的重合，而大湄公河次区域经过多年的发展，已经成为大湄公河次区域内成熟的多边合作机制，也是行之有效的区域合作平台。中国已经与大湄公河次区域框架内的五个国家建立了全面战略合作伙伴关系，大湄公河次区域合作将进一步提升中国与五国的伙伴关系。中国不断地促进区域的互联互通，在提升航道通航能力、推动地区通信网络建设等方面做出贡献。与此同时，大湄公河次区域六国商会共同成立的大湄公河次区域运输商协会，为政府公共部门和私营部门之间提供了协调交流渠道。重点推进大湄公河次区域基础设施和产能合作重大项目与"一带一路"倡议对接，争取丝路基金和亚投行等对相关项目的资金支持，发挥大湄公河次区域以项目为主导的合作机制优势，促进区域内国家间的互联互通。这将带动孟中印缅经济走廊发展，促进"一带一路"建设。

（九）与澜沧江—湄公河合作的融合与发展

湄公河流域国家是中国构建亚洲命运共同体及推进"一带一路"建设的重要合作伙伴。澜沧江－湄公河合作具有明显的相互需求和良好的双边基础，将成为"一带一路"建设中的亮点和重要一环。澜沧江－湄公河合作涉及综合通道的建设，其中泛亚铁路就是"一带一路"建设的其中一部分，依托泛亚铁路，将提高货运效率，加快产业合作。

(十) 与博鳌亚洲论坛的融合与发展

2017年3月，在博鳌亚洲论坛2017年年会上，"一带一路"成为国内外参会人员热议的焦点，参会人员认为：亚洲各经济体可以依托"一带一路"建设，开展多层面的跨境合作，具有良好的发展趋势与前景，博鳌亚洲论坛2017年年会发布的《博鳌亚洲论坛亚洲经济一体化进程2017年度报告》和《博鳌亚洲论坛亚洲竞争力2017年度报告》认为，"一带一路"建设在促进亚洲经济体本土化合作、加速亚洲经济一体化发展等方面发挥了重要作用。2017年9月，博鳌亚洲论坛在巴黎举办题为"一带一路：亚欧战略对接"的主题会议，会议重点讨论了亚洲与欧洲在互联互通、基础设施、产业创新、贸易投资制度化安排等方面的合作问题，并提出了进一步深化合作的愿景。

(十一) 与中非合作论坛的融合与发展

中非合作论坛是中非合作的高效机制。针对非洲联盟2001年提出的自主发展与国际协调并重的《非洲发展新伙伴计划》、2008年发布的《非洲加速工业发展行动计划》、2013年发布的《非洲基础设施发展规划》及《非洲2063愿景》，中国政府出台与非洲发展诉求相辅相成的政策及配套方案。

在中非合作论坛引领下，中非经贸合作、人文交流成效卓著。中国商务部数据显示，2017年，中国企业在非洲的投资额达到较高水平，其中对非金融类直接投资流量达到31亿美元，新签承包工程合同额765亿美元，完成营业额512亿美元，不少重大项目的建设进展可观。据中国海关统计，2018年，中国与非洲的进出口总额增长幅度较大，总金额达到2041.9亿美元，同比增长19.7%。2019年4月，中国非洲研究院成立，并在北京召开了中非合作与人文交流学术研讨会，会议为中非合作发展、构建人类命运共同体贡献了力量。

第十五章 金砖国家合作的经济治理

2008 年全球金融危机爆发,危机的传播和严重的破坏性促进了金砖国家强烈的合作意愿。经俄罗斯的倡议,俄罗斯、中国、印度、巴西四国于 2009 年 6 月在俄罗斯叶卡捷琳堡举行了首次领导人会议,2010 年 12 月南非加入后更名为"金砖国家"。此后每年依例举行,合作走向机制化,有力推动了全球治理体系的改善。2014 年,金砖国家成立了金砖国家新开发银行,开辟了南南合作新模式,为五国发展和新兴经济体参与全球经济治理注入动力。

第一节 全球经济治理的新范式:金砖国家合作

2008 年国际金融危机爆发后,世界经济发展潜在增长率下行、逆全球化思潮上扬,全球经济治理模式正经历着深刻变化。金砖国家在多层次、多领域协同发展,从一个以经济治理、务虚为主的对话论坛向全方位协调机制转型,已经成为全球最具影响力的南南合作平台,承载着新兴市场国家和发展中国家参与全球治理体系的期望。

一、金砖国家合作的基础

国家间的共同利益是金砖国家合作的基础。金砖国家之所以会合作,是因为在政治、经济、科技、环境及自然资源等方面有着坚实的利益基础。金砖国家利用各国的资源禀赋、经济优势等取长补短、趋利避害,使各国的经济随着合作的不断加强而共同发展,成为全球经济合作和治理的范式。

(一)金砖国家合作的资源禀赋基础

金砖国家的国土面积约占世界面积的 30%,截至 2019 年末,金砖五国人口总数约为 31.65 亿人,约占世界总人口的 41.7%。成员国的资源禀赋各异,发展结构不尽相同。俄罗斯被誉为"世界加油站",拥有全球最大储量的矿产和能源资源,是最大的石油和天然气输出国;巴西是"世界原料基地",拥有丰富的矿物储量和自然资源;印度被称为"世界办公室",服务业增长迅速,是世界第二人口大国;南非是非洲第二大经济体,经济相比其他非洲国家稳定,在非洲国家中有着重要的影响力,是通往非洲的"门户";而中国是仅次于美国的世界第二大经济体,有着巨大的市场和雄厚的经济实力。在世界经济陷入长期低迷、发达国家内需疲软、贸易保护主义升级的背景下,五国的市场、资源、技术、资金、劳动力等要素相结合,不仅能为自身谋求更好的发展机遇,也将带动全球政治、经济、贸易和金融多极化发展,为世界经济企稳复苏做出突出贡献。

（二）金砖国家合作的经济基础

金砖国家的成员国都是新兴市场大国,在 21 世纪初经济都迅猛增长,经济规模及地区影响力不断攀升,使得金砖国家有必要在经济上建立更加紧密的合作联盟,为自身和世界经济发展注入新的活力。2001 年,金砖国家总体 GDP 合计 28 248.98 亿美元,仅占世界总量的 8.48%。到 2009 年,金砖国家 GDP 合计 95 455.65 亿美元,占世界总量的 15.85%。2008 年金融危机之后,世界贸易增长停滞、经济复苏乏力,金砖国家贸易投资合作的深化成为全球关注的焦点和国际经贸合作的亮点。截至 2016 年,金砖国家GDP 合计 167 788.05 亿美元,占世界总量的 22.29%,对世界经济增长的贡献率达到 50%。其中,中国 2016 年的 GDP 为 112 029.12 亿美元,世界排名第二;2001—2016 年,中国 GDP 年平均增速高达 15.21%,巴西、俄罗斯、印度和南非 GDP 的年平均增速分别高达 8.09%、10.03%、10.41%、6.09%;而与此同时,世界生产总值年均增长率只有 5.58%(表 15-1)。

表 15-1 2001 年、2009 年、2016 年及 2018 年金砖国家 GDP、年平均增速及占世界总量比重

项目	年份	中国	巴西	俄罗斯	印度	南非	金砖国家	世界
GDP /亿美元	2001	13 394.12	5 593.93	3 065.46	4 980.32	1 215.15	28 248.98	333 314.09
	2009	51 102.53	16 722.89	12 216.24	12 454.62	2 959.37	95 455.65	602 394.62
	2016	112 029.12	17 967.64	12 849.93	21 991.50	2 949.86	167 788.05	752 780.49
	2018	136 081.52	18 686.26	16 575.54	27 263.23	3 682.88	202 289.43	858 043.91
年平均增速	2001—2016	15.21%	8.09%	10.03%	10.41%	6.09%	12.61%	5.58%

续表

项目	年份	中国	巴西	俄罗斯	印度	南非	金砖国家	世界
占世界总量比重	2001	4.02%	1.68%	0.92%	1.49%	0.36%	8.48%	100.00%
	2009	8.48%	2.78%	2.03%	2.07%	0.49%	15.85%	100.00%
	2016	14.88%	2.39%	1.71%	2.92%	0.39%	22.29%	100.00%

资料来源：http://unctadstat.unctad.org/UnctadStatMetadata/Documentation/UNCTADstatContent.html

另外，金砖国家在国际分工和产业格局方面同质竞争较少，中国在制造业和互联网应用、印度在信息技术服务业和制药、俄罗斯在军工和能源、巴西在农业和民用航空等领域的国际竞争力都可以在与其他金砖国家的贸易合作中得到加强，产业合作潜力广阔，互利共赢的空间巨大。在世界经济发展疲软的背景下，发展中国家难以靠开发国内资源维系经济的快速发展，如何结合五国的资源有效开展国际合作是金砖国家共同面对的课题。金砖国家的合作将为成员的经济发展添砖加瓦，也将带动全球经济治理模式的发展。

（三）金砖国家合作的政治基础

金砖国家拥有相似的经济发展水平，经历着相同的经济治理问题，在客观上代表着发展中国家的利益，有着增加发展中国家的国际事务话语权和创造更加平衡、更有利于全球经济发展的国际环境的共同历史使命。

虽然金砖国家经济发展迅猛，但主要以粗放式经济发展为主，处于国际分工中的低端地位，共同受制于不公平的国际经济旧秩序。发达国家主宰的国际政治经济旧秩序是按照发达资本主义国家的意志和需要建立起来的广大发展中国家无权无地位的国际经济关系体系。金砖国家有着共同的利益诉求和战略立场，只有联合起来，才更能够维护新兴国家利益、促进世界的和平与发展。

同时，作为世界新兴市场国家的代表、全球分工体系深刻重构的重要参与者，金砖国家有共同的发展命运和境遇，都有在国际金融和贸易体系中谋求更大的发展空间和话语权的诉求。因此，金砖国家有着坚实的走向合作的政治基础。

二、金砖国家合作的意义

金砖国家是目前世界最有影响力的南南合作平台之一，体现了跨区域、多元和多层次等特点，已经成为金砖成员国促进自身发展和参与全球经济治理的重要平台。在国际政治经济旧秩序频现全球治理危机的情况下，金砖国家的合作不仅稳定了自身经济发展，为维护发展中国家的利益做出了功不可没的贡献，也为既有全球治理模式做出了有益补充，丰富了全球治理理念。

首先，金砖国家的合作稳定了自身经济发展。经济发展，是当今世界的重要问题，也是金砖国家峰会的核心议题。相较其他政府间组织和国际机构，金砖国家更加重视市场与政府的结合，通过市场、资源、技术、资金等要素的深入合作，促进成员国的经济增长，加强成员国的经济竞争力，切实解决成员国在全球经济治理中的经济发展问题。

其次，金砖国家的合作为维护发展中国家的利益做出了功不可没的贡献。金砖国家的合作是南南合作中的重要组成部分，使得发展中国家的国际地位和话语权得到提升。金砖国家对世界和地区发展议题的关注，为发展中国家争取了更好的经济发展环境，维护了发展中国家的共同利益。

最后，金砖国家组织是全球经济治理模式的一种新尝试，是既有全球治理模式的有益补充。虽然，金砖国家倡导的治理模式与西方发达国家不同，但并非意图与发达国家对抗。金砖国家的主要诉求是通过规范既有机制，推动国际治理的议程更多转向经济发展问题，推动既有国际治理秩序朝更加公正、民主和多元的方向前进，创造更公平、更具包容性的国际经济发展环境，为全球经济治理模式的发展做出杰出的贡献。

三、金砖国家经济合作面临的挑战

全球金融危机的巨大冲击给金砖国家合作带来一个很好的契机，在金砖国家合作起步阶段，各成员国抱团取暖，共渡难关。随着全球经济的微弱复苏，世界经济分化进一步突显，多边贸易体制被边缘化的趋势明显，逆全球化和有选择的反全球化对开放型世界经济造成了巨大挑战。一方面，金砖国家成员国内部经济不稳定，增加了金砖国家经济合作的不稳定因素。全球经济增速总体放缓，使金砖国家的对外贸易普遍受到较大冲击，成员国国内经济发展增速随之放缓。另一方面，国际贸易格局不断分化，各种贸易、投资区域合作机制同时并存，也将使金砖国家成员国的政策目标和措施容易出现分歧，经济合作面临的不确定性日益加大。金砖成员国之间及其与其他区域合作机制间存在的冲突也将成为当前金砖国家经济合作的主要挑战。

（一）成员国间利益冲突

金砖国家的资源禀赋、产业优势和经济体制各不相同，虽然有着坚实的合作基础，但也存在客观的利益冲突。金砖国家合作与竞争、协调与防范并存。中国自然资源和劳动力资源禀赋充沛，既是世界生产大国，也是能源和矿产资源进口的大国，产业基础扎实，但存在产能过剩问题。印度计算机、软件产业较为发达，但基础设施建设滞后，产业基础薄弱。巴西拥有丰富的自然资源，第一产业发达，工业发展迅猛，但财政问题导致国内政局不稳、社会矛盾突出，成为其经济发展的一大阻碍。俄罗斯拥有强大的航天产业和军事工业，但经济结构比较单一，过度依赖能源与资源的出口，不稳定因素多。南非是非洲重要经济体，但经济可持续发展问题突显，贫富不均、教育落后和失业率高等问题长期困扰着南非。在这样的背景下，巴西和俄罗斯作为能源资源生产国，无意于使金砖合作发展为资源供求关系。南非与印度也担心密切的经贸合作可能会对其薄弱产业造成冲击。金砖国家各自利益诉求不同，因而在合作方面持差异态度。目前仅在利益诉求相同的议题上达成共识、取得重大进展。在金融领域，金砖国家承诺推动国际金融机构改革，创建了金砖国家新开发银行及金砖国家应急基金，稳定金砖国家的金融货币体系，为建立多元化的国际货币体系做出了卓越的贡献；在贸易领域，金砖国家贸易互补性强、合作的潜力巨大。但随着合作的逐渐深入，各国利益诉求差异日益凸显，进一步达成深入合作的难度也日渐增加。

（二）金砖国家合作与其他合作机制间存在冲突

在国际政治经济新形势下，金砖国家各成员国出于各种国际政治、经济利益考量，参与了不同区域的合作机制和国际合作机制，构成了其对外经济合作的整体战略规划。金砖国家之间的合作进程可能受到各自的对外经济战略定位和其他排他性合作机制的影响。例如，俄罗斯同属上海合作组织及欧亚经济联盟等组织的成员，其主要瞄准的市场是欧盟。因此，俄罗斯国际经济合作战略的重心是大力推进欧亚经济联盟。印度同属环印度洋地区合作联盟成员国，由于地缘关系，印度历届政府基本上都把南亚作为印度外交的优先地区，印度总理莫迪提出"季风计划"，规划了一个由印度主导的海洋世界，更加突显了印度对环印度洋地区合作联盟的重视。中国提出共同建设"一带一路"倡议，旨在共同发展和打造与沿线国家的利益共同体、命运共同体和责任共同体。巴西是南方共同市场、美洲开发银行的成员国。南非是南部非洲发展共同体的成员国,也致力于推动所在区域的经济一体化。金砖成员国这些对外经济合作战略有着各自的定位和战略考量,自然对金砖国家组织关注不够,从而弱化了其机制作用。因此,如何实现国家的战略对接、厘清和适当处理与其他合作组织的关系还有待探讨。

第二节 金砖国家经济合作的治理机制

在全球治理中,国际合作及国际组织的运转都需要通过一定的合作机制来实现,而合作机制是指在特定领域里规定行为体的角色、约束有关活动并汇聚行为体预期而成的一整套正式或非正式的原则、规范、规则和决策程序[1][2]。国家领导人之间定期会晤、共同发布的宣言或成立的组织,均属于国家合作机制的一部分。具有权威性、制约性和关联性的国际制度能推动国际合作,使国家间的沟通变得更加便捷[3]。

目前,金砖国家已经建立了多层次多领域的对话平台与合作机制,在政府层面,通过五大平台,形成了以领导人会晤为引领,以安全事务高级代表会议、外长会晤等部长级会议为支撑,在经贸、财政、金融、农业、教育、卫生、科技、文化、禁毒、统计、旅游、智库、友城、地方政府合作等数十个领域开展务实合作的多层次架构,构成经济、金融等多领域合作与对话的机制化体系。以下将从金砖国家合作模式的目标、主体、对象、合作成效等四个方面一一来看金砖国家经济合作机制的特点。

一、金砖国家领导人会晤机制

(一)金砖国家领导人会晤机制的目标和主体

金砖国家拥有相似的经济发展水平,经历着相同的经济治理问题,都有着共同发展及共同创造更加平衡、更有利于全球经济发展的国际环境的意愿。目前金砖国家领导人定期会晤机制引领着金砖合作组织的方向,在合作机制中起着总揽全局的核心作用,其目标在于对国际问题开展交流及

---

[1] Krasner S, *International Regimes*, Ithaca: Cornell University Press, 1983, p. 335.
[2] 门洪华:《国际机制的有效性与局限性》,《美国研究》2001年第4期,第7—20、3页。
[3] 门洪华:《国际机制的有效性与局限性》,《美国研究》2001年第4期,第7—20、3页。

对话，为金砖国家合作制定纲领性的合作框架，指示各经济部门参与各项合作事项的研究和拟定，在广泛领域开展务实、多层次的合作。

领导人会晤机制的主体包括巴西、俄罗斯、印度、中国和南非的国家最高领导层。金砖国家各成员国从 2009 年开始，形成了金砖国家最高领导人每年一次的定期会晤机制，截至 2019 年，共举办了十一次领导人会晤。

（二）金砖国家领导人会晤机制对象及合作成效

从 2009 年开始的《"金砖四国"领导人俄罗斯叶卡捷琳堡会晤联合声明》的 16 条联合声明发表到 2017 年《金砖国家领导人厦门宣言》的 71 条声明，金砖国家的合作领域快速增加，关乎世界经济形势和发展领域的紧迫问题均属于领导人会晤机制的研究对象。

在金砖国家的合作过程中，《"金砖四国"领导人第二次正式会晤联合声明》《三亚宣言》《德里宣言》等纲领性的合作框架逐渐形成。自 2009 年以来在国际经贸合作和国际关系等各领域达成了广泛共识，取得了一系列丰硕的成果。

在金融领域，金砖国家前后签署了《"金砖四国"银行合作机制备忘录》《金砖国家银行合作机制金融合作框架协议》《金砖国家银行合作机制多边本币授信总协议》与《多边信用证保兑服务协议》等相关文件，成立了金砖国家新开发银行、金砖国家应急基金等。在双边层面，金砖各国达成了多项双边货币互换协议，朝向构建更稳健的金融安全网络的方向发展，并提出了本币结算的倡议。以中国为例，2013 年，中国同巴西签署了三年期、规模为 1900 亿元人民币/600 亿巴西雷亚尔的双边本币互换协议；2014 年同俄国签署了三年期、规模为 1500 亿元人民币/8150 亿卢布的双边本币互换协议；2015 年同南非签署了三年期、规模为 300 亿元人民币/540 亿兰特的双边本币互换协议。

在贸易投资领域，金砖国家签署和落实了《金砖国家经济伙伴战略》《金砖国家贸易和投资合作框架》及《金砖国家电子商务合作框架》等一系列协议，使得金砖国家间的贸易和投资更便利化。金砖国家进出口银行和金砖国家新开发银行达成《可持续发展合作和联合融资多边协议》《非洲基础设施联合融资多边协议》等协议，[1]满足成员国间的贸易发展和投资便

---

[1]《金砖国家领导人第五次会晤德班宣言（全文）》，2013 年 3 月 28 日，https://www.fmprc.gov.cn/ce/cebel/chn/zgyw/t1026097.htm。

利化。金砖国家领导人会晤切实促进各成员间的贸易投资活动,以多边促进双边的方式,为各国经济的发展提供新动力。

在国际关系领域,金砖国家领导人会晤加强了成员国间的合作对话,不仅吸收了南非加入金砖国家,还演化出"金砖+"模式,同时金砖国家领导人第八次会晤还探讨了设立金砖国家评级机构的可能性,以进一步提高发展中国家在国际体系中的地位和发言权。金砖国家的集体努力,成功推动国际货币基金组织和世界银行通过了上一轮(2010年)份额和治理改革方案,增强了新兴国家和发展中国家在世界主要多边金融机构内的影响力。

二、金砖国家经贸部长会晤机制

(一)金砖国家经贸部长会晤机制的目标和主体

金砖国家经贸部长定期会晤机制旨在参与领导人会晤拟定的各项合作事项的研究,传达落实金砖国家领导人达成的各项经济合作共识,推动协同发展进程。

金砖国家经贸部长定期会晤机制的主体包括巴西、俄罗斯、印度、中国和南非的国家商务部部长。金砖国家经贸部长会晤一般在领导人会晤之前举行,首次会议于2011年4月13日在海南三亚举行,第七次金砖国家经贸部长会议于2017年8月1日在上海举行。截至2017年,经贸部长定期会晤已成功举办七次。

(二)金砖国家经贸部长会晤机制的对象及合作成效

为了让金砖国家领导人定期会晤达成共识不流于形式,金砖国家经贸部长会晤变得尤为重要,其对象是讨论金砖国家面临的国际和地区经济形势,全面盘点金砖国家经贸合作重点,在经贸方面为领导人会晤做好了准备,内容包括促进投资便利化、促进贸易发展、加强经济技术合作和能力建设、支持多边贸易体制等多个方面。

经贸部长会晤促使金砖国家经贸合作逐步形成机制化、系统化和实心化的经贸合作,[1]从而为金砖国家领导人会晤成果落地奠定了坚实的基础。

---

[1]《金砖国家经贸部长会议:经贸合作凝聚金砖力量》,2017年8月3日,http://fj.people.com.cn/n2/2017/0803/c181466-30564052.html。

金砖国家经贸合作的机制建设日益完善。从2011年起，先后成功签署了《金砖国家贸易投资合作框架》《金砖国家贸易投资便利化行动计划》《金砖国家电子商务合作框架》《金砖国家知识产权合作机制工作职责》《金砖国家电子商务合作倡议》《金砖国家投资便利化合作纲要》等一系列重要文件。[①]其中，《金砖国家电子商务合作倡议》将全面启动金砖电子商务合作进程；《金砖国家投资便利化合作纲要》是在全球投资政策领域达成的一份重要成果。

联合国官方数据统计显示：2000—2016年金砖五国进出口额都有所变动。其中，巴西2016年货物和服务进出口总额为4209亿美元，进口额为2032亿美元，出口额为2178亿美元[②]。2000—2013年巴西货物和服务进出口总额总体呈增长趋势，2014—2016年开始下滑。俄罗斯2016年货物和服务进出口总额为5982亿美元，其中进口额2661亿美元，出口额3322亿美元[③]，2000—2013年俄罗斯货物和服务进出口总额整体保持增长，自2014年始有大幅下降。印度2015年货物和服务进出口总额为8822亿美元，印度货物和服务进出口总额相对变动幅度较小，从2010—2015年基本保持在8000亿美元以上。中国货物和服务进出口总额整体上处于增长态势，2016年进出口总额达41 459亿美元，其中进口额为19 480亿美元，出口额为21 979亿美元。南非货物和服务进出口总额在金砖五国中一直是最低的，2016年货物和服务进出口总额为1784亿美元，进口额为890亿美元，出口额为894亿美元（表15-2）。金砖国家的经贸合作重在让成员国得到各方利益的最大公约数，获得更多共同利益，并为全球经济发展做出杰出贡献。

表15-2　2000年、2009—2016年金砖各国货物和服务进出口总额

项目	年份	中国	巴西	俄罗斯	印度	南非	金砖国家
货物和服务进出口总额/亿美元	2000	4 774	1 370	1 690	1 259	702	9 795
	2009	22 793	3 540	5 903	6 232	1 647	40 115
	2010	29 849	4 757	7 628	8 261	2 101	52 596
	2011	38 358	5 945	9 835	10 158	2 506	66 802
	2012	41 183	5 849	10 345	10 176	2 414	69 967

---

①《经贸合作凝聚金砖力量》，2017年8月3日，http://www.mot.gov.cn/guowuyuanxinxi/201708/t20170803_2803998.html。

② 由于数据进行了四舍五入，进口额与出口额相加与进出口总额有偏差。

③ 由于数据进行了四舍五入，进口额与出口额相加与进出口总额有偏差。

续表

项目	年份	中国	巴西	俄罗斯	印度	南非	金砖国家
货物和服务进出口总额/亿美元	2013	44 758	6 052	10 616	9 952	2 353	73 731
	2014	47 045	5 829	9 914	9 980	2 252	75 020
	2015	43 624	4 670	6 747	8 822	1 964	65 827
	2016	41 459	4 209	5 982		1 784	53 434
年平均增速	2000—2013	18.79%	12.11%	15.18%	17.24%	9.75%	16.80%
	2013—2016	-2.52%	-11.40%	-17.40%		-8.81%	-10.18%

资料来源：国家统计局

三、金砖国家安全事务高级代表会议

（一）金砖国家安全事务高级代表会议的目标和主体

金砖国家安全事务高级代表会议是金砖国家讨论并开展政治安全领域合作的主要平台，以打造金砖国家利益和命运共同体为目标，对金砖国家增进政治互信、加强战略沟通、提升国际事务影响力具有重要作用。[1]金砖国家安全事务高级代表会议的参与主体是金砖各国的安全事务高级代表。

（二）金砖国家安全事务高级代表会议的对象及合作成效

金砖国家安全事务高级代表会议的讨论对象主要涉及网络安全、能源安全、反恐、西亚北非及中东局势等问题。第七次金砖国家安全事务高级代表会议于2017年7月在北京召开，重点讨论了反恐、全球治理、重大国际和地区热点、网络安全和能源安全、国家安全和发展等议题。[2]

世界正在经历深刻变革，国际社会面临全球性安全威胁和挑战，目前，在各方共同努力下，金砖国家在政治安全领域的合作机制日益成熟，取得重要成绩。金砖国家安全事务高级代表会议是维护世界和平、促进共同发展、加强全球治理的重要力量，是五国加强政治安全合作的战略性平台。新兴市场国家与发展中国家对话会晤机制化，进一步加强了五国在国际安全形势、生物安全及反恐和网络安全合作等方面的战略互信与务实合作，提高了金砖国家在国际和地区重大问题上的影响力。

---

[1]《第七次金砖国家安全事务高级代表会议将在北京举行》，2017年7月24日，http://www.gov.cn/guowuyuan/2017-07/24/content_5213063.htm。

[2]《第七次金砖国家安全事务高级代表会议将在北京举行》，2017年7月24日，http://www.gov.cn/guowuyuan/2017-07/24/content_5213063.htm。

四、金砖国家新开发银行

（一）金砖国家新开发银行的目标和主体

2012年，金砖国家领导人在印度新德里会晤时探讨了建立一个新的开发银行的可能性。[①]2013年，金砖国家领导人第五次会晤正式确立建立"金砖国家新开发银行"。

2018年，在重庆金砖国家智库国际研讨会上，国内外专家学者围绕"全球经济治理格局中金砖国家务实合作"主题展开了深入探讨，达成了广泛共识。[②]金砖国家新开发银行旨在为金砖国家、其他新兴市场和发展中国家的基础设施建设及可持续发展项目提供及筹集资金。金砖国家新开发银行是由成员国共同出资的国际性开发银行，旨在构筑共同的金融安全网。金砖国家新开发银行有着鲜明的目标和职能，是世界银行、亚洲开发银行等既有全球性和区域性开发银行的有益补充。

（二）金砖国家新开发银行的对象及合作成效

金砖国家新开发银行作为新型的国际多边金融机构，在学习世界银行等既有国际金融机构经验的基础上，也有着自身鲜明的民主化、多元化特色。金砖国家新开发银行在依托成员国初始资金的同时，也通过市场渠道建立中长期、低成本的融资机制，拓展资金来源和优化融资结构。虽然金砖国家新开发银行发起国只有五个，但未来金砖国家新开发银行将会吸纳其他发展中国家，甚至部分发达国家或金融机构成为新成员，争取更多的新兴市场国家支持和参与新开发银行建设。

金砖国家新开发银行成立以来，在运行机制组建、机制建设上都取得了积极成果。在促进国际货币体系改革的同时，也为传统国际金融体系改革提速。运行机制方面，简化了金砖国家之间的相互结算与贷款业务，减小了汇率风险，降低了各成员国经济合作的成本，保障了成员国的资金流通和贸易往来。在机制建设方面，突破了发达国家金融垄断，为发展中国家筹措了资金。

2016年4月，金砖国家新开发银行批准了首批总额为8.11亿美元的贷

[①]《金砖国家领导人第四次会晤<德里宣言>（全文）》，2012年3月30日，http://www.xinhuanet.com/world/2012-03/30/c_122906770.htm。

[②] 唐钢、谭舒：《2012年金砖国家智库论坛在重庆达成共识，创建金转国家开发银行》，《重庆与世界》2012年第10期，第13—14页。

款,将其用于支持巴西、印度、中国和南非的绿色能源项目。同年 6 月,金砖国家新开发银行发行绿色金融债券,债券规模为 30 亿元人民币。2017 年 8 月,金砖国家新开发银行的第一个区域开发中心——非洲开发中心在南非约翰内斯堡成立,为金砖国家金融治理实践迈出了坚实的一步。截至 2017 年 9 月,金砖国家开发银行已经批准了 11 个贷款项目,贷款总额达 30 亿美元。其中,大部分资金投入到了太阳能、风能、小型水电、绿色能源传输等可持续发展项目。

五、金砖国家工商理事会

(一)金砖国家工商理事会的目标和主体

金砖国家工商理事会的宗旨是促进金砖国家工商界对话磋商、深化经贸合作、表达新兴国家工商界声音。2013 年 3 月的第五届金砖国家峰会在南非德班举行,金砖国家工商理事会成为加强金砖国家之间经贸合作的重要角色[1],旨在加强金砖国家工商界间的经贸投资联系,减少金砖国家间贸易投资的障碍,并提出解决方案。

(二)金砖国家工商理事会的对象及合作成效

金砖国家工商理事会有着重要的纽带作用,围绕全球航运与物流、数字经济、能源、通信基础设施、绿色金融等领域展开讨论,将推动金砖国家工商界在经济、贸易、投资方面的联系。[2]

第一,金砖国家工商理事会促进金砖国家各成员国工商企业界之间的合作。2013 年,金砖国家工商理事会共有 25 名理事,每一个成员国各 5 名,[3]他们提供《年度报告》为各项合作政策与措施的出台出谋划策。

第二,金砖国家工商理事会建立了金砖国家信息共享与交流平台,这是金砖国家工商理事会成立时的重点项目。在第五届金砖国家峰会举办期间举行的第三次金砖国家经贸部长会议通过的《金砖国家贸易投资合作框架》明确把建设金砖国家信息共享与交流平台列为 2013—2014 年金砖国家

---

[1]《金砖国家在德班正式宣布成立金砖国家工商理事会》,2013 年 3 月 27 日,http://www.gov.cn/jrzg/2013-03/27/content_2363932.htm。

[2]《金砖国家工商理事会在沪召开》,2017 年 9 月 2 日,http://sh.people.com.cn/GB/n2/2017/0902/c134768-30685459.html。

[3]《金砖国家工商理事会成立》,2013 年 3 月 28 日,http://world.people.com.cn/n/2013/0328/c1002-20941247.html。

共同推进的八项合作中排名第一的项目，要求把该平台建设成为最为权威的信息发布平台，为推动金砖国家之间经贸合作提供稳定、可靠、可持续的信息服务。①

第三节 金砖国家合作经济治理中的中国作用

2009年，金砖国家发表《"金砖四国"领导人俄罗斯叶卡捷琳堡会晤联合声明》，丰富了既有的全球治理理念，体现了超越传统封闭性和对抗性国际联盟的特性，实现了跨区域性多元和多层次国际合作的创新，已经成为各成员国倡导自身国际治理理念的重要平台。习近平在金砖国家领导人第八次会晤上的讲话提到，"中国是金砖机制的坚定支持者和参与者，把金砖国家合作作为中国外交的重要方向"②。中国在金砖国家合作机制中发挥着不可或缺的重要作用，而金砖国家的各种合作平台也是中国倡导国际规范理念的实践的舞台。

一、金砖国家合作机制对中国的意义

经济增长是金砖国家身份的力量基础，金砖国家合作机制对中国来说意义非凡。2017年金砖国家领导人第九次会晤后，金砖国家进一步拓宽了在经济领域中的合作，合作机制也更加制度化。③金砖国家为世界经济增长做出的贡献，奠定了其在世界经济复苏和增长中的新引擎和推动者的地位，中国参与金砖国家的光明前景可期。

（一）参与金砖国家合作是中国经济发展的必然选择

金砖国家合作机制是在全球化飞速发展及逆全球化暗流汹涌的时代背景下构建的，是复兴沉寂已久的南南合作的希望。多年来，金砖国家对全球经济增长的贡献不断增大。作为金砖国家的主要参与者，中国能够以积

---

① 《金砖国家信息共享与交流平台：关于我们》，http://cn.brics-info.org/%e5%85%b3%e4%ba%8e%e6%88%91%e4%bb%ac/。
② 《习近平在金砖国家领导人第八次会晤上的讲话（全文）》，2016年10月16日，http://www.xinhuanet.com/world/2016-10/16/c_1119727543.htm。
③ 《张志洲：金砖合作机制增强了中国的国际话语权》，2017年10月13日，http://world.people.com.cn/n1/2017/1013/c1002-29586579.html。

极的姿态融入世界体系，推动发展中国家的技术合作和经济合作，为广大发展中国家谋求更好的经济发展环境及共同利益。

（二）参与金砖国家合作是中国搞好国际关系的重要途径

金砖合作机制为成员国提供了更多对话协商的机会，有利于稳定的国际环境的形成。印度和俄罗斯是我国的合作伙伴，也可能成为我国的威胁，如果中国的国际环境恶化，必然要把资源从经济发展中转移出去应对政治局势变化，影响经济发展进程。而正是金砖国家的合作，强化了中国与印度、俄罗斯之间的合作关系，减少了地缘政治冲突可能带来的风险，"开放、包容、合作、共赢"已成为金砖国家各成员国的原则共识。

（三）参与金砖国家合作能提高中国的国际话语权

金砖合作机制的基本诉求之一，就是通过强化金砖国家在政治、经济和全球治理中的国际话语权，创造对发展中国家更友好的国际环境。作为一种集体行为，金砖国家通过各项具体合作内容与政策的推行提升国际影响力和话语权，也提升了中国的国际话语权份额，而参与金砖合作机制是实现这一诉求的方式。

二、中国对金砖国家合作机制的治理理念

在国内外形势正在发生深刻复杂变化的情况下，中国的发展机遇与挑战并存。新时代的中国特色大国外交强调要推动构建新型国际关系，推动构建人类命运共同体。①这高度凝练了新时代中国外交追求的总目标，也向世界亮明了我们希望与各国共同努力的大方向：建设持久和平、普遍安全、共同繁荣、开放包容、清洁美丽的世界。②

（一）共商、共建、共享

共商、共建、共享的全球治理观是中国积极参与全球治理体系变革和建设的基本理念和主张，是习近平外交思想的重要组成部分，它为破解全

---

① 杜正艾：《推动构建新型国际关系 构建人类命运共同体》，2017年12月1日，http://theory.people.com.cn/n1/2017/1201/c40531-29680351.html。

② 杜正艾：《推动构建新型国际关系 构建人类命运共同体》，2017年12月1日，http://theory.people.com.cn/n1/2017/1201/c40531-29680351.html。

球治理难题贡献了中国智慧,对构建新型国际关系产生积极而深远的影响。①中国秉承"互尊互谅、平等相待、团结互助、开放包容、互惠互利"的金砖精神,在与其他各国的合作中已经充分体现了共商、共建、共享的全球治理观。首先,共商、共建、共享是金砖国家的合作基础。在资源禀赋各异、发展模式不尽相同的情况下,金砖各国对于主权平等的原则非常敏感,如果金砖国家成员国中出现某个领导国、霸权国主导日程,或者对其他国施加过度影响力的情况,将会造成金砖国家内部分歧加大,也会直接影响金砖机制的运行和发展。迄今来看,尽管中国经济体量占优势,但金砖国家新开发银行仍按照相同出资、民主决策的方式运行。②中国一贯坚持"国家不分大小,一律平等"的外交准则,并未在金砖合作中谋求霸权国的地位,获得了许多社会各界学者的认同③。此外,金砖国家一贯致力于谋求共同发展,坚持平等共赢。金砖成员国之间的平等共赢原则能有效推动合作机制的发展,能促进更广泛的伙伴关系构建。

(二)参与、引领、积极推动

中国积极参与全球经济治理并推进治理机制的不断完善,不是一蹴而就的任务,而是一项长期持续的政策措施。在金砖国家合作中,中国不仅仅是参与者,还应当承担起领头羊的作用。中国在错综复杂的国际形势下,应始终着眼于发展金砖国家更紧密、更全面、更牢固的伙伴关系,提出一系列富有针对性、创新性、建设性的对策建议和重大战略思想:2013年,习近平在金砖国家领导人第五次会晤时的讲话提到"要始终坚持和平发展、合作共赢……把各国的政治共识转化为具体行动"④;2014年习近平在金砖国家领导人第六次会晤时的讲话提出"四个坚定不移",即"坚定不移推动经济可持续增长""坚定不移开展全方位经济合作""坚定不移塑造有利外部发展环境""坚定不移提高道义感召力"⑤;2015年习近平

---

① 苏长和:《坚持共商共建共享的全球治理观》,2019年3月27日,http://theory.people.com.cn/n1/2019/0327/c40531-30998546.htm。

② 《国际社会积极评价中国在金砖国家合作机制中的作用》,2015年7月1日,http://www.scio.gov.cn/37259/Document/1596577/1596577.htm。

③ 肖辉忠:《金砖国家的起源、内部结构及向心力分析》,俄罗斯东欧中亚研究2017年第4期,第1—28、156页。

④ 《习近平在金砖国家领导人第五次会晤时的主旨讲话(全文)》,2013年3月28日,http://cpc.people.com.cn/n/2013/0328/c64094-20943553.html。

⑤ 《习近平在金砖国家领导人第六次会晤上的讲话(全文)》,2014年7月16日,http://cpc.people.com.cn/n/2014/0716/c64094-25289143.html。

在金砖国家领导人第七次会晤时的讲话提出加强金砖国家伙伴关系的"四个构建"的理念，即"构建维护世界和平的伙伴关系""构建促进共同发展的伙伴关系""构建弘扬多元文明的伙伴关系""构建加强全球经济治理的伙伴关系"[①]；2016年习近平在金砖国家领导人第八次会晤上提出"五个共同"的愿景，"共同建设开放世界""共同勾画发展愿景""共同应对全球性挑战""共同维护公平正义""共同深化伙伴关系"[②]；2017年金砖国家峰会提出"金砖+"的模式；2018年，习近平在金砖国家领导人第十次会晤上提出"深化战略伙伴关系，巩固'三轮驱动'合作架构"[③]，在"金砖+"领导人对话会提出"拓展金砖+"[④]的合作模式。中国以大国领袖的远见卓识和责任担当，不断为深化金砖合作贡献"中国方案"和中国智慧。

（三）构建新型国际关系、构建人类命运共同体

在当代国际关系中，权力政治、零和博弈等观念依旧影响着人们对国际关系本质特别是其走向的认知。在政治方面，金砖国家之间的合作代表了发展中国家的利益，有助于构建公正合理的新型国际关系，改善全球治理结构。在经济方面，金砖国家之间的合作有助于促进南南合作的发展、减少南北差距，缓和当前世界经济的不平衡，为人类命运共同体的建设奠定坚实基础。

三、中国参与金砖国家合作机制的实践

金砖国家机制既是成员国之间合作发展的平台，又可以凝聚发展中国家的力量，积极构建国际政治经济新秩序。中国高度重视金砖国家间的合作，积极推动金砖合作从松散的论坛向更加制度化的会晤机制发展。作为经济实力不断提升的全球性大国，中国同其他金砖国家一起坚决做全球治理变革进程的参与者、推动者、引领者。

---

① 《习近平在金砖国家领导人第七次会晤上的讲话（全文）》，2015年7月9日，http://www.xinhuanet.com/world/2015-07/09/c_1115876092.htm。

② 《习近平在金砖国家领导人第八次会晤上的讲话（全文）》，2016年10月16日，http://www.xinhuanet.com/world/2016-10/16/c_1119727543.htm。

③ 《让美好愿景变为现实——在金砖国家领导人约翰内斯堡会晤大范围会议上的讲话（2018年7月26日，约翰内斯堡）》，2018年7月27日，http://politics.people.com.cn/n1/2018/0727/c1024-30173672.html。

④ 《习近平：拓展"金砖+"携手共发展》，2018年7月18日，http://world.people.com.cn/n1/2018/0728/c1002-30175336.html。

（一）金融领域治理实践

在 2008 年世界金融危机中，全球经济低迷，金砖国家都遭受到了不同程度外需疲软的冲击，金砖国家金融合作应运而生。从此，金砖国家组织引起社会广泛关注，成为国际社会的一支重要力量。自成立之日起，中国便扮演着重要角色。

第一，中国是金砖国家金融治理实践的积极参与者和引领者。在首届金砖国家领导人会晤的磋商和筹备工作过程中，中国呼吁各国加强在国际经济和金融领域的合作、政策协调和政治对话。在金砖国家领导人会晤机制成立以后，金砖国家在中国的参与之下不断拓展和深化合作，并取得了许多令人瞩目的成绩。例如，2011 年，胡锦涛在金砖国家领导人第三次会晤时的讲话中，针对金砖国家金融合作的现状提出倡议"我们应该继续坚定维护金砖国家共同利益，在国际经济金融和发展领域加强协调，增强新兴市场国家和发展中国家在全球经济治理中的地位和作用"①，促成金砖国家正式签署《金砖国家银行合作机制金融合作框架协议》并发表《三亚宣言》，首次推行本币贸易结算，开始了实质性的金融合作，为金砖国家经济注入了强劲的发展动力。

第二，中国是将金砖国家金融合作从概念走向现实的积极推动者。例如，中国推动《金砖国家银行合作机制多边本币授信总协议》和《多边信用证保兑服务协议》等重要文件的签署，并促进金砖国家新开发银行、金砖国家外汇储备库、金砖国家工商理事会等重要机构的建立。中国在金砖国家金融合作的过程中，充分展现了大国风范，参与和引领金砖国家的金融治理实践不断拓展新的合作空间。在中国的参与、引领和推动下，金砖国家的金融治理实践尽管面临着各种的困难和不确定性，但它仍在发展中国家协同发展、参与全球金融治理方面贡献卓越。

2013 年召开的金砖国家领导人第五次会晤上，中国、巴西、俄罗斯、印度、南非五国共同决定建立金砖国家新开发银行，金砖五国以应急储备基金等方式来应对国际金融市场的波动。2014 年在巴西举行的金砖国家领导人第六次会晤上，与会各国再次确认建立金砖国家新开发银行。同年 7 月，金砖五国正式发表《金砖国家领导人第六次会晤福塔莱萨宣言》。该宣言正式宣布成立金砖国家新开发银行，明确了金砖国家新开发银行初始

---

①《胡锦涛在金砖国家领导人第三次会晤时讲话（全文）》，2011 年 4 月 14 日，http://www.gov.cn/ldhd/2011-04/14/content_1844008.htm。

法定资本为 1000 亿美元，初始认缴资本为 500 亿美元，由五国分摊出资。需要指出的是，金砖国家新开发银行不仅仅面向五个现有的金砖成员国，而是秉持开放的态度，在确保金砖国家基础设施建设获得优先贷款权的前提下面向所有的发展中国家。

金砖国家新开发银行是以金砖国家为依托的跨区域的金融机构，其建立改变了现有的被发达国家主导的全球金融体系，提升了包括中国在内的金砖国家在国际事务中的话语权[1]。金砖国家新开发银行的成立并不是对已有的国际金融体系的颠覆性变革，其更多还是对现有的国际金融领域改革迟滞的一种自然回应，也是对现有的全球经济治理的渐进式、包容性改革的具体体现。金砖国家新开发银行的成员国具有较为类似的经济发展特征，处于相近的经济发展水平和阶段。[2]一方面，中国需要以金砖国家新开发银行为依托，密切金砖国家间的政治、经济往来，寻求金砖国家间政策和立场的理解、沟通与协调，在尝试建立制度化的长效解决机制的基础上形成合力，以一个整体的方式稳步提升和扩大国际话语权；另一方面，适时发挥中国的引领作用并不意味着刻意忽视或者回避金砖国家间的固有分歧和"短板"。金砖五国的产业结构和经济发展特征存在着较大差异，这一结构性的差异特征难免会衍生出矛盾性的诉求。[3]因此，中国还需要与金砖各国保持密切沟通，积极协调立场，遵照循序渐进、先易后难的原则妥善处理各方分歧，建立制度化且务实高效的国家合作平台和渠道，确保和巩固已有成果，保障金砖国家新开发银行良好运作。

金砖国家新开发银行既是对现有的国际金融体系的边际改革，也是对后者的有益补充和完善。金砖国家新开发银行的建立还需要加强与其他国际组织间的交流与合作，共同应对和解决单靠一方难以独立承担的全球经济问题。长远来看，金砖国家新开发银行的成立会担负起继续深化变革、逐渐完善现有国际金融秩序的责任，进而在实现金砖国家话语权提升的同时积极探讨"金砖+"模式的可行性，在更广泛的范围内需求更多发展中国家的支持，努力推动全球经济治理，使国际金融等各项制度朝着有利于包

---

[1] 贾中正：《金砖国家经贸安全合作：挑战与对策》，《国际安全研究》2017 年第 4 期，第 125—153、158 页。

[2] 林跃勤、周文编：《新兴经济体蓝皮书金砖国家发展报告（2015）：金融合作与共同发展》，社会科学文献出版社 2015 年版。

[3] 卢锋、李远芳、杨业伟：《"金砖五国"的合作背景和前景》，《国际安全研究》2011 年第 2 期，第 1—21、3 页。

括金砖国家在内的广大新兴经济体的方向发展。[①]

（二）贸易领域治理实践

中国对金砖国家合作的推动，不仅体现在金融治理实践上，还体现在贸易领域。改革开放以来，中国积累了丰厚的实力，在世界经济中的地位不断提升，在金砖国家贸易领域治理实践中发挥主导作用的优势日益凸显。中国拥有参与全球贸易治理领域的经验优势，中国在经济发展领域取得了巨大成就并积累了丰富经验，将发展治理作为中国参与和引领金砖国家经济治理的主导领域，能发挥中国优势。

从金砖五国 GDP 的对比来看，中国最高，印度、巴西相近，俄罗斯紧随其后，而南非则相对较低。中国的 GDP 远高于其他四国的总和。中国强大的经济实力是金砖国家重要保障。

从中国与其他金砖国家的进出口贸易来看，中国与其他金砖国家的贸易关系互补性大于竞争性。中国迅速发展的经济为金砖国家提供了巨大的市场，俄罗斯、印度、巴西、南非作为世界重要的资源大国和农业生产大国，与中国贸易是其对外贸易的重要组成部分。2009—2012 年中国对其他金砖国家的进口总额增长势头迅猛，但此后却保持总体平稳甚至出现回缩，这主要由于中国经济发展势头在 2013 年之后开始放缓（表 15-3）。2015 年俄罗斯的"卢布危机"和巴西的政治危机导致出口回落。2017 年 1—7 月，我国对其他金砖国家出口 5865.8 亿元，增长 28.7%，进口 5618.8 亿元，增长 37.7%，进出口全面增长，高于同期我国外贸整体增速。

表 15-3 2009—2016 年中国对其他金砖国家进出口总额一览表

年份	出口总额/亿元	出口增速	进口总额/亿元	进口增速	贸易差额/亿元
2009	4262	−25.40%	4462	−13.50%	−200
2010	6568	54.11%	6185	38.61%	383
2011	8361	27.30%	9191	48.60%	−830
2012	8720	4.29%	9917	7.90%	−1197
2013	9357	7.31%	9887	−0.30%	−530
2014	9735	4.04%	9468	−4.24%	267
2015	8453	−13.17%	7519	−20.59%	934
2016	8613	1.89%	7642	1.64%	971

资料来源：由中国海关统计快讯的数据整理得出

[①] 徐秀军：《制度非中性与金砖国家合作》，《世界经济与政治》2013 年第 6 期，第 77—96、158 页。

从中国和其他金砖国家的产业结构看，中国改革开放和产业升级的发展经验，能够为金砖国家贸易治理转型贡献中国智慧。产业结构单一、处于国际分工的底端是金砖国家共同面临的发展瓶颈。例如，俄罗斯是世界上自然资源最丰富的国家，也是典型的资源出口型贸易大国，受国际油价变化影响，2014年底俄罗斯卢布开始急剧贬值，导致2015年GDP较上年萎缩3.7%。又如，巴西经济过度依赖初级产品出口和国内消费，进入21世纪以来，得益于繁荣全球大宗商品贸易，巴西经济在卢拉执政期间欣欣向荣。然而全球大宗商品价格下跌，给巴西带来了巨大冲击，加上2015年巴西政坛陷入动荡，巴西经济陷入严重衰退。在这方面，中国可以为金砖国家提供"中国方案"，引领和深化金砖国家的产业改革和合作。

另外，2017年的金砖国家经贸部长会议批准了《金砖国家电子商务合作倡议》，部长们决定在此基础上建立金砖国家电子商务工作组，以便全面启动合作进程，切实加强政策分享、能力建设等方面的务实合作。由于金砖国家在电子商务领域和物流领域的联系非常高效，中国庞大的市场将进一步吸引金砖国家的经济合作更加紧密和深化。

（三）投资领域治理实践

资金是金砖国家在经济发展过程中面临的一大难题，如在基础设施投资领域，发展中国家在为基础设施投资融资的同时极易导致公共债务危机。基础设施的投资需要大量的资金，没有恰当的融资机制，往往会导致财政危机。巴西在20世纪70年代，为振兴巴西经济，大举推进新能源、交通运输等大型国家项目，但缺乏资金和科学的运作模式，最终使巴西陷入严重的债务危机和通货膨胀。

中国在发展中国家的基础设施投资问题上，提出建立南南合作援助基金及设立中国—联合国和平与发展基金等，明确以基础设施为抓手推进沿线国家的经贸合作，为金砖国家在投资领域提供了更多的国际资金和合作机会。例如，金砖国家外汇储备库总规模为1000亿美元，中国出资410亿美元，占总额的41%。2017年9月，中国又向金砖国家新开发银行项目准备基金捐赠400万美元，并向南南合作援助基金项下提供5亿美元援助[①]。其他金砖国家应该抓住这个机遇，拓宽和深化与中国的投资合作。

---

① 秦杰、刘元、李忠发，等：《开启新的金砖合作发展之门——习近平主席出席金砖国家领导人厦门会晤系列活动纪实》，《中亚信息》2017年第9期，第5—11页。

（四）国家关系治理实践

中国为金砖国家间加强合作、深化互信起到重要的桥梁作用。

首先，中国为南非加入金砖国家做出了积极贡献。2010 年 12 月在中国担任轮值主席国期间倡议吸收南非作为正式成员加入金砖四国，并更名为金砖国家。在中国的积极推动下，金砖国家走到一起是互利共赢的选择。

其次，中国积极推动其他新兴经济体加入金砖国家组织。2017 年，金砖国家领导人第九次会晤在中国厦门举行，中国提出了"金砖+"的拓展模式，金砖国家从此更加开放，在现有金砖五国基础上，金砖国家能够通过"金砖+"的模式吸纳更多重要且具有经济活力的发展中国家加入。新兴市场国家和发展中国家的经济发展水平与发达国家存在差距，在发展过程中共同面临着摆脱贫困、实现工业化、改善基础设施、参与全球经济治理及提高国际地位等艰巨任务，这构成了"金砖+"发展中国家相互合作、寻求共赢的基础。

最后，中国通过金砖国家平台构建金砖国家命运共同体，缓和国家间矛盾。例如，2017 年 6 月，印度边防人员越界并与中方边防部队发生相持。金砖国家峰会前夕，中国作为 2017 年金砖国家峰会东道国，本着建设性的合作态度，从国际关系大局出发，保持克制，通过有关涉边机制、外交及边防会晤等渠道，与印度保持了密切的沟通与磋商，使得双方就边界对峙事件的协商取得了积极进展，避免了国际冲突，缓和了国际矛盾。

第十六章　促进全球治理体系的变革：中国的收益与风险

全球经济治理的范式是随着经济全球化的演进而发展变化的。不同的时代有着不同的经济主体结构，不同主体间形成了不同的博弈模式，存在着不同的全球问题。在当代全球经济体系中，中国经济的崛起提升了中国在全球经济治理中的话语权，促进了全球经济治理体系的变革。新兴经济体的崛起改变了全球经济实力的对比。"一带一路"倡议和共建对国际经济合作理念及方式的改变，"金砖国家合作机制"对G7垄断地位的改变，G20机制对全球治理机制的修补，这一切的变化均有中国的贡献。不管中国是否意识到，中国都必然要参与到全球事务中去，并参与解决全球性的重大问题，而中国的参与必然改变全球经济治理的结构，引起全球治理体系的变革。

中国参与全球经济治理并促进治理范式的变革对中国经济的发展存在利弊。它是实现中华民族伟大复兴中国梦的一部分，是中国构建人类命运共同体并为人类做贡献的需要，是中国经济可持续发展和包容性发展的需要，是构建全面对外开放新格局的需要，是提升中国软实力的需要。但同时，参与全球经济治理也存在着诸多考验。全球经济体系是一个高度竞争的、甚至是残酷竞争的系统，有和平的竞争，也有冲突性的竞争，有规制化的竞争，也有野蛮的丛林法则的竞争。中国面临与其他大国进行战略竞争的风险，面临海外战略利益受损的风险，面临境外金融风险。我们应该遵循量力而行、防范冒进的原则，防范产业空心化的风险，防范境外投资大量损失的风险，防范金融危机风险。

第一节　中国推动全球经济治理新范式的路径选择

从被动参与者转变为主动参与者、从接受全球治理规则到积极参与国际规则的建构、从全球经济事务的边缘到全球经济治理的舞台中心，中国正在重塑全球经济治理的新范式。其路径包括：通过共建"一带一路"探索全球经济治理新范式，通过"金砖国家合作"探索区域经济治理新范式，通过亚投行的建设探索国际金融领域治理新范式。

一、从共建"一带一路"中探索全球经济治理新范式

（一）共建"一带一路"模式新在开放性

第一，参与共建的区域空间的全新开放性。"一带一路"倡议不是局限的，而是开放的，可以是周边的，也可以是全球的。"一带一路"倡议打破了我国开放型经济发展主要向东开放的空间指向特征，也打破了其他经济治理模式成员固定的传统理念。"一带一路"倡议是全面开放格局下的新开放观，是更广视野、更大角度和更多区域的全面深入开放。

第二，参与共建合作层次的全新开放性。"一带一路"倡议是一种面向未来的全球经济治理新模式，是中国经济外交的重要成果。"一带一路"模式，其治理主体囊括了国家、地区、企业、国际组织和非政府组织等种种要素，与其他经济治理平台和机制不同，"一带一路"即将建立起来的是多元、高层与民间相结合的治理模式，提倡的是兼容并包、广泛参与，这决定了"一带一路"需要建立相对灵活及包容的治理模式。

第三，理念和实践的全新开放性。理念方面，"一带一路"是中国根据国际国内经济格局的变化、根据新时代出现的新形势和新任务，提出的惠及全球、特别是广大发展中国家的全新开放的倡议。开放实践中，通过开放加速推进中国开放型经济建设和发展，通过开放促进中国开放经济体制构建。此外，推进中国与"一带一路"沿线国家互利共赢的合作，以开放促进沿线国家的共同发展和可持续发展。中国不是将自己的规则强加给沿线国家，而是把共商、共建、共享永远作为"一带一路"倡议和建设的最基本原则，这也体现出中国对全球发展的基本态度和积极贡献。

（二）共建"一带一路"模式新在聚焦项目的建设

"一带一路"倡议以项目为导向，其构想是具体可行的。2017年，"一带一路"国际合作高峰论坛将互联互通作为"一带一路"建设合作的重点领域，重点完善基础设施的建设，加强经济、金融等领域的宏观政策协调，通过自由贸易区的建设，促进贸易投资的自由化便利化。中国商务部2018

年和 2019 年发布的《中国对外投资发展报告》的数据显示：截至 2017 年底，我国对"一带一路"沿线国家投资存量达 1544.0 亿美元；2018 年中国企业对"一带一路"沿线 56 个国家进行的非金融类直接投资是 156.4 亿美元，占同期对外投资总额的 13%；2018 年，新签 7721 份"一带一路"沿线国家的对外承包工程项目合同、总的新签合同金额达到 1257.8 亿美元，占同一时期内中国对外承包工程新签合同总额的 52%；2018 年，在"一带一路"沿线的 63 个国家对外承包工程完成营业额 893.3 亿美元，占同期总额的 52.8%。项目导向的合作方式实现了"一带一路"倡议的合作转化为一个个看得见、摸得着的实体，有效地实现了"一带一路"倡议初期启动阶段的迅速发展，推动了产能合作，为"一带一路"倡议的推进夯实了基础。诚然，项目导向具有精准发力的特点，能够迅速集聚资源，实现调配，并在短期内取得一定的进展，但是在一个空间跨度巨大，时间持续较长，各方利益关系复杂的倡议中，依靠项目清单"打天下"的模式会遇到诸多挑战。伴随"一带一路"倡议的深入推进，中国将逐步转变单纯依靠项目导向的推进方式。

二、从"金砖国家合作"中探索区域经济治理新范式

（一）"金砖国家合作"新在平台的开放性

金砖国家合作机制是一个开放的平台。金砖国家合作方式从 2013 年金砖国家峰会开始扩大合作范围，把金砖国家峰会与东道国所在地区领导人的会谈紧密结合，当年召开了金砖国家峰会和非洲国家领导人对话会。2014 年，在巴西福塔莱萨召开的金砖国家峰会，是与拉美和加勒比国家领导人会晤相结合。可见，金砖国家合作是开放的而非封闭的，这是金砖国家合作与其他发展中国家区域经济合作相互融合的国际合作新范式。

（二）"金砖国家合作"新在平台的包容性

金砖国家合作机制是一个包容的平台。金砖国家的合作是成员国协调利益、共谋发展的重要途径，未来发展潜力巨大。例如，在 2017 年金砖国家峰会举办前夕，中国和印度边界发生对峙，局势一度十分紧张，而金砖国家峰会给了中印两国缓和矛盾、谋求共同利益的立场，这对优化世界秩序、改善国际关系而言实在难能可贵。中国和印度两国的经济规模和发展潜力是金砖国家中最大的。中国和印度需要抓住金砖国家平台给予的历史

机遇，各尽所能，相互协助对方实现核心国家目标。

（三）"金砖国家合作"新在平台的合作性

金砖国家合作机制是一个合作的平台。没有一个国家凌驾于其他国家之上，平等共赢的特质体现在会晤机制的方方面面。从会议议题的选择看，金砖国家领导人会晤、经贸部长会议等会议议题是共同商讨出来的。从会议达成的协议看，金砖国家所有的对外宣言都获得了成员国的一致认可，没有任何一个国家凌驾于他国之上。以共商共建为基础的合作机制促使金砖国家携手合作，为金砖国家之间在各领域的合作与发展提供了政治基础和强大动力。

（四）"金砖国家合作"新在平台的共赢性

金砖国家合作机制是一个共赢的平台，通过密切合作与对话，加强了金砖国家之间的南南合作机制，更促进了发展中国家在国际金融和贸易体系中获取更多发言权。通过对当今世界重大问题的磋商，在气候变化、国际金融、可持续发展等领域寻求协调与合作，在一定程度上营造了更为合理健康的国际环境。

三、从亚投行建设到探索国际金融领域治理新范式

创建亚投行是发展中国家积极参与全球金融治理的初步尝试，这可以提升中国及其他发展中国家在全球金融治理中的话语权。中国通过建设亚投行打破了以往被动接受发达国家主导的国际规则的惯例，主动推动全球金融治理体系的改革。亚投行关注的是发展中国家的需求，亚投行的规则不再是由发达国家所主导，而是在满足发展中国家诉求的前提下由全体成员共同参与制定。亚投行建设不仅仅是对现有的全球金融治理体系的补充，还是对既有的多边开发金融和区域开发金融制度的创新，并逐步推动了全球金融治理制度改革，这是国际金融领域治理新范式的探索。亚投行作为国际金融领域治理的新范式，其"新"主要体现在以下几个方面。

（一）体现"精干、廉洁和绿色"的核心价值观

亚投行是在现有的国际金融体系和多边开发金融架构的基础上建立的国际性开发银行，关注的重点是亚洲的基础设施建设，目的是为亚洲的经

济发展提供金融支持。亚投行是国际金融体系的建设者和补充者，而不是竞争者和破坏者。实现民主化和利益平衡，体现"精干、廉洁和绿色"的核心价值观。75%的投票权由亚洲国家分享，包括澳大利亚和新西兰，发展中国家占多数投票权，在历史上是第一次有这样的多边开发银行。

（二）决策高效的内部治理架构

亚投行设立理事会、董事会和管理层三层管理架构，体现了追求民主、高效决策的特征。中国作为成立亚投行的发起者，其所占的股权比例最高。亚投行的投票权体现了域内外成员的利益平衡原则，在进行决策的时候更强调民主、公开、透明的协商一致。亚投行坚守成员间民主协商、互相平等的关系原则，追求简单高效的治理结构，除了重要项目需要得到理事会的批准外，其他审批权限都从理事会下放到管理层。亚投行体现了国际关系民主化，中国始终坚持绝不追求"一票否决权"的立场，重点保障域内成员特别是发展中国家的话语权。

（三）明确的投资地域和投资领域

亚投行主要服务于亚洲的发展中国家的基础设施建设领域，尤其是公路、机场、发电站和海港等大型建设项目，并为发展中国家提供条件更为宽松的融资贷款。亚投行的业务重点是亚洲区域的成员，但又不完全只投资域内的成员。根据《亚洲基础设施投资银行协定》，其目的和功能是为亚洲和大洋洲区域的发展项目进行融资，促进区域内经济体的可持续发展，促进经济和社会发展。

从投资领域来看，亚投行的投资重点为基础设施项目与生产性范畴内的开发项目。亚投行初期投资的首要目标为交通、能源与城市建设等领域，并优先考虑对环境和社会的影响。能源领域的投资又成为当前投资的重中之重，融资方式以主权担保贷款为主。亚投行主要业务有两类：一是对主权国家政府进行直接融资支持；二是向私营主体进行融资支持，但政府必须担保。亚投行强调贷款的安全性、债务可持续性。2017年亚投行取得穆迪、惠誉和标准普尔三家国际评级机构的3A最高等级信用评级，另外获得了巴塞尔银行监管委员会的零风险权重认定。目前，亚投行的主要业务为包容可及的基础设施建设、全方位的跨境互联互通及吸引私营资本的多方融资。亚投行属于多边开发银行，具有很大的潜力成为集聚私营资本共同投资私营主体的引领者。

（四）独特的融资方式和渠道

亚投行以联合融资为主，其与国际金融机构合作融资分为两类：平行联合融资和共同联合融资。亚投行初期的投融资积极与各全球金融机构开展合作，包括世界银行、亚洲开发银行、欧洲投资银行、欧洲复兴开发银行等。为了打消西方发达国家对中国发起建设亚投行的目的的顾虑，亚投行在合作中应以合作方惯用的标准为主要依据，主动对接国际金融机构普遍认可的采购、环境与社会投融资准则。

亚投行业务不仅有由银行普通资本提供的融资业务，而且还有由银行特别基金提供融资的特别业务，但是普通资本融资业务与特别基金融资业务完全分离。特别基金业务隶属于亚投行的投资金融中介项目，截止到2019年包括国际金融公司新兴亚洲基金（International Finance Corporation Emerging Asia Fund）、印度基础设施基金（India Infrastructure Fund）和印度尼西亚的区域基础设施发展基金（Regional Infrastructure Development Fund）等金融中介属性的项目。拥有对资金使用的自主决定权是金融中介基金的优势，但是这些基金不能违反亚投行对此设定的特殊要求。譬如对基金投资对象具有明确的规定，国际金融公司新兴亚洲基金只能投资于亚投行成员国。亚投行设立项目准备特别基金，该项目准备特别基金属于多主体基金，虽然该基金最终由亚投行进行管理和运营，但基金的捐赠主体可以是各国政府，也可以是个人与社会组织等。在2016年6月项目准备特别基金成立之时，共获得了总额为10 800万美元的捐赠承诺，包括中国政府的5000万美元、英国政府的5000万美元和韩国的800万美元。截至2018年1月，项目准备特别基金完成了两项基础设施建设的准备工作资金投入，投资总额为170万美元，包括尼泊尔城市基础设施建设项目和斯里兰卡固体废物处理项目。

第二节　中国参与全球经济治理的利益所在

改革开放以来，中国经济不断融入世界经济，中国在积极参与经济全球化的进程中获得巨大收益。近年来，在经济全球化不断深入发展的过程中，中国经济得到迅速发展，经济实力得到迅速提升，与世界的联系也更加密切，参与全球经济治理的角色也由被动的参与者变为主动的变革者。中国以更加积极的姿态参与全球经济治理，这是中国经济几十年以来高速发展的客观必然结果。在国际政治经济格局深刻演变的背景下，作为全球经济治理的新生力量，中国积极参与全球经济治理，既是为了最大限度维护自身在经济全球化中的利益，也表明我国需要代表新兴市场国家在全球经济治理中表达自己的利益诉求。

一、构建人类命运共同体的利益所在

促进国际经济治理体系改革和完善，是构建人类命运共同体的利益所在，中国作为世界经济发展的重要推动者，积极参与全球经济治理。当前，国际经济实力和政治格局正经历百年未有之大变革，决定全球经济治理发展的力量对比发生了变化，多边主义获得了成长空间，因此全球经济治理正在由"以美国为首的西方主导"型向"世界各国集体领导"型转变。全球经济增长动能不足，发展失衡，全球经济治理已经不能解决经济全球化产生的问题。全球经济实力最强的美国已经表现出不同的观念，对国际社会责任的承担意愿急剧下降，而中国本着共商、共建、共享的理念，深度参与到全球经济治理体系的改革中，与世界各国携手构建人类命运共同体。

党的十九大报告明确把"坚持推动构建人类命运共同体"①作为新时代坚持和发展中国特色社会主义的基本方略之一。在新的历史发展阶段，以更加积极主动的姿态深入参与全球经济治理，支持多边贸易体制，为推动建设开放型世界经济，推动构建人类命运共同体，贡献中国智慧和力量。中国作为发展中国家，需要与新兴市场国家和发展中国家加强沟通和合作。国家第十三个五年规划中明确指出："积极参与全球经济治理和公共产品供给，提高我国在全球经济治理中的制度性话语权，构建广泛的利益共同体。"②

二、实现伟大中国梦的需要所在

在全球经济治理改革和演变中，中国既是备受关注的行动者，又是利益

---

① 习近平：《决胜全面建成小康社会 夺取新时代中国特色社会主义伟大胜利——在中国共产党第十九次全国代表大会上的报告（2017年10月18日）》，《人民日报》2017年10月28日，第1版。
②《中华人民共和国国民经济和社会发展第十三个五年规划纲要》，http://www.moe.gov.cn/jyb_xxgk/moe_1777/moe_1778/201603/t20160318_234148.html。

攸关方。自 1978 年改革开放以来，中国一直积极探索既实现中国梦又实现世界梦，可以促进人类携手共同发展的道路。中国一贯坚持共同发展的理念，世界好中国才能好，中国好世界才更好，这是中国与世界发展的共赢之道。

中国参与全球经济治理及其改革是一项需要长期坚持的政策，其目的就是要服务于中国的长远目标。要实现伟大的中国梦，中国必须保持经济和社会的可持续发展，对中国经济和社会的可持续发展来说，国际经济环境是重要的条件。中国必须准确判断国际形势新变化，准确把握经济全球化发展新趋势和规律。积极参与全球经济治理，有利于更加深刻地把握国内改革发展的新要求，洞悉世界经济发展的新变化，进一步促进更高水平的对外开放。通过积极参与全球经济治理，中国也可以为全球的和平和繁荣做出更大努力，为全球各地区提供发展机遇和经验。所以，积极参与全球经济治理不仅可以维护我国利益，还可以促进全球经济增长，这种共赢理念连接了中国梦与世界梦。习近平指出："中国是发展中国家一员，中国的发展机遇将同发展中国家共享。中方将把自身发展和发展中国家共同发展紧密联系起来，把中国梦和发展中国家人民过上美好生活的梦想紧密联系起来，携手走出一条共同发展的康庄大道。"①

三、构建中国对外开放新格局的需要所在

中国更加积极地参与全球经济治理，促进全球经济治理体系的变革和完善，是构建对外开放新格局的必然要求。1978 年至今，对外开放一直是中国促进经济发展的一项最重要的基本国策，在制度安排上逐步扩大对外开放水平。十八大以后，中国对外开放更加积极主动地与世界经济接轨，参与到全球经济治理中去。中国积极参与全球经济治理，一是为了争取促进国内经济可持续发展的良好国际环境；二是发展更高层次的开放型经济；三是寻找提高中国对外开放质量的新途径。因此，积极参与全球经济治理是贯彻开放发展理念、构建中国对外开放新格局的有效途径。

开放是国家繁荣发展的必由之路。我国通过改革开放，发挥了自身禀赋优势，积极与世界各国开展贸易往来，取得了经济的高速发展，成为全球第二大经济体。随着营商环境的不断优化，中国吸引着世界各国投资者，同时中国资本积极"走出去"，形成了资本双向流动。在贸易和投资的带

---

① 《习近平：欢迎各国人民搭乘中国发展的"快车"、"便车"》，2018 年 10 月 10 日，http://www.pcdj.gov.cn/ldyl/show-1853.aspx。

动下，中国经济已经深度融入世界经济。但是，与中国在全球经济治理中所扮演的角色相比，中国在对外开放中还存在许多不能与国际接轨的地方，如国际营商环境和应对国际贸易摩擦等。中国一直以来坚持互利共赢的发展理念，把对外开放作为优化本国资源配置、促进市场经济发展的助推器，主动加入为世界提供公共产品。通过提供国际公共产品，提升自己在全球经济治理中的话语权，如提出"一带一路"倡议、筹建亚投行和促成以新兴经济体为目标的金砖国家合作。全球经济治理体系的平稳进步，对维护一个良好的世界市场环境意义重大。

四、促进中国经济可持续发展的需要所在

通过参与全球经济治理体系的变革，有助于弥补全球经济治理的短板，这符合中国外向型经济增长模式，对于中国经济可持续发展具有重要作用。改善国际经济环境、建立中国经济与外部世界经济的联系，可以促进国际贸易、国际投资、国际金融、国际产业分工的发展；通过资源的跨国流动和配置，疏通国内外市场渠道，利用国内和国际两个市场优化资源配置，促进国内经济可持续发展。中国与外部经济的联系越密切，相互依存程度越高，相互影响就越大。这种关系的影响力的扩大，为中国积极参与全球经济治理和治理体系的变革创造了有利条件。同时，良好的全球经济治理可以维持世界经济秩序和体系的稳定，为中国经济的持续健康发展营造良好的外部环境。自2001年中国加入WTO以来，中国越来越多地参与到全球经济事务中，与其他国家和地区建立了日益紧密的联系和合作。如今，中国经济已经深入融合到世界经济市场中，只有在稳定有序的国际经济体系中，中国的经济利益才能实现，参与全球经济治理已成为中国经济可持续发展的内在要求。

五、提升中国国际影响力的需要所在

中国主动参与全球经济治理体系改革，有助于中国获得与其经济实力相匹配的国际影响力。我国积极参与全球经济治理体系的变革，能够为世界提供更多的公共产品和服务，提高自身的国际影响力。

2008年金融危机爆发后，世界经济经历深度调整，发达经济体复苏乏力，发展中经济体陷入低迷。与此形成鲜明对比的是，中国在经济发展新常态下继续致力于保持经济平稳较快发展，成为拉动世界经济增长的主引

擎。中国在力所能及的范围内,开始为世界提供更多的公共产品,并不断以自身的发展带动其他国家的发展,中国的国际地位也得到进一步提升。国际社会需要可持续和包容的发展观,需要公平正义的竞争观念,其主旨为实现全球经济的可持续发展和世界各区域人民对美好生活的共同向往,实现包容性的经济全球化。中国作为世界上最大的发展中国家,在经济全球化的过程中取得了长足发展,对于其他发展中国家的经济发展具有积极的示范作用。中国倡导的包容性全球化在逆全球化趋势加剧的背景下,不仅对低收入国家获得发展机遇具有重要意义,而且对全球经济治理体系改革的方向有重要影响。在多边主义逐步取代霸权政治的环境下,中国为全球经济规则改进和国际治理改革做出的努力,能够显著提高中国的国际地位和影响力。在国际安全、国际贸易规制领域及国际货币金融领域,中国积极参与国际秩序的维护,使二战后国际经济和国际社会秩序获得了与世界发展相适应的变化,提高了现有全球公共品的效用。这不仅有利于世界各国的发展,也对中国的长远发展和权益保护提供了保障,将自身利益诉求与国际公共品供给密切结合,有利于增强中国自身的国际影响力,并为中国自身的高质量发展提供了良好的外部条件。

中国积极参与全球经济治理体系的变革是构建人类命运共同体、实现中华民族伟大复兴的中国梦、构建中国对外开放新格局、促进中国经济可持续发展及提高自身国际影响力的内在需求。因而,也应当以更加积极的姿态参与全球经济治理变革与多边主义国际秩序建构。

第三节 中国推动全球经济治理变革行动的风险防范

中国积极参与全球经济,推动全球经济治理改革,为争取中国的利益诉求提供了更多机会,保障了中国在全球经济治理中的合法权益。但与此同时,中国也面临着更多的国际社会责任,需要向国际社会提供公共品。同时,还面临国际竞争的利益冲突。

一、防范与大国冲突的风险

(一)防范战略冲突的风险

经过几十年的发展,中国以世界第二大经济体屹立于世界,多方面的实力得到快速发展，国际地位和国际影响力明显提升。由于中国在社会制度、发展道路、文化等方面与西方国家有所不同，容易引起西方国家对中国的怀疑和避讳，且短时间也很难消除和改变这种负面认识。西方国家对中国未来主导国际秩序可能性产生担心和抵触。

2017年12月至今，中美之间冲突愈演愈烈，特朗普政府相继出台《国家安全战略报告》《国防战略报告》《核态势审议报告》三份安全政策文件，重新定位了美国对华的基调。随着中国综合国力不断提高，实力不断增强，美国已经把中国作为主要战略竞争对手看待。虽然中国专注于自身发展，但也难以短时间内改变西方国家，特别是美国对中国的负面看法。美国除了在政治战略上把中国定为竞争对手，在经济上，2018年3月美国总统特朗普还签署了针对中国经济的总统备忘录，以"国家安全"为由挑起中美贸易摩擦。2018年7月6日，美国对价值340亿美元的中国商品加征25%的进口关税，致中美经贸关系于危险境地。中美战略冲突不仅危害中美两国的经济和民生，而且危害WTO。

如何管控中美之间的战略冲突，考验中美两国人民的智慧。中国应该积极推进中美战略对话合作，继续努力推进中国经济的稳步发展，把握大国竞争新态势主动权，积极维护大国关系的战略稳定，更好地推进中国的发展。

（二）防范利益冲突风险

随着中国经济的快速发展，加之"一带一路"倡议的不断推进，中国与世界各国的投资贸易往来日益紧密，同时中国与美国等西方国家的国际竞争加剧、贸易投资摩擦增多。中国与发达国家的贸易不平衡、西方发达国家对中国市场经济地位的质疑，容易引起各国的贸易保护主义抬头。多年来，中美之间合作大于竞争，贸易差额是客观存在的。由于特朗普政府以国家安全为由，进行贸易保护，损害较多国家的利益，中国面对美国的贸易"出招"，也只能"接招"，通过贸易对话谈判，努力推动中美关系的稳定发展。在此背景下，欧盟也相继出台贸易保护主义政策，据统计，截至2018年，欧盟针对进口钢铁产品实施了53项反倾销措施，其中有27项是对准中国展开调查。在全球贸易保护主义加剧的环境下，中国积极倡导"一带一路"重点领域建设，争取开展自由贸易协定谈判、关税协定谈判，加强与中美、中欧、中国与周边国家及"一带一路"沿线国家的发展战略的有效对接，在契合各国利益点的基础上共谋发展，从而推动传统国际贸易秩序的变革，提高发展中国家在国际贸易新秩序中的地位。①

在贸易保护主义愈演愈烈、逆全球化兴起浪潮中，中国提出的"一带一路"倡议成为推动经济全球化的重要力量，有助于形成以"构建人类命运共同体"为基础的全球治理理念，以G20峰会为重要平台，我国以新兴经济体的代表方积极参与到发达国家与发展中国家共治的全球治理格局中，通过贸易投资协定的确立、贸易投资规则的制定、国家产能合作等方式发挥更大作用。但同时，也要通过鼓励各方积极参与、及时吸纳各方意见建议、充分考虑各方诉求等，避免治理机制的封闭化和规则的碎片化。通过"一带一路"建设、加强"金砖"国家间的合作、中国与中东欧"16+1"合作、中俄战略对接、中国和哈萨克斯坦合作、中国与东盟的合作等推动全球治理的转型，倡导各国平等参与国际经济合作，加强沟通和协调，共同发展。②

二、量力而行，防范冒进风险

（一）依据中国综合国力逐步提升国际话语权

改革开放以来，中国经济保持了高速增长，到2018年GDP超过90万亿元人民币，按市场汇率折算超过13万亿美元，成为仅次于美国的全球第二大经济体，成为推动全球经济增长的主引擎，尤其是2008年金融危机后，带动了世界30%的经济增长。虽然中国经济发展水平已经名列前茅，但距离发达国家仍有很大差距，人均收入处在低水平、贫困人口总额大的现状依然存在；我国政府提供社会公共产品的能力有待提升，我国人均GDP还有待提高，中国与发达国家相比，自身发展的任务艰巨。我国仍然需要把发展的重心放在社会的主要矛盾上，着力解决区域经济发展不平衡的问题，促进经济高质量发展，提高居民收入水平，充分满足人民群众在各方面日益增长的需要，推动民众的全面发展和社会的全面进步。

自从中国加入G20以来，中国逐步成为全球经济治理的核心角色之一，在各种决策机制中的话语权显著提高。但由于中国参与全球经济治理的时间较短，全球管理和处理经济协调的能力相对不足，制度差异与文化差异使得西方国家对中国特色社会主义市场经济也有一定的怀疑和避讳，因此

---

① 刘志中：《"一带一路"倡议与全球贸易治理机制变革》，《东北亚论坛》2017年第6期，第46—55、125页。

② 冯新舟：《经济全球化新形势与中国的战略选择》，《经济问题》2018年第3期，第1—6、18页。

中国需要循序渐进地参与全球经济治理。在参与全球经济治理的深度上，量力而行，提高自身参与全球经济治理的能力，提高我国的综合国力，因为综合国力是深度参与全球经济治理的保障和基础。中国只有继续保持中高速经济增长，提高增长质量，保持适度经济规模，避免落入中等收入陷阱，加大科技研发投入，提高军事实力，才能进一步提高中国在世界经济格局中的话语权。

（二）稳妥参与全球经济治理的多方博弈

全球经济治理的过程是世界各种经济力量多方博弈的过程。中国不仅要主动加入全球经济治理中，更要练好内功、加大边际改革的力度，以更加稳妥的方式应对复杂的全球经济治理多方博弈。第一，长期以来，发达国家一直处于全球治理的主导地位，掌控着全球治理规则的制定权，而众多的发展中国家只能接受发达国家制定的国际规则和标准，话语权和影响力较小。中国作为发展中国家，没有能力替代欧美等发达国家，为适应世界经济发展环境变化，只能团结发展中国家的力量，把以中国为主的发展中国家利益诉求纳入国际规则改革中，提高中国的制度性话语权。第二，现有的全球经济治理机制逐渐暴露弊端，在既得利益国家和国家集团的阻碍下，难以进行深入的治理结构调整与改革，同时中国作为新兴大国，如何与守成大国进行博弈，如何让新兴国家创立的新组织和新机制在现有的全球经济治理体系中发挥作用，都是中国与守成大国博弈需要解决的问题。第三，中国由于自身实力问题，难以在全球经济治理博弈中获得相对应的权力，需要根据自身国情，探寻推动建立全球经济治理的新机制和新平台，坚决维护发展中国家的利益，不断加强以南南合作为基础的发展合作，共建"一带一路"，推进亚投行发展，积极推动建构具有平等性、包容性、和平性和建设性的全球伙伴关系网络。[1]

（三）中国全球管理经验不足，需要积累能力和培养人才

全球化人才储备是参与全球经济治理能力的基础。[2]在世界经济的发展过程中，国与国之间既存在合作关系也存在竞争关系。随着以中国为代表的新兴国家的经济实力不断增强、在国际经济事务中话语权的增加，为维

---

[1] 徐秀军：《促进重塑全球治理体系》，《人民日报》2018年1月5日，第23版。
[2] 广东国际战略研究院课题组、隋广军、陈伟光，等：《中国参与全球经济治理的战略：未来10～15年》，《改革》2014年第5期，第51—67页。

护自身利益，新兴国家倾向推进现有全球经济治理体制的改革。而以美国为代表的发达经济体，为了维护传统的既得利益，想方设法谋求对新一轮经贸规则的制定权。中国作为新兴国家代表，在与守成大国博弈之间，表现出全球管理经验不足的缺点。中国主导的全球经济治理平台包括了"一带一路"建设、金砖国家合作机制（包括金砖国家新开发银行）和亚投行。"一带一路"建设正在逐步全面开展，对全球经济治理体系的冲击正在显现，但治理人才的缺口较大。金砖国家合作平台主要定位于政策沟通，共识和行动计划不具有强制约束，急需大批人才来共同合作，设计和打造出一个更高层次的合作治理平台。亚投行目前仍处于起步阶段，其对现有国际货币金融体系的影响还很有限，在支撑中国参与全球经济治理方面的作用还有待提升。对于中国和新兴经济体来说，要更好地完善新兴经济体全球治理平台建设，务实的合作机制往往在规则谈判中发挥基础性作用，并直接考验中国等发展中国家的议题设置和规则谈判能力，同时需要加速深入了解国际规则、国际规范和跨文化国际人才队伍的建设，不断地提高中国深度参与全球经济治理的能力。

三、防范境外投资风险

（一）境外投资存在的风险

1. 政治风险

中国"走出去"企业对外投资规模的不断扩大，以及基础设施项目建设的周期长、社会影响大等特点，容易遭遇东道国的政治风险，包括动荡的政局风险、国家制度差异、民族主义及宗教意识形态差异，以及叛乱、战争和恐怖主义造成的风险。随着"一带一路"倡议的推进，可能引起与东道国国家战略之间的利益冲突，体现在东道国政府对外来投资的直接限制和通过税收、法律等手段间接限制的投资风险。政治风险常常取决于投资对象国的政治局势，这种政治风险最难预测，同时是影响中国企业"走出去"的最大的风险。我国企业所面临的政治风险在发展中国家与发达国家的表现有所差异，发达国家主要是门槛的提高，以及针对条款的界定，限制中国企业在该国进行投资，发展中国家主要是政局的稳定性及安全风险。[1]

---

[1] 程钰淮：《中国企业对外直接投资的风险分析及对策》，《中国商贸》2012 年第 30 期，第 191—192 页。

随着经济全球化、中国参与全球经济治理的深入，各国贸易保护主义抬头，导致中国企业"走出去"面临着东道国的政治及经济干预。由于政治风险的不确定性、残酷性，容易对"走出去"企业造成重大损失。所以，如果中国缺乏境外投资保护制度，那么境外投资企业承担政治风险的力量就比较薄弱。我国企业在这方面需要承担的风险突出，主要包括我国政府对于中国企业"走出去"缺乏战略性和行业性指导，中国企业"走出去"，特别是中小企业"走出去"存在盲目性；中国政府没有合理的投资保护协定政策，使得中国企业暴露在东道国政治风险之下，由此带来的损失是中国企业"走出去"的巨大成本，不利于推进中国企业的境外投资，不利于中国参与全球经济治理。[①]

2. 经济风险

中国企业"走出去"进行境外投资会受到宏观经济环境变化、国家宏观经济政策调整等因素的影响，出现市场风险、汇率风险、金融风险和信用风险等。例如，"一带一路"沿线国家的经济发展水平差异较大，市场化程度也不同。发达国家市场制度完善，投资和法律环境稳定，容易推动各自的经济发展与合作。但是发展相对滞后的发展中国家，就容易增加投资风险。另外，境外投资还有汇率风险，其中包括交易外汇、折算外汇及经济外汇三大风险。一旦企业投资的东道国出现经济不稳定、通货膨胀问题，"走出去"企业就要面临资产和收益缩水的巨大风险。所以，汇率波动很容易造成中国企业突然性的经济损失。[②]

随着中国参与全球经济治理的不断深入，中国"走出去"企业境外投资数量不断增多，但大部分"走出去"企业面临着融资难的问题，阻碍了自身发展和参与国际竞争的积极性。中国企业在境外投资难以短时间内在当地建立良好的市场信誉，故而难以获得当地的金融贷款服务。[③]中国企业海外投资大多基于国内融资与企业自有资本，对海外国际金融规则和环境没有形成良好对接，利用国际金融融资的能力不强，影响了中国"走出去"企业依托国际金融机构实现融资，也导致中国"走出去"企业的融资成本

---

① 刘红霞：《中国境外投资风险及其防范研究》，《中央财经大学学报》2006年第3期，第63—67页。
② 李俊锋、王朋吾：《"一带一路"境外投资风险防范机制研究》，《改革与战略》2017年11期，第171—173、186页。
③ 沈志远：《"一带一路"倡议下税收协定助力中国企业"走出去"的思考》，《财经理论研究》2017年第1期，第33—39页。

高于国际竞争对手，①从而丧失了投资机遇。"一带一路"倡议不断获得国际认可，金砖国家新开发银行、亚投行、丝路基金的设立及国家外汇储备配套措施的相继推出，有利于更好地解决企业"走出去"的融资难题，激发企业"走出去"的意愿。

3. 经营管理决策风险

在中国企业"走出去"的过程中，面临着企业内部的组织架构、财务管理等运营管理风险。"走出去"企业由于存在不熟悉国外社会、环境、法律和文化等问题，难以准确评估境外投资的市场风险，容易出现由于信息不对称、评估不当等而降低企业投资有效性的现象。加之，中国企业境外投资的管理人才大部分从国内选拔，容易导致企业的境外投资相对保守。②

另外，从"走出去"企业管理体制角度看，由于企业自身缺乏健全的法人治理机制、风险制约机制、策略执行机制，在决策中容易出现风险评估不足及决策过程控制不到位问题，导致企业的决策制定和实施不够严谨科学，遇到风险也难以较好地控制损失，导致企业的海外资产受到侵蚀，"走出去"企业的海外投资风险加大。

4. 技术及法律风险

中国企业"走出去"境外投资，面临着东道国的技术壁垒、行业和特定技术的标准差异，为达到东道国的技术标准，可能造成产品成本提高。另外，中国企业对海外投资的宏观技术环境和技术管理存在管理上的欠缺，容易在投资过程中出现专利技术、关键培养方案及样品的泄露，容易降低中国企业的竞争力，如果处理不好，还可能面临技术专利风险，如果被竞争对手复制，容易出现纠纷，造成企业损失。

世界各国的政治经济环境有差异，法律体制也有所不同，因此中国企业"走出去"海外投资需要面临来自宏观环境的风险和投资所在国的法律风险。一方面，我国政府对中国企业"走出去"缺乏系统性的规划指导，无法给予企业更多科学有效的法律决策建议和指导信息，容易导致中国企业"走出去"过程中，遇到较多的法律难题，导致对外投资资金流出亏损

---

①《企业"走出去"需要融资渠道创新》，2013年3月8日，http://finance.people.com.cn/n/2013/0308/c70846-20723290.html。

② 程钰淮：《中国企业对外直接投资的风险分析及对策》，《中国商贸》2012年第30期，第191—192页。

严重。另一方面，各国法律体系的差异也增加了企业"走出去"的成本，投资前需要花费大量的成本研究当地的法律，从而降低中国企业境外投资的效率。①

（二）加强中国企业境外投资的风险防范

1. 把握国际经济趋势和国际新需求，选择不同的投资策略

中国企业"走出去"境外投资，需要把握发达国家逐渐走出危机，新兴国家、发展中国家仍在危机中的错配时期的国家经济趋势。国际市场中，除了环保、高科技、优质教育、体育和健康等产业需求较旺盛外，传统产业需求增长乏力，②中国企业"走出去"海外投资就不能把原有国内剩余的产能简单复制到投资东道国，需要因地制宜，捕捉投资所在地区的市场新需求，对投资产能和产品进行转型升级，这样才能更好地捕捉全球市场的新需求，更好地推动中国的国际产能合作，提高中国企业的境外投资效益。

中国企业可以根据所在行业，选择不同的投资策略手段，但需要优化境外投资的组合与布局，避免过于集中，从而有效防止境外投资的风险。③结合世界五百强企业的经验案例，一是可以选择将剩余产能投资外移到劳动力成本相对较低的国家，扩展生产线；二是通过并购、企业联合等外部增长方式，扩大企业在海外市场的占有率，提高企业的规模效应；三是通过产业转型，加大企业的研发、创新、品牌营销等，提高产品的价值，提高企业在全球价值链中的位置。中国企业"走出去"可以把企业价值定位全球化，策略采取区域化，战术采取本土化。④

2. 健全财税和金融政策支持体系，为中国企业境外投资提供资金支持

中国政府应完善配套的财税扶持政策体系，鼓励中国企业大胆"走出去"。同时政府需要加快完善企业境外投资的金融支持政策，优化本土金

---

① 张琦：《后危机时代中国企业对外直接投资的风险防范》，《中国商贸》2010 第 21 期，第 48—49 页。

② 梁海明：《梁海明：中资企业海外投资的困难与建议》，2016 年 8 月 16 日，http://cafiec.mofcom.gov.cn/article/tongjipeixun/201608/20160801380390.shtml。

③ 李俊锋、王朋吾：《"一带一路"境外投资风险防范机制研究》，《改革与战略》2017 年第 11 期，第 171—173、186 页。

④ 梁海明：《梁海明：中资企业海外投资的困难与建议》，2016 年 8 月 16 日，http://cafiec.mofcom.gov.cn/article/tongjipeixun/201608/20160801380390.shtml。

融机构对境外投资的金融支持,为企业境外投资提供相对稳定的资金链。同时,完善风险分散的保险机制和金融监管机制,引导企业实行风险损失的合理转移,全过程监督企业境外投资的健康运行。鉴于外汇风险,中国政府也要进一步推动人民币国际化,加快人民币在相关国家的使用,以贸易和投资推动人民币在各国的市场化,降低境外投资的汇率风险。引导中国企业境外投资对金砖国家新开发银行、丝路基金、亚投行等融资平台的利用,为企业"走出去"提供便捷的资金支持和融资渠道。另外,还可以利用灵活的投资组织形式,吸收投资东道国当地的资金支持,如境外投资的企业可以利用境外筹集,这样既保障了企业有充足的资金来源,又有利于企业在东道国立足。

3. 完善企业运营风险管理机制,提高企业抗风险能力

首先,强化企业在境外投资的风险运营管理意识,提高企业管理层和人才的管理水平,学习风险管理知识,提高风险防范的应变能力。其次,企业"走出去"前要进行充分的市场和风险前期调研,对项目的可行性、风险性进行调研,以在商言商、合法经营、追求利润最大化的目标指导项目的设计和投入,为企业境外投资引入监理保障机制。最后,健全风险监控的财务管理机制,严格控制企业境外投资的风险,及时反馈所遇风险,及时制定应对策略,把各种风险降到最低,确保资金链的稳定,从源头上降低企业在境外投资的内部管理风险。[①]

4. 完善文化沟通交流机制,提高文化包容度

世界各国多种文明、上百种语言并存,文化差异巨大。特别是"一带一路"沿线国家更加明显,首先,我国政府可以通过顶层设计,通过领导层沟通机制,与合作国家建立文化沟通机制,为我国企业与当地民众文化关系畅通提供方向和制度保障。其次,可以通过开展文化交流活动,为我国企业境外投资奠定基础。最后,我国企业"走出去"要注意提升大国国民风范,主动了解当地文化差异,向当地民众展现中国企业的善意和谋求发展的诚意,尊重当地的宗教文化,促进文化交流的广度,为双方经济合作与协调夯实基础。[②]

[①] 贾儒楠:《企业境外投资的风险及规避措施探究》,《中国商贸》2014年第12期,第71—72页。

[②] 李俊锋、王朋吾:《"一带一路"境外投资风险防范机制研究》,《改革与战略》,2017年第11期,第171—173、186页。

四、防范产业空洞化风险

(一)境外投资与产业空洞化

产业空洞化是许多国家在经济发展中存在的现象,英国是最早出现产业空洞化的老牌资本主义国家,英国主要是早期对殖民地的掠夺和资本的国内投资与输出的严重失衡导致的。德国战争经济的畸形化带来产业非均衡发展是造成产业空洞化的主要原因。20世纪60年代美国学者基于对本国的企业投资研究,提出"产业空洞化"概念,此后"产业空洞化"开始被学术界关注和研究。[1]20世纪90年代日本处于经济高速发展时期,日本企业为提高企业利润,降低生产成本,选择了海外投资,把生产和经营基地转移到国外,国内只留下企业管理层机构,从而导致国内产业从资本密集型产业向技术密集型产业转换过程中出现了产业空洞化。美国对外直接投资的激增带来国内制造业的萎缩,使得实体经济与虚拟经济的发展失衡,导致美国国内的实体经济薄弱,从而出现产业空洞化现象。[2]

当前我国经济运行的各种迹象表明,我国在推动全球经济治理变革行动中也正面临产业空洞化现象。现在我国处于经济增长、产业结构的转型升级和产业不断向外转移的关键时期,在新旧产业交替过程中产生了新产业发展不能弥补旧产业的衰退现象,出现产业空洞化现象。产业空洞化在我国经济发展中有以下表现:第一,我国制造业效益下滑趋势明显,东南沿海地区出现了"离制造业",浮现产业空洞化的现象;第二,我国产业技术还出现了空心化现象,如没能发挥"以市场换技术"的作用和外商技术溢出效应,本国的自主研发技术水平没有得到有效提升;第三,区域性产业空洞化,传统不发达工业区由于资源匮乏、缺乏优势资源,新兴产业缓慢发展,出现产业断层;第四,企业组织空心化,中小企业频繁倒闭,产业发展缺少中小企业的支持,容易出现企业组织空洞化式的产业空洞化;[3]第五,国际产业的转移也在一定程度上导致我国产业出现空洞化现象,发达国家对我国的技术输出存在控制,以代工或贴牌生产为主的劳动密集型生产环节导致供给侧结构难以满足高质量发展需求,技术研发和知识资

---

[1] 周振华:《我国经济发展面临产业空洞化的挑战:机理分析与应对思路》,《经济研究》1998年第6期,第3—5页。
[2] 齐爽:《发达国家产业空洞化问题研究》,郑州大学硕士学位论文,2015年。
[3] 辜胜阻:《中小企业后危机时代转型升级实现可持续发展的对策建议》,《经济界》2011年第1期,第4—9页。

本密集型产业发展缓慢,自主品牌建设速度较慢,容易出现技术空洞化。①

（二）产业空洞化风险防范

产业空洞化主要出现在产业大量升级时期,此时传统产业逐渐衰退,新兴产业的发展还没有兴起。②我国作为最大的发展中国家,改革开放以来,我国经济高速发展,经济实力和国际地位都显著提高。面对国内供给侧结构性改革、国内产业转型升级、国内优质产能和剩余产能"走出去"的状况,我国产业空洞化趋势越来越明显。例如,我国东部沿海地区,改革开放过程中,以优越的地理位置和投资环境吸引了大量外资,但随着经济水平的提高,低技能劳动的成本不断增长、土地和环境成本也成为制约发展的因素,东部沿海地区逐渐失去成本优势,劳动密集型、简单加工制造业纷纷转型或流失。

第一,发达国家产业空洞化的重要表现就是对外投资,中国可以借助发达国家对外投资和技术转移,通过外部技术溢出效应和知识溢出效应,取长补短,建立具有自身核心竞争力的优势项目及成熟品牌,将国外的市场需求、品牌与我国市场相结合,推动产业转型升级,淘汰落后产能,从而提高我国在全球价值链的位置。③第二,中国需要长期预防及弱化产业空洞化可能带来的消极影响,需要摆脱对欧美市场的过度依赖,通过拉动内需,建立以需求结构变化为导向的产业结构,通过主动寻求经济创新和产业结构转型升级,实现企业的技术和体制创新。第三,需要把握好对直接投资的比例,借鉴发达国家跨国企业产业空洞化的经验教训,为了保护本国产业的良性竞争环境,在国际产能合作、本国产业"走出去"过程中,要控制好比例和范围,处理好主要产业根据地留守国内的战略要求。第四,中国积极参与全球经济治理,既需要处理与大国的经济协调与合作,同时需要加强与其他发展中国家的合作,通过彼此协同合作,提高发展中国家在全球经济治理中的作用。

---

① 杨秀云、袁晓燕:《产业结构升级和产业转移中的产业空洞化问题》,《西安交通大学学报(社会科学版)》,2012年第2期,第1—6页。

② 喻言:《我国经济发展中的产业空洞化探析》,《华中农业大学学报(社会科学版)》2005年第1期,第37—41页。

③ 沈志远:《"一带一路"倡议下税收协定助力中国企业"走出去"的思考》,《财经理论研究》2017年第1期,第33—39页。

结语：全球化困境之下中国推动全球经济治理范式转型的前景

2008年金融危机后，全球经济并没有获得显著复苏。2016年，全球化进程呈现明显萎缩现象。美国总统特朗普在参与竞选过程中，便宣称退出TPP及WTO，暂停与欧盟的TTIP谈判，对NAFTA重新谈判，修改原产地规则，使海外制造回归美国。2017年，特朗普政府宣布美国退出TPP之后，又先后退出《巴黎协定》和联合国教科文组织等多边协定和组织，美国发布的《2017年总统贸易政策议程》更是以美国利益为先的国际贸易政策，而无论其政策是否与现行的全球经济治理体制相一致。2018以来，美国的贸易保护主义愈演愈烈，发起了全球性大规模的贸易摩擦，中美贸易战不断升级并向科技、投资乃至金融领域扩展。

欧盟一直是全球化坚定的支持者，但也在2016年后面临反全球化的严峻考验。因欧债危机、移民危机的持续影响，欧盟多个成员出现了反区域化的情绪。因不满欧盟移民政策，英国通过公投宣布退欧，并启动了退欧程序。欧盟对外谈判高标准自由贸易协定的权力也反复为成员质疑，法国、奥地利等成员退欧情绪此起彼伏。这是本轮全球化经历了快速扩张后全球化逆流态势的首次集中显现。全球化在遭遇重大困境后，全球经济治理将何去何从？能否出现一种对当前经济全球化问题进行有效应对的治理新范式，引领全球经济治理朝更加公平合理方向发展？

一、经济全球化新动向：逆全球现象透视

全球化已经成为人类社会发展到今天的主流话语系统，其影响和运用范围已经从经济领域泛化到政治、文化、安全和社会生活等各个方面。作为一种实践活动，人类历史上全球化的早期活动可以追溯到19世纪中期的工业革命时期，甚至可以从16世纪哥伦布远航寻找全球化的迹象。全球化的发展过程中，质疑、反对全球化的思潮和行动一直如影随形。这种逆全

球化而动的潮流一旦影响到国际制度层面并作用于行为体的跨国活动时，全球化进程就会放慢甚至受阻，这就是所谓的逆全球化现象。

（一）逆全球化的表现与特征

本轮逆全球化主要表现为：第一，全球贸易增速急剧下滑、投资不振和劳动力流动趋缓；第二，区域关系上的英国脱欧和欧洲一体化进程的受挫；第三，国际制度上的全球多边机制不振、各类区域性的贸易投资协定呈碎片化发展趋势；第四，西方跨国银行的国际贷款增幅减少、国际资本流动放缓、部分企业回流到本国市场；第五，主要西方国家的移民政策、贸易投资政策、监管政策等都有朝着逆全球化方向发展的倾向，尤其是在贸易政策方面，贸易大国国内贸易政策出现明显的保护主义倾向，以反倾销、反补贴、外资并购审查为理由的贸易战和投资战日趋增多。这种全球化逆动现象被学术界冠以"反全球化""逆全球化"或"去全球化"潮流，以至于一些学者认为是"新自由市场的全球化终结"和"后全球化时代的到来"。

透过逆全球化这些外部表现，逆全球化本质如下。

其一，逆全球化是资源在全球配置的规模和速度减缓的趋势刻画，与全球化扩张是一个相对应的概念。二战结束特别是冷战后一段时期，是全球化扩张的时代，众多发展中国家融入美国主导的新自由主义全球化。以WTO为代表的多边贸易协定兴起使得贸易规模增长率远高于经济增长率，金融创新和金融自由化的政策也使得国际金融贷款、国际金融市场大幅扩张。以国际贸易为例，二战后前40年，国际贸易年均增长率达到6.5%，2008年金融危机以前的20年，世界贸易的增长率也能够达到6%以上，是全球GDP增长率的两倍。2008年金融危机后，世界经济呈现与全球化扩张相反的势态，贸易占总收入的比重下降，贸易作为拉动经济引擎的功能开始消失。特别是最近几年，贸易保护主义空前抬头，一些规则重塑都朝着限制全球化的方向发展，贸易增长持续下滑甚至萎缩，联合国贸易和发展会议的统计数据显示，2017年以来，美国的贸易政策变得更加严苛，特别是针对中国的贸易措施出台更加频繁。

其二，逆全球化反映了全球经济治理的失灵，全球经济治理是全球化的产物，是对全球化效应特别是负面效应的回应，是对全球化风险的管理和防控、对全球化缺陷的弥补和矫正，是全球性问题的处理和解决过程，强调的是全球化进程中共同利益的协调、交易成本的减少,也是顺应全球化发展、协调全球化利益、规范跨国行为的过程,作为有目的和有意向的全球秩序塑造。全球经济治理与去全球化在观念上排斥、政策上限制全球化有本质的不同。全球化进程,实际上是全球化与全球治理互动的过程,全球化逆动现象是全球化与全球治理关系不协调的反映,是全球治理失灵的结果。

其三,逆全球化不是全球化的逆转,长期来看,全球化不存在根本性的颠覆或转向。全球化是人类社会发展到一定阶段的产物,是科技进步和社会发展的结果,具有不以人的意志为转移的客观实在性。但是作为一种社会建构的现象,全球化被定义为客观现实的全球性与主观建构的全球主义的互动过程,片面强调全球化的客观历史必然性而看不到全球化中蕴含的意识形态倾向也是幼稚的。所以,全球化可以从两个层次加以理解:一是指全球化具有客观历史发展规律,这种全球化是包括反全球化运动和去全球化政策在内的任何力量都无法长久阻止的,因为人类在全球范围内快捷实现全方位的沟通、联系和交易的能力是不断进步的,谋求繁荣与发展的愿望是共存的;二是指一定价值观下的全球化模式或实现途径,是可以调整、改进和转型的。例如,新自由主义的全球化,这种全球化的规则基本上是由西方发达国家特别是美国制定的,其追求的目标主要是谋求或维护美国及整个西方国家的利益。更确切地讲,主要代表的是美国精英阶层,包括跨国公司的利益。新自由主义全球化一方面产生了对美国中下层不利的结果,另一方面在融入全球化的格局过程中,中国等一批新兴市场国家群体性崛起,两者迫使美国对全球化战略模式做出调整,通过塑造高标准的规则引导对自身更加有利的全球化,甚至否定既有的区域贸易协定和WTO为代表的多边贸易协定,这种现象可能会持续一段时间,但全球化不存在根本性转向。只是在未来,围绕全球化转型模式之争和全球治理规则之争将成为常态。

(二)逆全球化的原因

全球化是一个社会建构过程,这一过程中,具有不同理念的多元主体相互博弈并演化出全球化相对稳定的结构,尽管这种结构会随主体结构的变化而不断改变。当前全球化逆动,是全球化和全球治理不匹配的反映,根源在于传统的全球治理体系存在内在缺陷。

第一，全球化进程中的经济相互依赖性日益增强与全球治理中的宏观政策协调不力的矛盾。由于并不存在凌驾于主权国家之上的全球政府，不存在政府统一的宏观经济政策调控和干预经济，当全球经济失衡或全球市场运行失灵时，各国的财政政策、货币政策、汇率政策等的协调就显得非常重要。全球宏观经济政策的协调是解决供求市场全球化与全球市场统一管理主体缺位的矛盾的需要，是全球经济治理的重要组成部分。2008年美国次贷危机爆发，金融泡沫破灭与严重失衡的实体经济相结合使得危机从金融领域向实体经济领域扩散，导致全球金融经济危机爆发，这反映了全球系统性风险防范机制失效，也是宏观政策协调不力的结果。另外，在应对危机的关键时刻，世界启动了G20峰会机制，密切协调大国之间货币政策的合作，有效阻止了全球金融危机的进一步恶化。但是，G20并没有建立起一个实质性的治理全球经济的长效机制，所以在后危机时代，全球宏观政策协调性下降，货币政策出现分化，全球经济陷入长期低迷，特别是新兴经济体和发展经济体经济下行风险显著增加，全球经济的"新平庸"格局难以超越，经济结构性矛盾更加突显，全球化进程必然遭遇阻力。

第二，经济全球化的收入分配不公与贫困治理不足的矛盾。市场机制的优势在于提升资源配置效率和促进财富增长，但是市场机制本身难以实现分配的公平。现实中的新自由主义的全球化，并没有出现经济学家普遍预测的经济收敛现象——发达国家的财富效应向发展中国家倾斜，除中国、印度等少数亚洲新兴市场国家以外，发达国家和发展中国家收入差距状况并没有得到整体改善。从收入分配的角度来说，这一轮全球化进程的结果可以分出赢家和输家，赢家是亚洲发展中国家的中产和中产以上家庭，以及全球最富的1%人群；而相对的"输家"则是发达国家的中产及以下家庭，以及一些被全球化边缘化的发展中国家中的大多数家庭。作为"输家"的西方发达国家的中产及以下家庭是推动去全球化的主要力量，因为高失业率及中产阶层收入增长的停滞强化了他们关于全球化制造了不平等的认识。问题的关键在于以公平为原则的全球治理提供不足，主导全球化的发达国家没有相应做好国内的贫富分化治理以维护中产阶层的收入稳定，同时在国际上针对最不发达国家的贫困治理也协调不足。所以，国际社会应反思以跨国公司等为代表的价值链全球分布的全球化模式，认识到"自由市场"为导向的全球化及其治理的缺陷。

第三，难民潮问题反映了全球安全治理的问题。全球化总是与边境开放、劳动力跨国自由流动联系在一起。一般来讲，劳动力跨国流动既能解决输入国劳动力短缺问题，同时还能改善输出国就业和收入状况。但是由于移民人口的复杂性，劳动力跨国流动总会受到一定的限制，特别是当移民人口问题影响到输入国的就业、工资收入甚至社会安全时，会引发国内反移民运动和移民政策的大幅调整，劳动力跨国流动被设置屏障。目前劳动力在欧盟境内的自由流动面临的重大挑战就是这一问题的显现，如劳动力相对短缺的德国，本来是欧洲接待难民最强有力的支持者，但是德国城市发生的大规模移民事件使政府面临巨大的压力，很有可能导致德国移民政策的逆转。在英国，反移民的呼声较高，难民潮是致使英国脱欧公投的主要因素。如果难民危机不断扩大，欧洲内部的强烈反弹可能彻底改变目前的移民政策，致使劳动力在欧洲跨国流动中断，甚至可能导致欧盟的解体。在美国，特朗普在美国和墨西哥边境上修筑隔离墙，得到了不少选民的认同，这也反映了美国对移民的态度。全球安全治理的不足，使得难民潮问题难以得到控制，特别是移民问题与恐怖主义扩散有高度的联系，为人员的跨国流动管理带来巨大的挑战。

第四，贸易快速收缩反映了全球贸易治理的内在缺陷。一方面，当前全球贸易低迷有市场机制自发调整的内在原因，主要是2012年后世界经济增速持续下滑，其对贸易增速的影响会通过价值链机制产生"放大性"的收缩效应；另一方面，前一轮科技革命所产生的推动力已成强弩之末，动力机制基本耗竭，而新的驱动经济增长的动力机制还未形成。但从根本上说，贸易快速收缩的根本原因在于全球贸易治理失灵。一是贸易自由化和便利化遭遇前所未有的挑战。全球贸易治理的正式立法成为规则产出的桎梏，以WTO为代表的全球多边贸易体制功能发挥不足，多哈发展回合谈判进程缓慢，使其逐渐丧失国际贸易自由化引擎的地位。二是多边贸易体制转向双边和地区性的FATs，目前各类双边和诸边协定交织在一起，致使全球治理的碎片化情况十分突出，加大了贸易往来的交易成本。要缓解贸易多边治理与区域治理的矛盾，推动"区域主义的多边化"已成为全球贸易治理体系无法回避的挑战。三是贸易保护主义空前抬头，包括反倾销、反补贴在内的贸易保护措施往往对企业出口的种类数和已有种类的出口数量造成显著的影响。

综上所述，这次的全球化逆动，是2008年全球性金融危机调整后的滞后反应，集中地表现为欧美国家民众对贸易自由化和人员的跨境流动的恐惧及反对，导致这些国家去全球化的倾向的显现。全球化进程随着全球经济长周期运转，出现开放到收缩、释放市场力量到保护社会摆动，并不是异常现象。但从根源上讲，全球化逆动是全球化和全球治理的不匹配造成的，全球治理发展滞后，需要全球经济治理改革和转型。

二、逆全球化现象反思：世界需要什么样的全球经济治理

当前全球化逆动是美国等西方大国对其推动的全球化的主动收缩，是基于全球化进程中利益和权力分配不满的反映，也是美国主导全球治理能力衰落的表现。全球化和全球治理的发展历史表明，全球治理适应全球化发展是全球化顺利推进的关键，国际社会需要一个顺应全球化发展的新型全球经济治理体系和治理范式。

首先，治理理念需要重塑。二战之后西方发达国家所推动的全球化和全球治理，在理念上遵循自由化、私有化、市场化的新自由主义，虽然推动了全球经济的繁荣，但也导致了两个重要的后果。第一是跨国资本的逐利本质导致了财富分配的不公，同时，西方国家国内治理失衡，在再分配过程中，失利阶层并没有获得相应的补偿，国内中低产阶层的收益停滞甚至下降；第二是美国所倡导的华盛顿共识主张将西方普世价值观对全球推广，并借助于国际货币基金组织和世界银行要求发展中国家按照其意愿进行政治经济改革。由于各国对"人权、民主和正义"的全球治理观认知的分歧，以及在执行中对国家主权和文化传统的冲击，这些改革不仅没有达到期望的结果，反而引发难民问题和恐怖威胁。因此，在多极化时代里，探索一种多元共生、共同发展、包容互鉴的全球治理的理念，有助于达成全球治理的价值共识，也有利于缩小贫富差距。

其次，全球治理结构亟须转型。当前，国际社会实力结构已然发生变化，但并未在全球治理格局中充分体现。G20峰会在形式上确定了发达经济体和新兴经济体共治的格局，全球治理的框架也因新兴经济体的贡献，产生了一些新的治理机制，如亚投行、金砖国家新开发银行等。在新兴经济体的争取下，2005年美国最终同意适当增加新兴经济体在国际货币基金组织投票权。但这些变化远远不能体现新兴经济体在国际社会中的权力结构变化，既有制度结构及国际组织话语权分配公平性依然欠佳，发展中国家在全球化中的整体利益并没有得到应有的改进。未来，全球经济治理的结构需要进一步转型，为发展中国家，尤其是新兴经济体的建设性参与提供更多的机会。

再次，国内治理与全球治理互动关系应予重视。当前逆全球化的导火

索看似为美国解决中产阶层收入的下降及西欧民粹主义的兴起。实际上，逆全球化问题的根源在于国内治理。二战后，资本在全球范围的扩张，以及价值链的全球整合，不同国家的获益是不同的；在一国之内，不同利益集团的受益也是迥异的。基于国内政治和民主制度的局限性，传统霸权国家并没有对在全球化中受益的利益集团，如金融、信息技术、医药公司等，以及在全球化中受损的集团如制造业等进行收入再分配，而是片面放大其利益受损的方面，由此激化了社会矛盾。因此，全球治理需要重视与国内治理的互动关系，促使国内治理根据全球治理的需求和变化进行有效调整，以使国内不同利益集团适应全球化发展。解决国家之间的收入差距和全球可持续发展问题，如落实联合国《2030年可持续发展议程》，是全球经济治理主要内容。国家内部的收入分配和再分配问题不应是无政府的全球治理主要义务，发达国家中产和低产阶层收入问题的解决需要建立国家治理与全球治理的互动机制。具体于美国而言，关键在于建立有效且负责任的国内治理体制和公正的政治体系；在对外谈判中，改变其优势集团利益优先的立场；在就业政策上，推动提高最低工资的施政目标，缩小贫富差距，关注再就业的技能培训，以适应就业结构的变化，而不仅仅是通过贸易保护政策实现本国的私利。全球经济治理的目的应该是增加各国国内政策的自主性，同时不对贸易伙伴造成伤害。不管是发展中国家还是发达国家，都应当有足够的空间来追求各自的目标。

最后，逆全球化现象呼唤新型治理范式的产生，对全球经济治理现有的失衡结构进行调整。全球经济治理的结构性转型要求建立具有包容性的、多层次、多主体参与及多机制共存的新范式，在治理目标和价值、治理主体、对象和内容、机制、权力结构及治理方式上对传统治理范式进行改革：治理目标和价值上以开放的、可持续发展的全人类利益为目标；在治理主体上，积极吸取国家、政府间组织之外的非政府组织、跨国企业、市民的参与；在治理对象和内容上，不拘泥于传统外交事项，而对全球经济治理中的"公域"进行公共事务管理；在治理机制上，充分发挥传统治理机制和新型治理机制的协同作用，并不断摸索更加包容、灵活、有效和公正的治理机制；治理机构及治理决策在权力结构上应允许不同利益集团的参与，增强新兴经济体等发展中国家的话语权；在治理方式上，应意识到南北国家的发展水平差异，不同政治经济体制制度的差异，谋求更具有包容性的制度，避免方式单一化，防范决策过度偏向于"后西方主义"。

三、构建人类命运共同体与全球经济治理新范式

全球经济治理新范式是否可行,其未来发展的前景如何?基于国际社会及全球化问题的复杂性,全球经济治理的新范式在相当长的时间内,仍将在传统霸权国家的"维权"和抵制中艰难发展。但人类社会发展的历史规律告知我们,随着全球化格局的改变,全球经济治理新范式演进将不可避免。中国作为崛起中的大国,也必将在全球经济治理新范式的形成和发展过程中起到举足轻重的作用。

作为世界经济的一种客观现象,经济全球化不仅使世界产生了一种内在的、不可分离的和日益加强的相互依存,也极大地改变了人类的生产方式和生活方式,并由此带来新的思维方式和行动方式。经济全球化是世界历史的转折点,并成为人类进入全新时代的标志。①习近平站在人类历史发展的高度指出"这个世界,各国相互联系、相互依存的程度空前加深,人类生活在同一个地球村里,生活在历史和现实交汇的同一个时空里,越来越成为你中有我、我中有你的命运共同体。"②由此可见,随着经济全球化的深入发展,人类已经结成以"命运"为关联的"人类共同体",是以"人类"为主体的共同体发展的新阶段。

经济全球化与全球经济治理是相伴而生、不可分割的两个命题,经济全球化在为世界带来福利和繁荣的同时,无可避免地带来收入分配不平衡、系统性风险的传播乃至全球性危机等挑战,面对这些问题,是逆全球化潮流而动,走向以邻为壑保护主义和反移民的封闭主义,还是顺应经济全球化的客观进程,改革全球经济治理体系,塑造一个更加开放、包容、普惠、平衡、共赢的新型全球化?这不仅是对于经济全球化本身的态度和认知问题,更是国家对世界前途和命运的责任担当问题。习近平明确指出:"经济全球化确实带来了新问题,但我们不能就此把经济全球化一棍子打死,而是要适应和引导好经济全球化,消解经济全球化的负面影响,让它更好惠及每个国家、每个民族。"③面对经济全球化进程中出现的负面效应,需要改革全球经济治理机制,习近平指出,"中国方案是:构建人类命运共

---

① 俞可平,等:《全球化与国家主权》,社会科学文献出版社2004年版,第4—21页。
② 《习近平对世界如是说》,2015年11月23日,http://theory.people.com.cn/n/2015/1123/c40531-27843728-3.html。
③ 习近平:《共担时代责任 共促全球发展——在世界经济论坛2017年年会开幕式上的主旨演讲》,《人民日报》2017年1月18日,第3版。

同体，实现共赢共享"①。理论和实践将证明，在共商、共建、共享的原则上推动全球经济治理体系改革，共同构建人类命运共同体是顺应社会发展规律的科学方案。

中国的全球经济治理的"人类命运共同体"理念，倡导建立开放、包容、均衡、普惠、可持续的新型全球化模式和全球经济治理新秩序，提倡互惠合作，欢迎弱小国家搭乘中国改革开放和经济腾飞的便车。并且，中国绝不仅仅是这项新治理理念的倡议者或提出者，更是这项理念的践行者。中国自全面融入国际社会以来，主张和平共处的政治态度，提倡包容、普惠的发展理念，采取务实的发展路径，使中国改革开放取得显著成绩。中国在崛起后，以共商、共建、共享的理念倡导"一带一路"建设，为经济发展滞后的亚洲腹地国家提供发展所亟须的资本和技术。

这种对全球化开放、包容、普惠、均衡、可持续的发展观，正是中国努力践行其"负责任大国"担当的体现。首先，开放的全球化意味着市场开放的标准不被少数国家所控制，能充分考虑各个国家的历史和现实，被国际社会全体所接受。其次，包容的全球化意味着对全球化受损的弱势群体进行补偿和救助，避免社会阶层分化；同时，也意味着全球化必须尊重各国自主选择社会制度和发展道路的权利。再次，普惠的全球化意味着所有国家都能从全球化中获益，各国在文化、宗教、制度、意识形态等方面呈现差异，实力也强弱有别，但不会因此受到歧视；普惠的全球化需要大国在利益分配上充分照顾弱国、小国。由此可见，开放的全球化意味着市场的扩张，而包容和普惠的全球化意味着社会保护。最后，倡导开放、包容、普惠，归根结底是要实现共享的全球化，也就是全球化要以世界的共同利益为出发点，构建人类命运共同体，实现人类共同发展。

超越国家利益的"人类命运共同体"的提出，与西方新自由主义治理理念截然不同，在其未来发展的过程中也必然受到传统理念的干扰。但从历史发展的长河来看，传统以国家利益至上的治理理念因欠缺包容性、普惠性和参与性，在霸权国家"大棒加胡萝卜"政策下践行，产生了新的问题，可持续性不足，必然会被包容性及参与性更强，推动世界各国，尤其是发展中小国从全球化中获益的新型治理理念和治理范式所替代。构建人类命运共同体彰显了"共生共存共济"的全球主义情怀，中国积极推动"一

---

① 《习近平主席在联合国日内瓦总部的演讲（全文）》，2017年1月19日，http://www.xinhuanet.com//2017-01/19/c_1120340081.htm?wm=&wm=&wm=&wm=&wm=&wm=&wm%3D。

带一路"建设、金砖国家合作等机制,开辟了一条新型全球化和全球治理道路,中国是人类命运共同体的倡议者,更是推动者和践行者。总之,人类命运共同体思想是立足当今世界不断增强的相互依赖关系并思考人类未来关系而得出的价值观和方法论,也是人类社会共同追求的理想。

习近平在联合国总部日内瓦的演讲,从人类进步和共同发展的高度,阐释中国的经济全球化主张和构建人类命运共同体思想,"世界命运应该由各国共同掌握,国际规则应该由各国共同书写,全球事务应该由各国共同治理,发展成果应该由各国共同分享"。①深刻回答人类社会何去何从及人类需要一个怎样的全球治理这两个问题。在中法全球治理论坛闭幕式上,习近平针对全球性挑战提出破解四个"赤字":"坚持公正合理,破解治理赤字""坚持互商互谅,破解信任赤字""坚持同舟共济,破解和平赤字""坚持互利共赢,破解发展赤字"②。在党的十九大报告中,习近平指出"中国秉持共商共建共享的全球治理观,倡导国际关系民主化,坚持国家不分大小、强弱、贫富一律平等,支持联合国发挥积极作用,支持扩大发展中国家在国际事务中的代表性和发言权。中国将继续发挥负责任大国作用,积极参与全球治理体系改革和建设,不断贡献中国智慧和力量"③。进入新时代的中国,不断推进包括理念创新、理论创新、制度创新和实践创新在内的全球经济治理新范式的形成。

2018年以来,美国在单边主义和经济民族主义道路上越走越远,并挑起全球贸易摩擦,严重危害全球产业链和价值链安全,多边贸易秩序遭遇从未有过的严峻挑战。中国与世界各国一道共同维护自由贸易和多边体制,维护给世界带来了持久和平和发展的以联合国宗旨为基础的国际秩序,促进多边制度秩序更合理、更民主、更具合法性,推动构建反映权力平衡、多元理念、共同发展导向的"新多边制度秩序"。

人类命运共同体理念对当代如何应对人类面临的挑战提供了更开阔的思考框架,人类命运共同体理念是正确的全球经济治理观,构建人类命运共同体是全球经济治理的理想目标。全球经济治理新范式是人类命运共同

---

① 《习近平主席在联合国日内瓦总部的演讲(全文)》,2017年1月19日,http://www.xinhuanet.com/world/2017-01/19/c_1120340081.htm。

② 《习近平在中法全球治理论坛闭幕式上的讲话》,2019年3月27日,http://cpc.people.com.cn/n1/2019/0327/c64094-30997013.html。

③ 习近平:《决胜全面建成小康社会 夺取新时代中国特色社会主义伟大胜利——在中国共产党第十九次全国代表大会上的报告(2017年10月18日)》,《人民日报》2017年10月28日,第1版。

体观照下的全球经济治理，其倡导公平、包容、普惠的经济全球化，主张改革和完善现有的治理机制，维护多边制度秩序，体现了全球经济治理的应有之义，践行了共商、共建、共享的原则，弘扬了正确的义利观。在人类命运共同体观照下，中国通过共建"一带一路"和金砖国家合作，共同推动经济全球化及其治理新范式的形成。